Hintergründe & Infos

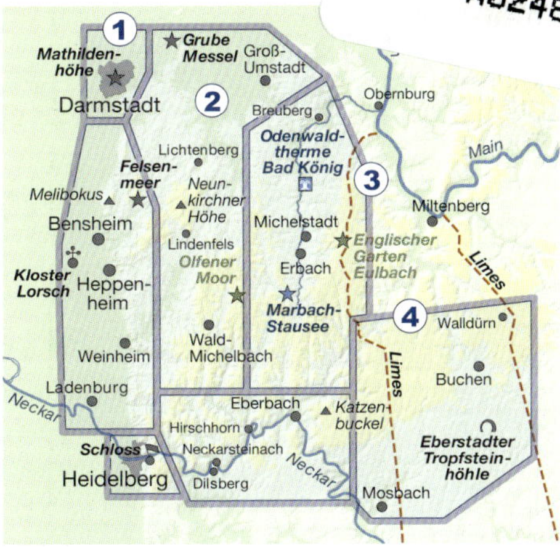

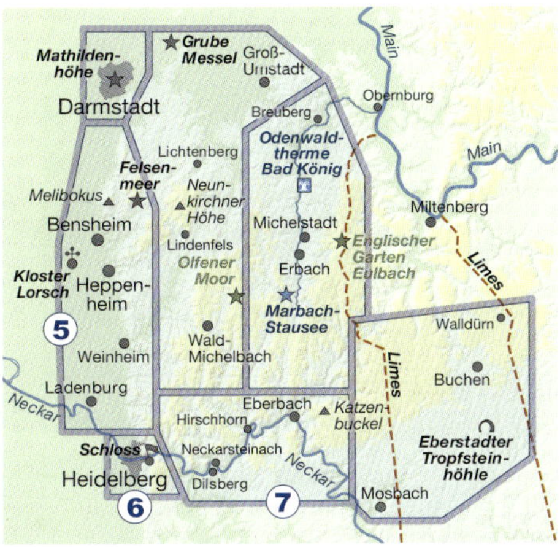

...mstadt

2 Vorderer Odenwald

3 Mümlingtal und Beerfelder Land

4 Madonnenländchen und Bauland

5 Bergstraße

6 Heidelberg

7 Burgenstraße

Kleiner Wanderführer

UNTERWEGS MIT S. AURELIA RUNGE

Im Odenwald öffnet sich das Herz – mir geht es zumindest so, wenn ich über die Höhenzüge laufe und meinen Blick weit über das Gebirge schweifen lassen kann. Dabei hat jede Jahreszeit ihren Reiz: Im Frühjahr blühen die zahlreichen Bäume auf den Streuobstwiesen und im Winter bekommt der Landstrich etwas Wildromantisches. Auch die Natur zeigt sich abwechslungsreich – nicht zuletzt wegen der unterschiedlichen Gesteine: Buntsandstein z. B. in der Margaretenschlucht am Neckar mit schönen Kaskadenwasserfällen oder riesige Granitblöcke im eindrucksvollen Felsenmeer bei Lautertal. Letztere haben mich schon als Kind fasziniert – damals dachte ich, der glitzernde Quarz in den Steinen sei sehr wertvoll. Heute weiß ich, dass die eigentlichen Juwelen des Odenwalds Apfelwein und Kochkäse heißen. Gerade an den Wochenenden zieht es Scharen von Menschen dafür in das Mittelgebirge. Ich bekenne: Ich zähle dazu.

Obwohl ich am Rande des Odenwalds lebe, quartiere ich mich für die Recherchen auch vor Ort ein und lerne die Region immer wieder aufs Neue kennen. Eine tolle Erfahrung! Es lohnt sich, hier auch länger Urlaub zu machen.

Text und Recherche: Stephanie Aurelia Runge **Lektorat:** Anja Elser Redaktion: Annette Melber Layout: Christiane Schütz, Heike Wurthmann **Karten:** Theresa Flenger, Judit Ladik, Michaela Nitzsche, Annette Seraphim, Gábor Strecska **Fotos:** s. S. 9 **Grafik S. 10/11:** Johannes Blendinger **Covergestaltung:** Karl Serwotka **Covermotive:** oben: Heidelberg im Sommer © eyetronic/fotolia.com, unten: Gaststätte am Marktplatz in Groß-Umstadt (S. Aurelia Runge), gegenüberliegende Seite: Kellerei mit Burggraben und Diebesturm in Michelstadt (S. Aurelia Runge)

2. KOMPLETT ÜBERARBEITETE UND AKTUALISIERTE AUFLAGE 2016

ODENWALD

MIT BERGSTRASSE, DARMSTADT, HEIDELBERG

STEPHANIE AURELIA RUNGE

Odenwald – Die Vorschau 12

Odenwald – Hintergründe & Infos 16

Mittelgebirge Odenwald 18

Eine kurze Geschichte 20

Reisepraktisches 23

Aktiv im Odenwald 23
Essen und Trinken 26
Familienurlaub 27
Feste und Veranstaltungen 28
Literaturtipps 29
Übernachten 30
Verkehrsverbindungen 30
Wellness und Kuren 31

Odenwald – Reiseziele 32

Darmstadt 34

Geschichte 35
Stadtrundgang 37
Mathildenhöhe und Rosenhöhe 39
Bessungen 41
Eberstadt 42
Museen und Gärten 42

Vorderer Odenwald 52

Mühltal 54
Burg Frankenstein 56
Grube Messel 58
Dieburg 59
Wallfahrtskirche St. Maria 60
Gasthaus Zum Reichsadler 61
Museum Schloss Fechenbach 61
Groß-Umstadt 63
Rund um den Marktplatz 64
Adelige Gemäuer 65
Gruberhof 65
Römischer Siedlungsplatz bei Heubach (Wamboltschlösschen) 66
Otzberg 71
Veste Otzberg 71
Schloss Nauses 72
Fischbachtal 73
Schloss Lichtenberg 74
Bollwerk 75
Keltischer Ringwall „Heuneburg" 75
Modautal 78
Das Felsenmeer 81
Fränkisch-Crumbach 82
Burgruine Rodenstein 83
Evangelische Kirche und Sarolta-Kapelle 84
Reichelsheim 86
Schloss Reichenberg 86
Geopark-Pfad und Regionalmuseum Reichelsheim 87
Lindenfels 91

Deutsches Drachenmuseum 92
Burgruine Lindenfels 93
Stickelgräber in Schlierbach 93
Bismarckwarte 94
Fürth 96
Der Überwald 100
Besucherbergwerk „Grube Ludwig“ 101
Einhaus mit Backhaus 101
Heimatmuseum 102
Stoewer Museum 102
Zweiradmuseum Hammelbach 102
Kloster Buddhas Weg 102
St. Maria in Lichtenklingen 103

Mümlingtal und Beerfelder Land 108

Breuberg 110
Burg Breuberg 111
Skulpturenpark 112
Höchst im Odenwald 115
Villa Haselburg 117
Obrunnschlucht 118
Bad König 119
Historische Altstadt 120
Michelstadt 124
Einhardsbasilika 126
Schloss Fürstenau 128
Vielbrunn und Würzberg 129
Erbach 133
Schloss Erbach 134
Die Gräflichen Sammlungen im Schloss Erbach 135
Deutsches Elfenbeinmuseum Erbach 137
Englischer Garten Eulbach 137
Mossautal 143
Beerfelder Land 144
Beerfelden 144
Hesseneck 146
Rothenberg 147
Sensbachtal 148

Madonnenländchen und Bauland 152

Mosbach 154
Stadtrundgang 155
Stadtmuseum 156
KZ-Gedenkstätte Neckarelz 156
Mudau 160
Buchen 163
Stadtrundgang 164
Eberstadter Tropfsteinhöhle 165
Bezirksmuseum im Museumshof (Kurmainzische Kellerei) 166
Walldürn 169
Stadt- und Wallfahrtsmuseum 171
Odenwälder Freilandmuseum 171
Wallfahrtsbasilika St. Georg 171

Die Bergstraße 176

Seeheim-Jugenheim 178
Rundgang durch Seeheim 180
Burgruine Tannenberg 180
Rundgang durch Jugenheim 181
Der Heiligenberg 181
Museum Stangenberg Merck 182
Alsbach-Hähnlein 185
Alsbacher Schloss (Burg Bickenbach) 186

Zwingenberg (Bergstraße) 187
Heimatmuseum Zwingenberg 189
Der Melibokus 189
Bensheim 191
Stadtrundgang 192
Museum der Stadt Bensheim 193
Schloss Auerbach 193
Fürstenlager 194
Kloster Lorsch 199
Heppenheim 200
Rundgang durch die Altstadt 202
Museum für Stadtgeschichte und Volkskunde 203
Die Starkenburg 203
Weinheim 207
Stadtrundgang 208
Museum der Stadt Weinheim 209
Weinheimer Schloss und Grüne Meilen 209
Die Wachenburg 210
Burg Windeck 210
Schriesheim 215
Grube Anna-Elisabeth 216
Museum Théo Kerg 216
Die Strahlenburg 216
Ladenburg 220
Dossenheim 221
Heimatmuseum 222
Steinbruch Leferenz 222
Die Schauenburg 223

Heidelberg 226

Geschichte 228
Stadtrundgang 230
Heidelberger Schloss 231
Handschuhsheim 233
Museen und Gärten 235
Königstuhl 237

Die Burgenstraße 248

Neckargemünd 250
Burgfeste Dilsberg 251
Neckarsteinach 256
Die vier Burgen der Herren von Steinach 257
Hirschhorn 260
Burg Hirschhorn 261
Ersheimer Kapelle St. Nazarius und Celsus 262
Eberbach 266
Rundgang durch die Altstadt 267
Der Ohrsberg 269
Burgruine Eberbach 269
Freizeitregion Katzenbuckel 274
Zwingenberg/Neckar 274
Neckargerach 277
Margaretenschlucht 278
Die Minneburg 278

Kleiner Wanderführer für Odenwald 280

Tour 1 Rund um die Heuneburg 283
Tour 2 Von der Neunkircher Höhe zur Ruine Rodenstein 285
Tour 3 Zu Siegfriedbrunnen und Olfener Moor 287
Tour 4 Von Annelsbach zur Villa Haselburg 288

Tour 5	Vom Reußenkreuz zum Haintal-Viadukt	290
Tour 6	Rund um den Limes bei Schloßau	293
Tour 7	Runde über den Melibokus	294
Tour 8	Von der Schauenburg zum Weißen Stein	296
Tour 9	Runde auf den Katzenbuckel	298

Alle Wanderungen mittels GPS kartiert. Waypoint-Dateien zum Downloaden unter: www.michael-mueller-verlag.de/gps

Register ____ 300

Kartenverzeichnis

Odenwald	Umschlag vorne
Darmstadt Übersicht	Umschlag hinten

Darmstadt Innenstadt	49	Heppenheim	205
Die Bergstraße	179	Madonnenländchen und Bauland	155
Die Burgenstraße	249	Mosbach	159
Eberbach	271	Mümlingtal-Beerfelder Land	111
Erbach	141	Vorderer Odenwald	55
Groß-Umstadt	66/67	Weinheim	213
Heidelberg	242/243		

Zeichenerklärung für die Karten und Pläne

Autobahn	Brunnen	Gasthaus/Unterkunft
Fernstraße	(Natur-)Sehenswürdigkeit	Turm
Hauptstraße	Touristisches Highlight	Schild
Nebenstraße	Berg	Archäologische Stätte
Forststraße	Aussicht	Information
Fußweg	Steinbruch	Apotheke
Limes	Rastplatz	Krankenhaus
Eisenbahn	besonderer Baum	Bushaltestelle
Wanderung (mit GPS-Punkt)	Kirche	Tankstelle
Wandersepp (Wanderrichtung)	Burg/Schloss	Parkplatz
Quelle	Kloster	Museum
Wasserfall	Burgruine	Höhle

Wanderkarten

Übersicht der Wanderungen 282
Tour 1: Rund um die Heuneburg 284
Tour 2: Von der Neunkircher Höhe zur Ruine Bodenstein 286
Tour 3: Zum Siegfriedbrunnen und Olfener Moor 287
Tour 4: Von Annelsbach zur Villa Haselburg 289
Tour 5: Vom Reußenkreuz zum Haintal-Viadukt 291
Tour 6: Rund um den Limes bei Schloßau 293
Tour 7: Rund um den Melibokus 295
Tour 8: Von der Schauenburg zum Weißen Stein 297
Tour 9: Runde auf den Katzenbuckel 299

Alles im Kasten

Geo-Naturpark Bergstraße-Odenwald 19
Der Odenwald und die Nibelungen 22
Der Hinkelsturm 38
Die Waldspirale 43
Magnetismus am Ilbes-Berg 58
Der Schinderhannes 70
Der Geografisch-historische Lehrpfad Lichtenberg – ein Lesetipp 76
Der Rodensteiner 83
Sagenhafte Wildweibchen 88
Granitkoloss in Bewegung 92
Dem Streuobst auf der Spur 99
Michelstadt und die Bienen 129
Franz I., die Antike und das Elfenbein 136
Wintersport in Beerfelden 144
Der Raubacher Jockel 149
Das Land, aus dem der Grünkern stammt 153
Das Lumpenglöckle weist den Weg 156
Das Römermuseum Osterburken 162
Götz von Berlichingen und der Helle Haufen 164
Joseph Martin Kraus und Egon Eiermann – schöpferische Köpfe in Buchen 166
Seelennahrung auf Schusters Rappen 170
Das Blutwunder von Walldürn 172
Der fränkische Odenwald 175

Bekannte Wanderwege an der Bergstraße 177
Schuldorf Bergstraße – der Campus-Gedanke im Odenwald 178
Die Herren von Bickenbach 182
Die Fraa vun Bensem 192
Das Sechs-Mühlen-Tal 208
Liselotte von der Pfalz und der Erbfolgekrieg 230
Perkeo, der Wein und die Fässer 233
Das Rätsel um den eingemauerten Ritter 235
Julius Menzer und der griechische Wein 254
Der Mythos vom meuchelnden Freier und der Rose vom Dilsberg 258
Queen Victoria auf dem Neckar geboren? 267

Was haben Sie entdeckt?

Haben Sie einen gemütlichen Gasthof, ein nettes Hotel oder eine tolle Wanderung aufgespürt? Möchten Sie Informationen ergänzen oder haben neue Tipps? Dann lassen Sie es uns bitte wissen!

Schreiben Sie an: Stephanie Aurelia Runge, Stichwort „Odenwald" | c/o Michael Müller Verlag GmbH | Gerberei 19, D – 91054 Erlangen | aurelia.runge@michael-mueller-verlag.de

Fotonachweis

Alle Fotos **S. Aurelia Runge**, außer:
Rüdiger Reeg: S. 18, 23, 31, 52, 53, 54, 60, 71, 77, 84, 85, 90, 97, 99, 134, 135, 142, 143, 152, 153, 170, 173, 193, 196, 210, 214, 226, 227, 231, 234, 241 | **Helmut Staab**: S. 56, 108, 109, 110, 138, 139, 140, 145, 198, 233, 248, 263, 277 | **Hans-Jürgen Schmitz**: S. 117 |

Vielen Dank!

Herzlichen Dank den Leserinnen und Lesern für ihr freundliches Feedback, für ihre zahlreichen Tipps und Anregungen. Mein besonderer Dank gilt erneut Helmut Staab und Rüdiger Reeg, die mich auch bei der zweiten Auflage unterstützt haben.

Mit dem grünen Blatt haben unsere Autoren Betriebe hervorgehoben, die sich bemühen, regionalen und nachhaltig erzeugten Produkten den Vorzug zu geben.

Wohin im Odenwald?

1 Darmstadt → S. 34

Um 1900 blickte die Welt wegen der Jugendstil-Künstlerkolonie nach Darmstadt, heute weckt das Kontrollzentrum der Weltraumorganisation ESA international Aufmerksamkeit. Die Stadt lebt im Spannungsfeld von Kunst und Wissenschaft, die das Freizeitangebot bestimmen. Daneben gibt es auch Sportliches zu entdecken: Wie wäre es z. B. mit der Kletterhalle oder dem Jugendstilbad?

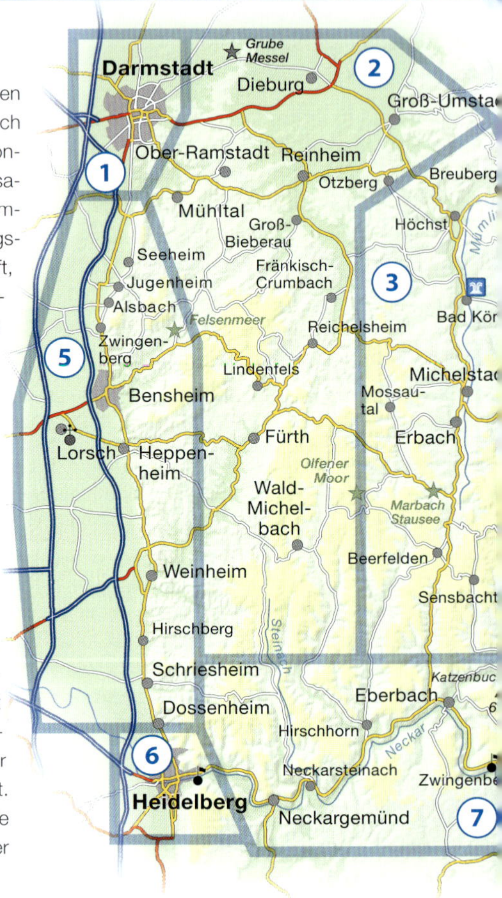

2 Vorderer Odenwald

→ S. 52

Hier heißt es vor allem: Wandern und Einkehren. Denn hinter fast jedem Hügel mit Wald oder Streuobstwiesen wartet ein Gasthof zum Rasten. Dabei verdeckt der Liebreiz der Landschaft ihre vulkanische Entstehungsgeschichte, die am besten in der Grube Messel dokumentiert ist. Die Goldgrube für Fossilien ist die erste UNESCO-Welterbestätte der Region Odenwald-Bergstraße.

3 Mümlingtal und Beerfelder Land → S. 108

Das Mümlingtal ist die pulsierende Lebensader im Herzen des Mittelgebirges, schon seit der Jungsteinzeit. Rings ums Tal hinterließen überwiegend die Römer deutlich Spuren. Weiter südlich, im Beerfelder Land, wird der Odenwald ursprünglicher und rauer. Neben schönen Wanderungen kann man hier in schneereichen Wintern dem Skisport auf einer Abfahrtsstrecke und Loipen nachgehen.

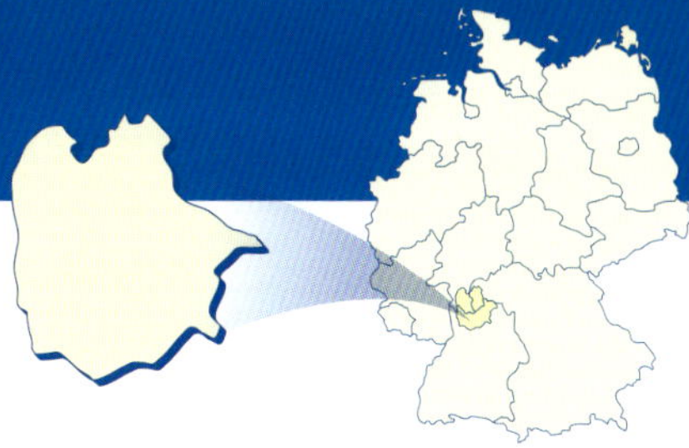

4 Madonnenländchen und Bauland → S. 152

Heiligenbildstöcke, Marienfiguren, Grünkern und der Limes: Mit diesen vier Stichwörtern lässt sich die östliche Odenwaldregion skizzieren. Die Römer fanden die hiesigen Höhenlagen für ihren Grenzwall ideal und errichteten zwei Limeslinien, die Ziel attraktiver Wanderungen sind. Zugleich sind diese Teil eines weiteren UNESCO-Welterbes, des Obergermanisch-Raetischen Limes.

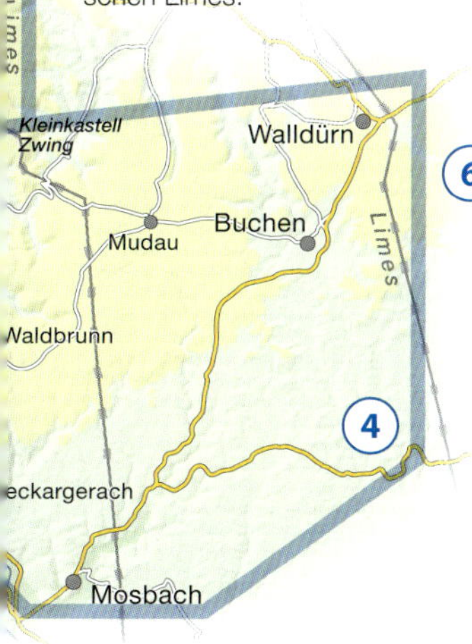

5 Bergstraße → S. 176

Weinreben sowie über 20 Burgen, Schlösser und Ruinen prägen das Bild der Bergstraße. Zu den Highlights zählt Kloster Lorsch, auch ein UNESCO-Welterbe. Viele der historischen Gebäude können auf dem 85 km langen Burgenweg mit Blick auf die Rheinebene und die gegenüberliegende Pfalz erwandert werden. Und der Wein gibt natürlich Anlass zu zahlreichen geselligen Festen.

6 Heidelberg → S. 226

Die frühere Kurpfälzer Residenz mit Altstadt samt Schlossruine bezaubert mit ihrem unvergleichlichen romantischen Charme. Nach einer Sightseeing-Tour lässt es sich in Europas längster Fußgängerzone gut shoppen oder man genießt gemeinsam mit den zahlreichen Studenten das Nachtleben. Königstuhl und Heiligenberg bieten zudem viel Natur und Gelegenheit für sportliche Aktivitäten.

7 Burgenstraße → S. 248

Sanft schlängelt sich der Neckar die Hänge entlang. Von den Burgen, die an strategisch günstiger Stelle erbaut wurden, hat man die schönsten Blicke über den Fluss. Mark Twain soll den Neckar mit einem Floß befahren haben. Moderne Sportler tauschen das Holzgefährt gegen ein Paddelboot. Außerdem befindet sich hier der höchste Berg des Odenwalds: der Katzenbuckel.

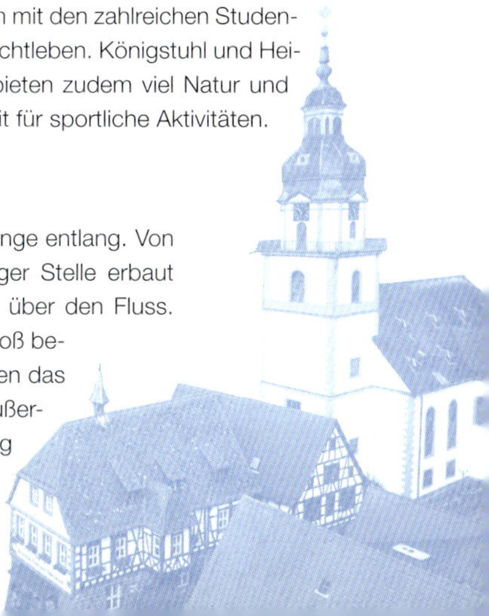

Odenwald: Die Vorschau

Pomo … was?

Schafsnase, Gewürzluiken, Brettacher. Nein, das sind keine regionalen Schimpfwörter, sondern die wohlklingenden Namen von des Odenwälders liebster Frucht, dem Apfel. Manche Sorte ist über 250 Jahre alt. Zusammen mit Birnen, Kirschen oder Zwetschgen gedeihen Äpfel auf den Streuobstwiesen der Region. Diese besonderen Obstgärten prägen weite Teile der Landschaft und bieten einigen geschützten Pflanzen und Tieren ein Zuhause. Äpfel und Co. sind im Odenwald aber nicht einfach nur Obst. Sie stiften auch Identität. Hier wird die Pomologie, die Obstbaukunde, gelebt, gefeiert und gelehrt. Eine Ausbildung zum Obstbaufachwart bringt Liebhabern den richtigen Schnitt und alles Wissenswerte über das Biotop „Streuobstwiese" bei. Auf speziellen Lehrpfaden können Wanderer die Obstkultur auf eigene Faust erkunden. Es gibt einige schöne Wander- und Radwanderwege entlang der Streuobstwiesen, die von dem Verein Hessische Apfelwein- und Obstwiesenroute (Regionalschleife Odenwald) eingerichtet wurden – erkennbar an dem roten Apfel mit grünem Pfeil. Aber besteht der Odenwald denn nur aus Streuobstwiesen? Natürlich nicht!

Eins, zwei, drei Gesteine

Der Odenwald verfügt über eine landschaftliche Vielfalt, die er einem geologischen Dreiergespann verdankt: Granit, Buntsandstein und Muschelkalk. Der Vordere Odenwald mit seinen lieblichen Hügeln ist vulkanischen Ursprungs. Wer hier durch die Wälder wandert, stößt immer wieder auf kleine und große Granitkolosse. Vermutlich waren es die Kelten, die bei Lichtenberg aus den mächtigen Steinen einen Ringwall gebaut haben. Manch einer erkennt darin allerdings nur riesige, schön anzuschauende Geröllformationen.

Im Überwald bei Grasellenbach und Wald-Michelbach geht der Granit in Buntsandstein über – der Waldboden ist hier rötlich eingefärbt. Der Buntsandstein zieht sich im Süden bis zum Neckar und im Osten bis zum Main, dann wechselt der Untergrund und wird zu Muschelkalk. Typisch für den Buntsandstein-Odenwald sind die Täler, die sich wie tiefe Furchen mit Nord-Süd-Gefälle in die Anhöhen gegraben haben. Der Nadelbaumbestand nimmt zu und auch das Gefühl, in einem Mittelgebirge zu sein.

Prima Klima: mild und rau

Die Höhenlage eines Mittelgebirges merkt man auch am Klima: Wenn an der Bergstraße schon der Frühling erwacht und so langsam die zahlreichen Forsythiensträucher, Japanischen Zierkirschen oder Pfirsichbäume zu blühen beginnen, herrscht im Herzen des Odenwalds noch ordentliche Kälte. Nicht umsonst tragen der hintere Odenwald und das Bauland den Beinamen „Badisch Sibirien“. Hier hält sich in schneereichen Wintern die weiße Pracht länger und Skifreunde kommen auf weitläufigen Loipenstrecken oder der Abfahrtsstrecke „Buchhelle“ bei Beerfelden auf ihre Kosten.

Um Beerfelden und im Überwald entscheidet sich auch, wohin ein Fluss fließt, der hier seine Quelle hat: zum Main oder zum Neckar. Zusammen mit der Abbruchkante an der Bergstraße geben die beiden Flüsse dem Odenwald einen natürlichen Rahmen. Entlang der Flusstäler wurde der Mensch früh sesshaft. Das belegen Bodenfunde, die bis in die Jungsteinzeit zurückreichen. Ein Museum, das die regionale Besiedlung sehr anschaulich aufbereitet, ist das Museum Schloss Fechenbach in Dieburg – besonders gelungen ist die Präsentation römischer Ausgrabungen.

Odenwald: Die Vorschau

Römische Götter und Halloween-Monster

Die Römer errichteten im heutigen Dieburg und in Ladenburg nahe der Bergstraße große Verwaltungseinheiten. Im 1. Jh. wurde der Obergermanisch-Raetische Limes ausgebaut. Der Odenwaldlimes ist die erste Ausbauphase, in einer zweiten wurde die römische Grenze etwa 30 km weiter ins heutige Bauland versetzt. Beide Limesverläufe können auf Wanderwegen erkundet werden. Neben rekonstruierten Palisaden, Wachtürmen und Originalresten trifft man im Wald bei Schloßau auch unvermittelt auf ein Abbild römischer Götter – das Original steht allerdings im Römermuseum Osterburken.

Nach den Römern kamen die Alemannen, dann die Franken, in deren Auftrag die Erschließung des Odenwalds im frühen Mittelalter vorangetrieben wurde. Das damals pulsierende Zentrum Kloster Lorsch ist heute eine von drei UNESCO-Welterbestätten der Region. Die meisten Orte und manche Burg im Odenwald sind im Lorscher Codex erstmals erwähnt.

Vor allem an der Bergstraße und am Neckar stehen Festungen und Schlösser aufgereiht wie Perlen auf einer Schnur. Viele von ihnen sind nur noch Ruinen wie das prächtige Heidelberger Schloss. Als Romantik-Ikone rangiert es in der Beliebtheitsskala ganz oben. Danach folgen vermutlich schon Burg Frankenstein, auf der jedes Jahr ein riesiges Halloween-Spektakel veranstaltet wird, bei dem Monster auf Besucherjagd gehen, und Schloss Zwingenberg am Neckar mit seinen Schlossfestspielen.

Vom Ritterfest bis zum Lama-Trekking

Die Burgen, Schlösser und auch die vielen Altstädte mit ihren schönen Fachwerk-Ensembles stellen regelmäßig die Kulisse für Ritter- oder Weinfeste, Mittelalter- oder Kunsthandwerkermärkte. Kleine Feiern und große Festi-

vals gibt es im Odenwald und an der Bergstraße über das ganze Jahr. Und wem das nicht reicht, dem bieten Heidelberg und Darmstadt kulturelle Highlights wie das Enjoy Jazz Festival, das Schlossgrabenfest oder die Jugendstiltage auf der Mathildenhöhe.

Wem scheppernde Ritter oder dezibelstarke Musik zu wenig Action bringen, sollte mal diese Freizeitvergnügen ausprobieren: Der Odenwaldbob auf der Kreidacher Höhe saust auf der 1000 m langen Abfahrtsstrecke über die Landstraße und Felder hinweg – natürlich nicht am Boden, sondern auf Schienen in luftiger Höhe. Kollisionen mit einem Mähdrescher sind also ausgeschlossen. Für einen besonderen Geschwindigkeitskick sorgt auch der Bikepark in Beerfelden. Ohne Schutzhelm geht hier nichts. Zu hektisch? Wie wäre es mit Lama-Trekking in Wald-Michelbach? Mit dem südamerikanischen Flauschtier an der Leine geht man spazieren. Im Odenwald gibt es Aktivitäten für jeden Geschmack. Und die machen meistens hungrig.

Alles (Koch-)Käse? Mehr als das!

Im Herzen des Odenwalds treffen Bayern, Hessen und Baden-Württemberg aufeinander. In diesem Dreiländereck verschwimmen die Grenzen zwischen dem Mainfränkischen, Südhessischen und Nordbadischen – auch im kulinarischen Angebot.

An einer Speise kommt man im Odenwald jedenfalls kaum vorbei, und das ist der Kochkäse. Daneben bieten klassische deftige Kost wie Bratwürste oder Schnitzel und feine Leckereien wie Spinatklößchen mit Salbeibutter oder Maultäschle von Hüttenthaler Lachsforellen eine kulinarische Abwechslung. Und obwohl entlang der Bergstraße hervorragender Wein angebaut und regional auch Bier gebraut wird, heißt d a s Odenwälder Getränk Apfelwein (ourewällerisch: Äppler) – auch sortenrein erhältlich, z. B. aus Schafsnase, Gewürzluiken oder Brettacher.

Im Odenwald lässt sich's entspannen

Hintergründe & Infos

Mittelgebirge Odenwald → S. 18
Eine kurze Geschichte → S. 20
Reisepraktisches → S. 23
Aktiv im Odenwald → S. 23
Essen und Trinken → S. 26
Familienurlaub → S. 27
Feste und Veranstaltungen → S. 28
Literaturtipps → S. 29
Übernachten → S. 30
Verkehrsverbindungen → S. 30
Wellness und Kuren → S. 31

Typisch Vorderer Odenwald

Mittelgebirge Odenwald

Östlich der Oberrheinischen Tiefebene erhebt sich der Odenwald – ein Mittelgebirge, das sich über Teile von Hessen, Bayern und Baden-Württemberg erstreckt.

Landschaftlich ist der Odenwald sehr abwechslungsreich, er lässt sich grob in mehrere Naturräume gliedern. Sanfte Hügel, Äcker und Streuobstwiesen sind typisch für den Vorderen Odenwald. Dessen Alternativname **Kristalliner Odenwald** gibt Aufschluss über den dortigen Untergrund. Man begegnet hier auf Schritt und Tritt eindrucksvollen Granitfelsen. Besonders imposant ist das Felsenmeer bei Lautertal-Reichenbach, wo sich riesige Felsblöcke regelrecht ins Tal zu ergießen scheinen. Die Entstehung des Kristallinen Odenwalds nahm ihren Anfang vor etwa 500 Mio. Jahren, später wurde er durch Vulkanaktivitäten geprägt. Ehemalige Vulkane erkennt man auch heute noch im Landschaftsbild, z. B. den Otzberg oder den Katzenbuckel am Neckar, mit 626 m die höchste Erhebung im Odenwald – der zweithöchste Berg ist mit 605 m die Neunkircher Höhe.

Der Vordere Odenwald geht in den **Buntsandstein-Odenwald** über, der sich durch Sedimentablagerungen bildete, als diese Region vor rund 250 Mio. Jahren überwiegend aus Flüssen und Seen bestand. Dieser Teil des Mittelgebirges ist heute waldreich und geprägt von wildromantischen Tälern. Besonders schön zeigt sich der meist rötliche Untergrund am Neckar, in der Wolfsschlucht und der Margaretenschlucht. Durch manch alten Buntsandstein-Steinbruch führen heute Klettersteige.

Vor etwa 220 Mio. Jahren stieg der Meeresspiegel, und auch das Gebiet des Odenwalds wurde überschwemmt. Eine Muschelkalkschicht entstand, die im Laufe der Zeit größtenteils abgetragen wurde. Reste davon bilden heute den fruchtbaren Boden des sog. **Baulands.** Charakteristisch für das überwiegend landwirtschaftlich ge-

Das historische Rathaus in Michelstadt

nutzte Gebiet sind trichterförmige Senken (Karsterscheinungen) wie die Hegenich-Doline bei Buchen-Hettingen. Sprengarbeiten an einem Muschelkalksteinbruch legten 1971 ein famoses Naturdenkmal frei: Die Eberstädter Tropfsteinhöhle birgt herrlichen Tropfsteinschmuck wie Stalaktiten, Stalagmiten und Sinterfahnen.

Als sich dann vor rund 50 Mio. Jahren die Alpen auffalteten und der Oberrheingraben einbrach, wurde der Odenwald angehoben und es formte sich seine Westkante: die **Bergstraße.** Diese zählt zu Deutschlands mildesten Regionen und im Jahresdurchschnitt ist es hier 2 °C wärmer als im übrigen Odenwald. Das gefällt mediterranen Pflanzen wie Pfirsichen und Edelkastanien, aber vor allem dem Wein – diesen kultivierten an der Bergstraße wohl schon die Römer.

Geo-Naturpark Bergstraße-Odenwald

Ein sehr guter Ansprechpartner zu geologischen Fragen rund um den Odenwald ist der Geo-Naturpark Bergstraße-Odenwald. Er wurde 1960 als einer der ersten Naturparks gegründet – zunächst nur zu Erholungszwecken. Heute sind die Umstände komplexer und so spielen u. a. der Erhalt der biologischen Vielfalt, die Entwicklung der Kulturlandschaft, Umweltbildung und sanfter Tourismus wesentliche Rollen. Die geologische Relevanz des Odenwalds brachte dem Naturpark 2002 den Titel „Nationaler und Europäischer Naturpark“ ein. 2004 wurde er zum „Globalen Geopark“ ernannt. Heute gibt es mehrere sog. Geopark-Eingangstore, Infozentren und umweltpädagogische Stationen, die über den Odenwald ausführlich informieren. Man kann auch mit Geo-Rangern auf Wanderung gehen und viel über die Natur erfahren. Ein Genussprogramm kombiniert Wege mit Besuchen bei Winzern, in Bauernhöfen oder Schnapsbrennereien – natürlich inklusive Verkostung. Infos unter www.geo-naturpark.net.

Römische Zeitzeugen bei Schloßau

Eine kurze Geschichte

Ab ca. 5000 v. Chr. — **Jungsteinzeit:** Die ersten Bauern werden im Odenwald sesshaft und beginnen, den fruchtbaren Boden zu bewirtschaften.

Ab ca. 5. Jh. v. Chr. — **Hallstatt- und La-Tène-Kultur (jüngere Eisenzeit):** Es entstehen zahlreiche Hügelgräber und keltische Ringwallanlagen, z. B. die Heuneburg bei Lichtenberg (→ S. 74) und auf dem Heiligenberg bei Heidelberg (→ S. 228).

1. Jh. — **Römer:** Die Römer erobern rechtsrheinisches Gebiet. An der Bergstraße entsteht im Jahr 98 die Verwaltungseinheit Civitas Ulpia Sueborum Nicrensium, das heutige Ladenburg (→ S. 220). Im Osten wird zur gleichen Zeit der Obergermanisch-Raetische Limes errichtet. Im Odenwald verläuft er zunächst von Wörth nach Bad Wimpfen. Im 2. Jh. wird er etwa 30 km nach Osten verlegt. 125 n. Chr. wird die Civitas Auderiensium gegründet – aus dem Hauptort dieser Verwaltungseinheit entwickelt sich das heutige Dieburg (→ S. 59).

3. Jh.. — **Alemanneneinfall:** Das westgermanische Volk bezwingt in kontinuierlichen Angriffen die Römer. Alemannen besiedeln auch den Odenwald.

6. Jh. — **Beginn der Herrschaft der Franken:** 506 besiegt der Merowinger Chlodwig I. die Alemannen. Er begründet das Frankenreich mit der Hauptstadt Paris.

7./8. Jh. — **Christianisierung des Odenwalds.** Iroschottische Mönche beginnen den Odenwald zu besiedeln und zu christianisieren. Unter nun karolingischer Herrschaft werden dafür u. a. die Benediktinerklöster in Amorbach (734), Mosbach (736) und Lorsch (764) gegründet. Das Kloster Lorsch (→ S. 199) wird zum geistigen und weltlichen Machtzentrum.

11./12. Jh. **Ersterwähnung von „Darmundestat" und „Heidelberch".**

13. Jh. **Heidelberg und Darmstadt, zwei Zentren:** Der Wittelsbacher Hochadel wird mit der Pfalzgrafenwürde belehnt. Heidelberg entwickelt sich zum politischen Machtzentrum und wird zur kurpfälzischen Residenzstadt ausgebaut. In Darmstadt errichten Mitte des Jahrhunderts die Grafen von Katzenelnbogen eine Wasserburg, die den Verkehrsweg an der Bergstraße und so den Handel zwischen Heidelberg und Frankfurt kontrollieren soll. Das Kloster Lorsch geht an das Erzbistum Mainz und verliert an Bedeutung.

14./15. Jh. **Universitätsgründung, Humanismus, Mainzer Stiftsfehde:** Unter Ruprecht I. wird 1386 die Heidelberger Universität gegründet. 1456 beruft Pfalzgraf Friedrich I. Peter Luder an die Universität. Mit ihm fasst der Humanismus in Deutschland Fuß. 1434 wird Dietrich Schenk von Erbach Erzbischof von Mainz. Er stirbt 1459 – im Konflikt um seine Nachfolge entbrennt 1461/62 der Badisch-Pfälzische Krieg (Mainzer Stiftsfehde), an dem Pfalzgraf Friedrich I. beteiligt ist. 1479 sterben die Grafen von Katzenelnbogen aus und Darmstadt geht an die Landgrafen von Hessen.

16. Jh. **Reformation und Bauernkrieg:** Ab 1520 breitet sich die Reformation in Südwestdeutschland aus. 1526 führt Darmstadt die protestantische Kirchenordnung ein, die Kurpfalz folgt unter Pfalzgraf Ottheinrich (1556–59). 1524 formiert sich in ersten lokalen Bauernaufständen der Widerstand des gemeinen Volkes gegen Adel und Klerus. 1525 schließen sich der Neckartaler und der Taubertaler Haufen zusammen. In der Kellerei in Buchen wird Götz von Berlichingen (→ S. 164) gezwungen, die Führung des sog. Hellen Haufens gegen den Pfälzer Kurfürsten und gegen die Bischöfe von Mainz und Würzburg zu übernehmen. In Darmstadt begründet Landgraf Georg von Hessen die Linie Hessen-Darmstadt.

17. Jh. **Jahrhundert der Kriege:** 1618–48 tobt der Dreißigjährige Krieg auch in Süddeutschland und entvölkert – wie auch die Pest (1635) – ganze Ortschaften. 1622 wird Heidelberg von der Katholischen Liga unter dem Feldherrn Tilly erobert. Auch Darmstadt wird 1622, 1645 sowie 1647 zunächst von der Katholischen Liga, dann von französischen Truppen unter Generalmarschall Turenne besetzt. 1671 wird Liselotte von der Pfalz mit dem Bruder des Sonnenkönigs vermählt. Ludwig XIV. erhebt daraufhin ungerechtfertigt Anspruch auf die Kurpfalz und lässt während des Pfälzischen Erbfolgekriegs 1688–93 Heidelberg zerstören und damit auch das Schloss – Letzteres für immer.

18. Jh. **Ende einer Residenzstadt:** 1720 verliert Heidelberg den Status als Residenzstadt an Mannheim. Franz I. zu Erbach-Erbach leistet archäologische Pionierarbeit am Odenwaldlimes und führt 1783 die Elfenbeinschnitzerei in Erbach ein (→ S. 133).

19. Jh. **Reichsdeputationshauptschluss, Rheinbund und Jugendstil:** Infolge des Reichsdeputationshauptschlusses geht Heidelberg 1803 an Baden und um Amorbach entsteht das Fürstentum Leiningen, das bereits 1806 wieder endet. Als Mitglied des Rheinbunds wird die **Landgrafschaft** Hessen-Darmstadt 1806 zum Großherzogtum erhoben.

Weite Teile des Odenwalds zählen nun zu seinem Hoheitsgebiet. 1899 entsteht als Jugendstilzentrum die Künstlerkolonie auf der Darmstädter Mathildenhöhe (→ S. 39).

20. Jh. **Ende der Monarchie und Zweiter Weltkrieg:** 1918, nach dem Ersten Weltkrieg, wird Großherzog Ernst Ludwig von Hessen-Darmstadt abgesetzt. 1919 entsteht der „Volksstaat Hessen“ mit Darmstadt als Hauptstadt. Am 11./12. September 1944 wird Darmstadts Innenstadt völlig zerstört. Heidelberg bleibt wie durch ein Wunder im Zweiten Weltkrieg verschont. 1946 verliert Darmstadt den Hauptstadtstatus. 1986 feiert die Ruprecht-Karls-Universität ihr 600-jähriges Bestehen und 1996 Heidelberg selbst sein 800-jähriges Bestehen. 1991 wird das Kloster Lorsch und 1995 die Grube Messel zum UNESCO-Welterbe ernannt. 1997 erhält Darmstadt den Titel „Wissenschaftsstadt“.

21. Jh. **Geo-Naturpark Bergstraße-Odenwald:** 2002 werden Bergstraße und Odenwald als Nationaler und Europäischer Geopark anerkannt und seit 2004 auch von der UNESCO im Rahmen des Global Network of Geoparks unterstützt.

Der Odenwald und die Nibelungen

Einige behaupten, der Name „Odenwald“ ließe sich von der literarischen Gattung „Ode“ herleiten. Woher der Odenwald seinen Name wirklich hat, ist nicht geklärt, fest steht jedoch: Das wohl berühmteste Lied über die Region ist das Nibelungenlied. Schauplatz des mittelalterlichen Heldenepos über Siegfried und den Burgunder-Klan ist u. a. Worms am Rhein, wo man im Nibelungenmuseum (www.nibelungenmuseum.de) in die Sagenwelt eintauchen kann. Im Odenwald gingen sie zur Jagd, an einer Quelle im Wald soll der Drachentöter seinen Tod gefunden haben. Gleich mehrere Orte behaupten, bei ihnen befände sich die legendäre Quelle, an der Siegfried ermordet wurde. In Worms startet auch die Nibelungenstraße, die durch den Odenwald bis nach Würzburg führt. Bei Lorsch zweigt die Siegfriedstraße ab. Auch dieser südlichere Weg führt bis zur unterfränkischen Metropole. Der Routenverlauf beider Wege ist u. a. unter www.nibelungen-siegfriedstrasse.de abgebildet.

Siegfriedbrunnen bei Gras-Ellenbach

Spaßig: Odenwaldbob im Überwald

Reisepraktisches

Aktiv im Odenwald

Der Odenwald glänzt mit zahlreichen Freizeit- und Sportangeboten. Wandern und Radfahren zählen sicher zu den beliebtesten. Wer den Kick sucht, ist hier auch richtig: In Kletterparks geht es hoch hinaus und auf Trails mit dem Mountainbike steil hinab. Ob im Sommer oder im Winter – für fast jede sportliche Vorliebe gibt es ein Angebot.

Gleitschirm-, Drachen- und Segelfliegen

Frei wie ein Vogel durch die Lüfte schweben – beim **Gleitschirm- oder Drachenfliegen** kommt man diesem Traum relativ nahe. Im Odenwald gibt es mehrere Vereine, die diese Leidenschaft pflegen. In der Flugschule Hirondelle in Weinheim (www.fs-hirondelle.de) oder der Flugschule Rhein-Main-Neckar in Birkenau (www.gleitsegelfliegen.com) lernen Anfänger das Steuern, Fliegen und Landen. In der „Odenwaldrunde der Gleitschirm- und Drachenflieger" (www.odenwaldrunde.de) haben sich örtliche Vereine zusammengeschlossen. Beim Flugsportclub Odenwald e. V. (www.fsco.de) in Walldürn wird zudem **Segelfliegen** angeboten.

Klettern/Hochseilgärten

Hoch über dem Boden, über Seile, wippende Bretter oder Reifen, aber stets gut gesichert: Die Parcours für Groß und Klein der **Kletterparks** auf der Kreidacher Höhe im Überwald oder in Darmstadt verlangen von manchem Besucher Mut und Überwindung. Wer sich aber an diese sportliche Herausforderung gewagt hat, schwärmt noch lange davon. Für ein **alpines Klettergefühl** sorgen die stillgelegten Steinbrüche in Breuberg-Hainstadt oder Heubach bei Groß-Umstadt. Sie werden vom Alpenverein Darmstadt-Starkenburg (http://alpenverein-darmstadt.de) betrieben. Bei schlechtem Wetter stehen die **Kletterhallen** in Bensheim und Darmstadt zur Verfügung.

Radfahren

Bei **Rennradfahrern** ist der Odenwald schon immer beliebt. Es gibt anspruchsvolle Anstiege und Täler mit längeren flachen Passagen. Viele Gemeinden bauen auch **Mountainbikestrecken** aus. Das aktuelle Streckennetz kann man auf einer Website des Geo-Naturparks durchstöbern (www.mtb-geo-naturpark.de). Dort finden sich auch Hinweise über Sperrungen, z. B. wegen Jagden. Legale, steile Trails wurden im Bikepark in Beerfelden angelegt. Sogar das Magazin „bike“ hat bereits über Mountainbike-Touren im Odenwald berichtet. Kartentipp für klassische **Radwanderungen:** Die Regionalkarte „Region Rhein/Neckar“ des Allgemeinen Deutschen Fahrrad-Clubs e. V. (ADFC) bildet das Radstreckennetz des gesamten Odenwalds ab. Attraktiv ist auch die Kombination einer Radtour mit Schiffstouren auf dem Neckar zwischen Heidelberg und der Kaiserpfalz Bad Wimpfen, die an zahlreichen Burgen und Schlössern vorbeiführen.

Reiten

Der Odenwald ist Pferdeland. Reitsportbegeisterte und Pferdeliebhaber sind hier gut aufgehoben. Es gibt einige Reiterhöfe, die mehrtägiges Wanderreiten durch Wälder und Felder, Reiterferien auf einer Ranch oder Planwagenfahrten anbieten. In Erbach und Reichelsheim werden u. a. Reitturniere und in Beerfelden ein Pferdemarkt abgehalten. Unter www.odenwald.de ist eine Reihe von Angeboten zusammengefasst.

Wandern

Odenwald und Bergstraße setzen der Wanderlust keine Grenzen. Zahlreiche Wege lassen sich mit einer Wanderkarte zu individuellen, ausgedehnten Touren kombinieren. Eine Auswahl von neun ausführlich beschriebenen Wanderungen mit Karten finden Sie im „Kleinen Wanderführer“ hinten im Buch (ab S. 281).

Eine traditionelle Route ist der **Alemannenweg** (www.alemannenweg.de). Die 138 km lange Rundtour ist ideal für einen mehrtägigen Wanderausflug. Schlösser, Burgen und schöne Fachwerkstädtchen bilden abwechslungsreiche Etappenziele, so z. B. Schloss Reichenberg, Burg Frankenstein oder Michelstadt. Ein weiteres Highlight ist der über 130 km lange **Nibelungensteig** (www.nibelungensteig.info). Er zieht sich quer durch die abwechslungsreiche Landschaft des Odenwalds von Zwingenberg an der Bergstraße bis nach Freudenberg am Main. Sowohl Alemannenweg als auch der Nibelungensteig wurden von „Wanderbares Deutschland“ (www.wanderbares-deutschland.de) als Qualitätsweg ausgezeichnet.

Romantisch ist der 126,4 km lange **Neckarsteig,** der von Heidelberg bis zur Stauferstadt Bad Wimpfen führt. Einer der Höhepunkte auf diesem Fernwanderweg ist die reizvolle Margaretenschlucht (→ S. 278) bei Neckargerach. Herrlich ist auch der **Blütenweg** an der Bergstraße (→ S. 177), der im Frühling seinem Namen alle Ehre macht: Dann blühen hier zahlreiche Kirsch-, Mandel- und Pfirsichbäume, Forsythien und Magnolien. Parallel zum Blütenweg oberhalb im Wald verläuft der 120 km lange **Burgensteig** an der Bergstraße entlang (→ S. 177). Er führt an 30 Burgen, Schlössern und Ruinen vorbei, beginnt bei der Burg Frankenstein in Darmstadt-Eberstadt und hat das Heidelberger Schloss zum Ziel. Viel los ist am 1. Mai zur traditionellen **Weinlagenwanderung** (→ S. 177), wenn Winzer der hessischen Bergstraße in ihren Weinhängen ihre Weine zum Probieren anbieten.

Wanderkarten

Die Topographischen Freizeitkarten des Hessischen Landesvermessungsamtes im Maßstab 1:20.000 sind gute Begleiter bei Wanderungen und Radtouren im Odenwald und an der Bergstraße. Die rund 20 Blätter decken jede Region ab. Jede Karte kostet 7 €. Eine Übersicht gibt es unter www.hvbg.hessen.de. Weniger detailliert, aber ebenfalls durchaus geeignet sind die beiden Meki-Landkarten: Trotz des Titels „Hessischer Odenwald mit Bergstraße" sind auf der Südkarte auch Teile der badischen Bergstraße und vom baden-württembergischen Odenwald dargestellt. Eine Karte (Maßstab 1:30.000) kostet 9 €. Infos unter www.meki-landkarten.de.

Wassersport

Die meisten Gemeinden im Odenwald und an der Bergstraße verfügen über Hallenbäder oder Freibäder, die je nach Saison geöffnet haben. Am **Marbach-Stausee** in Mossautal ist neben Baden auch Surfen, Segeln und Angeln erlaubt. Das dazugehörige Equipment muss allerdings selbst mitgebracht werden. **Kanufahrten** sind am Neckar möglich. Der Hochseilgarten & Kanu-Verleih Neckargemünd (www.hochseilgarten-neckargemuend.de) organisiert Touren mit dem Kanu.

Wintersport

Der Odenwald ist für Wintersportler durchaus reizvoll – auch wenn er nicht als schneesicher gilt. Hat sich aber das Mittelgebirge weiß gekleidet, kann mehr als nur

Auf der 605 m hohen Neunkircher Höhe hält Schnee länger

gerodelt werden. Auf den Höhen des Neckartal-Odenwalds, z. B. rund um Mudau oder Waldbrunn, stehen Skilangläufern gespurte **Loipen** zur Verfügung. Bis zu 18 km lang sind die Strecken im Beerfelder Land. Bei Beerfelden selbst gibt es zudem eine **Abfahrtsstrecke.** Die „Buchhelle“ verfügt über einen Lift und eine Flutlichtanlage, die das Skivergnügen bis in den späten Abend verlängert.

Essen und Trinken

Im Odenwald und an der Bergstraße ist die deftige Küche beheimatet, die mal in einfacher Kochart, mal sterneverdächtig und zu gehobenen Preisen serviert wird. Ob badisch, fränkisch oder südhessisch – Schnitzel, Bratwurst, Braten & Co. sind Klassiker auf den meisten Speisekarten. Dazu kommt natürlich der **Kochkäse,** der traditionell mit frischem Brot oder zünftig zum Schnitzel serviert wird. Ein regionaler Apfelwein rundet das Odenwälder Menü ab.

Viele Köche arbeiten mit der Vielfalt frischer regionaler Produkte: Lammwochen, Spargelwochen, Kartoffelwochen oder Wildwochen bieten feine saisonale Schlemmereien. Viele Erzeuger vermarkten zudem ihre Produkte wie Wurst, Gemüse, Obst, Käse, Forellen, Honig, Nudeln, Weinbrände und sogar Weinbergschnecken direkt vor Ort. Im Bauland kommt der dort angebaute **Grünkern** in Suppen oder als Küchlein auf den Tisch. Grünkern ist eigentlich halbreifer Dinkel, der geröstet wird. Der Anbau dieses „Urweizens“ hat im Bauland eine lange Tradition, die heute ein großes Comeback feiert. Mit Linsengemüse und frischen Maultaschen gibt es im Madonnenländchen zusätzlich eine Reminiszenz an das Schwäbische.

Für **Süßes** sind die Odenwälder Konditoren zuständig: In Michelstadt trägt das Handwerk sogar einen Weltmeistertitel und in Eberbach entstehen Torten für das englische Königshaus. Außerdem gibt es feine Trüffelproduzenten, z. B. in Groß-Bieberau und Bad König. Lebkuchen und Weihnachtsmänner oder Osterhasen aus Schokolade werden in Reichelsheim-Beerfurth hergestellt.

Odenwälder Kochkäse

Es gibt mehrere Varianten des Odenwälder Leibgerichts. Hier eine besonders appetitliche, die aber direkt auf die Hüften geht:

Kochkäse (mit Harzer Käse)
250 g Butter
250 g klein geschnittener Handkäse/Harzer Roller
200 g Schmelzkäse
1 kl. Dose Kondensmilch
1 Becher saure Sahne
1 TL Natron

Butter schmelzen, nach und nach die Zutaten hinzugeben und unter ständigem Rühren jeweils schmelzen lassen, bis eine glatte Masse entsteht. Zum Schluss das Natron dazugeben. Achtung: Natron treibt. Der Topf sollte groß genug sein, damit der Kochkäse nicht überkocht. In eine Schüssel füllen, abkühlen lassen, fertig.

Doch zurück zum **Apfelwein:** Das klassische „Stöffsche“ wird traditionell aus mehreren Apfelsorten gekeltert. Edlere Varianten sind sortenreine Jahrgangsweine

Hessischer Rebmuttergarten bei Heppenheim

oder der Apfelsecco. Rund um den Apfel informiert www.apfelroute.de. Brennereien verarbeiten das Obst der Odenwälder Streuobstwiesen zu zum Teil prämierten **Edelbränden.** Die Palette reicht von feinem Himbeergeist bis hin zu Waldkirsch-, Mirabellen- oder Zwetschgenbränden.

Die **Weinreben** fühlen sich an der milden Bergstraße wohl. Seit 1803 gibt es einen hessischen und einen badischen Teil – den Trauben macht das nichts aus. Rivaner, Grauburgunder, Silvaner, Weißburgunder und natürlich Riesling gedeihen unter einer Sonne und entwickeln hervorragende Aromen. Rotweine wie Spätburgunder, Dornfelder und St. Laurent zeigen dabei eine hohe südländische Qualität. So hat es ein Zwingenberger Winzer mit seinem Wein schon zu den begehrten Trauben im Gault & Millau WeinGuide geschafft. Einige Weingüter haben auch gemütliche Weinstuben zum Einkehren. Der Weinführer des Tourismus Service Bergstraße e. V. (www.diebergstrasse.de) bietet einen Überblick über die angebauten Rebsorten, Verkauf und Weinschänken.

Wer es lieber mit Bier hält, findet in den **Brauereien** in Darmstadt, Heidelberg, Michelstadt oder in Mossautal die gewünschte Alternative. Hier werden z. B. süffiges Pils, Märzen, Weizen-, Land- oder Bockbier gebraut. Allen Brauereien sind – zum Teil eigene – Gaststätten angeschlossen, manche bieten auch Brauereibesichtigungen an.

Familienurlaub

Sehr beliebt bei Familien ist der **„Urlaub auf dem Bauernhof".** Kühe, Schweine, Ziegen und vieles mehr lassen Kinderherzen höher schlagen. Der Urlaubsring

Odenwald e. V. (www.bauernhofurlaub-odenwald.de) und die Anbietergemeinschaft Urlaub auf dem Bauernhof im Fränkischen Odenwald (www.odenwald-urlaubshoefe.de) geben einen Überblick über die für den Landurlaub geeigneten Bauernhöfe. In der Kernregion des Odenwalds – im Mümlingtal – gibt es auch ein größeres Angebot für **Reiterferien.**

Langweilig wird es dem Nachwuchs im Odenwald garantiert nicht: In **Wildparks** wie dem im Erbacher Brudergrund, dem Englischen Garten Eulbach oder dem Bergtierpark in Erlenbach leben Hirsche, Rehe, Mufflons, Wildschweine und Wisente. Im Überwald bei Wald-Michelbach kann man sogar mit Lamas spazieren gehen. Erlebnisreich sind auch das **Darmstädter Vivarium** oder der **Zoo in Heidelberg.** In den **Hochseilgärten** bei Wald-Michelbach oder Mudau-Steinbach kann man selbst wie ein Äffchen von Wipfel zu Wipfel hangeln (für die Kleinen gibt es Kinderparcours). Bei Regen sind die **Kletterhallen** in Bensheim oder Darmstadt eine Alternative. Außerdem warten eine Reihe an **Indoor-Spielplätzen** wie Fabulas Zauberwelt in Michelstadt oder das Kinderparadies Hohenloher Hof in Michelstadt-Rehbach auf tobenden Nachwuchs.

Feste und Veranstaltungen

Gefeiert wird im Odenwald und an der Bergstraße gern und zu jeder Jahreszeit. Vom Kräuter- bis zum Weihnachtsmarkt gibt es zu jeder Saison den passenden Markt. Sobald es die Temperaturen zulassen, starten die ersten Volksfeste und Open-Air-Festivals. Das größte Volksfest im Odenwald ist der Erbacher Wiesenmarkt (→ S. 138). Das Finkenbacher Krautrockfestival, kurz Finki, ist das älteste Musik-Event (→ S. 147). Infos zu Festen und Veranstaltungen finden Sie bei den Orten unter der Rubrik „Basis-Infos".

An den Märchen- und Sagentagen halten Ritter in Reichelsheim Einzug

Literaturtipps

Darmstadt Rainer Maaß, **Darmstadt erleben. Ein Führer zu den Sehenswürdigkeiten der Stadt des Jugendstils**. Weinheim 2009 (Edition Diesbach).

Richard Mader und Hans C. Hoffmann, **Darmstadt und der Jugendstil**. Darmstadt 1996 (Mader).

Ekkehard Wiest, **Streifzüge durch Darmstadt mit „Pimm" 1948 bis 1958**. Darmstadt 2015 (Toeche-Mittler).

Heidelberg Oliver Fink, **Kleine Heidelberger Stadtgeschichte**. Regensburg 2005 (Pustet).

Hartmut Ellrich u. a., **Das historische Heidelberg: Bilder erzählen**. Petersberg 2009 (Imhof).

Michael Buselmeier, **Literarische Führungen durch Heidelberg: Eine Stadtgeschichte im Gehen**. Heidelberg 2007 (Wunderhorn).

Römisches Leben im Odenwald Egon Schallmayer, **Der Odenwald-Limes. Entlang der römischen Grenze zwischen Main und Neckar**. Stuttgart 2010 (Theiss).

Gisela Graichen, **Limes: Roms Grenzwall gegen die Barbaren**. Frankfurt 2009 (Scherz).

Burgen & Schlösser Thomas Biller, **Burgen und Schlösser im Odenwald. Ein Führer zu Geschichte und Architektur**. Regensburg 2005 (Schnell & Steiner).

Fränkischer Odenwald Hans-Peter Siebenhaar, **Mainfranken**. Darin u. a. der fränkische Teil des Odenwalds. Erlangen 2015 (Michael Müller Verlag).

Kulinarisches Armin Treusch, **Das Odenwald Kochbuch. Zwischen Sandstein und Apfelwein**. Clenze 2010 (Edition Limosa).

Denis und Swen Duhme, **Odenwälder Apfelweinführer 2009. 65 ausgewählte Apfelweinwirtschaften/Insider Tipps**. Mannheim 2009 (Selbstverlag).

Sportliches **Kletterführer Odenwald: Klettern in Schriesheim, Ziegelhausen, Stiefelhütte, Lautertal, Heubach und Hainstadt**. Köngen 2014 (Panico Alpinverlag).

Nibelungen Helmut Brackert (Übersetzer), **Das Nibelungenlied 1: Mittelhochdeutscher Text und Übertragung**. Frankfurt 2011 (Fischer Klassik).

Otmar A. Geiger, **Im Reich der Nibelungen. Der Odenwald. Ein Führer zu den Sehenswürdigkeiten zwischen Worms und Würzburg**. Weinheim 2004 (Edition Diesbach).

Rainer Türk, **Auf dem Nibelungensteig: Ein Odenwälder Wandererlebnis – von Zwingenberg an der Bergstraße bis Freudenberg am Main.** Lorsch 2011 (Brunnengräber).

Geografie Friedrich Sauerwein und Hans H. Weber, **Geographisch-historischer Lehrpfad Lichtenberg. Erläuterungsheft**. Reinheim/Lichtenberg 1983 (Museum Schloss Lichtenberg).

Übernachten

Darmstadt ist vor allem mit Konferenzhotels gut bestückt und profitiert von der guten Anbindung zum Rhein-Main-Gebiet und zur Frankfurter Messe. Während einer Messe kann es aber sogar in der Wissenschaftsstadt mit Zimmern eng werden. **Heidelberg** hingegen ist vor allem tourismusorientiert. Es gibt komfortable und moderne Hotels zu entsprechenden Preisen. Wer auf gewissen Luxus verzichten kann, findet auch günstigere Unterkünfte. Eine gesellige, erfrischende Alternative sind Hostels oder Jugendherbergen.

Hotels und Pensionen im **Odenwald** sind gemütlich und teils urig eingerichtet. Manch kleinere, alt eingesessene Pension besitzt aufgrund des Mobiliars den Charme längst vergangener Tage. Gelegentlich werden sogar noch Zimmer mit Etagenbädern angeboten. Die meisten Unterkünfte aber werden heutigen Komfortansprüchen gerecht. Sie sind häufig familiengeführt, es herrscht eine persönliche und freundliche Atmosphäre. Einen guten Überblick geben Verzeichnisse, die als Broschüren zusammengefasst bei den Touristeninformationen angefordert werden können. Für die Online-Recherche empfehlen sich u. a. die Seiten www.odenwald.de und www.diebergstrasse.de, www.odenwald-sterne-hotels.de, www.odenwald-tourismus.de sowie die Websites der Gemeinden. Bei den einzelnen Orten im Reiseteil finden Sie zudem Tipps für Unterkünfte, die sich vor allem für Wanderer und Radwanderer eignen. Der Schwerpunkt der Auswahl liegt auf konventionellem Komfort zu üblichen Preisen, die bei Pensionen und Hotels zwischen 60 € und 120 € für ein Doppelzimmer liegen.

Klar im Vorteil sind **Selbstversorger.** Denn die Auswahl an Ferienwohnungen ist besonders groß. Sie sind in der Regel komfortabel eingerichtet und relativ moderat in den Kosten. Diese liegen zwischen 28 € und 55 € pro Tag für zwei Personen. Dabei gilt: Je länger der Aufenthalt, desto niedriger der Preis. Hier finden dann auch Hundehalter ein geeignetes Quartier. Auf Campingplätzen, über die fast jede Gemeinde verfügt, und in manchen Hotels sind die Vierbeiner ebenfalls willkommen, kosten aber für gewöhnlich einen Aufpreis. Für Wohnmobile gibt es darüber hinaus in einigen Gemeinden wie Breuberg, Erbach oder Mosbach Stellplätze, die für ca. drei Tage kostenlos genutzt werden können. Strom- und Wasserversorgung sind vorhanden und gegen eine geringe Gebühr nutzbar.

Verkehrsverbindungen

Unterwegs mit dem Auto: Durch den Odenwald führen mehrere Bundesstraßen. Eine wichtige Querverbindung ist die B 47, die von Worms bis Amorbach auch Nibelungenstraße heißt. In der Nähe der Bergstraße verläuft die Autobahn A 5, die Heidelberg mit Darmstadt verbindet. Während auf dem Land das Auto klar von Vorteil ist, sollte man es in Darmstadt und Heidelberg lieber stehen lassen. Parkplätze sind dort in vielen Stadtvierteln rar oder teuer. Parkhäuser gibt es, aber auch hier muss man mit höheren Kosten rechnen. Infos über Parkmöglichkeiten in Darmstadt und Heidelberg gibt es im jeweiligen Kapitel.

Unterwegs mit öffentlichen Verkehrsmitteln: Relevante Verkehrsverbunde mit einem Streckennetz rund um Odenwald und Bergstraße sind der VRN (Verkehrsverbund Rhein-Neckar GmbH, www.vrn.de) und der RMV (Rhein-Main-Verkehrsverbund GmbH, www.rmv.de). So verbindet z. B. die Regionalbahn RB 60 (RMV) Frankfurt mit Darmstadt und Heidelberg und hält nahezu in jedem Ort an der

Traktoren trifft man nicht nur zur Erntesaison

Bergstraße. Die Straßenbahnlinie 5 (VRN) verkehrt zwischen Heidelberg, Weinheim und Mannheim und hält an über 60 Stationen. Die S-Bahn-Linien S 1 und S 2 des VRN führen über Heidelberg zu den sehenswerten Ortschaften am Neckar. Die Linien 64 und 65 der Odenwaldbahn verbinden Darmstadt bzw. Frankfurt mit dem Mümlingtal und Eberbach am Neckar (Fahrpläne und Streckenverlauf unter www.vias-online.de). Nützliche Infos für den Odenwaldkreis hält auch www.odenwaldmobil.de bereit.

Wellness und Kuren

Die Odenwälder Luft und das Klima fördern die Gesundheit. Das gibt es sogar schriftlich: Einige Gemeinden tragen offizielle Prädikate wie „Luftkurort“ oder „Heilklimatischer Kurort“ – so z. B. Lindenfels oder Bensheim-Auerbach an der Bergstraße. In erster Linie weisen diese Stempel auf die touristische Qualität der Gemeinden hin. Auch ohne verordnete Kur kann man im Odenwald sehr viel Gutes für sich tun – etwa die Seele baumeln lassen in den Thermalbädern, Saunalandschaften oder Salzgrotten wie z. B. der Odenwald-Therme in Bad König, dem Miramar in Weinheim, der Katzenbuckel-Therme in Waldbrunn oder dem Jugendstilbad in Darmstadt. Sprudelnde „Geysire“, Whirlpools und Massagedüsen helfen, die Muskeln zu entspannen, und verbessern die Durchblutung. Salzgrotten unterstützen die Heilung von Haut- oder Atemwegserkrankungen. Dazu gibt es meist ein umfangreiches Wellnessprogramm mit Massagen und Kosmetikbehandlungen. Fast alle Erlebnisbäder zwischen Rhein, Main und Neckar können den Bedarf an Wohlfühlangeboten decken. Yoga, Entspannungsgymnastik, Hot-Stone-Massagen oder Thalasso-Anwendungen gibt es auf Schönheitsfarmen oder in Hotels im gesamten Odenwald. Ein besonderer Ort der Besinnung ist das buddhistische Kloster „Buddhas Weg“ in Siedelsbrunn (Wald-Michelbach).

Odenwald und Bergstraße sind reich an Fachwerk

Odenwald – Reiseziele

Darmstadt	→ S. 34
Vorderer Odenwald	→ S. 52
Mümlingtal und Beerfelder Land	→ S. 108
Madonnenländchen und Bauland	→ S. 152
Die Bergstraße	→ S. 176
Heidelberg	→ S. 226
Die Burgenstraße	→ S. 248

Darmstadts Baukultur: modern und historisch

Darmstadt

Die Stadt zählt mit der Mathildenhöhe und den Häusern rund um die Künstlerkolonie zu Deutschlands Jugendstilmetropolen. Die vielen Forschungseinrichtungen und die Technische Universität mit über 20.000 Studenten sorgen dafür, dass Darmstadt eine junge, lebendige Stadt ist. Und dann profitiert sie noch vom milden Klima der Rheinebene, das die Menschen bei schönem Wetter ins Freie lockt.

Die Stadt wurde im Zweiten Weltkrieg stark zerstört. Eine idyllische Innenstadt gibt es also nicht, aber verteilt zahlreiche architektonische und kulturelle Kostbarkeiten.

Darmstadt – Architekturstadt: Besuchermagnet ist unumstritten die Mathildenhöhe mit ihrem berühmten Jugendstil-Ensemble, das zwischen 1901 und 1914 entstand. Dazu gehört auch der Hochzeitsturm – seiner Form nach auch Fünffingerturm genannt –, der heute das Wahrzeichen der Stadt ist. Weitere historische Highlights sind u. a. das wiederaufgebaute Residenzschloss, das Prinz-Georg-Palais, die Orangerie oder das Jagdschloss Kranichstein. Eine architektonische Attraktion neueren Datums ist die Waldspirale (→ Kasten S. 43) von Friedensreich Hundertwasser im Bürgerparkviertel. Das Haus ist eines seiner letzten Werke, das erst nach seinem Tod fertiggestellt wurde. Eine ausgesprochen auffällige Form hat auch das Wissenschafts- und Kongresszentrum Darmstadtium. Die Darmstädter haben das Gebäude schlichtweg „Schepp' Schachtel" (schiefe Schachtel) getauft. Im benachbarten Herrngarten genießen auf den Wiesen viele, überwiegend junge Leute den Sonnenschein. Generell geht es in Darmstadts Parkanlagen lebhaft zu: Im Platanenhain auf der Mathildenhöhe und in der Orangerie treffen sich Boule-Spieler, im Prinz-Emil-Garten picknicken Familien, Scharen von Spaziergängern zieht es an Wochenenden auf die Rosenhöhe.

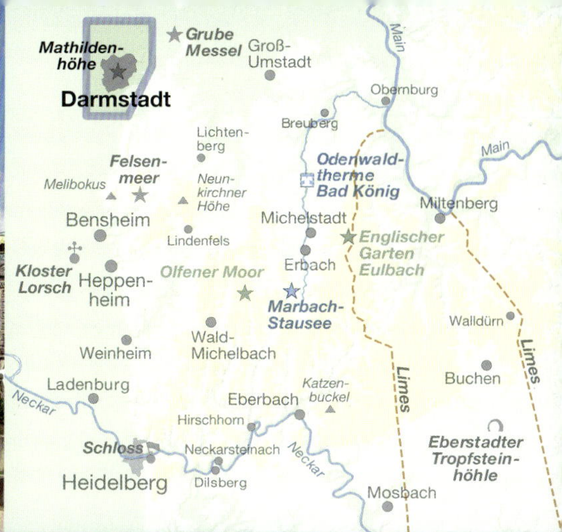

Darmstadt

Darmstadt – Wissenschaftsstadt: Hier haben namhafte Institutionen Quartier bezogen, wie die EUMETSAT, die Europa mit den neuesten Klimadaten versorgt, und das GSI Helmholtzzentrum für Schwerionenforschung. Außerdem gerät Darmstadt immer dann in den Blickpunkt der Weltöffentlichkeit, wenn Europa mal wieder einen Satelliten ins All schießt. Denn in Darmstadt befindet sich das Kontrollzentrum der Weltraumorganisation ESA, das ESOC (European Space Operation Centre). Dessen Innenleben kann bei öffentlichen Führungen auch besichtigt werden (Termine unter www.esa.int).

Darmstadt – Kulturstadt: Jazzfreunde kommen hier voll auf ihre Kosten. Denn das Jazzinstitut im historischen Kavaliershaus in Bessungen genießt einen Ruf, der über Deutschlands Grenzen hinausreicht. Die Akademie für Sprache und Dichtung verleiht jährlich den hoch dotierten Georg-Büchner-Preis an herausragende Literaten. Dazu gibt es Theater und Konzerte für jeden Geschmack, und für das Nachtleben sind die Kneipen und Bars vor allem im Martinsviertel eine beliebte Anlaufstelle.

Darmstadt – „Lilien"-Stadt: Treue Fans lieben ihren Fußballclub, ganz gleich in welcher Liga der SV Darmstadt 1898 e. V. spielt. Seit aber der Verein in den Jahren 2014 und 2015 ein unvergleichliches Aufstiegsmärchen von der dritten in die erste Liga geschrieben hat, erfreuen sich die „Lilien" einer schnell wachsenden Anhängerschaft. Außerdem genießen 98er in der Fußballwelt einen besonderen Sympathie-Status: Fans der „Lilien" und die gegnerischer Mannschaften schwärmen von der Atmosphäre im charmanten Stadion am Böllenfalltor.

Geschichte

Darmstadt wurde im 8. oder 9. Jh. vermutlich von den Franken gegründet und als „Darmundestat" gegen Ende des 11. Jh. erstmals urkundlich erwähnt. Wie der Name entstand, ist bis heute nicht geklärt. Eine frühe Deutung aus dem 19. Jh. vermutet, dass ein Wildhübner (Forstbeamter) namens Darimund oder Darmund die

Siedlung gegründet hat, der im Wildbann Dreieich die kaiserlichen Jagdrechte wahrte. Die neuere Forschung nähert sich der Namensentstehung auf etymologische Weise: Danach steht „stat" für Stätte und „munde" bzw. „mundi" für Schutz oder Schutzverhältnis, also ein „Ort mit Schutzfunktion". Viel gerätselt wird weiterhin über den Wortbestandteil „dar".

Der Ort gewann an Bedeutung, als 1259 der Bischof von Würzburg sowohl Darmstadt als auch das benachbarte Bessungen an die Grafen von Katzenelnbogen als Lehen gab. Als kirchliches Zentrum spielte Bessungen zu diesem Zeitpunkt allerdings die wichtigere Rolle. Die Grafen bevorzugten jedoch Darmstadt und erbauten an der Stelle, an der sich heute das Schloss befindet, eine Wasserburg.

1479 starb das Geschlecht der Katzenelnbogener aus und die Landgrafen von Hessen betraten die geschichtliche Bühne. Ihr Herrschaftsschwerpunkt lag zunächst in Kassel und Marburg. Erst als Landgraf Philipp der Großmütige 1567 starb und seine Besitztümer unter seinen vier Söhnen aufgeteilt wurden, erlebte die Stadt eine enorme Entwicklung. Der jüngste Erbe, Georg I., baute Darmstadt zu seiner Residenz aus und von da an trug die Landgrafschaft den Namen Hessen-Darmstadt. Er ließ das Hessische Ried für den Ackerbau nutzbar machen und verbesserte die Wasserversorgung. Die Stadt vergrößerte sich und die ehemalige Burg verwandelte er in ein prächtiges Renaissanceschloss, das im Laufe weiterer Generationen Stück für Stück vergrößert wurde.

Die schönen Künste fassten in Darmstadt Fuß, als Elisabeth Dorothea von Hessen-Darmstadt 1678–88 die vormundschaftliche Regierung für ihren Sohn Ernst Ludwig übernahm. Sie ließ das erste Darmstädter Theater bauen. Noch größeren Einfluss auf das kulturelle Leben nahm allerdings Karoline Henriette von Hessen-Darmstadt. Sie holte u. a. Merck, Herder und den jungen Goethe in ihren „Kreis der Empfindsamen" und machte die Stadt damit zum intellektuellen Zentrum. Goethe gab ihr gar den Beinamen „Die große Landgräfin". Auch Matthias Claudius

Früher Hoftheater, heute Haus der Geschichte

verweilte eine Zeit in der Stadt und schrieb hier sein berühmtestes Gedicht, „Der Mond ist aufgegangen“. Karoline Henriettes Mann und Regent der Stadt, Ludwig IX., hielt es dagegen eher mit dem Militär. Er zog in Kriege, gründete Pirmasens, das von ihm zur Garnisonsstadt ausgebaut wurde, und beglückte auch Darmstadt mit einem Exerzierhaus.

1806 trat die Landgrafschaft dem Rheinbund bei und wurde zum Großherzogtum erhoben, das seine monarchische Macht bis zur Revolution von 1918 behielt. Nach dem Ausruf der Republik und der Gründung des Volksstaats Hessen war Darmstadt zunächst Landeshauptstadt. Nach dem Zweiten Weltkrieg übernahm das deutlich weniger zerstörte Wiesbaden diese Aufgabe; erhalten blieb Darmstadt der Sitz des Regierungspräsidiums. Die Geschichte des Hauses von Hessen-Darmstadt, der Großherzöge von Hessen und bei Rhein, endete schließlich 1997, als mit Prinzessin Margaret das letzte Familienmitglied starb.

Stadtrundgang

Die Bauwerke von Georg Moller, Oberbaurat und Hofbaumeister des Großherzogtums Hessen-Darmstadt, prägen das Bild der Innenstadt: Das **Ludwigsmonument** auf dem Luisenplatz, der „Lange Lui“, ist bei der Stadteinfahrt von Westen weithin sichtbar. Die 33,7 m hohe Säule im Zentrum der Stadt trägt die über 5 m hohe Bronzestatue von Ludwig I. Eindrucksvoll ist auch die Architektur der **St.-Ludwig-Kirche** (Wilhelminenstraße). Diese wurde 1822–27 nach dem Vorbild des römischen Pantheon erbaut und 2005 im Innenraum restauriert. Die kreisrunde Form hat der Kirche die Beinamen „Kuppelkirche“ und „Käs'glock“ eingehandelt. In direkter Nachbarschaft liegt das **Staatstheater Darmstadt** mit seiner neu gestalteten Fassade und dem modernen Vorplatz. Wenige Meter von der Kirche entfernt steht ein Obelisk mit Jugendstil-Schmuck, der zu Ehren von Alice Maud Mary von Großbritannien und Irland errichtet wurde, einer Tochter von Queen Victoria und Mutter von Ernst Ludwig von Hessen-Darmstadt.

Nach dem Vorbild des römischen Pantheon erbaut: St.-Ludwig-Kirche

Einen Hauch Altstadt-Flair verbreitet das Areal rund um das Residenzschloss. In der Ernst-Ludwig-Straße, mitten in der Fußgängerzone, steht der **Weiße Turm** mit seiner prägnanten Pickelhaube. Er wurde im 14. Jh. errichtet und im 18. Jh. zum Glockenturm umgebaut. Wenige Meter entfernt liegt der **Marktplatz** mit Marktbrunnen (1546), der bereits im 14. Jh. Handelsplatz war. Mittwochs und samstags findet hier – umrahmt von Geschäften, Cafés und Restaurants – der Wochenmarkt statt. Ein beliebter Treffpunkt ist der Ratskeller im 1598 erbauten Rathaus. Dieses beherbergt heute das Standesamt und die einzige Hausbrauerei der Stadt. Einen Steinwurf davon entfernt steht die **Stadtkirche,** die 1369 erstmals als Kapelle erwähnt und spätestens im Zuge der Reformation evangelische Zentralkirche wurde. In ihrer Gruft befinden sich die Gräber der Landgrafen von Hessen-Darmstadt, die zum Teil nach Rücksprache mit dem Gemeindebüro besichtigt werden können (www.stadtkirche-darmstadt.de). Als modernes Gotteshaus stellt die Kirche ihren Raum für Lesungen und Konzerte zur Verfügung.

Gegenüber steht das **Alte Pädagog** (ehemalige Lateinschule) in der gleichnamigen Straße. Es wurde 1607–29 erbaut, im Zweiten Weltkrieg stark beschädigt und 1979 sowie in den Folgejahren wiederhergestellt. In der Schule büffelten Größen wie Justus von Liebig, Georg Büchner und Georg Christoph Lichtenberg. Über den parallel verlaufenden Weg „Am Kleinen Woog" hinweg und an der Stadtbibliothek vorbei, erreicht man den **Hinkelsturm** mit einem Reststück Altstadtmauer, der in den 1990er-Jahren restauriert wurde. Seit 1997 befindet sich dort das Altstadtmuseum.

Der Hinkelsturm

Auf Hessisch heißt Huhn „Hinkel". Doch das Federvieh hat nichts mit dem Turm zu tun. Vielmehr ist ein großer, in der Nähe liegender „Hünenstein" – oder eben Hinkelstein – für den Namen verantwortlich. Das Altstadtmuseum im Hinkelsturm hat von April bis Okt. Sa/So 14–16 Uhr geöffnet. Dort gibt es eine sehenswerte Rekonstruktion der Altstadt im Maßstab 1:160. Infos unter www.frk-stadtmuseum-darmstadt.de.

Über den Kleinschmidtsteg geht es zurück Richtung Innenstadt, vorbei am „Datterich"-Brunnen mit seinen beweglichen Figuren. Die gleichnamige Darmstädter Lokal-Posse von Ernst Elias Niebergall ist das bekannteste Schauspiel in hessischer Mundart. Rolltreppab gleitet man an der Goldenen Krone vorbei, dem ältesten erhaltenen Altstadtgebäude. Davor steht der **„Heiner",** Symbolfigur der Darmstädter. Die Bronzeplastik zeigt einen „Eckensteher" – Tagelöhner wie diesen gab es zuhauf in der Stadt. Sie boten täglich ihre Arbeitskraft für ein paar Mark an.

Der Weg zum **Herrngarten** führt durch das Schloss, in dem sich u. a. die Universitäts- und Landesbibliothek, Fachbereiche der TU und der Schlosskeller samt Disco (auch Livemusik) befinden. Seit 2010 gibt es auf der Bastion einen schönen Biergarten, der wie der Schlosskeller vom AStA der TU Darmstadt bewirtschaftet wird. Ursprünglich grenzte der Herrngarten direkt ans Schloss. Er war zunächst Nutzgarten für die höfische Küche und wurde 1766 in einen englischen Landschaftspark umgestaltet, der ab 1802 auch dem Volk zugänglich gemacht wurde. Denkmäler erinnern an Goethe oder die Mitglieder derer von Hessen-Darmstadt. Heute liegen die viel befahrene Zeughausstraße, das Landesmuseum und das Haus der Geschichte auf dem Karolinenplatz dazwischen. Im **Haus der Geschichte** haben sich u. a. das Hessische Staatsarchiv, der Historische Verein für Hessen und die Hessische Familiengeschichtliche Vereinigung niedergelassen. Das Bauwerk war in seinen Anfängen 1819 ein Hoftheater – sein Konstrukteur: Hofbaudirektor Georg Moller.

Das prunkvolle Portal des Ernst-Ludwig-Hauses:
Hier hatten die Jugendstilkünstler einst ihre Ateliers

Darmstadt → Karte hinterer Umschlag

Mathildenhöhe und Rosenhöhe

Bevor die Wissenschaftsstadt – wie sie sich selbst vermarktet – zu dem wurde, was sie heute ist, schaffte der Slogan „In Darmstadt leben die Künste" Identität. Die Legitimation für diesen hohen Anspruch findet man z. B. auf der **Mathildenhöhe,** die die Hinterlassenschaften der „Darmstädter Künstlerkolonie" beherbergt: einzigartige Gebäude, Skulpturen, Brunnen und vieles mehr aus der Zeit des Jugendstils. Alltagsgegenstände in entsprechendem Design wie Möbel oder Geschirr sind als Dauerausstellung im Museum Künstlerkolonie zu sehen, das sich im Ernst-Ludwig-Haus befindet. In dem Gebäude befanden sich ursprünglich die Ateliers der Jugendstilkünstler. Das große Gebäude an der Seite des Hochzeitsturms hingegen zeigt wechselnde Ausstellungen, die auch überregional für Aufmerksamkeit sorgen. Hinter den beiden Bauwerken befindet sich der Fachbereich Gestaltung der Hochschule Darmstadt, an dem heute junge Industrie- und Kommunikationsdesigner ausgebildet werden.

Die Jugendstiljuwelen verdankt die Stadt dem letzten Großherzog von Hessen-Darmstadt, Ernst Ludwig (1868–1937), einem Enkel der englischen Königin Victoria. In England lernte er die Arts-and-Craft-Bewegung kennen und war so begeistert, dass er die deutsche Strömung förderte, namhafte Künstler nach Darmstadt holte und die Stadt zum Jugendstilzentrum erhob.

Die Künstlerkolonie entstand zwischen 1901 und 1914 im Rahmen von vier Ausstellungen. Bereits 1833 wurde auf dem Areal ein Wasserreservoir angelegt, das sich heute unter dem großen Ausstellungsgebäude befindet und gern in Kunstinstallationen eingebunden wird. Ebenfalls 1833 folgten der Platanenhain, der rege von Darmstädter Boule-Spielern auch für überregionale Turniere genutzt wird, und die Russische Kapelle. Das Gotteshaus wurde zu Ehren der Gattin des letzten Zaren – Ernst Ludwigs Schwester – gebaut. Der Hochzeitsturm war dagegen ein Geschenk der Darmstädter an das großherzogliche Paar zur Hochzeit im März 1905 (fertiggestellt wurde er 1908). Er ist 48,5 m hoch und heute das Wahrzeichen der Stadt. Der Epoche prägende Architekt Josef Maria Olbrich, der auch in Wien wirkte und dort u. a. das berühmte Sezessionsgebäude konzipierte, entwarf den Hochzeitsturm. Von ihm stammen auch das Ernst-Ludwig-Haus, die Häuser Olbrich und Deiters sowie das Große und das Kleine Haus Glückert. Im Großen Glückert-Haus hat die Deutsche Akademie für Sprache und Dichtung ihren Sitz. Sie verleiht jährlich Deutschlands bedeutendsten Literaturpreis: den Georg-Büchner-Preis. Unter den vergangenen Preisträgern waren Gottfried Benn, Erich Kästner, Max Frisch und Elfriede Jelinek.

Von Architekt und Raumgestalter Albin Müller stammen der Schwanentempel und das Lilienbecken unterhalb der Russischen Kapelle. Gemeinsam mit dem expressionistischen Künstler Bernhard Hoetger – seine ausdrucksstarken Skulpturen zieren die Terrasse am Fuße des Ausstellungsgebäudes und den Platanenhain – gestaltete Müller das Löwentor, das den Eingang der großen Ausstellung von 1914 bildete. Heute durchquert man das imposante Tor auf dem Weg zur nahen **Rosenhöhe.** Dieser weiter östlich gelegene, im englischen Stil angelegte Landschaftspark ist bei Spaziergängern beliebt. Ernst Ludwig ließ 1900 das romantische Rosarium mit Rosendom, Terrassen und Teichen anlegen. Außerdem hat in dem Park die großherzogliche Familie ihre letzte Ruhestätte in zwei Mausoleen und freien Einzelgräbern gefunden. Das ältere Mausoleum im klassizistischen Stil wurde vom Stadtplaner Georg Moller entworfen. Das jüngere ist dem Mausoleum der Galla Placidia in Ravenna nachempfunden. Von den Einzelgräbern ist das von Ernst Ludwigs Tochter Elisabeth das imposanteste. Ein lebensgroßer, majestätischer Bronzeengel bewacht das Grab der Prinzessin, die bereits im Alter von acht Jahren an Typhus starb.

An den Jugendstiltagen erstrahlt die Mathildenhöhe in farbigem Licht

Ausstellungsgebäude Mathildenhöhe: Wechselnde, populäre Ausstellungen, daher gibt es zwischendurch längere Pausen. Tägl. (außer Mo) 10–18 Uhr, Do bis 21 Uhr. Eintritt 10 €, erm. 8 € (inkl. Audiosystem). Olbrichweg 13, ✆ 06151/133350, www.mathildenhoehe.eu.

Museum Künstlerkolonie: Dauerausstellung mit Exponaten des Jugendstils. Tägl. (außer Mo) 11–18 Uhr, Eintritt 5 €, erm. 3 €. ✆ 06151/133385.

Museumsshop im Oktogon: Tägl. (außer Mo) 11–18 Uhr. ✆ 06151/133194.

Café unter den Platanen: Gartencafé auf der Mathildenhöhe. April bis Okt. bei Sonnenschein tägl. 10–22 Uhr. Sabaisplatz 1, ✆ 06151/422109, www.caferestaurant-mathildenhoehe.de.

Bessunger Schmuckstück: die Orangerie

Darmstadt → Karte hinterer Umschlag

Bessungen

Die bis 1888 eigenständige Gemeinde wurde bereits im 5. Jh. von den Alemannen gegründet, noch vor Darmstadt. Bis in das 13. Jh. war der Ort von größerer, vor allem religiöser Bedeutung. Diesen Rang lief ihm jedoch der immer stärker werdende Nachbar Darmstadt ab, Bessungen wurde schließlich eingemeindet. Die Bessunger nennen sich „Lapping". Vermutlich leitet sich der Name von dem franz. „Lapin" (Kaninchen) ab – der Überlieferung nach ließ Landgraf Georg I. um 1570 Wildkaninchen bei Bessungen ansiedeln, die für die Namensgebung verantwortlich sein sollen.

Den Kern des Stadtteils bildet die Bessunger Kirche, die 1002 erstmals urkundlich erwähnt wurde. Um sie herum stehen hübsche Fachwerkhäuser und stattliche Wohnhäuser aus der Gründerzeit. In Sichtweite befindet sich der Bessunger Jagdhof von 1726. Im Innenbereich steht das Kavaliershaus, in dem das **Darmstädter Jazzinstitut** untergebracht ist. In der Niedergasse zwischen Kirche und Prinz-Emil-Garten – einer Parkanlage im englischen Stil mit Palais, Teich und kleinem Wasserfall – steht das Haus Christian Schönbeins, des letzten Scharfrichters von Bessungen (18. Jh.). Er richtete nicht nur Menschen, sondern genoss auch einen guten Ruf als Heilpraktiker. Als 1978 ein Ärzte-Ehepaar das Haus der Erbengemeinschaft abkaufte und restaurierte, fanden sie menschliche Knochen. In der Nähe befindet sich der ehemalige Henkersberg, der heutige Wolfskehl'sche Garten.

Ein besonderes Kleinod ist die Orangerie, erbaut 1719–21. Im Sommer ist der Park bis in die nächtlichen Stunden belebt. Im historischen Gebäude werden kleinere Messen, Konzerte und Tagungen veranstaltet. Palmen und Zitruspflanzen überwintern im neuen Gewächshaus. Östlich dahinter liegen die Liebfrauenkirche (1901), der Bessunger und der Jüdische Friedhof, dessen älteste Gräber aus dem Jahr 1714/16 stammen. Von hier aus ist es fast ein Katzensprung zur **Ludwigshöhe:** Der

Bessunger Hausberg bietet eine wunderbare Aussicht auf die Stadt und das Rhein-Main-Gebiet bis hin zum Taunus. Er ist bereits seit Anfang des 19. Jh. ein beliebtes Ausflugsziel. Der 28 m hohe Ludwigshöhturm stammt aus dem Jahr 1882. In der Ludwigsklause gibt es neben Getränken auch Kleinigkeiten zum Vespern. Außerdem befindet sich hier oben die Darmstädter Volkssternwarte.

Volkssternwarte Darmstadt: Fr ab 19.30 Uhr, So ab 10 Uhr, Sa öffentliche Termine, die im Internet stehen. Der Verein empfiehlt, vorher anzurufen. ✆ 06151/51482, www.vsda.de.

Ludwigsklause: Über historische Führungen informiert die Homepage. Tägl. (außer Mo) 12–18 Uhr, So ab 11 Uhr, im Sommer bis 20 Uhr. www.ludwigsklause-darmstadt.de.

Eberstadt

„Ewwerscht“, wie die Einheimischen sagen, gehört seit 1937 zu Darmstadt und ist der südlichste Stadtteil – außerdem einer der schönsten. Der Ort verbreitet bereits das Flair der hessischen Bergstraße. Räumlich mit Darmstadt verbunden, hat Eberstadt sein eigenständiges Ortsbild nicht verloren. Kleine Läden decken fast jeden Bedarf; samstags gibt es zudem einen Wochenmarkt in der Schwanenstraße. Im Ortskern haben die meisten Häuser nicht mehr als zwei Stockwerke. Es gibt einige hübsche Fachwerkhäuser, zu denen auch die Geibel'sche Schmiede zählt, in der u. a. der Eberstädter Weihnachtsmarkt ausgerichtet wird.

Übrigens: Von Darmstadt führt eine Straßenbahnlinie regelmäßig Richtung Eberstadt und weiter bis Alsbach. Die Bahn hält dabei auch in der Nähe der Burg Frankenstein.

Infos zu Eberstadt unter www.eberstadt-online.de und www.eberstaedter-pinnwand.de.

Museen und Gärten

Hessisches Landesmuseum: Der Beuys-Block ist sicher der bekannteste Teil der Sammlung. Doch das Museum hat viel mehr zu bieten – über 100.000 Ausstellungsstücke wollen Zeit haben. Neben den Sammlungen zur Ur- und Frühgeschichte, Funden der griechischen und römischen Archäologie bietet es mittelalterliche Elfenbeinarbeiten und Altargemälde, Malerei und Plastiken von der Renaissance bis zur Gegenwart und einiges mehr. Bei der Architektur des Museums hatte Großherzog Ernst Ludwig seine Finger im Spiel. Gemeinsam mit Architekt Alfred Messel, der sich seinerzeit in Berlin mit Ideen zu einem Idealmuseum profiliert hatte, entwarf er das Gebäude. Das Museum wurde bis Herbst 2014 umfassend saniert nach Fotos aus den 1920ern, die in New York gefunden wurden und damals als Vorlage für eine Nebenstelle des Museum of Modern Art dienen sollten. Ein nettes Café mit historisch-schönem Innenhof und gelegentlichen Jazzkonzerten gibt es auch (http://caferodenstein.wordpress.com).

Di–Fr 10–18 Uhr, Mi bis 20 Uhr, Sa/So und feiertags 11–17 Uhr. Eintritt 6 €, erm. 4 €, Kinder u. Jugendliche bis 18 J. frei. Friedensplatz 1, ✆ 06151/165703, www.hlmd.de.

Kunsthalle Darmstadt: In der Kunsthalle werden wechselnde Ausstellungen von nationalem wie internationalem Rang präsentiert. Der Schwerpunkt der jährlich vier bis fünf Werkschauen liegt auf zeitgenössischer Kunst.

Tägl. (außer Mo) 11–18 Uhr, Do bis 20 Uhr, Sa/So und feiertags bis 17 Uhr. Erw. 6 €, erm. 4 €, Schüler und Studenten frei. Steubenplatz 1, ✆ 06151/891184, www.kunsthalle-darmstadt.de.

Darmstadt → Karte hinterer Umschlag

Porzellansammlung im Prinz-Georg-Palais: Die einen nennen es Tinnef, andere lieben diese kunstvollen Pretiosen aus Porzellan – kostbar sind sie allemal. Die Großherzoglich-Hessische Porzellansammlung dokumentiert mit Figurinen und Gebrauchsgegenständen die Geschichte der höfischen Porzellan- und Fayencekunst vom frühen 18. Jh. bis Ende des 19. Jh. Das historische Palais ist von einem stets zugänglichen Garten umgeben, der im Stil des Rokoko angelegt wurde. Der Lustgarten ist zugleich Nutzgarten: Es werden Gemüse und Obst angebaut und zur Erntezeit verkauft.

Fr–So 10–17 Uhr. Nov. bis März geschlossen. Erw. 4 €, erm. 2,50 €. Schlossgartenstr. 10, ✆ 06151/713233, www.porzellanmuseum-darmstadt.de.

Ein Besuch des Landesmuseums will Zeit haben

Jagdschloss Kranichstein: Es gibt nur noch wenige barocke Jägerhöfe in Deutschland. Das Jagdschloss Kranichstein ist einer davon. In einem Teil des historischen Komplexes ist ein Museum untergebracht, das die Entwicklung der Jagd von den Anfängen bis in die Barockzeit dokumentiert. Eine Waffensammlung präsentiert Windbüchsen, Armbrüste, Hirschfänger oder Saufedern. Gemälde zeigen, dass die höfischen Jagdmethoden nicht wirklich sportlich waren. In den Repräsentationsräumen hängen stattliche Geweihe, wertvolle Tapisserien und Jagdaccessoires. Empfehlenswert sind Führungen, z. B. mit „Frau Luise“ – die Schlossverwaltergattin plaudert Pikantes aus dem Hause Hessen-Darmstadt aus.

Mi–Sa 13–17 Uhr, So und feiertags ab 10 Uhr, 24., 25., 31. Dez. und 1. Jan. geschlossen. Erw. 5 €, Kinder 3 €, Kombikarte mit dem bioversum möglich. Kranichsteiner Str. 261, ✆ 06151/97111888, www.museum.jagdschloss-kranichstein.de.

Die Waldspirale

Das Haus von Friedensreich Hundertwasser im Bürgerparkviertel (Friedberger Straße/Bad Nauheimer Straße) entstand 1998–2000 und ist das letzte von insgesamt 25 Häusern, die der Künstler schuf. Der ökologische Bau besteht aus Recycling-Beton, hat ungefähr die Form eines „U“, das an einem Ende nahezu ebenerdig ist und – stetig ansteigend – in einen 41 m hohen Turm mit 12 Stockwerken auf der anderen Seite mündet. 105 Wohnungen haben darin Platz gefunden. Die bunte Fassadengestaltung symbolisiert die Sedimentschichten der Erde. Keines der Fenster scheint gleich zu sein. Knubbelige, für Hundertwasser typische Säulen zieren die Eingänge. Das begrünte Dach trägt goldene Zwiebeltürmchen.

Eisenbahnmuseum: Für kleine und große Lokomotiv-Fans eigentlich Pflicht. Das älteste Exponat ist aus dem Jahr 1887 und wird so beschrieben: B n2t, Hohenz. 423, 1976 ex Neuhoffnungshütte Sinn/Dillkreis, Lok 1), bis 1907 Zschipkau-Finsterwalder Eb. (Lok 1 „von Manteuffel"). Das muss man als Laie bestimmt nicht verstehen. Aber imposant sind sie schon, die alten, mächtigen Zugmaschinen. Das Eisenbahnmuseum veranstaltet auch regelmäßig Dampftage und ein Dampflokfest (Termine auf der Website).

So und feiertags 10–16 Uhr, April bis Sept. auch Mi. Erw. 5 €, Kinder 2,50 €, Familienkarte (bis zu 3 Kinder) 12,50 €. Steinstr. 7, ✆ 06151/376401, www.bahnwelt.de.

bioversum Kranichstein: Im Zeughaus am Jagdschloss Kranichstein will man vor allem Kindern ein Gefühl für die Natur geben. Das bioversum ist aber auch etwas für Junggebliebene. Flora und Fauna der Umgebung werden erlebnisreich und beispielhaft vorgestellt. Hier erzählt eine Ameise ihre Geschichte, dort können Käfer unter dem Mikroskop untersucht und Fledermausfell oder Igelstachel ertastet werden. Im Nachbarraum werden die täglichen Lebensmittel vorgestellt. So erfährt man, dass Äpfel gar kein urdeutsches Kulturgut sind, sondern wie vieles ursprünglich aus Asien stammen.

Di–Fr 11–17 Uhr, im Sommer Sa/So und feiertags 10–18 Uhr, im Winter bis 17 Uhr. Erw. 6 €, Kinder 4 €, Kombikarte mit dem Jagdmuseum möglich. Kranichsteiner Str. 253, ✆ 06151/97111888, www.bioversum-kranichstein.de.

Zoo Vivarium: Wenn ein Gewitter droht, ist der Schrei des Pfaus weit über die Lichtwiese zu hören. Im Vivarium gibt es possierliche Tierchen wie quirlige Totenkopfäffchen und Fischotter, Zebras oder Meerschweinchen. Bedingt drollig sind die Bewohner der Terrarien und Aquarien: Hornvipern, Stachelschwanzwarane oder Piranhas.

April bis Sept. tägl. 9–19 Uhr, März und Okt. bis 18 Uhr. Nov. bis Febr. bis 17 Uhr. Erw. 6 €, erm. 1,50 €. Schnampelweg 5, ✆ 06151/133391, www.zoo-darmstadt.de.

Das Porzellanschlösschen im Prinz-Georgs-Garten trägt seinen Namen aufgrund der kostbaren Sammlung, die es beherbergt

Botanischer Garten: Der Botanische Garten mit heute rund 8000 natürlichen Schätzen gehört seit 1897 zur Technischen Universität. Eine seiner Attraktionen ist der Urweltmammutbaum, der 1941 in einer chinesischen Bergregion entdeckt wurde und zuvor nur als Fossil bekannt war. Auf dem rund 4,5 Hektar großen Areal gibt es mehrere über hundertjährige Pflanzen, Gewächshäuser mit einem Regenwaldhaus oder das Alpinum für Gebirgspflanzen. Am ersten Freitag im Monat kann man sich öffentlichen Führungen anschließen.

April bis Sept. Mo–Fr 7.30–19.30 Uhr, Sa 9–18 Uhr, So und feiertags 9–12 Uhr, Okt. bis März Mo–Fr 7.30–16 Uhr, Sa 9–16 Uhr, So und feiertags 9–12 Uhr. Eintritt frei. Schnittspahnstr. 11, ✆ 06151/166100, www.bio.tu-darmstadt.de/botanischergarten.

Waldkunstpfad: Vergängliche Kunst mit natürlichen Materialien und Werkstoffen aus der direkten Umgebung. Seit 2002 wird alle 2 Jahre der Waldkunstpfad mit internationalen Künstlern im Darmstädter Forstrevier rund um die Ludwigshöhe ausgerichtet. Als kreative Vorgabe gibt es zu jedem Symposium ein Motto (z. B. Laboratorium oder Expedition), das dann bunte Pilze oder ein Wald-U-Boot hervorbringt. Frühere Installationen sind im Internet dokumentiert und manche auch auf dem Gelände des Vereins für Internationale Waldkunst e. V. zu sehen.

Das Symposium mit Begleitprogramm findet immer in den geraden Jahren im Aug./Sept. statt. Internationales Waldkunst Zentrum, Ludwigshöhstr. 137, ✆ 06151/7899537 oder 714612, www.iwz.waldkunst.com.

Darmstadt → Karte hinterer Umschlag

Basis-Infos zu Darmstadt

Information **Darmstadt Shop** im Luisencenter. Mo–Fr 10–18 Uhr, Sa bis 16 Uhr, April bis Sept. auch So 10–14 Uhr. Luisenplatz 5, 64283 Darmstadt, ✆ 06151/134513, www.darmstadt-tourismus.de.

Bus & Bahn Die Darmstadt-Dieburger Nahverkehrsorganisation (DADINA) betreibt zahlreiche innerstädtische Bus- und Straßenbahnlinien. Hinzu kommen Überlandbusse, die den Landkreis Darmstadt-Dieburg anfahren und damit den Vorderen Odenwald und einen Teil der Bergstraße erschließen. Knotenpunkte befinden sich am Luisenplatz und am Hauptbahnhof samt Info-Büros (Kundenzentrum der HEAG mobilo GmbH, Luisenplatz 6, und RMV-Mobilitätszentrale, Am Hauptbahnhof 20 a). Im Innenstadtbereich kostet ein Einzelticket 2 €, das Tagesticket 3,90 €. Für Nachtschwärmer gibt es sog. NightLiner und Sammeltaxis. Alle Linien inkl. Fahrpläne unter www.dadina.de, die einzelnen Fahrverbindungen unter www.rmv.de.

Fahrradverleih Mit **Call a Bike** kann man sich ein DB-Fahrrad für 8 Cent/Min. (höchstens 15 €/Tag) mieten. Anbieter in Darmstadt ist die HEAG mobilo. Die Standorte der Fahrräder und wo man sich für die Nutzung anmelden muss, erfahren Sie unter www. heagmobilo.de/mietfahrraeder.

Darmstadt hat außerdem einen **E-Bike-Verleih** im Darmstadt Shop (Luisencenter). Für 20 €/Tag, 30 €/Wochenende und gegen 120 € Kaution kann man damit gut die Region erkunden. Mehrere Stationen im Odenwald, an der Bergstraße und in Heidelberg nehmen die Räder auch zurück. Mo–Fr 10–18 Uhr, Sa bis 16 Uhr, April bis Sept. auch So 10–14 Uhr. Luisenplatz 5, ✆ 06151/134513, www.darmstadt-tourismus.de/besuch/stadtfuehrungen/radfahren-in-darmstadt.

Am Hauptbahnhof gibt es die **Fahrradstation** mit **Fahrradparkhaus**: Leihrad 10 €/Tag, Stellplatz 1 €. Wer länger parken will, für den lohnt sich eine Monatskarte für 10 €. Ansonsten bieten auch manche Hotels einen Stellplatz an. Gegen schlappe Schläuche hilft der Schlauchautomat des Darmstädter ADFC am Hauptbahnhof. Auf Wunsch werden Leihräder ins Hotel gebracht und wieder abgeholt. Fahrradparkhaus: Mo–Fr 5.30–23 Uhr, Sa/So und feiertags ab 8 Uhr. Fürstenbahnhof 5, ✆ 0160-2203772, www.fahrradverleih-darmstadt.de.

Feste & Veranstaltungen Beim **Heinerfest** am ersten Juli-Wochenende steht die Innenstadt für vier Tage Kopf. Fahrgeschäfte schütteln Mägen durch, Fressstände locken mit Leckereien, im Schlosshof und auf der Bastion wird es gesellig mit Wein, Cocktails und musikalischen Live-Acts. Montags bildet ein imposantes Feuerwerk im Herrngarten den Abschluss. www.darmstaedterheinerfest.de.

Schlossgrabenfest. Das Musikfestival rund um das Schloss rockt jedes Jahr Ende Mai (Do–So) die Stadt. Auf vier Bühnen präsentieren sich zahlreiche Bands von Pop, Rock, Reggae, Ska, Hip-Hop bis Punk. www.schlossgrabenfest.de.

Residenzfestspiele. Klar, der Name der Veranstaltungsreihe verrät es: Hier gibt Klassik den Ton an. Aber auch Pop- und Jazz-Klänge wehen durch die lauen Sommernächte im Juli/Aug. Die Spielplätze: historische Orte wie Mathildenhöhe oder Orangerie. www.residenzfestspiele.de.

Während des **Weinfests** Anfang Sept. verwandelt sich die Wilhelminenstraße in ein Weindorf, das von morgens bis spät in die Nacht mit süffigen Weinen und kulinarischen Leckereien lockt. www.weinfest-darmstadt.de.

»› Mein Tipp: Mit dem **Just for Fun Straßentheaterfestival** wird internationale Kleinkunst nach Darmstadt geholt. Immer im August bringen Artisten aus aller Welt das Publikum auf der Straße zum Staunen und Lachen. Zu den vergnüglichen Highlights zählt das Freitagabend-Programm auf dem Riegerplatz. www.justforfun-darmstadt.de. ‹«

Medien Das **Darmstädter Echo** ist die einzige lokale Tageszeitung der Stadt, www.echo-online.de.

Wer sich über das kulturelle Angebot der Stadt informieren will, hat zwischen mehreren kostenlosen Stadtmagazinen die Wahl, die in Cafés und Restaurants ausliegen: Das junge **P-Magazin** (www.p-verlag.de) hebt sich ab durch ein handliches A-5-Format, auffälliges Layout und seine lockere Berichterstattung. Die **Darmstädter Kulturnachrichten** berichten klassisch über das kulturelle Geschehen der Stadt und im Rhein-Main-Neckar-Raum. Allgemein gefällig informiert **VORHANG AUF** (www.vorhang-auf.com).

Parkplätze Das Auto lässt man in Darmstadt am besten stehen, zumal es in vielen Vierteln an Parkplätzen mangelt. Die Stadt kann sehr gut zu Fuß und mit den öffentlichen Verkehrsmitteln entdeckt werden. Wer keinen kostenfreien Parkplatz in den Straßen findet, kann den kostenlosen Parkplatz am Ostbahnhof nutzen. Öffnungszeiten und Infos unter www.darmstadt-tourismus.de. Eine Ansicht der örtlichen Parkhäuser sowie Preise gibt es unter www.darmstadt-citymarketing.de.

Stadtführungen Das ganze Jahr über bietet die Stadt attraktive Führungen zu den Sehenswürdigkeiten wie Mathildenhöhe, Rosenhöhe oder ESOC an. Einen Terminkalender mit allen Angeboten gibt es unter www.darmstadt-tourismus.de.

Aktivitäten in Darmstadt

Jazz Das **Jazzinstitut Darmstadt** hat die Stadt in der Jazzwelt rund um den Globus berühmt gemacht. Es hat seinen Sitz im historischen Kavaliershaus des ehemaligen Jagdhofs in Bessungen. Die öffentliche Jazzsammlung zählt zu den größten in Europa. Im Gewölbekeller ist die Szene überwiegend an Wochenenden mit Konzerten aktiv. Bessunger Str. 88 d, ✆ 06151/963700, www.jazzinstitut.de.

Der **Jagdhofkeller** hat ein tolles Ambiente für Live-Acts. Der große Gewölbekeller liegt in direkter Nachbarschaft zum Jazzinstitut und bietet über Jazz hinaus ein vielseitiges kulturelles Programm. Bessunger Str. 84, ✆ 06151/664091, www.jagdhofkeller.com.

Der **Jazzclub im Achteckigen Haus** sorgt in einem historischen Keller für noch mehr Jazz und empfehlenswerten Konzertbetrieb. Mauerstr. 17, ✆ 06151/295913, www.jazzclub-darmstadt.de.

Kinos Die Kinos der Stadt sind in der Hand eines Betreibers. Das Programm ist im Web zusammengefasst unter www.helia-kinos.de. Das **Cinemaxx** hat sich überwiegend auf Hollywood-Spektakel eingestellt (Goebelstr. 11), ebenso sind es die **Helia-Kinos** (Wilhelminenstr. 9). Ausgesuchte Filme zeigen dagegen die **Rex-Kinos** und das **Festival**, die beide in der Passage des Helia-Kinos untergebracht sind.

Kulturzentren & Konzerte In der **Centralstation** gibt's hochkarätige Konzerte und Veranstaltungen auf drei Ebenen, in Halle, Lounge und Saal, von Lesungen über Weltmusik bis zu schwofigen Club-Events.

Im Carree, ✆ 06151/3668899, www.central station-darmstadt.de.

Die **Oetinger Villa** ist vermutlich das traditionsreichste Kulturzentrum der alternativen Szene in Darmstadt. Das Konzertangebot ist fein, klein und nicht alltäglich. Kranichsteiner Str. 81, ✆ 06151/711036, www.oetingervilla.de.

Die **Bessunger Knabenschule** vereint unter dem Dach des alten Schulgebäudes aus dem 19. Jh. Handwerkstätten, Yoga-Kurse, internationale Vereine, Kinderangebote und vieles mehr. Die alte Turnhalle wurde zum Konzertsaal umgebaut und ist Schauplatz kultureller Veranstaltungen. Ludwigshöhstr. 42, ✆ 06151/2787858, www.knabenschule.de.

Goldene Krone. Das 1656 gebaute Altstadtgebäude hat als einziges die Brandnacht 1944 unbeschadet überstanden. Es war einst Hotel und ist heute eine lebende Legende der Jugend- und Junggebliebenen-Kultur mit Bar, Kneipe, Disco, Konzertsaal, Tischkicker, Tischtennis und Flippern. Schustergasse 18, ✆ 06151/21352, www.goldene-krone.de.

Naherholung **Freizeitpark Darmstadt am Steinbrücker Teich**. Bei den Darmstädtern heißt das Areal schlicht „Oberwaldhaus", obwohl sich der Name auf das dort befindliche Café-Restaurant bezieht. Hier gibt's Minigolf, Tret- und Ruderboote, Ponyreiten, Spiel- und Grillplatz sowie jede Menge Waldwege; erreichbar mit der Buslinie F. Minigolf kostet 3 €, 30 Min. Bootfahren kostet 6 €. www.freizeitpark-darmstadt.de und www.oberwaldhaus-darmstadt.de.

Schwimmen **Jugendstilbad**. Planschen in ehrwürdigen Hallen, die 1909 erbaut und 2005–08 restauriert wurden. Das Bad verfügt über eine schöne Badelandschaft im Jugendstil, einen großen Spa-Bereich und eine Saunawelt, die kaum einen Wunsch offen lässt. Tägl. 10–22 Uhr. 6 € für 2 Std. Badelandschaft, 19,70 € für die Tageskarte samt komplettem Angebot. Merksplatz 1, ✆ 06151/951560, www.jugendstilbad.de.

Naturfreibad Großer Woog. Das heutige Naturfreibad wurde vermutlich im 16. Jh. als Löschteich angelegt. Seit dem 19. Jh. darf hier offiziell gebadet werden. Es gibt schöne Liegewiesen, eine Insel, eine Wasserrutsche, einen 10-m-Sprungturm und einen Bootsverleih. Stockenten und Reiher machen das Naturerlebnis perfekt. Mitte Mai bis Mitte Sept. Sa–Mo 9–20 Uhr Di–Fr ab 8 Uhr, Mitte Mai bis Mitte Sept. bis 21 Uhr. Eintritt 3,30 €. Heinrich-Fuhr-Str. 20, ✆ 06151/132394, www.darmstadt.de.

Theater **Staatstheater Darmstadt**. Seit 2014 nennt es sich „Das Theater": Das Vierspartenhaus mit Oper, Tanz, Schauspiel und Konzertwesen glänzt mit einer architektonisch attraktiven, hochmodernen Außenschale. Auch die Inszenierungen können sich in der Regel sehen lassen. Georg-Büchner-Platz 1, ✆ 06151/2811600, www.staatstheater-darmstadt.de.

halbNeun Theater. Ein gemütliches Kleinkunsttheater, in dem spitzzüngiges, zotiges und spaßiges Kabarett zu Hause ist. Sandstr. 32, ✆ 06151/23330, www.halbneuntheater.de.

››› Mein Tipp: **Kikeriki Theater in der Comedy Hall**. Ein hessisch babbelndes Travestie-Schneewittchen, das mit den Drei-Sieben-Zwergen das Zwerchfell der Zuschauer mächtig attackiert. Leider sind Karten für die Stücke des Mensch-Puppen-Theaters oft Glückssache. Heidelberger Str. 131, ✆ 06151/964266, www.comedy-hall.de. ‹‹‹

West Side Theatre. Spielt Broadway-Hits wie „Ein seltsames Paar" und politisch-episches Theater mit Stücken wie Brechts „Trommeln in der Nacht". Landwehrstr. 58, ✆ 06151/4924620, www.westsidetheatre.de.

Neue Bühne Darmstadt. Das freie Theater hat im Winter seinen festen Platz in einem alten Arheilger Lichtspielhaus und nutzt im Sommer das Gewächshaus der Orangerie als außergewöhnliche, einladende Kulisse. ✆ 06151/422205, www.neue-buehne.de.

Theater Moller Haus. Das Schauspielhaus der Freien Szene Darmstadt e. V. sticht mit einem sehr kontrastreichen Programm aus unterschiedlichen Theatergenres hervor. Sandstr. 10, ✆ 06151/26540, www.theatermollerhaus.de.

Einkaufen in Darmstadt

→ Karten S. 49 und hinterer Umschlag

Auf dem Marktplatz findet ein **Wochenmarkt** statt, auf dem es v. a. regionale Produkte gibt. Mi und Sa 7–16 Uhr.

Buchheimer Käsespezialitäten 12 Ein echtes Darmstädter Original. Der Lebensmittelladen existiert seit 1858 und wird heute in 5.

Darmstadt → Karte hinterer Umschlag

Generation geführt. Wer Mayonnaise mag, muss unbedingt den Käsesalat probieren. Mo–Mi 8–13 und 14.30–18.30 Uhr, Do/Fr durchgehend, Sa bis 13 Uhr. Schustergasse 3, ✆ 06151/21854.

Elisabeth 18 Der Feinkostladen ist eigentlich für seine frischen Suppen beliebt, verkauft aber auch sehr leckeres Brot und Wurstwaren aus dem Odenwald. Er liegt in einem Hinterhof mit französischem Flair, umgeben von kleinen, reizvollen Geschäften. Mo–Fr 11–16.30 Uhr, Sa bis 16 Uhr. Schulstr. 14, ✆ 06151/2787858, www.supp-kult.de. ■

Wilhelmine. Delikatessen aus deutschen Manufakturen 9 Schönstes Einkaufsambiente für edles und ausgefallenes Hüftgold wie „Häschen in der Tube" und einige Leckereien aus der Region. Di–Fr 10–19 Uhr, Sa bis 16 Uhr. Schleiermacherstr. 12, ✆ 06151/3689823, www.wilhelmine-delikatessen.de.

Vino Central 27 Das Ladenlokal liegt direkt am Hauptbahnhof und hat sich v. a. italienischen Spezialitäten verschrieben. Antipasti oder Weine werden zwischen Verkaufsregalen und an der Bar konsumiert. Der Kaffee wird selbst geröstet. Im Sommer gibt es einen Außenbereich und übers Jahr verteilt finden hier auch Jazzkonzerte statt. Mo–Fr 8–22 Uhr, Sa 10–23 Uhr. Platz der Deutschen Einheit 21, ✆ 06151/80940, www.vinocentral.de.

Hofgut Oberfeld Landwirtschaft AG 29 Ein Bürgerunternehmen, das nach Demeter-Richtlinien Landwirtschaft betreibt und Erzeugnisse im eigenen Hofladen verkauft. Außerdem ist das Hofgut ein Ort der Begegnung: Es gibt Veranstaltungen rund um die Landwirtschaft, Kulturelles, Märkte und das beliebte Hofcafé. Hofladen: Mo–Fr 9–19 Uhr, Sa bis 16 Uhr. Erbacher Str. 125, ✆ 06151/95048616, www.landwirtschaft-oberfeld.de. ■

Kabel & Lang 17 Antiquitäten, Schmuck und eine Goldschmiedewerkstatt – für den 1974 eröffneten und üppig dekorierten Laden muss man sich Zeit nehmen, um das Angebot zu erfassen. Die beiden Goldschmiedinnen haben sich außerdem auf die Reparatur von antikem Schmuck spezialisiert. Mo–Fr 10–18 Uhr, Sa bis 16 Uhr. Schulstr. 16, ✆ 06151/22136, www.kabelundlang.de.

Musik als Hilfe 1 Verkauft gebrauchte LPs, CDs, Musikinstrumente und Songs aus DJ Chromos Fundus als Geschenk. Klingt speziell? Ist speziell! Mo–Fr 10–18 Uhr, Do bis 20 Uhr, Sa bis 14 Uhr. Pallawiesenstr. 21, ✆ 06151/591083, www.dj-chromo.de.

Grüner Salon 2 Wer einen Hang zu Wohnaccessoires hat, für den ist dieser Laden im Martinsviertel ein kleines Eldorado. Mo–Fr 10–18.30 Uhr. Robert-Schneider-Str. 20, ✆ 06151/719115, www.gruenersalon.de.

Übernachten in Darmstadt

*** **Bockshaut** 14 Das Hotel ist gleichzeitig Weinhaus und Restaurant, außerdem ein echtes historisches Kleinod in der Fußgängerzone, direkt neben der Stadtkirche. Die gemütlichen Zimmer bieten Komfort und sind mit WLAN ausgestattet. Netter Service: kostenloses Mineralwasser auf den Zimmern, Wasserspender und Schuhputzgelegenheit auf jedem Gang. In den Gasträumen gibt es viele Fotos, die die Geschichte dokumentieren. DZ 66–172 € zzgl. Frühstück (9 €/Pers.). Kirchstr. 7–9, ✆ 06151/99670, www.bockshaut.de.

*** **Zentral Hotel** 16 Es liegt mitten in der Fußgängerzone im Stadtzentrum – von daher eines der ruhigsten Hotels in Darmstadt. Das Personal des Familienbetriebs ist sehr freundlich, die Zimmer sind komfortabel und sauber, das Mobiliar ist gediegen. DZ 70–85 € inkl. Frühstück. Schuchardstr. 6, ✆ 06151/2641112.

**** **Welcome Hotel** 8 Vis-à-vis zu Herrngarten, Schloss und Kongresszentrum darmstadtium. Die Zimmer sind modern, das Personal ist sehr zuvorkommend. Es gibt einen internen Wellnessbereich mit Fitnessraum, Sauna, Dampfbad und zwei Whirlwannen (Nutzung im Preis inbegriffen). Es gibt Allergiker-Bettwäsche, vierbeinige Gäste werden mit einem Leckerli begrüßt und die Auszubildenden gehen mit dem Hund auch gerne Gassi. DZ ab 85 € zzgl. Frühstück (19 €/Pers.). Karolinenplatz 4, ✆ 06151/39140, www.welcome-hotels.com.

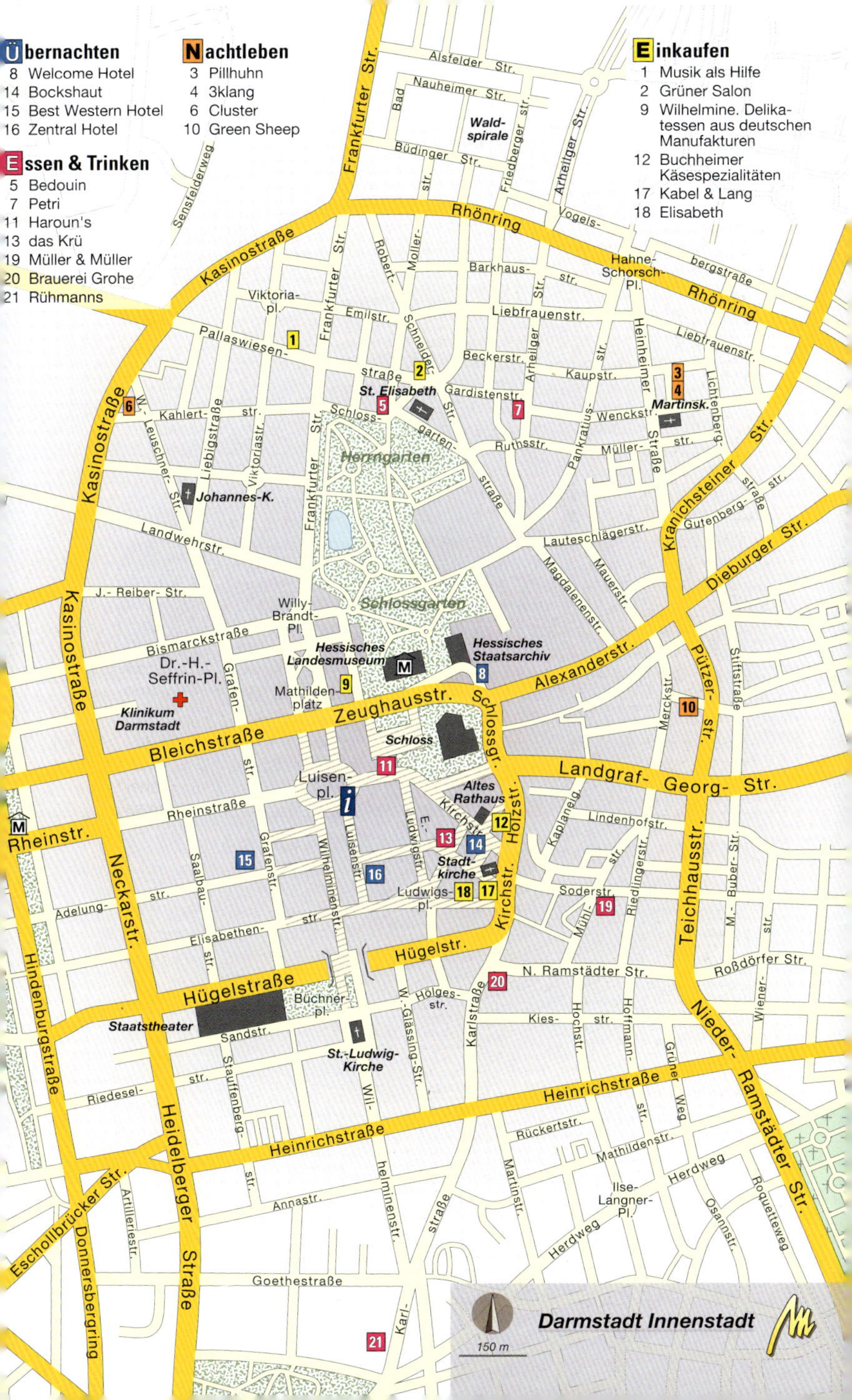

Übernachten
8 Welcome Hotel
14 Bockshaut
15 Best Western Hotel
16 Zentral Hotel
Nachtleben
3 Pillhuhn
4 3klang
6 Cluster
10 Green Sheep
Einkaufen
1 Musik als Hilfe
2 Grüner Salon
9 Wilhelmine. Delikatessen aus deutschen Manufakturen
12 Buchheimer Käsespezialitäten
17 Kabel & Lang
18 Elisabeth
Essen & Trinken
5 Bedouin
7 Petri
11 Haroun's
13 das Krü
19 Müller & Müller
20 Brauerei Grohe
21 Rühmanns
Alsfelder Str.
Nauheimer Str.
Bad
Waldspirale
Büdinger Str.
Frankfurter Str.
Friedberger str.
Arheilger Str.
Sensfelderweg
Rhönring
Vogels-
Kasinostraße
Viktoriapl.
Barkhaus-str.
Hahne-Schorsch-Pl.
bergstraße
Emilstr.
Liebfrauenstr.
Pallaswiesen-straße
Robert-Schneider-Str.
Moller-str.
Beckerstr.
Kaupstr.
Heinheimer Straße
St. Elisabeth
Gardistenstr.
Schlossgarten-straße
Martinsk.
Wenckstr.
Lichtenberg-str.
Kahlert-str.
Leuschner-Str.
Liebigstraße
Viktoriastr.
Herrngarten
Ruthsstr.
Pankratius-str.
Müller-str.
Kranichsteiner Str.
Johannes-K.
Gutenberg-straße
Landwehrstr.
Lauteschlägerstr.
Dieburger Str.
Magdalenenstr.
Mauerstr.
J.-Reiber-Str.
Willy-Brandt-Pl.
Schlossgarten
Bismarckstraße
Hessisches Landesmuseum
Hessisches Staatsarchiv
Alexanderstr.
Dr.-H.-Seffrin-Pl.
Grafen-str.
Mathildenplatz
Zeughausstr.
Schlossgr.
Merckstr.
Pützer-str.
Stiftstraße
Klinikum Darmstadt
Bleichstraße
Schloss
Landgraf-Georg-Str.
Luisenpl.
Altes Rathaus
Kirchstr.
Holzstr.
Kaplaneig.
Lindenhofstr.
Rheinstraße
Rheinstr.
E.-Ludwigstr.
Luisenstr.
Wilhelminenstr.
Stadtkirche
Ludwigspl.
Soderstr.
Riedlingerstr.
Teichhausstr.
M.-Buber-Str.
Saalbau-str.
Neckarstr.
Adelung-str.
Elisabethen-str.
Kirchstr.
Mühl-str.
Hügelstr.
N. Ramstädter Str.
Roßdörfer Str.
Hindenburgstraße
Hügelstraße
Büchnerpl.
W.-Glässing-Str.
Hölgesstr.
Karlstraße
Kies-str.
Hochstr.
Hoffmann-str.
Grüner Weg
Wiener-str.
Staatstheater
Sandstr.
Stauffenberg-str.
St.-Ludwig-Kirche
Nieder-Ramstädter Str.
Riedesel-str.
Heinrichstraße
Heidelberger Straße
Rückertstr.
Mathildenstr.
Eschollbrücker Str.
Artilleriestr.
Annastr.
Martinstr.
Ilse-Langner-Pl.
Herdweg
Osannstr.
Roquetteweg
Donnersbergring
Goethestraße
Karl-straße
150 m
Darmstadt Innenstadt

Hotel Waldfriede **33** Das bereits 1898 gegründete, romantisch anmutende und familiengeführte Hotel liegt in einer ruhigen Seitenstraße in Darmstadt-Eberstadt: Es ist ein idealer Ausgangspunkt, um die Stadt und die Bergstraße zu erkunden. Die Straßenbahn in beide Richtungen ist fußläufig in 3 Min. zu erreichen. DZ 75 € zzgl. Frühstück (7 €/Pers.). Friedrich-Naumann-Str. 8, ✆ 06151/52619, www.hotel-waldfriede.de.

friends hotel **26** Design-Hotel mit stylischen Zimmern. Man hat u. a. die Wahl zwischen Country-Look, Asien- oder Afrika-Feeling. Außerdem ist es schön gelegen: In direkter Nachbarschaft befinden sich Mathildenhöhe, Rosenhöhe und ein Biergarten. DZ 85–145 € zzgl. Frühstück (12,50 €/Pers.). Spessartring 53, ✆ 06151/391550, www.hotel-friends-darmstadt.de.

*** **Best Western Hotel** **15** Das Hotel befindet sich im fünften Stock auf dem Dach eines Parkhauses in der Innenstadt. Das schadet dem Ambiente aber nicht, der Frühstücksraum hat dadurch eine nette Terrasse. Tee und Kaffee gibt es in der Lobby umsonst. Ein Lob für die umweltfreundlichen Wasserhahnventile in Dusche und Waschbecken: 50 % weniger Wasserverbrauch, gleiches Duschgefühl. DZ ab 104 € inkl. Frühstück, Frühbucherrabatt im Internet möglich. Grafenstr. 31, ✆ 06151/28100, www.hotel-darmstadt.bestwestern. de.

Die Jugendherberge Darmstadt **28** Von vielen Zimmern und vom Speiseraum aus hat man einen herrlichen Blick auf Darmstadts beliebtesten Badesee, den Woog. Halb- und Vollpension gibt es auch für Vegetarier und Veganer. Und auf die Bedürfnisse muslimischer Gäste stellt sich das ausgesprochen nette Team gerne nach Voranmeldung ein. Jedes Zimmer hat moderne sanitäre Anlagen und Stockbetten (2- bis 6-Bett-Zimmer). Das komplette Haus ist WLAN-fähig. DZ 31 €/Pers. inkl. Frühstück, Bettwäsche und Handtücher. Mitgliedschaft vorausgesetzt. Landgraf-Georg-Str. 119, ✆ 06151/45293, www.djh-hessen.de.

Hotel Regina **31** Das Haus entspricht dem üblichen Standard, mit liebenswürdiger Hotelwirtin. Das Zentrum ist in 15 Min. zu Fuß erreichbar. Mitgebrachte Fahrräder finden ausreichend Stellplätze in der Garage. Idealer Ausgangspunkt für Ausflüge an die Bergstraße. Ein Nachteil ist die viel befahrene Heidelberger Straße vorne. Zur hinteren Seite ist es deutlich ruhiger. DZ 78 € inkl. Frühstück, in einer Gruppe ab 10 Pers. 60 €. Moosbergstr. 94, ✆ 06151/1365080, www.hotel-regina-garni.de.

Essen & Trinken/Nachtleben

→ Karten S. 49 und hinterer Umschlag

Restaurants **Brauerei Grohe** **20** Hier wurde schon 1838 Bier gebraut, hier lassen sich die Darmstädter den Gerstensaft immer noch gerne schmecken. Das Brauhaus mit Biergarten gehört zwar seit vielen Jahren der sog. Darmstädter Privatbrauerei, Biere wie Grohe Hell, Bock und Märzen werden aber weiterhin nach alten Rezepten hier produziert. Mo–Sa 10–24 Uhr, So ab 16 Uhr. Nieder-Ramstädter-Str. 3, ✆ 06151/44455, www.brauerei-grohe.de.

Müller & Müller **19** Eine gute Adresse für sehr delikate, kreative Küche. Die Karte wechselt wöchentlich, die verarbeiteten Lebensmittel stammen zu 90 % aus biologischer Produktion. Müller & Müller wurde bereits von Corpus Culinario und „Der Feinschmecker" ausgezeichnet. Ohne Reservierung geht hier nichts. Di–Sa 18–23 Uhr. Mühlstr. 60, ✆ 06151/153863, www.mueller-und-mueller.de.

Das Krü **13** Noch ein kulinarisches Highlight – und zwar direkt in der Innenstadt. Wirklich verlockend ist der appetitliche Mittagstisch zu sehr fairem Preis. Die Wanderstiefel sollten bei dem Ambiente allerdings zu Hause bleiben. Mo–Fr 11–22.30 Uhr, Sa bis 18 Uhr. Ludwigstr. 8, ✆ 06151/272441, www.daskrue.de.

Petri **7** Gemütliche Gaststätte im Martinsviertel mit kleinen Speisen, pfälzischem Wein und fränkischem Landbier. Der Biergarten ist an Sommerabenden ziemlich voll. Gegenüber steht der alte Faselstall, in dem in vergangener Zeit Zuchteber gehalten wurden. Schweine liefen auf der Gasse herum, die dem Viertel auch den Namen „Watzeviertel" eintrugen. Mo–Sa ab 18 Uhr. Arheilger Str. 50, ✆ 06151/9710430, www.petri-gaststaette.de.

Bedouin **5** Spezialität des beliebten afrikanischen Restaurants sind gemischte

Platten mit allerlei Fleisch und Gemüse. Gegessen wird traditionell mit äthiopischem Fladenbrot, das enorm sättigt. Zu späterer Stunde lohnt es sich, das sachlich gestaltete Lokal einfach als Bar zu besuchen. Tägl. (außer So) ab 18 Uhr. Schlossgartenplatz 11, ✆ 06151/9674409, www.bedouin-darmstadt.de.

Haroun's 11 Arabische und türkische Spezialitäten: frisch, orientalisch gewürzt, einfach lecker. Auch für Vegetarier und Veganer geeignet. Tägl. (außer So) 11–1 Uhr. Friedensplatz 6, ✆ 06151/23487, www.harouns.de.

Radieschen 32 Seit 1996 bietet das Restaurant in Darmstadt-Eberstadt vegetarische und vegane Gerichte an. Es ist beliebt, daher besser reservieren. Küche tägl. 12–14.30 und 18–22.30 Uhr, Sa erst ab 18 Uhr. Reuterallee 37, ✆ 06151/9184660, www.radieschen.com. ■

Fohlenhof 23 Etwas außerhalb des Martinsviertels, auf dem Weg nach Kranichstein liegt die ins Grüne eingebettete Gartenwirtschaft. Sehr schön! Die hessische Küche ist frisch und lecker. Tägl. ab 16 Uhr. Kranichsteiner Str. 90, ✆ 06151/9614783, www.fohlenhof-darmstadt.de.

Biergärten **Darmstädter Biergarten 25** Seit über 40 Jahren ein beliebter Treffpunkt. Unter dem Biergarten befinden sich die Kühlkeller des ehemaligen Brauerei-Viertels. Über den Biergarten können Führungen für Gruppen gebucht werden. Bei schönem Wetter Mo–Sa 15–23 Uhr, So und feiertags 12–22 Uhr. Dieburger Str. 97, ✆ 06151/43855, www.biergarten-darmstadt.com.

Bayerischer Biergarten 22 Haxen, Brezeln und Weißwürste unter Kastanien und bei schlechtem Wetter im „Scheinheil'gen" – man könnte tatsächlich vergessen, dass man in Südhessen ist. Für Kinder gibt es einen prima Spielplatz und eine große Voliere mit Federvieh und Nagern zum Bestaunen. Mai bis Sept. tägl. ab 11 Uhr. Kastanienallee 4, ✆ 06151/711163, www.bayerischer-biergarten.de.

Heusers Eichbaumtresen 30 Kinderfreundlicher Biergarten mit Minispielplatz, direkt an einer Hauptverkehrsstraße und trotzdem gut geschützt. Hier gibt's Riesenschnitzel, die selbst gute Esser besser zu zweit essen, und ausgefallene Desserts. Die Gaststätte selbst ist urig und schnell bis auf den letzten Platz belegt. Tägl. ab 17 Uhr. Bessunger Str. 93, ✆ 06151/64544.

Zum alten Forsthaus Kalkofen. Der idyllische Biergarten liegt am Waldrand hinter den Feldern des Stadtteils Arheilgen. Zwischen den Gästen stolziert der Pfau, in der Voliere zetern Papageien und im Gehege lassen sich die Damhirsche füttern. Wenige Minuten zu Fuß entfernt liegt die Dianaburg, ein restaurierter barocker Jagdpavillon. Mo–Fr ab 15 Uhr, Sa ab 12.30 Uhr, So und feiertags ab 9.30 Uhr. Kalkofenweg 90, ✆ 06151/371480, www.kalkofen.com.

Rühmanns 21 Ein urgemütliches Lokal in einem Bessunger Hinterhof mit sehr schönem Garten, der mit seiner weinberankten Pergola an einen Wiener Heurigen erinnert. Tägl. (außer Sa) ab 17 Uhr. Karlstr. 113, ✆ 06151/25817.

Nachtleben **Weststadtcafé 24** Relaxt dem Sonnenuntergang und den vorbeifahrenden Zügen zuschauen. Die alte Wagenhalle der Bahn in der Nähe des Hauptbahnhofs hat nur zur warmen Jahreszeit (bis Sept.) geöffnet und ist am besten mit dem Auto oder Fahrrad zu erreichen. Am Wochenende legen oft DJs auf. Tägl. ab 17 Uhr, So ab 15 Uhr. Mainzer Str. 106, ✆ 06151/824730, www.weststadtcafe.de.

Green Sheep 10 Whisky und Irish-Pub-Atmosphäre machen das Lokal zum geselligen Treffpunkt, in dem man auch essen kann. Montags und dienstags findet das beliebte Pub-Quiz statt. Mo–Mi 18–1 Uhr, Do–Sa bis 2 Uhr. Erbacher Str. 5, ✆ 06151/9185217, www.green-sheep.de.

3klang 4 Morgens, mittags, abends – Café, Restaurant, Bar. Innen wie außen ein schöner Platz zum Sein. Mo–Do und So 9.30–24 Uhr, Fr/Sa bis 1 Uhr. Riegerplatz 3, ✆ 06151/6698843, www.3klang-bar.de.

Pillhuhn 3 Hier wird das beste Pfungstädter Pils gezapft, das oft in rauen Mengen fließt. Für Biertrinker können die Abende hier lang werden. Wer nicht mehr reden kann oder will, schaut einfach dem Treiben zu. Tägl. ab 17 Uhr. Riegerplatz 7, ✆ 06151/9675821, www.pillhuhn-kneipe.de.

Cluster 6 Etwas für Nachtschwärmer. Die Raucherbar ist sehr klein, die Atmosphäre schnell familiär. Tägl. 21–3 Uhr. Wilhelm-Leuschner-Str. 48, ✆ 06151/101317.

Darmstadt → Karte hinterer Umschlag

Von der Neunkircher Höhe hat man einen weiten Blick nach Norden

Vorderer Odenwald

Wo heute Wanderer die Natur genießen oder Radfahrer auf der B 38 für ihr persönliches Olympia trainieren, waren vor vielen Millionen Jahren Vulkane voller Tatendrang. Aber so brachial ihre Vergangenheit ist, so lieblich wirkt die Landschaft heute: Sanfte Hügel, Wald, Apfelbäume und Streuobstwiesen prägen das Bild – dazwischen imposante Felsformationen.

Durch Erosion ans Tageslicht gelangte kristalline Tiefengesteine wie Granit, Diorit oder auch Schiefer – allesamt Produkte vulkanischer Herkunft – begleiten im Vorderen Odenwald fast jede Wanderung. Höhepunkt ist das **Felsenmeer** am 514 m hohen Felsberg, das sich über zahllose Stufen hinab ins Lautertal zieht, ja geradezu ergießt. Es ist nicht nur im Sommer ein beliebtes Ausflugsziel für Jung und Alt.

Ebenfalls vulkanischen Ursprungs und das Ergebnis einer gewaltigen unterirdischen Explosion vor etwa 50 Mio. Jahren, ist die wohl größte geologische Attraktion der Region: die **Grube Messel.** Dort wurde nahezu hundert Jahre lang Ölschiefer abgebaut, und der hat es buchstäblich in sich: Das Gestein ist der ideale „Nährboden" für die Entstehung von Fossilien, und Messel hat in dieser Hinsicht wirklich Erstaunliches zu bieten. Seit den 1970er-Jahren werden hier einzigartige Versteinerungen geborgen, darunter Urpferdchen, zum Teil mit Fötus oder Mageninhalt, Insektenflügel mit ihrer ursprünglichen Färbung und jüngst ein Schildkrötenpärchen, das im Augenblick der Paarung glückselig in tiefere Schichten versank, starb und heute als Fossil tiefe Einblicke in das Liebesleben einer prähistorischen Spezies gewährt. Messel ist seit 1995 UNESCO-Welterbe und nicht nur für die Wissenschaft eine wahre Goldgrube.

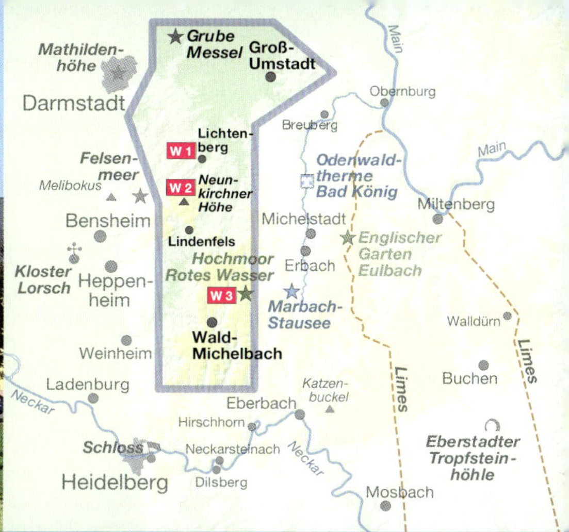

Vorderer Odenwald

Kulturgeschichtliche Spuren haben im Vorderen Odenwald vor allem die Römer hinterlassen. Einen wirklich tollen Einblick in das römische Treiben in der Region gibt das **Museum Schloss Fechenbach in Dieburg**, dem einstigen Verwaltungs- und Wirtschaftszentrum der römischen Civitas Auderiensium.

Kein Römer, sondern ein noch viel furchteinflößenderes Geschöpf wird mit **Burg Frankenstein** im Mühltal in Verbindung gebracht: Frankensteins Monster. Dass sich Mary Shelley bei ihrem Roman über den erfindungsreichen Arzt Viktor Frankenstein und die von ihm geschaffene Kreatur von einem (bezeugten) Aufenthalt im nahe gelegenen hessischen Gernsheim inspirieren ließ, ist zwar mehr als zweifelhaft – der touristischen Vermarktung der Burg mit Veranstaltungen wie dem Gruseldinner und insbesondere dem alljährlichen über mehrere Wochenenden zelebrierten Halloween-Spektakel tut das aber keinen Abbruch. Wer die Burgruine als idyllischen Ort kennenlernen möchte, sollte Frankenstein deswegen von Mitte Oktober bis Anfang November meiden. Seinen Festival-Bedarf kann man allerdings auch in dieser Zeit decken, und das sogar garantiert horrorfrei und familienfreundlich: bei den **Märchen- und Sagentagen in Reichenbach** am letzten Oktoberwochenende.

Ohne größeres Bohei kommt das Örtchen **Lichtenberg** im Fischbachtal aus. Dafür hat es ein imposantes Schloss und vor allem die „Krautbütt". Das ist ein alter Wehrturm, der einst die Landgrafen von Hessen-Darmstadt vor all jenen schützen sollte, die ihnen ihr teuer erbeutetes Land wieder abknüpfen wollten. Das muss er heute nicht mehr, und so dient er mittlerweile als hervoragender Aussichtspunkt: mit tollem Rundumblick auf die Reinheimer Bucht im Norden, die Neunkirchner Höhe im Süden oder den Frankenstein im Westen.

Mühltal

Wer sich von Darmstadt aus auf den Weg in den Vorderen Odenwald macht, gelangt am schnellsten über das Mühltal ans Ziel. Die gleichnamige Gemeinde liegt nicht nur hübsch, sondern hat auch einen touristischen Hochkaräter im Programm: die Burg Frankenstein.

Mit der Wasserkraft der Modau, die im Westen in den Altrhein mündet, wurden einst die Getreidemühlen betrieben. Sie gaben dem Tal ihren Namen. 1976 hatte das Müllergewerbe hier ausgedient, ein Jahr später wurde Mühltal Gemeinde, in der insgesamt sechs Ortschaften zusammengeschlossen sind: Frankenhausen, Nieder-Beerbach, Nieder-Ramstadt, Traisa, Trautheim und Waschenbach.

In Traisa, das man von Darmstadt aus gut zu Fuß erreichen kann, lockt neben einem hübsch gelegenen Freibad (→ S. 57) vor allem das **Hofgut Dippelshof,** das mit kulinarischen und architektonischen Highlights aufwartet. Es geht auf ein im Dreißigjährigen Krieg verwüstetes Anwesen zurück, das Anfang des 18. Jh. unter seinem neuen Besitzer Johann Albert Dippel wiederaufgebaut wurde. Als landwirtschaftlicher Betrieb mit angeschlossener Gastronomie avancierte es bereits im 19. Jh. zum beliebten Ausflugsziel der Darmstädter. Der entscheidende Umbau zum noblen Herrenhaus vollzog sich Anfang des 20. Jh., als der Hof nach Entwürfen des Jugendstilarchitekten Edmund Körner erweitert wurde. Heute dient das Hauptgebäude als Hotel-Restaurant und ist vor allem wegen des restaurierten Blauen Saals sehenswert – ein Stück Darmstädter Jugendstil vor den Toren der Stadt. Wer in dieser Atmosphäre gehoben speisen möchte, sollte seine Wanderschuhe gegen ein paar elegante Slipper tauschen. In direkter Nachbarschaft liegt – passend – eine Golfanlage, die sich in Wiesenhänge der Umgebung schmiegt.

Im Innern des Dippelshofs verbirgt sich ein Jugendstil-Kleinod

Etwas außerhalb des Ortsteils Nieder-Ramstadt in Richtung Ober-Ramstadt befindet sich die zwischen 1902 und 1930 im Gründerzeitstil gebaute ehemalige Fabrikanlage der Firma Wacker & Doerr, in der einst Zubehörteile für Elektroinstallationen gefertigt wurden. Die **Wacker Fabrik** diente von 1994 bis 2009 u. a. als kulturelle Begegnungsstätte, in der Events wie die Wacker Theatertage veranstaltet wurden. Dann strich die Kommune die Mittel und die Aktivitäten wurden weitgehend eingestellt. Für kulturelle Lebendigkeit sorgen aber weiterhin sporadische Events wie Sommerfeste oder DJ-Gigs und die Künstler in den „Wacker Ateliers“, die 2015 ihr 20-jähriges Bestehen feierten.

Grube Messel
Kranichstein
Dieburg
Mosbach
Darmstadt
B 26
Groß-Zimmern
B 45
Groß-Umstadt
L 3413
Roßdorf
Habitzheim
B 38
B 449
Nieder-Ramstadt
Ober-Ramstadt
Reinheim
B 426
Otzberg
Sandbach
B 426
Eberstadt
Mühltal
B 426
L 3106
Höchst
Modau
Groß-Bieberau
Hassenroth
Burg Frankenstein
B 38
L 3106
A 5
Seeheim
Brensbach
Fischbachtal
Modautal
B 45
B 3
L 3318
Fränkisch-Crumbach
Jugenheim
L 3102
Bad König
Felsberg 514
Burg Rodenstein
Brombachtal
Alsbach
Neunkircher Höhe 605
Melibokus 517
Felsenmeer
Reichelsheim
Mümling
B 47
Morsberg 517
B 47
B 47
Heiligenberg 440
Michelstadt
Lindenfels
Bensheim
L 3260
Erbach
B 460
Fürth
L 3105
B 460
Heppenheim
L 3120
Rimbach
Grasellenbach
B 45
Kalteberg 511
A 5
Laudenbach
Tromm 577
Hemsbach
Mörlenbach
L 3120
B 38
Wald-Michelbach
Beerfelden
Birkenau
Siedelsbrunn
Weinheim
Geiersberg 485
Sensbachtal
L 3119
Gorxheimertal
Lützelsachsen
Hardberg 593
Finkenbach
L 3120
B 3
L 3105
L 3410
B 45
Hohe Warte 549
Rothenberg
Hirschberg
Heiligkreuzsteinach
Altenbach
A 5
Schriesheim
Heddesbach
Kortelshütte
Katzenbuckel 626
Wilhelmsfeld
Weißer Stein 548
Neckar
Dossenheim
L 535
4,5 km
Vorderer Odenwald
Heidelberg

Achtung Monster!

Burg Frankenstein

Besucherscharen erstürmen an Halloween die Burg. Monster und Horrorfratzen jagen an den Wochenenden um Allerheiligen den Gästen einen mächtigen Schrecken ein und das burgeigene Restaurant lädt zum Gruseldinner, einer „schaurig-schönen Dinnershow mit kulinarischen Zwischenspielen". Der Festival-Import aus den USA hat Burg Frankenstein fest im Griff, seitdem in Darmstadt stationierte amerikanische Soldaten sie in den 1970er-Jahren als geeigneten Ort für das damals noch ganz und gar amerikanische Horrorspektakel auserkoren hatten. Kein Wunder: Halloween ist das Fest der Geister, Monster, Hexen und Zombies, und wer passt besser in diese illustre Gesellschaft als „Frankenstein's creature"?

Weniger populär ist die Romanvorlage für den Horrorstreifen. Sie stammt von der Britin Mary Shelley und erschien 1818 zunächst anonym unter dem Titel „Frankenstein or The Modern Prometheus". Da Shelley vier Jahre vor der Veröffentlichung ihres Romans während einer Deutschlandreise in der Nähe des Mühltals kurz Station gemacht hatte, wird bisweilen spekuliert, sie habe sich bei der Namenswahl für ihren Protagonisten von Burg Frankenstein inspirieren lassen. Dran ist an der Geschichte wahrscheinlich nichts, ebenso wenig wie an der These, mit dem 1673 auf der Burg geborenen Theologen, Arzt und Alchemisten Johann Konrad Dippel (ein Bruder des Dippelshofbegründers, → S. 57) habe es sogar ein reales Vorbild für den experimentierfreudigen Dr. Viktor Frankenstein gegeben.

Ganz und gar schauderfrei sind die Fakten zur Burg. Sie liegt in etwa 400 m Höhe auf einem Ausläufer des Langenbergs und ist um 1250 entstanden. Erster Burgherr war vermutlich Konrad II. Reiz von Breuberg, der sich später „von Frankenstein" nannte und damit das Geschlecht begründete. Dem diente die Burg rund 400 Jahre als Stammsitz, dann wurde sie nicht ganz freiwillig an den Landgrafen von Hessen-Darmstadt verkauft. Der Burg bekam das nicht sonderlich gut: Der neue Besitzer war eher am mitgekauften (bescheidenen) Territorialbesitz der Frankensteiner interessiert als am herrschaftlichen Anwesen selbst. Und so nutzten die Hessen-Darmstädter die Burg als Invalidenheim für Kriegsveteranen und scherten sich ansonsten wenig um ihre Instandhaltung. Im 18. Jh. war die Burg dann bereits weitgehend verfallen und diente den Bauern in der Umgebung als Steinbruch. Erst als es in der Romantik schick wurde, Burgen und Schlösser wiederaufzubauen, ließ auch Großherzog Ludwig III. die Reste unter Schutz stellen und Teile der alten Burg restaurieren – scheinbar aber nach eigenem Gusto: So wurde etwa dem Torturm ein Stockwerk zu viel aufgesetzt und dem inneren Wohnturm anstatt Zinnen ein Häubchen verpasst. Insgesamt sind von der einstigen Kernburg heute noch beachtliche Mauerreste zu sehen, von der später hinzugefügten Vorburg ist lediglich die (restaurierte) Kapelle erhalten geblieben. Sie dient heute als Standesamt.

Die **Burgruine** ist das ganze Jahr über von 9 Uhr bis Sonnenuntergang geöffnet. Der Eintritt ist frei.

Restaurant Burg Frankenstein. Der Besuch des Restaurants mit gutbürgerlicher Küche lohnt sich v. a. wegen seines herrlichen Ausblicks. Auf der Terrasse hat man eine sensationelle Sicht auf Darmstadt, die Rheinebene, die Pfalz und den Taunus. Mary Shelley lässt zum Grusel-Dinner grüßen, das schaurig-komische Unterhaltung verspricht. Di–So ab 11 Uhr bis „Feierabend", Jan./Febr. nur Sa/So und feiertags 11–18 Uhr, durchgehend warme Küche. ✆ 06151/501501, www.frankenstein-restaurant.de.

Führungen: Historiker des Geschichtsvereins Eberstadt-Frankenstein bieten Besuchern kostenlose Führungen an. Anmeldung über eberst.frankenstein@email.de. Mehr Infos unter www.eberstadt-frankenstein.de.

Wandern: Für Wanderer ist die Burgruine Frankenstein ein guter Ausgangspunkt: Hier läuft der Burgensteig (blaues zinnenbekröntes Turm-Symbol) vorbei, der über insgesamt 120 km – vorbei an über 30 Burgen und Schlössern – die Bergstraße entlang Darmstadt und Heidelberg verbindet. Weitere Infos unter www.diebergstrasse.de.

Vorderer Odenwald → Karte S. 55

Service-Infos zu Mühltal

Information Im Internet unter www.muehltal.de. Wer an historischen Hintergründen interessiert ist, dem seien die umfangreichen Informationen des Arbeitskreises Heimatgeschichte Mühltal unter www.muehltal-odenwald.de empfohlen.

Schwimmen Eingebettet in Felder, geschützt von Bäumen: die Lage des Freibads ist absolut herrlich. Es gibt ein 50-m-Becken mit Schwimmer- und Nichtschwimmerbereich sowie ein Baby-Planschbecken Mai bis Sept. tägl. 10–19 Uhr. Eintritt 3 €. Fürthweg, Traisa 16, ✆ 06151/136881, www.schwimmbadclub-traisa.de.

Übernachten *** **Dippelshof**. Nicht nur der Blaue Saal im Restaurant mit seinen herrlichen Stuckdecken ist salonfähig, die 18 Zimmer (davon 17 DZ) mit romantischem Touch sowie Telefon, TV, Dusche und WC sind es auch. DZ ab 132 € inkl. Frühstück. Am Dippelshof 1, Traisa, ✆ 06151/917188, www.dippelshof.de.

*** **Hotel Waldesruh**. Freundliches Familienhotel mit 38 modern eingerichteten Zimmern (manche mit Balkon) und dem üblichen Komfort. Dazu gibt's ein Hallenbad, eine Sauna und einen Fahrradverleih. Im hoteleigenen Restaurant wird ambitionierte Küche mit regionalen Produkten geboten. Sehr schön sitzt man im Äppelwoigadde. DZ 100 € inkl. Frühstück. Am Bessunger Forst 28, Trautheim, ✆ 06151/91150, www.hotelwaldesruh.de.

Gaststätte Ott. Die Pension verfügt über 3 EZ und 3 DZ ohne jeglichen Pomp, aber mit Dusche/WC. Wanderer, Biker und Radfahrer sind herzlich willkommen. In der Gaststätte des Familienunternehmens gibt es Wurst, Schinken und Rippchen aus eigener Herstellung. DZ 40 €, Frühstück nach Vereinbarung. Zeilstr. 13, Frankenhausen, ✆ 06167/237, www.gaststaette-ott.de.

Ferienwohnung Familie Ackermann. Die 55 m² große Souterrain-Wohnung ist für 3 Pers. geeignet und besteht aus einem Wohn-/Schlafzimmer mit zwei Betten, einem Einzelzimmer sowie Dusche/WC. Die Küche ist komplett ausgestattet bis hin zur Mikrowelle und Brotschneidemaschine. Ab 220 €/Woche, ab 32 €/Tag inkl. Endreinigung. Felsbergstr. 30, Frankenhausen, ✆ 06167/1212, www.julita.homepage. t-online.de.

Essen & Trinken **Wacker Ristorante**. Das Restaurant in der alten Wacker Fabrik kredenzt typische italienische Küche mit Antipasti, Pizza, Pasta und klassischen Hauptgerichten mit Fleisch. An schönen Tagen lässt es sich entspannt auf der Terrasse sitzen. Tägl. (außer Mo) 11.30–14.30 und 18–23 Uhr, Sa nur abends. Ober-Ramstädter Str. 96, ✆ 06151/3966699, www.wacker-ristorante.de.

Huthmanns. Auf das Essen kann man im Golfclub-Restaurant schon hin und wieder etwas warten, aber das Gebotene belohnt für die Wartezeit: Alle Speisen sind frisch und lecker, die meisten mediterran angehaucht. Die Preise sind ausgesprochen moderat. Von der Terrasse aus kann man den Golfern beim Einlochen zuschauen. Tägl. (außer Mo) 11–22 Uhr. Am Dippelshof 19, ✆ 06151/6015158, www.huthmanns.de.

Stadtkoch Vanille. Für Freunde der französischen Küche: In der ehemaligen Güterhalle des alten Bahnhofs bekocht Johan Jorry überwiegend Gruppen nach Anmeldung. Mittwochs ist für alle geöffnet und dann wird auch Tanzbares aufgetischt. Am besten übers Facebook-Profil informieren. Am Bahnhof 4, ✆ 06151/711796, www.vanille-darmstadt.de.

Magnetismus am Ilbes-Berg

In der Nähe der Burg Frankenstein liegt der Ilbes-Berg, ein Magnetberg. Nach dem Brocken im Harz ist er angeblich der zweitberühmteste Hexenkultplatz Deutschlands. Denn einer Sage zufolge sollen Hexen den Magnetismus herbeigerufen haben. US-Amerikaner entdeckten das Naturphänomen, als ihre hier betriebene Funkanlage häufig gestört wurde. Verantwortlich waren vermutlich die Magnetsteine des Ilbes-Bergs. Laut Naturwissenschaft hat vor vielen Tausend Jahren ein mächtiger Blitzschlag die Felsen magnetisiert. Oder wurden sie doch durch magische Kräfte verhext? Sie sind zumindest eine der über 20 Stationen des Erlebnispfads rund um die Burgruine Frankenstein. Der rund 3 km lange Pfad ist mit weiteren Attraktionen wie dem Summstein oder Barfußpfad ein beliebtes Ausflugsziel für Familien. Weitere Infos unter www.walderlebnis-frankenstein.de.

Grube Messel

Die Grube Messel in der Nähe des gleichnamigen Ortes ist ein echter Schatz. Sie ist eine Ölschiefer- und vor allem Fossilienlagerstätte von weltweiter Bedeutung. Und sie hat eine lange Entstehungsgeschichte, die bis zu 350 Mio. Jahre zurückreicht. Damals war der Odenwald ferne Zukunft, das Klima tropisch und die ursprünglich viel weiter südlich gelegene Gegend bestand aus vulkanischen Inseln, umgeben vom Ozean. Auch das Gebiet rund um Messel wurde von einem Vulkan dominiert, der jedoch von zwei aufeinanderprallenden Festlandplatten regelrecht zusammengedrückt wurde – so die Forschung.

Machen wir einen kleinen Zeitsprung: Vor rund 60 Mio. Jahren kam die Erde, etwa von der Höhe Siziliens ausgehend, mächtig in Bewegung. Die Alpen entstanden und übten heftigen Druck auf ihre Umgebung aus, wodurch Spannungen und Risse im tiefen Inneren entstanden. Und jetzt kommt der Vulkan bei Messel ins Spiel, der vor 47 Mio. Jahren zum Maar explodierte: 1000 °C heiße Gesteinsschmelze aus etwa 60 km Tiefe gelangte in obere Erdregionen, kam in Kontakt mit Grund- oder Oberflächenwasser und erzeugte eine Schockwelle. Durch weitere Wasserdampfexplosionen entstand schließlich ein Krater, der ursprünglich 2000 m tief war. Er füllte sich zunächst mit Wasser und wurde zum Maarsee. Dann setzten sich erodierte Schuttmassen als Schlamm am Boden ab. Auf das Moorstadium folgte schließlich das Trockenmaarstadium. Im Zuge der Kontinentaldrift wanderte das Maar von Italien an die nördliche Flanke des Odenwalds. Heute ist die Grube etwa 65 m tief und hat einen Durchmesser von 800 m.

Genauso eindrucksvoll wie die Entwicklungsgeschichte sind die fossilen Fundstücke der Grube Messel: Zu den berühmtesten zählen das Urpferdchen und „Ida", die weltweit älteste komplett erhaltene Versteinerung eines Primaten. Unter den Fossilien wurden insgesamt mehrere hundert Arten von Pflanzen, wirbellosen Tieren, Fischen, Amphibien, Reptilien, Vögeln und Säugetieren identifiziert. Ein Teil der Funde ist im Besucherzentrum ausgestellt. Die große Zahl und gute Qualität der Versteinerungen begründen das UNESCO-Weltnaturerbe – übrigens steht die Grube Messel als erstes deutsches Weltnaturerbe seit 1995 auf der Welterbeliste.

Es hätte aber auch anders kommen können. Denn in der Grube wurde von 1875 bis 1971 Ölschiefer abgebaut. Um 1920 produzierte Messel 37 % der gesamten deutschen Erdölförderung. Im Zweiten Weltkrieg wurde die Grube gezielt ausgebombt, von US-amerikanischen Truppen konfisziert, aber bereits 1954 wieder an Deutschland zurückgegeben. Nachdem der Tagebau sich immer weniger rechnete, wurde er 1971 endgültig eingestellt. Das erdgeschichtliche Goldstück sollte zunächst in eine Mülldeponie umgewandelt werden – was zum Glück von beherzten Wissenschaftlern und Naturschützern vereitelt werden konnte.

Besucherzentrum: Tägl. 10–17 Uhr, letzter Einlass 16 Uhr. Erw. 10 €, erm. 8 €, inkl. Führung Besucherzentrum oder Grube 14 € bzw. 11 €. Besucherzentrumsführung Mo–Fr um 10.30 Uhr. Roßdörfer Str. 108, ✆ 06159/717590, www.grube-messel.de.

Verschiedene **Grubenführungen** von März bis Nov., z. B. Grubenwanderung (9 €, Kinder unter 7 J. frei) Fr–So und feiertags 15 Uhr, in den hessischen Ferien auch Di–Do 13 Uhr. Anmeldung empfohlen, auch online möglich.

Dieburg

Die Kleinstadt liegt zwar in der nördlichen Peripherie des Odenwalds – einen Abstecher ist sie aber in jedem Fall wert. Sie vereint Fachwerk-Idyll mit moderner Hochschularchitektur, hat einen hübschen Marktplatz, eine Wallfahrtskirche mit Pieta und ein sehenswertes Museum.

Letzteres zeigt u. a. Funde aus der Römerzeit, als diese auf dem heutigen Stadtgebiet den Hauptsitz ihrer um 125 n. Chr. gegründeten Civitas Auderiensium unterhielten. Was nach dem durch Alemanneneinfälle bedingten Abzug der Römer mit der Siedlung geschah, liegt weitgehend im Dunkeln; eine erste Erwähnung als „Diepurg" ist erst für das Jahr 1207 bezeugt, bereits 70 Jahre später folgte dann die Verleihung der Stadtrechte. 1310 ging Dieburg in den Besitz der Erzbischöfe von Kurmainz über, unter deren Herrschaft auch so unrühmliche Kapitel der Stadtgeschichte wie die Hexenverbrennungen zwischen 1600 und 1630 aufgeschlagen wurden.

Der Brunnen zeigt, hier wird Karneval gefeiert

Allein in den Jahren 1627 bis 1629 sollen dem Wahn über hundert Menschen zum Opfer gefallen sein.

Heute ist Dieburg eine ganz und gar friedliche katholische Enklave in einer überwiegend evangelisch geprägten Region. Das merkt man an der Wallfahrtskirche oder am Stadtwappen, das Martin von Tours in der typischen Darstellung mit Schwert und zerteiltem Mantel zeigt. Und man merkt es daran, dass in Dieburg richtig Fastnacht gefeiert wird. Der Fastnachtsbrunnen in der historischen Zuckerstraße dokumentiert diese Tradition. Den schmucken Fachwerkhäusern in dieser beliebten Einkaufsstraße verdankt Dieburg seine Zugehörigkeit zur „Deutschen Fachwerkstraße“. Das älteste Gebäude (Zuckerstraße 4) stammt von 1384 und beherbergt heute ein Eiscafé. Gar nicht weit von der Altstadt entfernt setzt die Stadt moderne Akzente: im Campus Dieburg, einem Ableger der Hochschule Darmstadt.

Wallfahrtskirche St. Maria

Wer sich von der Zuckerstraße auf deren Verlängerung namens „Altstadt“ Richtung Osten orientiert, stößt bald auf zwei Gebäude, die unterschiedlicher nicht sein könnten: Rechter Hand erhebt sich Dieburgs Justizvollzugsanstalt, links gegenüber die Wallfahrtskirche St. Maria. Das heutige Erscheinungsbild der Kirche ist das Ergebnis mehrerer Aus- und Umbauten, der erste Vorgängerbau – eine romanische Basilika – ist bereits für das erste Drittel des 9. Jh. belegt. Im frühen 13. Jh. brannte die Basilika ab und wurde zunächst durch eine kleine Marienkapelle ersetzt, die wiederum Ende des 17. Jh. einer größeren Umgestaltungsmaßnahme am inzwischen entstandenen Kirchenneubau zum Opfer fiel. Die Kapelle war auch der ursprüngliche Aufbewahrungsort des eigentlichen Wallfahrtsziels, einer Pieta unbekannter Urheberschaft, die 1498 vom Mainzer Bischof geweiht wurde. Heute hat das Gnadenbild mit Marienfigur und Leichnam Christi seinen Platz in der Nische des barocken Hochaltars aus Stuckmarmor. Wallfahrtsgruppen finden sich von April bis Oktober ein, Hauptwallfahrtstag ist Mariä Geburt am 8. September.

Dieburgs Burganlage

Gasthaus Zum Reichsadler

Gasthäuser in der Nähe von Wallfahrtszielen sind prinzipiell eine gute Geschäftsidee. Dennoch hielt der „Reichsadler" direkt um die Ecke von St. Marien nicht sonderlich lange durch: 1905 eröffnet, wurde der Betrieb bereits 1912 nach einem Besitzerwechsel wieder eingestellt. Dafür ist der Eindruck, den die Architektur und das Schmuckwerk hinterlassen, umso nachhaltiger: Das Jugendstilhaus protzt mit einer mächtigen Adlerfigur als Erkerkonsole und die Konsolen des Zwerchhauses stellen Eulen dar, die jeweils einen Affen tragen.

Museum Schloss Fechenbach

Wer sich ein Bild von der Besiedlungsgeschichte des Odenwalds machen will, sollte einen Abstecher ins Dieburger Schloss machen, wo seit 1951 das Kreis- und Stadtmuseum seinen Sitz hat. Der Name des Schlosses geht auf seine letzten adligen Besitzer zurück, die das 1717 auf dem Fundament eines Vorgängerbaus errichtete Anwesen von 1841 bis 1939 bewohnten. Das Museumskonzept ist modern und multimedial. Die Besucher werden spielerisch an die Archäologie und ihre Methoden herangeführt. Detailliert gestaltete Modelle wie das eines Hauses aus der Jungsteinzeit oder das der cleveren Heizanlage eines römischen Bades veranschaulichen plastisch das Leben vergangener Zeitalter. Zu den Attraktionen aus der Antike zählt die gut erhaltene Jupitersäule, die bei Grabungen in der Kettelerstraße östlich des heutigen Schlossgartens zutage gefördert wurde. Sie besteht aus einem Viergötterstein mit Juno, Merkur, Herkules und Minerva und einer Schuppensäule mit korinthischem Kapitell, die ursprünglich mit der obersten Gottheit Jupiter bekrönt war, von der allerdings jede Spur fehlt. Der zweite spektakuläre Fund ist ein 1926 ebenfalls vor Ort ausgegrabener Mithraskultstein, der vermutlich um 200 n. Chr. gefertigt wurde. Zu dieser Zeit war der ausschließlich Männern vorbehaltene Mithraskult eine der bedeutendsten Geheimreligionen im Römischen Reich mit Anhängern vor allem im Militär. Dem Charakter eines Mysterienkultes entsprechend fanden die Zusammenkünfte der Gläubigen meist in unterirdisch angelegten Tempeln statt. Ein solches Mithräum ist im Museum nachgebildet, der drehbare und auf beiden Seiten skulptierte Kultstein wird dort eindrucksvoll präsentiert und filmisch erläutert.

Di–Sa 14–17 Uhr, So 11–17 Uhr. Eintritt 3 €. Eulengasse 8, ✆ 06071/2002460, www.museum-schloss-fechenbach.de. Schloss Fechenbach Café, Di–Sa 10–18 Uhr, So ab 11 Uhr, ✆ 06071/2002456, www.cafe-schloss-fechenbach.de.

Basis-Infos zu Dieburg

Information Besucher wenden sich an das Sport- und Kulturamt im Rathaus. Sehenswert ist übrigens der Rathausturm mit seiner „Gaasbecks-Uhr": Zu jedem Stundenschlag hauen die zwei Geißböcke ihre Hörner aneinander. Mo–Do 8–12 Uhr, Do auch 14–17.30 Uhr, Fr 8–11.30 Uhr. Markt 4, 64807 Dieburg, ✆ 06071/20020, www.dieburg.de.

Aktivitäten Dieburg verfügt über drei in der Natur gelegene **Freizeitzentren** zur Erholung: Der Wolfgangsee und der Forsteckweiher bieten Entspannung am Wasser, das Zentrum Spießfeld hat darüber hinaus eine Grillstelle (Anmeldung bei der Stadtverwaltung) und einen Spielplatz. In Dieburg gibt es 14 Spielplätze, viele mit einer Seilbahn und Tischtennisplatten, einer glänzt sogar mit einer Skatebahn. Lageplan und weitere Infos unter www.dieburg.de.

Feste & Veranstaltungen Der **Maimarkt** Anfang des Monats startet mit Livemusik, Fahrgeschäften (überwiegend für Kinder) und Essensständen in die Open-Air-Saison; zum Abschluss gibt's ein kleines Feuerwerk.

Vorderer Odenwald → Karte S. 55

Dieburg in Blau. Die Farbe hat in Dieburg Tradition, denn früher war hier das Blaufärberhandwerk zu Hause. Heute steht einen Abend lang im Juni alles auf Blau: Straßen sind in der Farbe dekoriert oder Bühnen, Fassaden und Kirchen entsprechend ausgeleuchtet. Kunsthandwerker locken mit interessanten Objekten oder Schmuck, und traditionelles Handwerk wie Töpfern, Spinnen oder Klöppeln wird vorgestellt. Daneben gibt es klassische Kurzweil mit Musik, Speis und Trank.

Traffic Jam. Seit 1999 d a s Open-Air-Musikfestival für Newcomer der Region. Wer harmonisch-melodiöse Gesänge liebt, ist hier falsch. Wer aber auf Punk, Metallcore oder dergleichen steht, kommt garantiert auf seine Kosten. www.trafficjam.de.

Der **Martinsmarkt** an einem Wochenende rund um den St.-Martins-Tag vermittelt schon einmal vorweihnachtliche Gefühle. Als Kontrastprogramm gibt es brachiale Aktivitäten wie Axtwerfen.

Schwimmen Das Freibad liegt am südlichen Rand der Stadt an der K 128. Es gibt ein 50-m-Becken, barrierefreie Einstiegshilfen, eine 20 m lange Wasserrutsche und einen 10-m-Turm. Mitte Mai bis Aug. tägl. 8–20 Uhr, an sehr heißen Tagen auch bis 21 Uhr, 1.–15. Sept. 10–19 Uhr. Eintritt 3,60 €. Schwimmbadweg, ✆ 06071/21510.

Einkaufen in Dieburg

Überschaubar, aber beliebt ist der **Wochenmarkt**. Es gibt regionale und Bio-Produkte wie Obst, Gemüse, Käse, Eier und Brot. Sa 8–13 Uhr auf dem Marktplatz.

Der **Weltladen** engagiert sich für den „Fairen Handel“, sein Produktsortiment ist vielseitig. Darüber hinaus gibt's Veranstaltungen rund um die Themen Ernährung, Soziales etc. (Termine auf der Website). Mo–Fr 9.30–18.30 Uhr, Sa bis 13 Uhr. Steinstr. 5, ✆ 06071/7485999, www.weltladen-dieburg.de. ■

Die **Bücherinsel** ist nicht nur ein Buchladen, sondern eine echte Institution in Dieburg: Es gibt Lesungen und Vorträge, mit und ohne Musik, man kann sich mit Kaffee versorgen lassen (im Sommer auch im einladenden Gartencafé) und sich auf Anmeldung für ein paar Stunden im Geschäft einschließen lassen ... Keine Sorge, rausgelassen wird man auch. Bei einem köstlichen Apfelschaumwein und Knabbereien können die Gestrandeten in aller Ruhe in der Insel nach interessanter Lektüre stöbern. Mo–Fr 9.30–19 Uhr, Sa 9–14 Uhr. Markt 7, ✆ 06071/5107, www.buecherinsel.net.

Fachwerk in Dieburg

Übernachten/Essen in Dieburg

Übernachten ** **Hotel Mainzer Hof**. Schön am Marktplatz gelegen. 34 gefällige Zimmer mit gängiger Ausstattung sowie PC- und Faxanschluss. WLAN auf Wunsch möglich. 82 € inkl. Frühstücksbüfett. Markt 22, ✆ 06071/88130, www.mainzer-hof.de.

Die Schmankerlburg. Das urige Hotel ist zum Wohlfühlen – allerdings mit einem Wermutstropfen: Es liegt an einer Hauptstraße in der Nähe des Zentrums und fast alle Zimmer sind dorthin ausgerichtet. Dafür ist das Personal absolut freundlich und im dazugehörigen Gasthof ist die frische Küche sehr appetitlich. DZ 76 € inkl. Frühstück. Frankfurter Str. 10, ✆ 06071/22843, www.schmankerburg.de.

Essen & Trinken **Mephisto**. Morgens Frühstückscafé, später Restaurant mit einer Karte, die von Pizza, Pasta und Salaten bis zu Flammkuchen-Variationen reicht. Zudem gibt es selbst gebackenen Kuchen und eine wechselnde Wochenkarte mit Gerichten für den großen Hunger. Das Lokal befindet sich in einem rekonstruierten Fachwerkhaus. Gewölbekeller und ein kleiner Teil des Erdgeschosses sind Originalsubstanz. Gelegenheit zum Draußensitzen gibt es auch. Mo–Sa ab 9 Uhr, So und feiertags ab 9.30 Uhr, Küche durchgehend. Zuckerstr. 7, ✆ 06071/823318, www.mephisto-dieburg.de.

Il Castello. Im Albinischen Schloss werden italienische Speisen serviert. Das Ambiente ist standesgemäß und die Terrasse einladend. Tägl. (außer Mo) 12–14.30 und 18–23.30 Uhr, Sa erst ab 18 Uhr. Schlossgasse 12, ✆ 06071/829997, www.ilcastello-dieburg.de.

Naturfreundehaus Moret. Dieses ursprüngliche Kleinod liegt auf einer Anhöhe zwischen Darmstadt und Dieburg. Auf der Karte steht Hausmannskost, der Kochkäse ist hausgemacht und der Rest kommt aus der Region. Mi 14–18 Uhr, So ab 11 Uhr. Auf der Moret 10, ✆ 06071/2215, www.naturfreunde-dieburg.de.

Biergarten Dieburg. Eigentlich ideal für Studenten, die abends nach den letzten Vorlesungen aus dem Campus raus- und direkt in den Biergarten hineinstolpern können. Aber auch für andere Besucher ein angenehmer Aufenthaltsort. Es gibt eine kleine Bistrokarte, Liveacts und an fünf Tagen die Woche Disco. Fr ab 21 Uhr, Sa ab 22 Uhr. Hohe Str. 17, ✆ 06071/1482, www.club-biga.de.

Eiscafé Venezia. Im ältesten Haus der Stadt und deswegen ein feiner Platz, um bei einer guten Eisportion dem Treiben im Stadtkern zuzusehen. Zuckerstr. 4, ✆ 06071/24674.

Vorderer Odenwald → Karte S. 55

Groß-Umstadt

Ein Stück Bergstraße im nordöstlichen Odenwald. In dem kleinen Weinanbaugebiet gedeihen Trauben bestens, ihr Geschmack ist kräftig bis spritzigfrisch. Außerdem hat Groß-Umstadt einen sehenswerten Altstadtkern. Der entschädigt für den ersten Eindruck, wenn man sich der Stadt von Westen durch die wenig erbauliche grüne Wiese nähert.

Die drei Weinlagen, auf denen insgesamt elf weiße und neun rote Rebsorten heranreifen, befinden sich auf dem Hausberg der Stadt, dem Hainrich. Den Schwerpunkt bilden die Weißweine, allen voran Riesling, Müller-Thurgau und Silvaner. Der Weinbau hat hier seit der römischen Besiedlung Tradition und wird bereits in einer Urkunde der Abtei Fulda aus dem Jahre 985 erwähnt. Heute sind die heimischen Winzer in der Winzergenossenschaft Vinum Autmundis organisiert und die Stadt trägt bei ihren offiziellen Auftritten stolz das Gütesiegel „Odenwälder Weininsel". Ausgiebig gefeiert wird diese Insel alljährlich Mitte Oktober, wenn das viertägige Winzerfest auf dem Programm steht. Veranstaltungsort ist die schöne Altstadt mit dem historischen Marktplatz, den hübsch renovierten Fachwerkhäusern ringsum, der Stadtkirche und dem imposanten Renaissance-Rathaus. Dass die Stadt Geschichte hat, erschließt sich hier auf einen Blick. Tatsächlich wurde sie bereits 743 erstmals erwähnt und bekam 1263 das Stadtrecht, um dann ab dem 14. Jh. in Doppelherrschaft von den Herren von Hanau zusammen mit den pfälzischen Kurfürsten regiert zu werden. Die Doppelregentschaft Pfalz-Hessen währte bis 1803 und erzeugte immer wieder heftige Streitereien.

Heute ist die Stadt durch zahlreiche Eingemeindungen auf eine Einwohnerzahl von nahezu 22.000 angewachsen. Darunter sind rund tausend Portugiesen, die größte portugiesische Gemeinde in ganz Hessen. Das macht sich u. a. beim Johannisfest Ende Juni bemerkbar, denn „A noite de São João“, die Nacht des heiligen Johannes, wird nicht nur in Portugal groß gefeiert, sondern auch in Groß-Umstadt.

Rund um den Marktplatz

Ziemlich schmuck steht es da, das **Renaissance-Rathaus** von 1604/05 am Markt 1. Lebensgroße Sandsteinfiguren der barbusigen Justitia und Prudentia, die für Gerechtigkeit und Klugheit stehen, schmücken links und rechts des Zwerchhauses die Traufe des Daches. Die Giebel sind reichlich verziert, überall blitzt es golden – der Einfluss der prunkliebenden Kurfürsten von der Pfalz ist deutlich zu sehen. Ihr Wappen prangt gemeinsam mit dem der Landesherren von Hessen-Darmstadt über dem Prunkportal von 1596. Im Erdgeschoss befindet sich die Säulenhalle, in der u. a. das Kunstforum zeitgenössische Kunst präsentiert. Rechts vom Rathaus erhebt sich die **evangelische Stadtkirche,** die über einem römischen Gutshof erbaut wurde. Der Turm stammt aus dem 13. Jh., ihre heutige Gestalt erhielt die Kirche zwischen 1460 und 1490.

Vor dem Alten Haus am Markt 5 steht der **Marktbrunnen** aus Sandstein. In der Mitte des runden Trogs steht ein quadratischer Brunnenstock mit einer prachtvoll restaurierten „Bietjungfer“. Als „Biet“ wird in der Mundart der Vierröhrenbrunnen bezeichnet. Er wurde 1714 erbaut. Das **Alte Haus** entstand 1555 und war ursprünglich ein hessischer Bierkeller. Heute ist es ein griechisches Restaurant, das sich auf hervorragende Meze – kleine Köstlichkeiten – spezialisiert hat. Zwei Hausnummern weiter, am Markt 3, steht das älteste Fachwerkhaus der Stadt, das **Hirschwirtshaus.** Prächtige Exemplare der alten Fachwerkarchitektur finden sich auch in der Hanauer Gasse nördlich und der Schwanengasse südlich des Marktplatzes. Nicht umsonst ist Groß-Umstadt ein sehenswürdiger Teil der „Deutschen Fachwerkstraße“.

Das prächtige Rathaus von Groß-Umstadt

Adelige Gemäuer

Im Mittelalter gab es in Groß-Umstadt sieben Adelssitze mit üppigen Hofanlagen und Wirtschaftsgebäuden. Durch Umbauten sind von den meisten Anlagen nur noch einzelne Gebäude erhalten. Eines davon ist das **Darmstädter Schloss** in der Hanauer Gasse 15 am nordöstlichen Rand der Altstadt. 1376 als Burg der Herren von Hanau erstmals erwähnt, wurde es 1465 zum ersten Mal umgebaut. 1524 gelangte es in den Besitz der Landgrafen zu Hessen-Darmstadt. Seine heutige Form stammt aus dem 18. Jh. Neue Schlossherren sind die Diakonie und die Evangelische Kirche.

Das Schloss der Freiherren Wambolt von Umstadt oder kurz das **Wambolt'sche Schloss** in der Curtigasse 6 wurde bereits 1036 erwähnt und auf einer mittelalterlichen Burganlage aufgebaut. Die dreiflügelige Schlossanlage ist von der Spätrenaissance geprägt. Der Nordflügel entstand 1600–02, der Südflügel um 1671. Der Dachstuhl des Verbindungsbaus wurde Mitte des 19. Jh. umgebaut: von einem spitzen Pyramidendach in eine einfache Sattelform. Der Baustil korrespondiert mit dem des rund hundert Meter entfernten Rathauses. Ähnlich sind vor allem die imposanten Sandsteinornamente der Giebel. Seit 2015 wird im Schlosshof ein Biergarten betrieben, in dem man sich entspannt die Zeit vertreiben kann.

Vorderer Odenwald → Karte S. 55

Das **Pfälzer Schloss** hat in der Südwestecke der Altstadt seinen Platz. Es wurde im 15. Jh. erbaut. 1806 brannte das Obergeschoss ab und wurde in Fachwerk wiederaufgebaut. In seinem Keller wird seit jeher der Umstädter Wein gelagert und ausgebaut. Der Rittersaal war Katholiken 200 Jahre eine Zufluchtstätte, in der sie ihre Religion ausüben konnten. 1976 wurde er renoviert. Heute tagt in dem Saal u. a. die Stadtverordnetenversammlung oder er dient als Ausstellungsraum.

Gruberhof

Das Umstädter Museum und Kulturzentrum war früher eine Abdeckerei und Wohnsitz einer Scharfrichterdynastie. Seit 1987 wird die alte Hofreite als kulturelle Einrichtung genutzt, Betreiber ist der Umstädter Museums- und Geschichtsverein. Das Museum zeigt komplett eingerichtete Bürger- und Gesindewohnungen längst vergangener Zeiten oder Dinge wie einen Saatgutreiniger, Strohhäcksler oder eine Kleedreschmaschine. Im Innenhof werden über das Jahr verteilt Feste gefeiert: An Ostern startet die Saison mit Livemusik, Anfang Oktober wird sie mit dem alljährlichen Kelterfest beendet. Zu allen Events wird im historischen Backhaus frisches Brot gebacken.

Ab Ostern bis zum Kelterfest (Wochenende nach dem 3. Okt.) So und feiertags 13–18 Uhr, Eintritt frei. Führungen für Gruppen auch in der Winterpause möglich. Raibacher Tal 22, ✆ 06078/4358, www.gruberhof-museum.de.

Wein vom Roßberg

Roßdorf liegt weiter westlich, kurz hinter Darmstadt. Und doch gehören die Weine des Weinguts Edling zum Bereich „Umstadt" der Hessischen Bergstraße. Der Roßberg ist ein erloschener Vulkan, auf dem Dornfelder, Spätburgunder, Cabernet Sauvignon oder Silvaner, Riesling und Müller-Thurgau prächtig gedeihen. Die Winzerstube ist unter Weinfreunden ein beliebter Treff. In der Saison (Mitte März bis Anf./Mitte Juni und Mitte Sept. bis kurz vor Weihnachten) Di/Mi und Fr ab 19 Uhr, Sa/So ab 17 Uhr. Weingut Werner Edling GbR, Kirchgasse 9, 64380 Roßdorf, ✆ 06154/8402, www.weingut-edling.de.

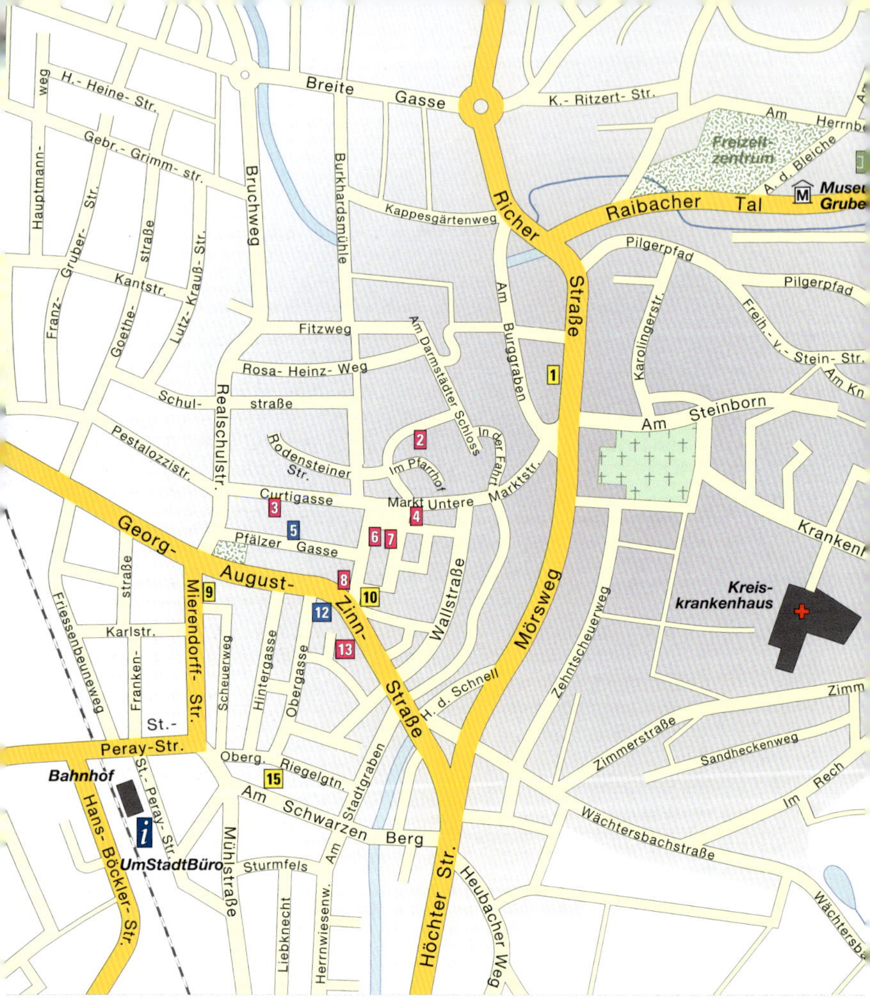

Römischer Siedlungsplatz bei Heubach (Wamboltschlösschen)

Sie wirken wie unspektakuläre Mauerreste, sind aber römischer Herkunft. Das Fundament der römischen Siedlung liegt im Wald auf einer Anhöhe zwischen dem Groß-Umstädter Ortsteil Heubach und Breuberg-Sandbach. Dass die Ruine überhaupt zu sehen ist, verdankt sie den regen Aktivitäten der Archäologischen und Volkskundlichen Arbeitsgemeinschaft Dieburg e. V. Der Verein hat nicht nur die Reste der Siedlung freigelegt, sondern auch Tafeln aufgestellt, die über das römische Leben in der Region informieren. Da man die Mauerreste früher für Überbleibsel der Stammburg der Adelsfamilie Wambolt von Umstadt hielt, wird die Ausgrabung auch Wamboltschlösschen genannt. Ihre Besichtigung lässt sich gut mit einer Wanderung, z. B. zur Burg Breuberg (→ S. 111), verbinden.

Anfahrt mit dem Auto: Von Groß-Umstadt auf der B 45 zunächst Richtung Höchst, dann links ab nach Heubach, den Ort durchfahren bis zum Waldparkplatz Kellergrund.

Basis-Infos zu Groß-Umstadt

Information Besucher können sich an das **UmStadtBüro** wenden. Mo/Mi 8–14 Uhr, Di/Do 8–12 und 14–18.30 Uhr, Fr 7–12 Uhr. St.-Péray-Str. 11, 64823 Groß-Umstadt, ✆ 06078/781301 oder 781302, www.gross-umstadt.de. Der Ortsgewerbeverein Groß-Umstadt 1849 e. V. glänzt u. a. mit aktuellen Veranstaltungstipps unter www.der-umstaedter.de.

Aktivitäten Der **Naturerlebnispfad am Hainrich** macht v. a. Kindern sehr viel Spaß. Ein Teil des Pfads liegt im Wald in der Nähe des Weinbergs Herrnberg. Dort gibt es z. B. ein Bienenhotel und ein Baumtelefon, das veranschaulicht, wie Geräusche durch einen Stamm geleitet werden. Auf der Nordseite des Pfads befindet sich u. a. ein Mini-Steinbruch, der zu einem Kinderklettersteig ausgebaut wurde. Und so kommt man hin: Vom Zentrum aus führen blaue Naturparkschilder zum Hausberg. Wer mit dem Auto anfährt, orientiert sich an den Schildern, die das Kreiskrankenhaus oder das Restaurant Farmerhaus ausweisen. Mehr Infos unter www.owk-umstadt.de.

Ein **Maislabyrinth** sorgt von Aug. bis Ende Sept. (Mo–Fr 8–19 Uhr, Sa/So bis 18 Uhr) auf dem Feld des Erdbeerhofs Münch für Irrungen und Wirrungen. Im Labyrinth sind fünf Stempelstationen versteckt, die fleißigen Besuchern die Wanderung durchs Feld bescheinigen. Eintritt 3 €. Direkt an der B 45 zwischen Dieburg und Groß-Umstadt. www.das-maislabyrinth.de.

Weinbergrundfahrten sind für bis zu 16 Pers. möglich. Weinproben, Brotzeit oder Kaffee und Kuchen können nach einem Baukastensystem gebucht werden. Reservierungen unter ✆ 06078/789308 oder 0171-5452226, www.weinbergsrundfahrt-umstadt.de.

Klettern kann man im Sandsteinbruch bei Heubach, der allerdings nur für Mitglieder des Deutschen Alpenvereins zugänglich ist. Der Steinbruch hält 80 kurze und lange Routen bereit. Zudem gibt es einen drahtseilgesicherten Klettersteig. Die meisten Touren sind leicht bis mittelschwer. Anfrage unter heubach@alpenverein-darmstadt.de.

Feste & Veranstaltungen Das **Winzerfest** ist der Weininsel liebstes Spektakel. Es findet immer am Wochenende um den 15. Sept. statt und dauert vier Tage (Fr–Mo). Zu den Höhepunkten zählen die Krönung der Weinhoheiten für das neue Weinjahr und der große Festumzug durch die Innenstadt. In den geräumigen Kellern des Pfälzer und Wambolt'schen Schlosses wird Wein ausgeschenkt und natürlich gibt es viele kleine Weinstände auf dem Marktplatz und in den Gassen drum herum. Dem Winzerfest geht ein einwöchiges kulturelles Programm voraus, das sog. Winzerfest-Warm-up mit Bauernmarkt oder Weinlagenwanderung.

Das **Johannisfest** wird immer am Wochenende nach dem 24. Juni veranstaltet. „A noite de São João", die Johannisnacht, ist ein

Vorderer Odenwald → Karte S. 55

bedeutender Festtag v. a. in Nordportugal. Kein Wunder also, dass die portugiesische Gemeinde in Groß-Umstadt maßgeblich an der Ausrichtung des Festes mit Livebands, portugiesischen Spezialitäten und Umstädter Wein beteiligt ist.

Schwimmen Das Freibad ist gleichermaßen zum Planschen und Trainieren geeignet. Es gibt zwei Sportbecken (50 bzw. 25 m) sowie einen großen Nichtschwimmerbereich mit Rutsche und Strömungskanal. Mai bis Sept. tägl. 8.30–20 Uhr, Di ab 7 Uhr, Do bis 22 Uhr. Eintritt 3 €. Höchster Straße, ✆ 06078/3525.

Das Insektenhotel ist eine Station des Naturerlebnispfads

Einkaufen in Groß-Umstadt

Vinum Autmundis 15 An der Odenwälder Winzergenossenschaft führt eigentlich kein Weg vorbei. Zum Verkauf stehen Weine aus konventionellem und aus ökologischem Anbau, Sekt, Trester- und Weinbrände, Liköre, Säfte, Essig, Öle und Gelees – eben alles, was aus Trauben hergestellt werden kann. Mo–Fr 9–12.30 und 14.30–18 Uhr, Sa 9–14 Uhr, So 14–19 Uhr. Riegelgartenweg 1, ✆ 06078/2349, www.vinum-autmundis.de. ■

»» **Mein Tipp: Costa Verde 9** Hier bekommen Freunde der portugiesischen Küche appetitliche Häppchen wie Bolinhos de Bacalhau (Stockfischkroketten) fertig zubereitet und eingefroren für die heimische Küche. Die Fischauswahl ist groß, ebenso die an Weinen von der gesamten Iberischen Halbinsel, Portweinen oder Brandy-Sorten. Das Geschäft beliefert auch die Gastronomie. Mo–Fr 8.30–19 Uhr, Sa bis 17 Uhr. Georg-August-Zinn-Str. 42, ✆ 06078/74434, www.costaverde-torres.de. ««

Käsekeller 1 Hier wird Käse veredelt, z. B. mit Feigen, Tomaten, Kräutern oder Calvados. Im Lagerverkauf können sich Käsefans eindecken. Do/Fr 16–19 Uhr. Richer Str. 5, ✆ 0160/2819862, www.odw-kaesekeller.de.

Regenwurm 10 Der Laden hat sich ganz auf den Nachwuchs ausgerichtet und bietet viele schöne Spielsachen für innen und außen. Vieles aus Holz, denn das Motto lautet „Natürliches von Anfang an". Außerdem gibt es Malzubehör wie Kreiden oder Buntstifte und Naturtextilien für Kinder. Mo–Fr 9–12.30 und 15–18 Uhr, Sa 9–13 Uhr, Mi nachmitttags geschlossen. Obere Marktstr. 18, ✆ 06078/2937, www.regenwurm-spielzeug.de.

Übernachten in Groß-Umstadt

Hotel Hax 12 Das Hotel befindet sich nahe am Altstadtkern, allerdings an einer Durchgangsstraße. Es verfügt über Einzel-, Doppel- und auch Dreibettzimmer, alle angenehm schnörkellos eingerichtet und mit gängigem Komfort ausgestattet: Dusche/WC, TV und Telefon, auf Wunsch auch WLAN. Zum Hotel gehört auch das traditionsreiche Gasthaus zum Lamm, das schon 1427 urkundlich erwähnt wird. DZ 80–115 € inkl. Frühstück. Georg-August-Zinn-Str. 32, ✆ 06078/3317, www.hotel-hax.de.

Ferienwohnung im Kulturdenkmal 5 Liegt im historischen Stadtkern und befindet sich in einem denkmalgeschützten, sanierten Fachwerkhaus. Die Wohnung ist angenehm eingerichtet und die Wohnküche gut ausgestattet. Ideal zu zweit. 65 € pro Nacht, ab der 3. Nacht wird's günstiger. Pfälzer Gasse 5, ✆ 06078/9694383, www.ferienwohnung-umstadt.de.

*****S Hotel Jakob 14** Das kategorieübliche Angebot moderner Zimmer wird ergänzt von geräumigen Suiten und einem Wellness-Bereich mit Sauna und Massage. Ein Verwöhnwochenende kann als Arrangement gebucht werden. DZ ab 79 €, Suiten ab 105 €, Frühstück 5 €. Zimmerstr. 43, ✆ 06078/78000, www.hotel-jakob.de.

*** **Erlenhof** **16** Schönes Kontrastangebot zu den Unterkünften in der Stadt. Urlaub auf dem Bauernhof, ausgezeichnet mit drei Sternen, fern von jedem Trubel, mitten in der Natur, am Ende des Ortsteils Heubach. Der Erlenhof verfügt über 4 Ferienwohnungen 50–55 m^2. Er ist außerdem ein guter Ausgangspunkt, um zur Burg Breuberg zur wandern. 35 €/Tag. Wilhelm-Leuschner-Str. 270, ✆ 06078/8486.

Essen & Trinken in Groß-Umstadt

Kutscherhaus **2** Das Haus gehörte einst als Kutschendepot zum gegenüberliegenden Darmstädter Schloss, heute stehen hier portugiesische Spezialitäten auf dem Programm. Das Ambiente ist sehr gemütlich, die Zubereitung des Essens kann allerdings bei hohem Betrieb etwas dauern. Der Garten neben dem Gebäude liegt direkt an der historischen Stadtmauer. Tägl. (außer So) 17–24 Uhr. Am Darmstädter Schloss 1, ✆ 06078/75326, www.kutscherhaus-umstadt.de.

Ela! Taverna **6** In den Gemäuern des „Alten Hauses" werden Freunde der griechischen Küche verwöhnt, und zwar fernab vom klassischen Rhodos-Teller oder der Kreta-Platte. Es gibt Mezedes und die überraschen den Gaumen trotz relativ einfacher Zutaten mit raffinierter Würze und absoluter Frische. Sehr schön sind auch die farbenfrohen, typischen Tavernen-Tische und Stühle vor der Tür auf dem Marktplatz. Mo und Mi–Sa 17.30–23 Uhr, So und feiertags 12–14.30 und ab 17 Uhr. Am Markt 5, ✆ 06078/9177956 oder 0173-6573445, www.ela-taverna.de.

Goldene Krone **7** Liegt in direkter Nachbarschaft zum Alten Haus und ist in der Region für seine leckeren Rumpsteaks bekannt. Die holzvertäfelten Wände sorgen für ein rustikales Ambiente, den Kontrast bildet das moderne Mobiliar. Die Preise sind moderat. Lauschige Sitzgelegenheiten auf dem Markplatz gibt es natürlich auch. Tägl. (außer Mo) ab 17.30 Uhr, So und feiertags auch 11.30–14 Uhr. Am Markt 7, ✆ 06078/9694383, www.krone-umstadt.de.

Café-Bistro Central **4** Erinnert an ein Wiener Kaffeehaus, es gibt aber auch eine gemütliche Lounge-Ecke mit Clubsesseln,

Ein schattiges Plätzchen: Wambolts Biergarten

Vorderer Odenwald → Karte S. 55

die fast nach einer Zigarre verlangen. Auf der Karte stehen Frühstück und schnelle Happen wie Flammkuchen. Empfehlenswert ist der hausgemachte Kuchen. Tägl. (außer Mo) 9.30–23 Uhr, So bis 19 Uhr (Juli bis Sept. So bis 22 Uhr). Untere Marktstr. 1, ✆ 06078/9300960, www.cafe-central-umstadt.de.

Restaurant/Weinstube Brücke-Ohl **8** Gehört zum gleichnamigen Weingut, wird aber von einem Pächter bewirtschaftet. Der Sage nach soll hier sogar schon der Schinderhannes eingekehrt sein. Und so wirkt auch der Wirtsraum: urig und mit vielen altertümlichen Accessoires bestückt. Die Küche kredenzt deutsches Essen, das sich nach dem saisonalen Angebot richtet. Neben dem Restaurant befindet sich der Weinkeller mit Straußwirtschaft des Weinguts (Mitte Sept. bis Mitte Dez. Do–So ab 18 Uhr) – eine gute Gelegenheit, die Weine zu testen, die aber auch auf der Karte im Restaurant stehen. Nicht ganz so gemütlich ist der Außenbereich. Er liegt an einer Hauptverkehrsstraße. Tägl. 11.30–14.30 und ab 17.30 Uhr. Georg-August-Zinn-Str. 23, ✆ 06078/73384, www.weingut-bruecke-ohl.de.

House Journal – Nachrichtencafé **13** Ein sehr beliebter Treff, möglicherweise auch weil es hier einen Raucherraum gibt. Die Einrichtung mit Art-deco-Elementen ist im Stil eines französischen Bistros gehalten. Interessant sind alte Zeitungsausschnitte bzw. Titelgeschichten aus den 1950er-Jahren, die an den Wänden ausgestellt sind. Es gibt Frühstück, Pasta und Pizza. Sitzgelegenheiten auch vor der Tür. Mo–Sa ab 9 Uhr, So ab 10 Uhr. Georg-August-Zinn-Str. 22, ✆ 06078/71146, www.house-journal.de.

Farmerhaus **11** Seit mehr als 40 Jahren überregional bekannt für seine Haute Cuisine mit afrikanischem Zuschnitt. Auf der Karte steht Exotisches wie Krokodil, Springbock oder Strauß, in feinen Kompositionen zubereitet – nichts für Tierschützer oder einen schmalen Geldbeutel, aber allemal ein Erlebnis. Das Restaurant thront hoch über Groß-Umstadt an den Weinhängen. Das afrikanische Ambiente ist beeindruckend und zum Wohlfühlen. Di–Sa ab 18 Uhr. Am Farmerhaus 1, ✆ 06078/911191, www.farmerhouse.de.

Wambolts Biergarten **3** Im Vorgarten des Wambolt'schen Schlosses kann man seit 2015 an sonnigen Tage die Zeit unter schattenspendenden Bäumen verbringen. Es gibt kultiges GUDE-Bier, Worschtvariationen, aber auch Salate und hausgemachten Kuchen. Bei schönem Wetter Mo–Fr 15–22 Uhr, Sa ab 13 Uhr und So ab 12 Uhr. Curtigasse 6, ✆ 06078/9694383, www.wambolts.de.

Der Schinderhannes

Viele kennen die Geschichte des Schinderhannes durch die berühmte Verfilmung mit Curt Jürgens in der Hauptrolle und Maria Schell in der Rolle seiner Geliebten Julia Bläsius. Nur wenige wissen aber, dass sich der berüchtigte Räuber aus dem ausgehenden 18. Jh. oft im kleinen Dorf Semd aufhielt, das heute ein Ortsteil von Groß-Umstadt ist. Der Schinderhannes, mit bürgerlichem Namen Johannes Bückler, trieb sein Unwesen vor allem im Hunsrück, Naheland und Pfälzer Bergland. Über 130 Diebstähle, Erpressungen und Überfälle, dazu ein paar Morde sollen auf sein Konto gehen. In Semd pflegte er Kontakte zu Kumpanen aus dem Odenwald, Spessart und der Wetterau. Sein Image als deutscher Robin Hood und Wohltäter der Armen hat Bückler übrigens völlig zu Unrecht: Er raubte und mordete ausschließlich „auf eigene Rechnung" und war nichts weiter als ein gewöhnlicher Krimineller, ein äußerst brutaler noch dazu. Entsprechend unheroisch war dann auch sein Ende: Der Schinderhannes starb am 21. November 1803 in Mainz unter dem Fallbeil. Wer mehr wissen möchte: Über das Leben Bücklers informieren die „Schinderhannes-Chronik" und das ergänzende „Schinderhannes-Ortslexikon" von Peter Bayerlein.

Otzberg

Schon aus der Ferne ist erkennbar: Da steht nicht nur einfach ein kleiner Berg, dort erhebt sich ein ehemaliger Vulkan. Eine gut zugängliche Wand mit eindrucksvollen Basaltsäulen am Fuße dokumentiert den vulkanischen Ursprung. Hoch oben thront die Veste Otzberg.

Der Geo-Naturpark Bergstraße-Odenwald hat den Otzberg 2005 zum Geotop ernannt, zum „Botschafter aus dem Erdmantel". Entstanden ist er vor etwa 22 Mio. Jahren, als sich die über 1100 °C heiße Basaltschmelze ihren Weg bis an die Erdoberfläche bahnte. Der Vulkankrater und die ausgetretenen Lavaströme sind längst Geschichte, die Zeit überdauert hat lediglich der härtere, feinkörnige Nephelinbasalt mit seiner charakteristischen Säulenstruktur.

1972 wurde der Otzberg zum Namensgeber der Gemeinde, in der sechs umliegende Orte zusammengeschlossen sind. Sitz der Gemeindeverwaltung ist Lengfeld, dessen auffälligster Bau das seit 1905 unter Denkmalschutz stehende Alte Rathaus ist: Es hat im Untergeschoss eine Durchfahrt, steht also gewissermaßen mitten auf der Straße.

Vorderer Odenwald → Karte S. 55

Veste Otzberg

Zwar ist der Otzberg mit seinen 367 m nicht besonders hoch, doch der Blick vom 17 m hohen Bergfried der auf dem Gipfel thronenden Veste reicht bis zu Frankfurts Hochhäusern und darüber hinaus in den Taunus. Der mächtige Turm wird auch die „Weiße Rübe" genannt und ist das älteste Gebäude der Gipfelburg. An manchen Stellen ist seine Mauer bis zu 3 m dick. Vermutlich zählte das Land rund um den Otzberg zu dem Gebiet, das König Pippin 766 gemeinsam mit Groß-Umstadt dem Kloster Fulda schenkte. Ein strategisch wichtiger Ort, an dem früh eine Verteidigungsanlage entstand. 1231 wurde das Castrum Othesberg erstmals in einer Urkunde erwähnt. Ihre heutige, eindrucksvolle Gestalt mit der ovalen doppelten Ringmauer erhielt die Veste im 16. Jh. Der Burgbrunnen stammt vermutlich aus dem 14. Jh. Er befindet sich an der linken Seite der Toreinfahrt und ist ca. 45 m tief. Rechter Hand steht das alte Kommandantenhaus, in dem die Burgschänke typische Odenwälder Kost serviert. Im Sommer können Gäste im Burgbiergarten Platz nehmen. Der Palas im hinteren Teil der Veste beherbergt das **Burgmuseum** mit einem kleinen Café. Zu sehen gibt es Klassiker wie Trachten, Handwerkszeug und Keramik. Die **Spielzeugabteilung des**

Die „Weiße Rübe"

Museums befindet sich im vorher erwähnten Alten Rathaus von Lengfeld, das zu Fuß in rund 40 Minuten erreicht werden kann. Puppenstuben, Kaufläden oder Puppenküchen wurden dort liebevoll zu Spiellandschaften zusammengestellt. Der Besuch sollte allerdings vorher angemeldet werden.

Burgmuseum Sa/So/Mo 11–18 Uhr. Eintritt 2,50 €, bis 12 J. frei. ✆ 06162/71114, www.veste-otzberg.de.

Schloss Nauses

Das Schloss im Ortsteil Ober-Nauses war ursprünglich eine Wasserburg. Von dieser Wehranlage sind nur der Torturm und das Haupthaus aus Fachwerk auf einem gemauerten Bruchsteinsockel erhalten. Der 10 m hohe spätgotische Turm bildete einst den Zugang zum umfriedeten Schlosshof. Heute steht er frei, veranschaulicht aber gut die frühere Wehrhaftigkeit der kleinen Burganlage. Seine Geschichte ist eng an die von Otzberg gebunden: Lehensherren wie der Vogt Dieter Gans von Otzberg herrschten über das Schlösschen, das vom Kloster Fulda verwaltet wurde. Sein Wappen ist noch heute gemeinsam mit dem der Schelme von Bergen, einem Adelsgeschlecht aus dem Frankfurter Stadtteil Bergen, über dem Treppenturm des Hauptgebäudes zu sehen. Sie bezeugen die Allianz zwischen beiden Familien. Schloss Nauses ist heute in Privatbesitz. Die Eigentümer betreiben eine bodenständige Wirtschaft, die allerdings erst nachmittags öffnet. Wer die kleine Burg als sehenswerten Zwischenstopp in eine Wanderung einbinden will, sollte genug Wasser im Gepäck haben. Man kann sich leider nicht darauf verlassen, hier den Durst löschen zu können.

Service-Infos zu Otzberg

Information Auskunft gibt der Verkehrs- und Verschönerungsverein e. V. Otzberg, Burgweg 30, 64853 Otzberg, ✆ 06162/72817. Infos auch unter www.otzberg.de.

Feste & Veranstaltungen Die **Otzberger Sommerkonzerte** werden an drei Wochenenden im September im Rittersaal der Veste veranstaltet. Der Schwerpunkt liegt

Die ehemalige Wasserburg „Schloss Nauses" liegt idyllisch in einem kleinen Tal

auf klassischer Musik. Infos unter www.otzbergersommerkonzerte.de.

Die Museums- und Burgschänken-Betreiber (→ Übernachten/Essen) stellen jedes Jahr ein abwechslungsreiches Programm zusammen: Feste Bestandteile sind der **Ostermarkt**, der regionales Osterbrauchtum näherbringt, oder der antiquarische **Büchermarkt** im Januar. Den kompletten Veranstaltungskalender gibt's als Download unter www.veste-otzberg.de.

Übernachten/Essen **Die Schmelzmühle.** Die Zimmer bieten einfachen Komfort, Dusche und WC. Das mag daran liegen, dass die Schmelzmühle, die an einer kleinen Straße im Grünen liegt, eigentlich mehr Restaurant als Pension ist. Der Biergarten ist lauschig, der Gastraum und die Speisen sind gutbürgerlich. Auf der Karte stehen allerlei Schnitzelvariationen und Salate. Die Lamm- und Kartoffelwochen im Frühjahr und Herbst ergänzen die Klassiker. In der Küchenpause (14–18 Uhr) können Kleinigkeiten von der Vesperkarte bestellt werden. Juni bis Aug. Mo, Mi–Fr 15–22 Uhr, sonst erst ab 17 Uhr , Sa/So und feiertags 11.30–22 Uhr. DZ 52 €, Frühstück wird nicht angeboten. Bachstr. 43, Ober-Klingen, ✆ 06162/72913, www.dieschmelzmuehle.de.

Haus Waldparadies. Das Zweifamilienhaus am Waldrand bietet Doppelzimmer, Appartement und eine Ferienwohnung für 2–4 Pers. mit Küche, Bad/Dusche und WC. Kleines Extra neben Telefon und Sat-TV ist der Terrassengrill. Tiere sind erlaubt. 3 Übernachtungen ab180 € inkl. Bettwäsche und Endreinigung. Am Sandacker 6, Ober-Nauses, ✆ 06163/912555, www.haus-waldparadies.de.

Waldschloss. Liegt in der alten Wasserburg von Nauses und hat eine kleine Vesperkarte mit Schinken- und Wurstplatten, Strammem Max oder Rindswurst, außerdem Dosenwurst aus eigener Schlachtung zum Mitnehmen. Die Stube ist genauso urig wie die wenigen Plätze draußen im Hof. Tägl. ab 17 Uhr. Höchster Str. 45, Ober-Nauses, ✆ 06163/3332.

Vorderer Odenwald → Karte S. 55

Fischbachtal

Welch ein romantisches Bild: Das stolze, weiße Schloss Lichtenberg und der mächtige Geschützturm thronen hoch über dem malerischen Fischbachtal. Wo es früher den Adelsfamilien gefiel, verbringen heute Touristen ihre Zeit, um abzuschalten.

Wie in vielen Teilen des nördlichen Odenwalds wurde auch die Geschichte des Fischbachtals maßgeblich von den Grafen von Katzenelnbogen geprägt. Bereits im 12. Jh. errichteten sie hier auf dem Bergkegel eine erste Burg, den Vorgänger des heutigen Schlosses. Das höfisch-herrschaftliche Leben florierte, selbst Größen wie Minnesänger Walther von der Vogelweide und Parzival-Autor Wolfram von Eschenbach sollen gelegentlich eingekehrt sein. Als der letzte Graf aus dem Hause Katzenelnbogen Ende des 15. Jh. starb, ging Lichtenberg an die Landgrafen von Hessen. Unter deren Herrschaft wurde die Burg ab etwa 1570 zum prächtigen Renaissanceschloss ausgebaut und ist als solches heute – zusammen mit dem 1503 erbauten, vorgelagerten Bollwerk, der „Krautbütt" – die Hauptattraktion der Gemeinde Fischbachtal.

Die Sehenswürdigkeiten der anderen Ortsteile nehmen sich dagegen eher bescheiden aus: In Steinau, Meßbach und Nonrod kann man sich Fachwerkarchitektur anschauen, das kleine Billings hat eine in Schneckenform gebaute Kapelle. Niedernhausen, das Verwaltungszentrum der Gemeinde, verfügt immerhin über die meisten Übernachtungsmöglichkeiten. Ansonsten bietet Fischbachtal in erster Linie Natur und Wandermöglichkeiten, darunter eine „kulturell angereicherte": Der am Schloss (wo sonst?) startende Geografisch-historische Lehrpfad erläutert anhand von 36 Tafeln neben landschaftlichen auch

„Josef & Maria"-Steine des Heuneburger Ringwalls

kulturgeschichtliche Denkmäler. Zu Letzteren gehört die **Heuneburg**, ein keltischer Ringwall im westlichen Wald vor Lichtenberg, oder die **Kernbacher Hütte**, eine frühere Waldarbeitersiedlung, deren Häuser noch heute bewohnt sind.

Außerdem ist das schöne Fischbachtal gut ins Wanderwegenetz eingebunden: So führt mit dem **Alemannenweg** eine der großen, erlebnisreichen Odenwald-Wanderrouten durch die Region (www.alemannenweg.de). Ein anderes Beispiel ist der besinnliche **St.-Jost-Pilgerweg** (www.st-jost.fischbachtal.de), der u. a. am höchsten Berg des Fischbachtals, dem Rimdidim (= rundherum) Station macht. Der ökumenische Pilgerweg wurde 2008 zu Ehren des Patrons der St.-Jost-Kapelle ins Leben gerufen und kann in drei anspruchsvollen Varianten gelaufen werden.

Tour 1: Rund um die Heuneburg → S. 283
Auf dem Geografisch-historischen Lehrpfad zum keltischen Ringwall

Schloss Lichtenberg

Das Schloss ist aus einer mittelalterlichen Burg hervorgegangen, die im 12. Jh. unter den Grafen von Katzenelnbogen entstand. Der heutige Bau wurde 1570–81 vom Landgrafen Georg I. von Hessen-Darmstadt errichtet. Architekt war zunächst Jakob Kesselhut, der zur gleichen Zeit das Jagdschloss Kranichstein (→ S. 43) entwarf. Die beiden Schlossanlagen sind ähnlich: Sie haben je drei Flügel in Hufeisenform. Schloss Lichtenberg ist nach Norden geöffnet und hat hohe Giebeldächer. Auch wenn Dreiflügelanlagen für die Renaissance eher untypisch sind, Voluten (schneckenförmige Verzierungen) und Drachen-Wasserspeier an den Giebeln bezeugen den Stil jener Epoche.

Die Außenmauer der Vorburg mit Wehrgang über dem Rundbogenfries und vorgelagertem Wallgraben ist noch mittelalterlichen Ursprungs. Die Vorburg mit Burgschmiede, Kutschenhaus und Zehntscheuer trägt gotische Züge. In der Mitte des 19. Jh. gab die großherzogliche Familie die Residenz auf. Das Schloss stand eine Zeit lang leer, bis die Räume um 1900 als Fremdenzimmer vermietet wurden. 1951 wurde das Museum im Schloss eröffnet. Im anderen Teil wurden später Wohnungen eingerichtet.

Museum Schloss Lichtenberg: Schloss und Museum können aktuell nur mit einem „Vor-Ort-Begleiter" des Geo-Naturparks besucht werden. Im Museum sind einzigartige Dioramen mit Zinnfiguren ausgestellt. Die panoramaähnlichen Miniaturszenen zeigen u. a. Ereignisse aus der Antike und Lichtenbergs Geschichte. Außerdem sind historisches Spielzeug, alte landwirtschaftliche Geräte und Gemälde des Odenwaldmalers Johannes Lippmann zu sehen. ✆ 06251/707990, www.geo-naturpark.net.

Schon von Weitem sichtbar: das prachtvolle Schloss Lichtenberg

Vorderer Odenwald → Karte S. 55

Bollwerk

Die Einheimischen nennen ihn „Krautbütt". Kein Wunder, die Form des mächtigen Turms erinnert an ein riesiges Sauerkrautfass. Da der Turm ein Verteidigungsbollwerk war, könnte aber auch das hier gelagerte Schießpulver – „Kraut" – den Volksmund beeinflusst haben. Sicherer als die Namensherkunft sind die Daten: Der Turm wurde 1503 etwa 400 m westlich der Schlossanlage frei auf einem Granitfelsen erbaut (früher verband ein Palisadenzaun die beiden Bauwerke). Er erhebt sich über drei Geschosse 15 m in die Höhe, hat einen Durchmesser von 18,7 m und bis zu 6 m dicke Wände. Das oberste, offene Stockwerk diente als Wehrplattform für Geschütze. Leider kann der Turm aus Sicherheitsgründen nicht mehr bestiegen werden.

Keltischer Ringwall „Heuneburg"

Die alte Wehranlage liegt im südlichen, bewaldeten Teil des Höhenrückens, auf dem sich auch Schloss Lichtenberg befindet. Sie ist nicht mit der gleichnamigen keltischen Stätte an der Donau zu verwechseln. Die Heuneburg im Odenwald wirkt auf Ahnungslose wie ein steil geböschter Erdwall mit viel Geröll. Der Ringwall entstand vermutlich am Ende der jüngeren Eisenzeit (500 bis 50 v. Chr.), als Kelten das Land als Ackerbauern und Viehzüchter besiedelten. Er diente ihnen als Schutzburg vor den Germanen, die aus dem Norden kommend immer weiter in den Süden vordrangen. Und obwohl die Kelten ausgezeichnete Schmiedemeister waren und über Waffen verfügten, gelang es den Nordmännern doch, sie zu vertreiben. Ursprünglich gab es einen doppelten Schutzwall. Bei der inneren Befestigungslinie handelt es sich um den eigentlichen Ringwall. Er beschreibt ein Oval, das sich der Bergkuppe anpasst, und hat eine Ausdehnung von etwa 180 auf 120 m. Ausgrabungen haben ergeben, dass ursprünglich eine 3–3,5 m dicke

Mauer aus einem Balkengerüst und Granitsteinen die Anlage befestigt hatte. Schlitze für die senkrechten Balken wurden bei Grabungen freigelegt. Am Ringwall stehen eine Schutzhütte sowie ein Tisch und Bänke zum Rasten – zum Beispiel, um sich für die letzten Etappen des St.-Jost-Pilgerwegs zu stärken, der an der Heuneburg vorbeiführt.

Der Geografisch-historische Lehrpfad Lichtenberg – ein Lesetipp

Das Museum Schloss Lichtenberg hat eine Schriftenreihe zu den Schausammlungen herausgegeben. Band 3 befasst sich mit dem Geografisch-historischen Lehrpfad rund um Lichtenberg. Leser erhalten einen guten Eindruck von der Beschaffenheit der Landschaft und Einblick in die Entwicklungsgeschichte dieser Region. Die Heuneburg, das Schloss oder die „Krautbütt" werden ebenso thematisiert wie der Wald und seine Baumarten.

„Geographisch-historischer Lehrpfad Lichtenberg" von Friedrich Sauerwein und Hans H. Weber, Erläuterungsheft, Verlag des Museums Schloss Lichtenberg, 4 €. Erhältlich im Rathaus der Gemeinde.

Basis-Infos zu Fischbachtal

Information Besucher können sich an die Gemeindeverwaltung Fischbachtal wenden. Mo–Do 8.30–12 Uhr, Do auch 14–18 Uhr. Darmstädter Str. 8, 64405 Fischbachtal, ✆ 06166/93000, www.fischbachtal.de. Auf der Website werden u. a. attraktive Wanderwege vorgestellt.

Feste & Veranstaltungen Die **Lichtenberger Schlosskonzerte** finden seit 1971 mehrmals im Jahr statt. Das musikalische Repertoire im schönen Kaisersaal reicht von Jazz und Klezmer bis Klassik und Adventsgesang, von Gershwin bis Beethoven. Solisten und Ensembles aus dem In- und Ausland musizieren auf hohem Niveau. Veranstaltungskalender unter www.fischbachtal.de (unter „Sehenswertes").

Fischbachtal aktiv. Seit 2000 veranstaltet der Verein für Wirtschaftsförderung im Fischbachtal e. V. das bunte Happening, an dem sich natürlich Gastwirte und Direktvermarkter beteiligen. Auf der Tannenhof Ranch wird z. B. der Saloon geöffnet, es gibt Musik, und Bastelfreudige können kreativ werden. Selbstverständlich wird auch ordentlich aufgetischt. Zu den Höhepunkten zählen eine Fackelwanderung rund um das Fischbachtal und ein Feuerwerk. Jährlich im September, Infos unter www.gewerbe-fischbachtal.de.

Nonstock-Festival. Fetzig, rockig und zuweilen ganz schön laut präsentieren sich die wechselnden Bands des Festivals. Seit 2003 wird es fast alljährlich im Hoch- bzw. Spätsommer für überwiegend jüngeres Publikum ausgerichtet. www.nonstock-festival.de.

Übernachten in Fischbachtal

Landgasthof Brunnenwirt. Die Zimmer sind hell und freundlich im modernen Landhausstil eingerichtet und das Personal ist sehr zuvorkommend. Die Zimmer haben standardmäßige sanitäre Anlagen sowie Telefon, Sat-TV und Radio. Suiten haben auch eine Küchenzeile. DZ ab 70 € inkl. Frühstücksbüfett. Darmstädter Str. 43–49, Niedernhausen, ✆ 06166/412, www.brunnenwirt.de.

Ferienwohnungen Xenophil. Die 4 Wohnungen mit Küche und Bad können bis zu 15 Gäste beherbergen. Sie sind zwischen 32 und 110 m² groß und gemütlich eingerichtet. Manche Bäder haben sogar eine Badewanne. Zum Service zählen Handtücher und Bettwäsche. Auf der Liegewiese darf auch gegrillt werden. 38–53 €/Tag für 2 Pers., jede weitere Pers. 12 €, zzgl. Endreinigung, ab 7 Nächten inkl. Liebigstr. 1, Niedernhausen, ✆ 06166/920600, www.xenophil.de.

Horndreher Hof. Ferien auf dem Bauernhof: Im Gästehaus befinden sich 5 liebevoll eingerichtete Zimmer mit Dusche und WC. Für Kinder stehen Beistellbetten zur Verfügung. Die Gastgeber legen Wert auf bewussten Umgang mit Ressourcen: Das Wasser wird z. B. durch Solaranlagen auf dem Dach erwärmt und für die Toilettenspülung wird Regenwasser genutzt. Im Hofladen gibt es u. a. Obst, Getreide und Fleisch. Außerdem stellt der Hof selbst Edelbrände und Liköre her. 38 €/Pers. inkl. Frühstück. Lindenstr. 19, Niedernhausen, ✆ 06166/8580, www.horndreher-hof.de.

Tannenhof Ranch. Ein Ort für Reiterferien: Die Zimmer mit aus massiven Holzstücken gezimmerten Betten wirken sehr rustikal – Luxus gibt es nicht wirklich, man übernachtet eben auf einer Ranch. Greenhorns können das Reiten lernen oder sich im stilecht eingerichteten Saloon vergnügen. Böse Buben kommen ins Jailhouse. Hier kommt Cowboy-Feeling auf. DZ für Erw. 22 €/Pers., bis 16 J. 17 €. Tannenhof, Niedernhausen, ✆ 06166/60243, www.tannenhof-ranch.de.

Die „Krautbütt", der alte Geschützturm, misst fast 19 m im Durchmesser

Campingplatz „Odenwaldidyll". Campingfreunde können es sich von April bis Okt. im Odenwaldidyll bequem machen. Der Platz liegt am Fuße des Bollwerks und verfügt über 150 Dauerplätze und 30 Ferienplätze für Caravans sowie 15 Zeltplätze und 3 Mietwohnwagen. Die sanitären Anlagen sind modern und sauber. Außerdem gibt es ein Naturschwimmbad mit Wasserrutsche, einen Beachvolleyball-Platz und eine Boule-Bahn. Hauptsaison: Zeltplatz 5–6 €, Wohnmobilplatz 7–8 €. Niedernhausen, ✆ 06166/8577, www.odenwald idyll.de.

Essen & Trinken in Fischbachtal

Alt Lichtenberg. Das Gasthaus bietet etwas andere Odenwälder Küche, z. B. Käsenocken mit Rote-Bete-Carpaccio oder Rindersteak in Gorgonzola-Sauce. Besonderheit des Hauses: die Handkäsekarte. Sie reicht von der Handkäse-Knoblauchsuppe bis zum Handkäse-Honigparfait, das vermutlich nur Mutige probieren. Mo/Di ab 17 Uhr, Do–Sa 11.30–14 und ab 17 Uhr, So 11–21 Uhr. Landgraf-Georg-Str. 9, ✆ 06166/8432, www.alt-lichtenberg.de.

Café Heuneburg. Ein Muss für Kuchen- und Tortenfreunde. Die Kalorienbomben sind stets frisch, nicht zu süß und üppig in der Portion. Die Terrasse glänzt mit einem tollen Ausblick. Tägl. (außer Mo) 13–18 Uhr. Lippmannweg 6, ✆ 06166/8877.

Zum Rodenstein. Hier steht alles unter dem Zeichen „homemade": Das Fleisch stammt aus eigener Schlachtung, der Apfelwein aus der hauseigenen Kelterei und der Kuchen wird selbst gebacken. Wer will, findet hier auch ein Zimmer (21–27 €/Pers.), die Einrichtung ist urig. Das Gasthaus liegt in Nonrod – ein guter Ausgangspunkt für eine Wanderung zur sagenumwobenen Burgruine Rodenstein. Tägl. (außer Di) ab 11 Uhr, warme Küche 12–14 und 17.30–21 Uhr. Rodensteiner St. 18, ✆ 06166/278, www.zum-rodenstein.de.

Zu Weihnachten schmückt sich Neunkirchen festlich

Modautal

Die Gemeinde mit ihren elf Ortsteilen auf rund 32 km² Fläche bietet viel Natur, herrliche Waldwege, eine heilige Quelle, aktive Mühlen, mächtige Windkrafträder und jede Menge Einkehrmöglichkeiten.

Die Modau entspringt auf der **Neunkircher Höhe** und mündet 42 km weiter westlich in den Rhein. Von dem knapp über 600 m hoch gelegenen Bergrücken hat man einen tollen Blick auf Schloss Lichtenberg im Fischbachtal (→ S. 74) und weit darüber hinaus. Gerade bei Dunkelheit ist das Schloss ein schöner Anblick, wenn es in hellem Licht erstrahlt. Besonders schön ist die Aussicht vom Kaiserturm, der den Gipfel der Neunkircher Höhe seit 1907 ziert. An Wochenenden und an Feiertagen kann man einkehren, denn innen befindet sich „die höchste Wirtschaft" des Odenwaldes. Früher war die Neunkircher Höhe auch bei Wintersportlern beliebt, doch mittlerweile ist der Skilift stillgelegt und nicht einmal mehr das Rodeln erlaubt. Für ausgedehnte Spaziergänge ist sie aber auch bei Eis und Schnee ein wirklich romantischer Ort geblieben.

Wahrzeichen des Modautaler Ortsteils **Neunkirchen** am Fuß der gleichnamigen Höhe ist die ehemalige Wallfahrtskirche Cosmas und Damian. Im Pfarrhof der Kirche befindet sich eine Quelle, der einst Heilkraft nachgesagt wurde. Der Legende nach wurde sie um 300 n. Chr. von einer Einsiedlerin entdeckt. Der Wallfahrtsort hat heute seine Bedeutung verloren, die Quelle sprudelt dagegen immer noch.

Von Neunkirchen aus startet der 11 km lange **Modautal-Wanderweg** des Odenwaldklubs. Er ist mit einem weißen „M" gekennzeichnet und führt an der Modau entlang quer durch die Gemeinde, u. a. vorbei an der Modau-Quelle, der alten Mühle in Brandau und den Fachwerkhäusern in Hoxhohl. Ziel ist Ernsthofen mit seinem kleinen Schlösschen, einer ehemaligen Wasserburg, deren Geschichte bis in das 7. Jh. zurückreicht. Da sich das Gebäude in Privatbesitz befindet, kann es nicht besichtigt werden. Nicht auf dem Weg gelegen, aber dennoch gern besuchtes Ausflugsziel ist die **Neutscher Höhe,** ein 400 m hoher Berg mit mächtigen Windkraftanlagen. Beliebt ist er bei Läufern und Radfahrern, die Herausforderungen mögen, und bei allen, die gerne Drachen steigen lassen. Auch Allertshofen ist ein guter Ausgangspunkt für Wanderungen, beispielsweise ans Felsenmeer (→ S. 81). Gute Einkehrmöglichkeiten finden sich überall im Modautal. Viele Gaststätten verfügen auch über Zimmer oder vermitteln welche.

Tour 2: Von der Neunkircher Höhe zur Ruine Rodenstein → S. 285
Rund um die höchste Erhebung im Vorderen Odenwald

Basis-Infos zu Modautal

Information Auf www.modautal.de sind unter „Fremdenverkehr" alle wichtigen Informationen für Touristen gebündelt: von Wanderwegen und Unterkünften bis Gaststätten und Verkehrsanbindungen.

Feste & Veranstaltungen **Mühlenfest in der Neumühle.** Anlässlich des Deutschen Mühlentags veranstaltet die Neumühle in Brandau alljährlich am Pfingstmontag ihr Mühlenfest. Es gibt zu vespern und zu trinken. Die Lindenfelser Trachtenkapelle sorgt für zünftige Musik. An den übrigen Tagen im Jahr kann die Mühle auf Anfrage besichtigt werden oder sie verköstigt Wandergruppen. Die Mühle beheimatet eine Schaffarm (kein Streichelzoo!). Auf Bestellung verkauft die Neumühle Lammfleisch, auch in Form von Bratwürsten oder Salami. Zur Weihnachtszeit werden zudem Gänse und Enten angeboten. Am Mühlrad 11, ✆ 06254/2161, www.neumuehlebrandau.de.

Der **Weihnachtsmarkt in Neunkirchen** findet immer am 2. Adventswochenende statt. Kinder-Highlights sind der Nikolaus, der an beiden Tagen jedem Kind eine Kleinigkeit schenkt, und das Karussell. Ansonsten stimmen Kulinarisches, Kunsthandwerk und ein kirchliches Rahmenprogramm auf das Fest ein. Sa 15–22 Uhr, So 11–22 Uhr. ✆ 06254/930216, www.weihnachtsmarkt-neunkirchen.de.

Einkaufen in Modautal

Brigitte's Hofladen bietet saisonales Obst, Gemüse, Blumen und Pflanzen überwiegend aus Eigenanbau an. Das Obst gibt's auch als Fruchtsäfte wie Quittensaft oder Apfelmost. Mo–Sa 9–19 Uhr. Alt Allertshofen 36, ✆ 06167/939541. ■

Der Tante Emma Laden mit Postagentur bietet eine große Auswahl regionaler Produkte: Käse und Milchprodukte aus dem Mossautal, Brot aus Brandau, Wurst und Fleisch aus Reichelsheim, Weine aus Groß-Umstadt sowie Gebäck und Schokolade aus dem Odenwald. Mo–Fr 7–12 und 15–18 Uhr, Sa bis 12 Uhr. Darmstädter Str. 24, Ernsthofen, ✆ 06167/912032, www.dertante emmaladen-ernsthofen.de.

Reimund's Backstube backt Brot aus Natursauerteig und verwendet Getreide aus integriertem Anbau – was so viel heißt wie: Die Backwaren enthalten Bio- und konventionelles Mehl. Wie es sich für eine Backstube gehört, gehören auch Brötchen und Kuchen zum Sortiment. Mo–Fr 6–18 Uhr, Sa bis 13 Uhr. Gadernheimer Str. 8, Brandau, ✆ 06254/7308, www.reimunds-backstube.de.

Die **Töpferei Peter Schrader** stellt Gebrauchskeramik aus weißem Ton her. Für Singles haben er und seine Frau das Studentengedeck entwickelt: Ein Teller, der Suppen- mit flachem Teller kombiniert, ein Schälchen und eine Tasse. Getöpfert wird auch nach individuellen Wünschen. Peter Schrader verkauft sein Feinsteinzeug überwiegend auf Märkten. Aber auch ein Besuch in der Werkstatt ist willkommen. Man sollte sich aber vorher anmelden. Neunkirchen 1, ✆ 06167/1548.

Vorderer Odenwald → Karte S. 55

Übernachten in Modautal

Haus am Mühlberg. 2 Ferienwohnungen für bis zu 6 Pers., modern und in hellem, freundlichem Holz eingerichtet, verfügen über Schlaf- und Wohnzimmer. Die Kochzeile lässt keine Wünsche offen und das Bad hat eine Wanne. Balkon, Terrasse und Spielplatz sind auch vorhanden. Ein echter Luxus: Fußbodenheizung für kältere Tage. Das Haus am Mühlberg ist eigentlich Restaurant und Café mit selbst gekeltertem Apfelwein und -saft und hausgemachten Kuchen und Torten. 50 €/Tag (2 Pers.), ab 3 Nächten entfallen 15 € für die Endreinigung. Am Mühlberg 4, Brandau, ✆ 06254/7391, www.haus-am-muehlberg.de.

Höhenhaus Odenwald. Das Höhenhaus verfügt mit seinem alten Stammhaus „Zur Linde" über 31 Zimmer. Die Einrichtung ist nicht mehr ganz so neu, aber standardmäßig: Dusche, WC, Telefon und z. T. auch TV. Die Aussicht von den Balkonen ist wunderbar. Das alte Fachwerk-Stammhaus befindet sich am Dorfplatz. Dem Höhenhaus angeschlossen ist auch ein Restaurant. DZ 35–45 €/Pers. inkl. Frühstück. Neunkirchen 37, ✆ 06254/882, www.hoehenhaus-odenwald.de.

Landgasthaus Birkenhof. Man kann zwischen Gästezimmern und Ferienwohnungen wählen. Die Einrichtung ist schlicht, aber komfortabel. Die Zimmer haben Dusche/WC, TV, Radio und meist auch Balkon. In der Gaststätte gibt's regionalen Äppelwoi, Wild und Fisch. DZ 29–31 €/Pers. ab 4 Nächten, inkl. Frühstücksbüfett. Lichtenberger Weg 4, Lützelbach, ✆ 06254/1343, www.landgasthaus-birkenhof.de.

Essen & Trinken in Modautal

Gasthaus zur Sonne. Statt einer Speisekarte gibt es Speisetafeln mit variierenden Gerichten von Wild bis Fisch. Die Qualität tendiert Richtung gehobene Küche, aber zu absolut moderaten Preisen. Bei Sonne und Wärme sitzt man schön auf der Terrasse und Wiese direkt neben der Modau. Das Gasthaus bietet auch 4 modern eingerichtete Zimmer mit Standard-Komfort an. Mi–Sa ab 17 Uhr, So und feiertags 11–15 und ab 17 Uhr. Darmstädter Str. 16, Ernsthofen, ✆ 06167/1544, www.sonne-modautal.de.

Hottenbacher Hof. Die Vesperstube ist weithin bekannt für ihre frischen Forellen, die gebraten oder geräuchert auf dem Teller landen. Auch die Wildschweinbratwürste oder der hausgemachte Kochkäse schmecken. Die Gasträume sind gutbürgerlich, im Biergarten hat man einen Blick auf die Scheunen. Ferien auf dem Bauernhof ermöglicht die Ferienwohnung im liebevoll restaurierten Fachwerkhaus (3 Sterne, voll ausgestattet, für bis zu 5 Pers.). Der Hof gehört eigentlich zur Gemeinde Fischbachtal, postalisch aber zu Modautal. Febr. bis Nov. Fr 16–22 Uhr, Sa ab 14 Uhr, So und feiertags 11–21 Uhr. Ostern und Weihnachten geschlossen. Klein Bieberau, ✆ 06167/445, www.hottenbacher-hof.de.

Ristorante Pizzeria Schützenhof. Sorgt mit hausgemachter italienischer Pasta und Pizza für Abwechslung auf dem Modautaler Speiseplan – was aber nicht heißt, dass es hier keinen Kochkäse gibt. Dennoch: Der Schwerpunkt liegt auf Lasagne, Tortelloni oder Saltimbocca. Die Einrichtung ist urig, es gibt eine schöne Terrasse. Mo, Do–Sa 11.30–14.30 und 17–23 Uhr, Mi 17–23 Uhr, So 11.30–24 Uhr. Alt Allertshofen 58, ✆ 06167/9399988, www.ristorante-schuetzenhof.de.

Gasthaus zum Grünen Baum. Kombiniert ein urig-deutsches Lokal mit feinem italienischem Einschlag. Die Einrichtung in dem alten Fachwerkhaus ist rustikal, die Gerichte reichen von klassischem Kochkäs-Schnitzel bis zur Dorade mit Zitrone und Olivenöl. Im Sommer sitzt man gemütlich auf dem ruhigen Neunkircher Dorfplatz. 2011 hat der Grüne Baum den 1. Platz unter den Odenwälder & Bergsträßer Landgasthöfen von „Rhein-Main geht aus!" belegt. Mi–Fr 11–14.30 und 17.30–22 Uhr, Sa/So 11–22 Uhr durchgehend warme Küche. Neunkirchen 11, ✆ 06254/943494, www.zumgruenenbaum-floris.de.

Eine Brücke führt über das Geröll des Felsenmeeres

Vorderer Odenwald → Karte S. 55

Das Felsenmeer

Einen Katzensprung vom Modautal entfernt liegt das Felsenmeer. Nirgends im Odenwald tritt die Erdgeschichte so eindrucksvoll ans Tageslicht wie hier: Einer Moräne gleich „ergießt" sich riesiges Steingeröll vom Felsberg hinab ins Lautertal.

Ein Gletscher hat diese eindrucksvolle Landschaft allerdings nicht geformt. Fraglich ist auch, ob zwei Riesen für das Naturschauspiel verantwortlich sind. Sie sollen sich vor langer Zeit mächtige Felsen um die Ohren gehauen und sich darunter begraben haben. Die moderne Wissenschaft macht dagegen die sog. Wollsackverwitterung für den überdimensionalen Schotter verantwortlich. Diese kommt vor allem bei grobkristallinen Gesteinen wie Granit oder wie hier Quarzdiorit vor. Im Zentrum vor Ort erfahren Besucher über die Erdgeschichte hinaus auch einiges über Steinbruchaktivitäten am Felsberg: Denn hier werkelten bereits vor über 2000 Jahren die Römer. Zu deren Nachlass zählen u. a. die spektakuläre, über 9 m lange und mehr als 27 Tonnen schwere Riesensäule und der Altarstein, bei dem Keileinschnitte die Arbeitstechnik gut sichtbar dokumentieren. Diese Fundstücke aus dem 2. bis 4. Jh. machen das Felsenmeer zu einem europaweit einzigartigen Kulturdenkmal. Felsenmeer-Dioritsäulen zieren übrigens auch den Brunnenbau im Innenhof des Heidelberger Schlosses.

Wer das Felsenmeer nicht nur auf eigene Faust erkunden, sondern mehr über die Arbeit der Römer wissen möchte, sollte über das Informationszentrum eine Führung buchen. Entdeckungstouren für Kinder mit Kobolden oder Hexen werden unter www.felsenmeerkobolde.de angeboten.

Im Vergleich zu den steinernen Wollsäcken und den Römerfunden ist der **Siegfriedbrunnen** am Fuße des Felsenmeeres bei Reichenbach weniger imposant, wird aber genauso gern besucht. Er ist einer von mindestens fünf Brunnen bzw. Quellen, an denen angeblich Drachentöter Siegfried von Hagen von Tronje hinterrücks gemeuchelt wurde. Hier führt auch ein Stück des Nibelungensteigs vorbei. Ebenfalls sehenswert ist der **Ohlyturm** – benannt nach dem ersten hauptamtlichen Darmstädter Bürgermeister Albrecht Ohly (1829–91) –, der auf dem Gipfel des 514 m hohen Felsbergs thront. Er wurde 1891 zunächst aus Holz gebaut und 1902 durch einen Turm aus Quarzdiorit ersetzt. Er ist baufällig und darf nicht betreten werden.

Das Felsenmeer kostet keinen Eintritt. Für den Parkplatz am Informationszentrum fallen 3 € Gebühr an.

Felsenmeer Informationszentrum: Hier gibt es Infos zur Geologie, zur Nutzung durch die Römer und in der Neuzeit sowie zu lokalen Sagen; auch ein Café/Bistro vorhanden ist vorhanden. Außerdem werden verschiedene Führungen angeboten. Tägl. 10–16 Uhr. Eintritt frei. Spenden willkommen. Seifenwiesenweg 59, 64686 Lautertal, ✆ 06254/940160, www.felsenmeer-informationszentrum.de

Essen & Trinken Zum Einkehren in unmittelbarer Nähe bieten sich z. B. das afrikanische Restaurant **Ada's Buka** (www.adas-buka.de) direkt am Parkplatz Felsberg oder die **Kuralpe** (www.kuralpe.de) an. Das gutbürgerliche Restaurant liegt etwas nördlich des Felsenmeeres, ist zu Fuß gut erreichbar und verfügt über Hotelzimmer und auch Wohnmobilstellplätze.

Fränkisch-Crumbach

Beschaulich und reizend beschreibt Fränkisch-Crumbach wohl am besten. Es gibt schöne Streuobstwiesen, Wanderwege, Pferdekoppeln und eine der berüchtigtsten Burgen des Vorderen Odenwalds: die Ruine Rodenstein.

Der idyllische Ort liegt etwas abseits der B 38, einer Hauptverkehrsader im Vorderen Odenwald. Die gute Lage wird auch der Grund sein, warum Fränkisch-Crumbach das Prädikat eines staatlich anerkannten Erholungsorts erhalten hat – schließlich fördert gute Luft die Erholung.

Früher haben drei Adelsgeschlechter den Ort geprägt: Zur Zeit der ersten urkundlichen Erwähnung um 1150 waren die Herren von Crumbach die Regenten der Region, die sich nach dem Bau der Burg um 1240 „Herren von Rodenstein" nannten. Im **Heimatmuseum Rodenstein** kann man so manch Sagenhaftes über ihre Familiengeschichte erfahren. 1671 starb das Geschlecht aus, seine prunkvollen Grabdenkmäler können aber im Innern wie im Außenbereich der evangelischen Kirche betrachtet werden. Zu den bekannteren zählt das Bildnis des Junkers Hans III. von Rodenstein (1418–1500), der als 82-Jähriger zum Ablass nach Rom pilgerte, dort starb und auch begraben wurde. Ein Denkmal in Fränkisch-Crumbach zeigt ihn in stattlicher Ritterrüstung. Nach den Herren von Crumbach kamen die Freiherren von Gemmingen. Ein Familienzweig des alten alemannischen Rittergeschlechts aus dem Kraichgau ließ sich 1693 in Fränkisch-Crumbach nieder. Eine der wesentlichen Sehenswürdigkeiten der Gemeinde geht auf dieses Geschlecht zurück: die **Sarolta-Kapelle** im Gemming'schen Park. Zu guter Letzt war noch die Familie von Pretlack hier recht aktiv: Johann Rudolf von Pretlack, Schwiegersohn des Landgrafen Ernst Ludwig, ließ 1719 im Ort ein Palais erbauen. Dafür wurde u. a. Abbruchmaterial der ehemaligen Burg Rodenstein verwendet. Das **Pretlack'sche Palais** ist seit 1860 Eigentum der Gemeinde und wird heute als Rathaus genutzt. Modernisierungen haben dem historischen Bau ein wenig zugesetzt. Im Hof versteckt steht ein Fachwerk-Remisenbau aus dem 19. Jh. mit Giebeltürmchen und dem Wappen derer von Pretlack: ein halber Mond mit drei Sternen.

Die Ruine Burg Rodenstein ist berühmt-berüchtigt

Heimatmuseum Rodenstein: Neben der Ortsgeschichte, imposanten Grenzsteinen und bäuerlichen Geräten präsentiert das kleine Museum jede Menge Informatives rund um die reale Geschichte und die Sage der Rodensteiner. Es ist in der ehemaligen Kellerei der Herren von Rodenstein untergebracht, die sich im historischen Ortskern befindet. So 14–16 Uhr, Jan./Febr. geschlossen. Nach Anmeldung kann man sich auch außerhalb der regulären Besuchszeit durch das Museum und die evangelische Kirche führen lassen. Ansprechpartner der Interessengemeinschaft Heimatmuseum Rodenstein e. V. unter www.fraenkisch-crumbach.de/gemeindeinfo/vereine.

Burgruine Rodenstein

Burg Rodenstein wurde um 1240 von den Brüdern Rudolf und Friedrich von Crumbach als Trutzburg gegen Burg Reichenberg erbaut. Der Name der Burg gibt einen Hinweis darauf, dass zunächst der Wald an dieser Stelle gerodet werden musste. Mit der neuen Burg nannten sich die Herren von Crumbach dann „Herren von Rodenstein". Im 14. Jh. wurde die Gründungsburg ausgebaut: Der ältere kleine Palas der Kernburg wurde um einen zweiten, größeren ergänzt, den sog. Steinernen Stock. Dazwischen befand sich der Hof mit dem Brunnen. Von den Gebäuden stehen nur noch Mauerfragmente. Besser erhalten ist der südwestliche Torturm. An seinem vermauerten Spitzbogentor ist die Rechteckblende für die Zugbrücke noch gut zu erkennen, ebenso der Rundbogenfries der Wehrplatte. Er wird auch Mühlturm genannt, da in seinem Keller später ein von Wasser angetriebenes Mahlwerk eingebaut wurde. Als mit Georg Friedrich, der ohnehin schon nicht mehr auf der Burg lebte, der letzte Rodensteiner 1671 starb, verwaiste die Burg komplett. Ein Großteil der Steine wurde abgetragen und anderweitig verbaut, der Rest verfiel. Erst 1936 begann man, die Ruine freizulegen. 2008 machte sie mit dem schillernden Schweizer Magier Vincent Raven Schlagzeilen, der in der Ruine einen Videoclip drehte.

Der Rodensteiner

Um die Burgruine Rodenstein rankt sich die Legende von Junker Hans III. von Rodenstein. Als seine 36 Jahre jüngere, schwangere Frau kurz vor der Niederkunft war, zog er in den Krieg. Sie flehte ihn an, zu bleiben, und stellte sich seinem Pferd in den Weg. Er jedoch ritt sie einfach um und noch während sie ihren Verletzungen erlag, verfluchte sie ihn. Seither soll er kurz vor einem Krieg mit einem dämonischen, unsichtbaren Heer von der Burgruine Schnellerts bei Brensbach mit mächtigem Lärm durch die Lüfte zur Stammburg reiten – angeblich soll er so auch die beiden Weltkriege angekündigt haben.

Alte Kellerei und evangelische Kirche in Fränkisch-Crumbach

Evangelische Kirche und Sarolta-Kapelle

Die **evangelische Kirche** wurde dem heiligen Laurentius geweiht, einem Märtyrer und Schutzpatron. Sie hat ihren Ursprung im 12. Jh., erkennbar am Kirchenschiff, das vom romanischen Baustil geprägt ist. 1485 wurde das Gebäude ausgebaut und um einen Turm sowie einen spätgotischen Chor ergänzt. Wesentlich jünger ist die pittoreske **Sarolta-Kapelle,** die 1892 zum Andenken an die Ehefrau Adolphs von Gemmingen-Hornberg errichtet wurde, Sarolta Gräfin Batthyány von Német-Ujvár. Die Kapelle in neoromanisch-byzantinischem Stil ist ein echtes Schmuckstück von Fränkisch-Crumbach. Das hat der Ort beherzten Bewohnern zu verdanken, die sich im Milleniumsjahr im Verein „Crumbacher Denk-Mal!" zusammenschlossen und das Gebäude vor dem Verfall retteten. In unzähligen Arbeitsstunden haben sie das hübsche Klinkermauerwerk der Kapelle und das darunterliegende Mausoleum, die Ruhestätte der Familie von Gemmingen-Hornberg, restauriert. Sehenswert sind die stattlichen Marmorsarkophage und Gedenktafeln. Der Boden ist mit bunten Fliesen ausgelegt, die Fenster sind bleiverglast. 2003 wurde der Sakralbau mit dem Hessischen Denkmalschutzpreis ausgezeichnet.

Sarolta-Kapelle mit Mausoleum im Schlosspark der Familie von Gemmingen, Bahnhofstraße. Geöffnet am Tag der offenen Tür, an Fronleichnam und am Tag des Denkmals (2. So im Sept.). Gruppenführungen ab 10 Pers. von April bis Okt. nach Anmeldung möglich. ✆ 06164/912250 oder 4795. Infos zum Verein „Crumbacher Denk-Mal!" unter www.fraenkisch-crumbach.de.

Basis-Infos zu Fränkisch-Crumbach

Information Gaststätten, Unterkünfte, Sehenswürdigkeiten und Wander- oder Radwanderroutenvorschläge gibt es unter www.fraenkisch-crumbach.de („Tourismus").

Feste & Veranstaltungen Über **Veranstaltungen** aller Art informiert der Veranstaltungskalender auf der Gemeinde-Homepage. Der Odenwaldklub e. V. bietet

Wanderungen an, und im August findet über mehrere Tage die Kirchweih mit Kerbumzug und Musik statt. Das Highlight am ersten Septemberwochenende ist das Crumbacher Muschelfest, das Crumbacher und alle, die gern feiern, zusammenbringt. Es gibt Musik, andere Kurzweil und v. a. frische Miesmuscheln aus der Bretagne.

Schwimmen Das **Freibad** liegt sehr idyllisch nordwestlich außerhalb des Ortes. Im 50-m-Becken lassen sich gut Bahnen ziehen. Höchste Herausforderung ist das 3-m-Sprungbrett. Die Kleinsten können im Planschbecken oder auf dem Spielplatz tollen, außerdem gibt es ein Beachvolleyball-Feld. Mitte Mai bis Mitte Sept. tägl. 9–20 Uhr. Eintritt 4 €, ab 17 Uhr 2,50 €. Saroltastr. 54, ✆ 06164/1590.

Vorderer Odenwald → Karte S. 55

Übernachten in Fränkisch-Crumbach

Pension Holunderhof. Wenn man mal richtig abschalten will und zwar auf einfachste Art, ohne irgendwelche Wellness-Angebote, dann ist der Holunderhof ideal. Er liegt 3 km außerhalb der Ortschaft. In 20 Min. erreicht man zu Fuß die Ruine Rodenstein. Alle Zimmer mit üblichem Komfort und wunderbarem Blick ins Tal. Es gibt ein kleines Hallenbad. Auf die Streuobstwiesen vor dem Haus kehren regelmäßig Wanderer und Radfahrer ein, um sich den hausgemachten Apfelwein und die zünftige Küche schmecken zu lassen. 26 €/Pers. inkl. Frühstücksbüfett. Weiler Erlau, ✆ 06164/740, www.pension-holunderhof.de.

Hof Schleiersbach. Ein Bauernhof mit beliebter Pension. Es gibt Kühe, Ziegen und Hasen zum Streicheln, allerdings nicht als betreutes Kinderprogramm. Sehr freundliches Personal, die Zimmer haben Dusche/WC, außerdem schöne Balkone mit Blick in die umliegende Landschaft. Für Fernsehfreunde gibt es eine Flimmerkiste im Aufenthaltsraum. 29–35 €/Pers. inkl. Frühstück, Halbpension möglich. Hof Schleiersbach, ✆ 06161/410, www.hof-schleiersbach.de.

Pension Lindenhöhe. Die Pension verfügt über 60 Betten (auch in Ferienwohnungen). Die Zimmer mit Dusche/WC haben Balkon und Telefon. Bei schlechtem Wetter kann man sich im Hallenbad (öffentlich zugänglich), in der Sauna oder auf der Kegelbahn vergnügen. DZ 68 € zzgl. 5 €/Pers. fürs Frühstücksbüfett. Allee 26, ✆ 06164/93040, www.lindenhoehe.com.

Hofgut Rodenstein. Idyllisch unterhalb der Burgruine Rodenstein gelegen mit Blick auf das Tal in Richtung Schloss Reichelsberg. Wie der gesamte Gasthof sind die Gästezimmer passend zum Fachwerk im Landhausstil einladend und individuell eingerichtet. Auch die Speisen des Lokals sind empfehlenswert, das aber nur Fr–So 11–19 Uhr geöffnet hat (Mai bis Okt. auch Do 15–23 Uhr). DZ 74–79 € inkl. Frühstück. An der Burgruine, ✆ 06164/1087, www.hofgut-rodenstein.de.

Essen in Fränkisch-Crumbach

Die Linde. Eine ganze Rubrik der Speisekarte widmet sich der Bratkartoffel: mit Kochkäse, mit Blut- und Leberwurst, Kräuterschmand oder italienisch inspiriert mit getrockneten Tomaten und Mozzarella. Die deutsche Küche wird ergänzt von Couscous und Pizza. Besonders einladend ist der gepflegte, heimelige Garten. Und wenn man Lust auf aushäusiges Frühstück hat, lässt sich's im Bistro üppig schmausen.

Nicht ohne Weiteres zugänglich: die Sarolta-Kapelle

Tägl. (außer Mo) ab 9.30 Uhr Frühstück, 11.30–14 Uhr Mittagstisch und ab 17.30 Uhr. Darmstädter Str. 2, ✆ 06164/1589, www.die-linde.net.

Café Ripper. Eine Bäckerei und Konditorei mit süßem Backwerk, Torten und hausgemachten Pralinen. An Wochenenden ist die Auswahl in der Regel größer als unter der Woche. Die Einrichtung wirkt ein wenig antiquiert, verweist aber zugleich auf die Tradition des Geschäfts, das bereits 1870 eröffnete. Im Sommer gibt's Kaffee und Kuchen auf der Wiese im Garten. Mo, Mi–Fr 6.30–18 Uhr, Sa bis 17 Uhr, So 12–18 Uhr. Erbacher Str. 9, ✆ 06164/1381, www.cafe-ripper.de.

Reichelsheim

Schokolode, Lebkuchen, nostalgische Gäulchen und Märchenhaftes: Die Gemeinde Reichelsheim bietet neben Sehenswürdigkeiten, schöner Landschaft, gutem Essen und beliebten Festen auch besondere Manufakturen.

Hochsaison ist in Reichelsheim eindeutig im Herbst: Ende Oktober, Anfang November finden alljährlich die beliebten **Reichelsheimer Märchen- und Sagentage** statt, die aus allen Himmelsrichtungen Besucher anlocken. Dem Fest angeschlossen ist ein Mittelaltermarkt, außerdem wird der Wildweibchenpreis verliehen. Die Auszeichnung ehrt Autoren und Künstler, die selbst Fantastisches schreiben oder illustrieren bzw. sich intensiv mit Sagen und Märchen beschäftigen. Prominente Preisträger waren Otfried Preußler und Cornelia Funke. Reichelsheim ist auch das Ziel einer Regionalstrecke der Deutschen Fachwerkstraße (Sektion Rhein-Main-Odenwald). Sehenswert ist u. a. das 1554 erbaute **ehemalige Rathaus,** das zu den ältesten Fachwerkhäusern des Odenwalds zählt. Die Form seiner Holzverstrebungen ist auffällig, denn sie sehen aus wie überdimensionale Strichmännchen, weshalb diese Bauform auch „Mannform" genannt wird. Das Gebäude beherbergt heute das Regionalmuseum, in dem traditionelles Handwerk wie das der Schindler, Schuhmacher oder Lebkuchenbäcker präsentiert wird. Und über allem thront **Schloss Reichenberg.**

Auch in **Beerfurth** – einem von insgesamt 13 Ortsteilen – wächst im Spätjahr die Geschäftigkeit. Dann beginnen die beiden Odenwälder Lebkuchenbäckereien Baumann und Eberhardt sich emsig auf die Adventszeit vorzubereiten. Überhaupt wird in Beerfurth besonderem Handwerk nachgegangen. Einzigartig ist auch der Gäulschesmacher, der nach historischem Vorbild nostalgische Holzpferdchen in Handarbeit anfertigt. Genauso fürsorglich widmet sich die Beerfurther Edelobstbrennerei dem Hochprozentigen – so mancher Brand ist goldprämiert. Übrigens leitet sich der Name „Beerfurth" nicht von „Beeren" ab, sondern von „Eber", denn diese wurden früher zur Mast in den Eichen- und Buchenwäldern durch die Furt getrieben.

Ein guter Ausgangspunkt zum Wandern ist **Laudenau.** Waldwege führen hinüber nach Fränkisch-Crumbach, ins Fischbachtal oder auf die Neunkircher Höhe (→ S. 78). In der Nähe des kleinen Ortsteils befinden sich Sehenswürdigkeiten wie die Burgruine Rodenstein, die Felsen des Wildweibchensteins oder der Fallende Bach (→ Tour 2, S. 285), die vor allem in der wärmeren Jahreszeit beliebte Ziele von Wanderern und Spaziergängern sind.

Schloss Reichenberg

Das Schloss wurde auf einem 328 m hohen Bergrücken erbaut. Während die „Richenburg" oder „Rychenburg" erst 1307 urkundlich erwähnt wird, erscheint die fränkische Siedlung „Richoltsheim" bereits im 8. Jh. auf der historischen Bildfläche.

Schloss Reichenberg

Vorderer Odenwald → Karte S. 55

Die Quellen sind sich nicht einig, wer der Erbauer der Burg ist: Schenk Johann I. zu Erbach (13. Jh.) oder die Herren von Crumbach (12. Jh.). Die obere Burg von Schloss Reichenberg mit der Ringmauer und dem „Krummen Bau“ zählt auf jeden Fall zu den ältesten Bauabschnitten und ist Teil der ursprünglichen Kernburg. Im 14. Jh. kamen eine Vorburg und ein Zwinger dazu, in dessen südlichem Teil die Reste eines früheren Torturms erhalten sind. Ebenfalls aus dem 14. Jh. stammt die gotische Michaeliskapelle, die in den 1980er-Jahren umfangreich restauriert wurde. Die Reichenberger Linie des Erbacher Geschlechts lebte bis ins 18. Jh. auf dem Schloss. Von 1876 bis 1924 büffelte hinter den historischen Mauern der männliche Nachwuchs gehobener Familien in einer Privatschule. Seit 1979 ist hier der Verein Offensive Junger Christen (OJC) aktiv, der das Bauwerk sukzessive zu restaurieren begann. Er eröffnete ein öffentlich zugängliches Café in der Vorburg und eine Begegnungs- und Tagungsstätte. Das gesamte Schloss kann nur an bestimmten Tagen wie den Reichelsheimer Märchen- und Sagentagen mit einer Führung besichtigt werden.

Weitere Informationen über das Schloss und die Restaurierungsarbeiten auf der Website der OJC unter www.ojc.de. Café Schloss Reichenberg Fr–So und feiertags 14–18 Uhr.

Geopark-Pfad und Regionalmuseum Reichelsheim

Umfangreiche Erzvorkommen führten dazu, dass bereits vor über 1200 Jahren im Odenwald Eisen- und Manganerz abgebaut wurden. Auch in Reichelsheim hatte der Bergbau über Jahrhunderte Tradition. Daran erinnert mit 17 Stationen ein 13 km langer Lehrpfad des Geo-Naturparks Bergstraße-Odenwald. Weiterführende Informationen hat auch das Regionalmuseum in Reichelsheim, das sich im historischen Rathaus befindet. Das Museum bietet alljährlich Bergbauwanderungen und fachlich geführte Exkursionen an.

Regionalmuseum Reichelsheim: So 15–17 Uhr und nach Vereinbarung. Eintritt 2 €. Rathausplatz 7, Reichelsheim, ✆ 06164/50826, www.museum-reichelsheim.eu. Infos und GPS-Downloads zum Lehrpfad unter www.geo-naturpark.net (Geopark-Pfade/Reichelsheim).

Sagenhafte Wildweibchen

Zwei „wilde Weibchen" lebten vor Jahrhunderten im Wald in der Nähe der Burg Rodenstein. Der Legende nach waren sie in Pflanzenheilkunde bewandert und halfen den Alten, Kranken und Guten. Wer ihnen zu essen gab, wurde mit Silberlöffeln belohnt, die am nächsten Tag so mir nichts, dir nichts in den Schubladen der Hilfsbereiten lagen. Eine der beiden Frauen hat scheinbar Rudolf von Rodenstein gefallen. Einer anderen Sage zufolge zeugte nämlich der Erbauer der Burg mit ihr ein Kind. Der Wildweibchenstein in der Nähe von Laudenau erinnert an die beiden Kräuterfrauen. Es heißt, die beiden hätten in einer Höhle in der Nähe dieser Granitblöcke gelebt.

Basis-Infos zu Reichelsheim

Information Die Touristeninformation befindet sich im Rathaus im Herzen der Stadt. Mo–Fr 8–12 Uhr, Mo/Di auch 13.30–17 Uhr, Do bis 18 Uhr. Bismarckstr. 43, 64385 Reichelsheim, ✆ 06164/50826 oder 50838, www.reichelsheim.de.

An den Märchen- und Sagentagen wird's voll im Reichelsheimer Ortskern

Feste & Veranstaltungen Ponyspiele finden seit 1965 immer am ersten Juliwochenende statt. Das Turnier wird vom Reichelsheimer Reit- und Fahrverein ausgerichtet und ist auch bei überregionalen Pferdefreunden beliebt. Tier und Mensch zeigen, was eine „Glühwürmchenquadrille" ist, die es zumindest in ein Nachschlagewerk über Quadrillenreiten geschafft hat. Weitere Infos unter www.rfv.reichelsheim.net.

Beim **Michelsmarkt** hat der Gewerbeverein am vierten Augustwochenende seinen Spaß – und die Besucher auch. Über ein verlängertes Wochenende haben Reichelsheimer Unternehmen Gelegenheit, ihr Angebot vorzustellen. Natürlich sorgt ein buntes Rahmenprogramm mit Frühschoppen, Bands oder einem Festumzug für Kurzweil.

››› Mein Tipp: Die **Reichelsheimer Märchen- und Sagentage** widmen sich drei Tage lang den Geschichten aus Kindertagen in Puppentheaterstücken, Lesungen oder Sonderausstellungen. Begleitet wird das Spektakel von der Verleihung des Wildweibchenpreises für märchenhafte Literatur und einem Mittelaltermarkt. Terminankündigung und Programmvorschau unter www.maerchentage.de. ‹‹‹

Weihnachtsmärkte gibt es zwei in der Gemeinde. Reichelsheim macht den Auftakt am ersten Adventswochenende. Am zweiten Advent folgt der **Lebkuchen- und Weihnachtsmarkt** in Beerfurth. Bei beiden gruppieren sich die Stände beschaulich um den Marktplatz.

Schwimmen Gleich zwei Freibäder gibt es: in Reichelsheim und Beerfurth. Beide haben schöne Liegewiesen. In Reichelsheim kann man sich darüber hinaus auf einer 45 m langen Wasserrutsche und auf dem Volleyball-Feld vergnügen. Das Beerfurther Freibad kämpft dagegen ständig mit drohender Schließung. Mitte Mai bis Sept. Eintritt 4 €, Abendkarte ab 17 Uhr 2 €. Reichelsheim tägl. 8–20 Uhr, Konrad-Adenauer-Allee 15, ✆ 06164/54387. Beerfurth tägl. 10–20 Uhr, Schwimmbadstr. 42, ✆ 06164/1693.

Einkaufen in Reichelsheim

Die **Lebkuchenbäckerei Baumann** betreibt ihr süßes Handwerk bereits seit 1785. Das würzige Gebäck gibt es in allen Formen und Größen. Darüber hinaus werden weihnachtliche Klassiker wie Vanillekipferl, Magenbrot oder Kokosmakronen produziert. Back- und Verkaufszeit ist von Sept. bis Weihnachten. Die übrige Zeit im Jahr widmen sich die Baumanns ihrem landwirtschaftlichen Betrieb. Mo–Fr 8–12 und 13–17 Uhr, Sa/So 9–12 und 13–16 Uhr. Marktplatz 8, Beerfurth, ✆ 06164/2313, www.lebkuchen-baumann.de.

Eberhardt Back- und Schokoladenwaren versüßt die Zeit zwischen Fasching und Ostern sowie ab Herbst bis Weihnachten mit Schokoladenhasen oder -enten, Honigkuchen, Gebäck oder Weihnachtsmännern. Keine Massenware, sondern nach alter Tradition in der kleinen Manufaktur gefertigt. Die Schokolade wird weder mit Nüssen gestreckt noch mit genmanipulierten Zusätzen angereichert. Werkverkauf zur Saison Mo–Fr 8–12 und 13.30–18 Uhr, Sa 8.30–15 Uhr sowie nach Vereinbarung. Schwimmbadstr. 3, Beerfurth, ✆ 06164/2231, www.eberhardt-schokolade.de.

Die **Beerfurther Edelobstbrennerei Volker Ester** wurde bereits mehrfach für ihre hochwertigen Obstbrände ausgezeichnet. Bis auf wenige Ausnahmen werden Früchte der Region destilliert. Der Brand aus der Goldparmäne – eine alte, fast verschwundene Apfelsorte – wurde mit mehreren Medaillen vergoldet. Volker Ester betreibt seine Leidenschaft im Nebenerwerb, deshalb ist nur an Wochenenden geöffnet. Fr/Sa 8.30–18 Uhr. Marktplatz 11, Beerfurth, ✆ 06164/913464.

Odenwälder Gäulschesmacher – Holzspielwaren Krämer fertigt nostalgische Gäulchen als Schaukel-, Rollen- oder Steckenpferd in Handarbeit. Das Modell des schlanken Apfelschimmels, das es als Miniatur und großes „Schoggelpferd" gibt, entstand bereits 1899. Holzspielwaren Krämer ist der letzte von ehemals 23 Gäulschesmachern der Region. Mo, Mi–Fr 9–18 Uhr, Sa 9–14, So 11–14 Uhr. Siegfriedstr. 60, Beerfurth, ✆ 06164/1511, www.gaeulschesmacher.de.

Drechselladen Kessler. Hier wird Holz zu Schalen, Teelichtern oder Griffen für Flaschenöffner gedrechselt. Darüber hinaus bietet der gelernte Drechsler Kurse an, um z. B. eigene Schachfiguren zu produzieren. Bei kostenlosen Führungen können sich Interessierte über die Historie des Handwerks, die Materialien oder Maschinen informieren. Galerie und Holzverkauf Mo–Fr 14–18 Uhr und nach Vereinbarung. Burgviertel 12, Beerfurth, ✆ 06164/2910, www.drechselladen.de.

Übernachten in Reichelsheim

***S **Landhotel Lortz**. Das Landhotel Lortz liegt im idyllischen Ortsteil Eberbach. Service und Leistungen liegen, wie das „S" für „Superior" anzeigt, deutlich über dem Standard. So auch die Zimmer: im klassischen Landhausstil und sehr gepflegt. Das Vitalfrühstück ist üppig, die Nutzung von Sauna und Hallenbad sind im Preis enthalten. Für einen kleinen Aufpreis (5 €) dürfen auch Hunde mit ins Hotel. DZ ab 94 € inkl. Frühstück. Eberbach 3 a, ✆ 06164/4969, www.landhotel.nu.

Zur Linde. Gasthof und Pension befinden sich in einem schönen Fachwerkhaus in Klein-Gumpen nahe Reichelsheim. Die 5 Zimmer sind ein geeignetes Quartier für Wanderungen auf dem Nibelungensteig oder entlang der Apfelroute. Apropos: Der Apfelwein im Gasthaus stammt aus eigener Kelterei. DZ 69 € inkl. Frühstück. Mergbachstr. 29, Klein-Gumpen, ✆ 06164/1467, www.zur-linde-klein-gumpen.de.

Lärmfeuer. Gasthof und Pension mit Herz für Motorradfahrer. Auch wenn Naturliebhaber sich an den röhrenden, weithin hörbaren Zweirädern stören mögen – hier sind sie auf jeden Fall willkommen. In den 17 Doppel- und 4 Einzelzimmern mit Dusche/WC, TV und Telefon wohnt man idyllisch am

Vorderer Odenwald → Karte S. 55

Waldrand in Rohrbach. Manche Zimmer haben einen Balkon. 35 €/Pers. inkl. Frühstück. Im Oberdorf 40, Rohrbach, ✆ 06164/1254, www.laermfeuer.de.

Ferienhof Käsrah. Der Bauernhof von Familie Schwöbel ist auf Kinder eingestellt, die auf dem hofeigenen Spielplatz toben, auf dem Traktor mitfahren, Kälber füttern oder Pony reiten wollen. Die schönen Zimmer im Bauernstil haben Dusche und WC, einige verfügen über einen Balkon oder eine Terrasse, andere über Extra-Kinderzimmer. Darüber hinaus können 4-Sterne-Ferienwohnungen angemietet werden. 35 €/Pers. inkl. Frühstück. Kriemhildstr. 8. Gumpen, ✆ 06164/1541, www.kaesrah.de.

Ferienwohnung Seip. Eine Ferienwohnung, die mit vier Sternen ausgezeichnet wurde. Es fehlt hier an nichts. Die Wohnung ist gemütlich-bäuerlich eingerichtet und sauber. Und man hat den Odenwald direkt vor der Tür. 2 Pers. im Sommer 245 €/Woche, im Frühjahr und Herbst 280 €/Woche und im Winter 315 €/Woche, Endreinigung 30 €. Am Großen Stein 26, Reichelsheim, ✆ 06164/3505, www.odenwald-holidays.com.

Wohnmobilstellplatz. Unterhalb von Schloss Reichenberg, am Parkplatz Reichenberg-Schule, können Wohnmobile abgestellt werden – und zwar unbegrenzt. Es gibt Frischwasser (1 €/100 Liter) und Strom (0,50 €/1 kW). Außerdem sorgt eine Dämmerungsbeleuchtung zu nächtlicher Stunde für ausreichende Sicht. Weitere Infos auf der Gemeinde-Website www.reichelsheim.de.

Essen & Trinken in Reichelsheim

Treusch's Schwanen. Hier ist die extravagante Gastronomie in der Stadt zu Hause. Der Chef ist hin und wieder auch im regionalen Fernsehen zu Gast und präsentiert Kreationen wie Odenwälder Kartoffel-Sushi. Ein Erlebnis sind die hauseigenen, sortenreinen Apfelweine, die auch in der benachbarten, gemütlichen Johannstube angeboten werden. Tägl. (außer Mi und Do) ab 11.30 Uhr und ab 18 Uhr. Rathausplatz 2, Reichelsheim, ✆ 06164/2226, www.treuschs-schwanen.com.

Zur Freiheit. Es wird eine schmackhafte, regional-saisonal orientierte Küche geboten. Wie das „Wirtshaus im Spessart" gewährte die „Freiheit" einst Räubern Unterschlupf. Bösartige Wegelagerer gibt es nicht mehr, dafür kann man jetzt im Sommer im herrlichen Garten Gegrilltes verzehren. Mi–So ab 11 Uhr, warme Küche 11.30–14 und 17.30–21 Uhr. Freiheitsstr. 20, Laudenau, ✆ 06164/1032, www.zurfreiheit.de.

Ländliche Idylle in Beerfurth

Waldgaststätte Vier-Stöck. Hier hat man sich auf Wildgerichte spezialisiert, die wirklich lecker sind. Die „wilden Zeiten" zeigen sich auch in der Dekoration der Gasträume: An den Wänden von Jagdstube und Kaminzimmer prangen Wildschweinköpfe, an den Deckenleuchten Geweihe. Ein Traum sind die sterneverdächtigen Desserts. Fr–So 11–20 Uhr durchgehend warme Küche, Mo–Do nur für angemeldete Gruppen ab 20 Pers. Am Morsberg 20, Ober-Kainsbach, ✆ 06164/1371, www.vier-stoeck.de.

Zum Deutschen Kaiser. Hört sich nicht nur nach einer lange bestehenden Gaststätte an, es sieht darin auch so aus. Die Einrichtung ist schlicht und die Speisekarte bodenständig. Schweinernes kommt aus der eigenen Haltung. Brot und Kuchen werden selbst gebacken, der Apfelwein selbst produziert. Das Essen schmeckt und das Preis-Leistungs-Verhältnis stimmt. Tägl. (außer Mi) 11–22 Uhr, Do nur bis 14 Uhr. Kriemhildstr. 12, Gumpen, ✆ 06164/1233, www.zum-deutschen-kaiser.de.

Café Wilma im Königsbrunnen. Das Café präsentiert die Sahneseite der Gemeinde Reichelsheim. Kuchen und Torten backen gehören zur Leidenschaft der Gastgeberin und am besten genießt man sie gleich vor Ort mit Kaffee aus der „Dröppelminna". Do–So sowie an Feiertagen 14.30–19 Uhr. Talstr. 51, Ober-Kainsbach, ✆ 06164/2118, www.cafe-wilma.de.

Über die Gasse geht´s hinauf zur Burg

Vorderer Odenwald → Karte S. 55

Lindenfels

Was dem Berliner der Buddy Bär, ist dem Lindenfelser der Drache. Seit 2010 ist der Ort, an dem sich einst Staufer, Welfen und Pfalzgrafen die Klinke in die Hand gaben, Drachenstadt. Aber nicht nur die bunten Schuppentiere, auch die Burgruine, der Altstadtkern und die Umgebung sind reizvoll.

Der staatlich anerkannte heilklimatische Kurort Lindenfels hat auch ohne spezielle Legende eine Affinität zum Drachen. Das hat mehrere Gründe: Zum einen liegt die Stadt an der Nibelungenstraße, die sich von Worms am Rhein quer durch den Odenwald bis zum Main schlängelt. Zum anderen hat sich in der Stadt das Deutsche Drachenmuseum niedergelassen. Und als es 2010 in einem landesweiten Marketing-Wettbewerb darum ging, die Stadt attraktiver zu gestalten, wurde der freundliche Drache entworfen, der nun in 17-facher Ausführung Besucher und Bewohner empfängt – u. a. bei der Metzgerei Vollrath im Ortsteil Winterkasten: Der Drache hält friedlich einen Wurstkringel im Maul und den Metzger in seiner Klaue.

Das älteste bunte Schuppentier aber sitzt vor dem **Deutschen Drachenmuseum** und ist nicht dieser Kampagne entsprungen. Das Museum in der Altstadt wurde im 1727 erbauten Haus Baur de Betaz – kurz „Baureneck“ – untergebracht. Das Gebäude selbst bildet die zweite Station des historischen Stadtrundgangs, der wenige Meter entfernt am alten Löwenbrunnen beginnt. Er führt zu weiteren Sehenswürdigkeiten wie der Betzenkammer, einem Verließ aus dem 16. Jh., einem alten Stadttor und der **Burgruine Lindenfels.** Die Überreste der ehemals mächtigen Festung liegen auf 400 m Höhe am Rande der Altstadt. Von dort hat man nach Süden einen hervorragenden Blick in das Weschnitztal.

Lindenfels taucht in der Geschichte erstmals 1123 auf und gehörte noch bis 1802 – bevor das Gebiet an das Großherzogtum Hessen ging – zur Pfalz und war einst ein wichtiger Stützpunkt. Viele Adelige von Rang und Namen waren im Laufe der Jahrhunderte Herren der Burg, darunter Konrad von Hohenstaufen oder der Welfe Heinrich – ein Sohn Heinrichs des Löwen.

Granitkoloss in Bewegung

Spaziergänger im Kurgarten unterhalb von Burg Lindenfels staunten am 25. November 2009 nicht schlecht: Ein Fels hatte sich am Morgen gegen 7 Uhr vom Burgberg gelöst und war bergab gerollt. Trotz seiner stattlichen Maße – rund 3 m hoch, 5 m breit und über 20 Tonnen schwer – war die Talfahrt des Granitkolosses unspektakulär. Er riss zwar zwei Mauern nieder und beschädigte eine Stromleitung, blieb aber nach kurzer Strecke auf dem oberen Plateau vor dem Kurgartenpavillon liegen. Vermutlich löste sich das mächtige Steinei aufgrund von Erosion aus der Felswand – oder war es doch ein Drache, der über die Stadt flog und mit dem Schwanz das Felsstück herausschlug? Der Brocken trägt jedenfalls mittlerweile den Namen „Drachenfelsen“ und wird von einem silbernen Lindwurm bewacht.

Deutsches Drachenmuseum

Drachen sind einfach faszinierend – das finden Betreiber wie Besucher des Museums. Hier kann man alles über das Fabelwesen erfahren. Die Ausstellung zeigt auf zwei Gebäude verteilt ein buntes Sammelsurium an Drachenexponaten: Schon vor dem Haus „Baureneck“ empfängt der bunte Drache Cosimo die Gäste. Im Haus selbst präsentieren sich die Schuppentiere auf Gemälden, Stichen, Zeichnungen, Porzellanschalen, aber auch auf Briefmarken und als Spielzeug. Der mittelalterliche Bürgerturm beherbergt weitere Exponate, die über Drachenlegenden in vorchristlicher Zeit und heute informieren. Highlights sind natürlich der Schädelabguss des T-Rex aus Kanada oder auch die Faksimile-Ausgabe des Nibelungenliedes.

Hier geht's zum Drachenmuseum

Haus „Baureneck“: April bis Okt. Sa/So und feiertags 14–17 Uhr, Nov. bis März nur bis 17 Uhr, Gruppenführungen nach Vereinbarung (buchbar beim Kur- und Touristikbüro, Burgstr. 37, ✆ 06255/30644, www.lindenfels.de). **Bürgerturm**: in den Sommermonaten tägl. 9–19 Uhr, in den Wintermonaten 10–17 Uhr. Erw. 3 €, Kinder 1 €. Haus „Baureneck“, In der Stadt 2, www.deutsches-drachenmuseum.de.

Alljährliche Kulisse für Klassikkonzerte und ein Mittelalter-Spektakel

Vorderer Odenwald → Karte S. 55

Burgruine Lindenfels

Die „Slirburc“ ist die erste Burg, die zwischen 1077 und 1088 im Zusammenhang mit der Region rund um Lindenfels in der Lorscher Chronik erwähnt wird. Manche Wissenschaftler gehen davon aus, dass es sich bei Burg Lindenfels um die „Schlierburg“ handelt – schließlich liegt sie über dem Ortsteil Schlierbach. Andere wiederum vermuten die „Schlierburg“ am gegenüberliegenden Schenkenberg, was wohl auch Ausgrabungen belegen.

Auf jeden Fall wurde Burg Lindenfels erstmals im 12. Jh. gemeinsam mit dem Begründer der Freiherren von Lindenfels, Klostervogt Graf Berthold dem Jüngeren von Hohenberg aus Rottweil, urkundlich belegt. Anfänglich war die Burg ein wichtiger Kurpfälzer Stützpunkt. Im späten 15. Jh. entwickelte sich Lindenfels jedoch zu einem Verwaltungsstädtchen. Die Befestigung verlor an Bedeutung, wurde gegen Ende des 18. Jh. aufgegeben und größtenteils – weil baufällig – abgerissen. Von der einstigen Kernburg ist heute noch die vieleckige Ringmauer erhalten. Das Mauerwerk besteht überwiegend aus Granit, an Ecken und Toreinfassungen jedoch aus Sandsteinquadern. Die Mauer ist zum Teil bis zu 12 m hoch. Ein Gemälde im Innenhof zeigt, wie die Burg früher ausgesehen hat. Damit das Gemäuer nicht weiter verfällt, hat sich ein Förderverein gegründet, der Teile der alten Anlage wie Kellergewölbe und Burggänge freigelegt hat. Im Kellergewölbe hängen an den Wänden die Wappen der Bergsträßer Gemeinden. Außerdem finden im Burghof übers Jahr verteilt Veranstaltungen wie das mittelalterliche „Spektakulum“ oder Klassikkonzerte statt.

Stickelgräber in Schlierbach

Auf dem Schlierbacher Friedhof zieren weiße Grabstelen aus Holz viele Gräber: Jeder „Stickel“ ist mit einem aufgemalten Blumentopf mit drei Blüten und einem geschnitzten Holzdach geschmückt. Die drei Blüten symbolisieren die Dreieinigkeit, die aus dem Topf wachsenden Wurzeln das ewige Leben. Die Stickelgräber sind für die Region untypisch. Es wird vermutet, dass Einwanderer aus der Schweiz kurz nach dem Dreißigjährigen Krieg diese Tradition in Schlierbach einführten. In den 1950er-Jahren wurde der Kirchhof unter Denkmalschutz gestellt.

Bismarckwarte

Zu Ehren des ersten Reichskanzlers entstanden zahlreiche Bismarcktürme. Weltweit wurden zwischen 1869 und 1934 240 Türme gebaut. Von ursprünglich 184 in Deutschland errichteten Türmen sind heute noch 146 erhalten. Die Bismarckwarte auf der Litzelröder Höhe (452 m) bei Lindenfels entstand 1907. Der runde, über 12 m hohe Turm steht auf einem quadratischen Sockel, der eine Kantenlänge von 7,4 m hat. Selbstverständlich wurden für seinen Bau ortsübliche Granitsteine verwendet. Die Aussichtsplattform erreicht man über eine Wendeltreppe mit 51 Stufen. Die meisten Türme haben eine Feuerschale, in der z. B. an Otto von Bismarcks Geburtstag ein Feuer entfacht wurde. Dieser hier hat jedoch keine Feuervorrichtung. Er wurde 1997/98 komplett saniert und ist das ganze Jahr über geöffnet. Um den 21. Juni feiert der Odenwaldklub Lindenfels an der Bismarckwarte das alljährliche Sonnwendfest (Infos unter www.bismarcktuerme.de).

Basis-Infos zu Lindenfels

Information Der Kur- und Touristikservice liegt in der Altstadt in der Nähe von Burgruine, Heimatmuseum und Drachenmuseum. Mo–Fr 8.30–12 und 13–16 Uhr, Fr nur bis 15 Uhr. Burgstr. 37, 64678 Lindenfels, ✆ 06255/30644, www.lindenfels.de. Die Website lässt kaum eine Information vermissen. Neben den üblichen Auskünften gibt es z. B. eine Wanderbroschüre als PDF, die elf leichte bis etwas anspruchsvollere Routen vorschlägt, Angebote für Gruppen oder Infos für Gäste, die das Kurangebot nutzen wollen. Bei Übernachtungen erhebt die Stadt eine Kurtaxe, April bis Okt. 0,80 €, sonst 0,40 €.

Feste & Veranstaltungen Das **Mittelalterliche Spektakulum** wurde vom Verein Drachenvolk e. V. Lindenfels im Milleniumsjahr mit dem Ziel ins Leben gerufen, Brauchtum, Lieder und Handwerkskunst vergangener Jahrhunderte wieder zum Leben zu erwecken. Das Kostüm-Happening findet alle zwei Jahre – im ungeraden Jahr – am Muttertagswochenende statt. Infos unter www.drachenvolk.de.

Das **Lindenfelser Burg- und Trachtenfest** ist das älteste Trachtenfest im Odenwald. Erstmals 1904 gefeiert, findet es jährlich am ersten Augustwochenende im Burgruinen-Innenhof statt. Krönung der Veranstaltung sind das samstägliche Feuerwerk und ein Trachtenumzug am Sonntag.

Weitere Termine wie **Klassikkonzerte, Oster-, Öko-** oder **Weihnachtsmarkt** veröffentlicht die Stadt Lindenfels unter www.lindenfels.de (Tourismus/Events).

Schwimmen Das Schwimmbad liegt am Fuße von Lindenfels nahe der Straße Richtung Schlierbach. Das Becken ist großzügig und verfügt über sechs 50-m-Bahnen, an die seitlich der Nichtschwimmerbereich anschließt – so können gute Schwimmer ungestört ihre Bahnen ziehen. Es gibt ein Kinderplanschbecken und einen 3- und 5-m-Sprungturm. Mai–Sept. tägl. 10–20 Uhr. Erw. 4,50 €. ✆ 06255/564.

Übernachten in Lindenfels

*** **Pension Karina**. Die Pension liegt ruhig in der Nähe der Burg direkt in Lindenfels. Die Zimmer haben einen speziellen Charme mit ihren leicht antiquiert wirkenden Sesseln und Lampenschirmen, aber alles ist sehr sauber und das Personal freundlich. Das besondere Plus: Es gibt einen Pool im schönen Garten. 65 €/Pers. inkl. Frühstück, ab 3 Nächten 51 €/Pers. Seewiesenweg 21, ✆ 06255/633, www.pension-karina.de.

Ferienhof Knöll. Das Motto dieser Unterkunft heißt „Urlaub auf dem Bauernhof", bei dem Kinder Schweine, Kühe und große Traktoren bestaunen können. Es stehen zwei Ferienwohnungen für bis zu 4 Pers. zur Verfügung. Für 2 Pers. ab 58 €/Tag, ab 3 Tagen 48 €/Tag. Hauptstr. 75, Winterkasten, ✆ 06255/959282.

Zum Römischen Kaiser. Das beliebte Restaurant in Schlierbach verfügt auch über gepflegte Gästezimmer mit gängigem Komfort. Die meisten Zimmer haben Balkon und TV. Während der Ernte kann man hier einen Blick auf die Produktion des hauseigenen Apfelweins werfen. 27–31 €/Pers. Kirchstr. 17, Schlierbach, ✆ 06255/575, www.zum-roemischen-kaiser.de.

*** **Ferienwohnung Woitge**. Das Angebot umfasst zwei Wohnungen, die etwas außerhalb von Lindenfels liegen und für 2–4 Pers. geeignet sind. Der Komfort entspricht der Klassifizierung: Es gibt einen Schlaf- und einen Wohnraum, eine schöne Terrasse, und die Küche ist voll ausgestattet. An kalten Tagen sorgt die Zentralheizung für lauschige Wärme. 35–42 €/Tag für 2 Pers., inkl. Endreinigung, Pauschale für Strom, Gas, Wasser und Heizung. ✆ 06255/4071, www.ferienwohnung-woitge.de.

Terrassencamping Schlierbach. Der Platz liegt ideal am Waldrand am Fuße der Burgruine Lindenfels. Die sanitären Anlagen sind modern, barrierefrei und sogar für Baby-Bedürfnisse ausgestattet. An der großen Feuerstelle mit Schwenkgrill kommt abends garantiert Lagerfeuerromantik auf. Alle Camping-Stellplätze haben Wasser-, Kanal- und CEE-Stromanschlüsse. Bei Bedarf können Waschmaschine und Trockner genutzt werden. 5 €/Pers., 5–8 €/Stellplatz bzw. Zeltplatz, 0,50/1 € Kurtaxe, 2,50 € Stromanschluss. Hunde kosten extra. Am Zentbuckel 11, Schlierbach, ✆ 06255/630, www.terrassencamping-schlierbach.de.

Vorderer Odenwald → Karte S. 55

Wenn der Apfel Walzer tanzt

Die Edelbrennerei Dieter Walz ist v. a. wegen ihres „Apfelwalzers" berühmt. Der Schaumwein aus Äpfeln – wer hätte es gedacht – macht aber nur einen Bruchteil des alkoholischen Sortiments aus. Das Gros sind Brände und Liköre, die bereits mit einigen Gold-, Silber- und Bronzemedaillen ausgezeichnet wurden. Zwar ist der rechtliche Sitz der Brennerei in der Nachbargemeinde Fürth, gebrannt und verkostet wird aber im Lindenfelser Ortsteil Seidenbuch. Außerdem reift ein Teil der später hochprozentigen Früchtchen wie Pflaumen oder Birnen auf eigenen Streuobstwiesen bei Glattbach. Eine ausgesuchte Kostprobe gibt es ab 100 € in der Brennerei. An einer Verkostung können bis zu 20 Pers. teilnehmen. Einen guten Einblick ins Sortiment bietet der Online-Shop unter www.apfelwalzer.de.

Essen & Trinken in Lindenfels

Landgasthaus Waldschlösschen. Das Haus befindet sich am östlichen Ortsausgang und ist zugleich Hotel, in dem sich Wanderer des Nibelungensteigs für die nächste Etappe erholen können. Das Restaurant ist gemütlich rustikal eingerichtet, die Küche gutbürgerlich. Hier kocht der Chef üppige und leckere Odenwälder Kost. Wem die Kalorien nicht reichen, setzt mit Süßem aus der eigenen Konditorei noch eins obendrauf – im Sommer auf der Terrasse. Tägl. (außer Mo) 9–23 Uhr, in den Wintermonaten 14–17 Uhr geschlossen. Nibelungenstr. 102, Lindenfels, ✆ 06255/968190, www.waldschloesschen-web.de.

Café und Pizzeria „Franco". Im Herzen der Stadt gelegen und beliebt wegen der knusprigen Pizza und frischen Kuchenauswahl. Das Lokal ist in einem Fachwerkhaus untergebracht und hat eine Terrasse. Die Einrichtung ist eher zurückhaltend italienisch. Mi–So ab 17.30 Uhr. Nibelungenstr. 64, Lindenfels, ✆ 06255/552.

Gasthaus am Speierling. Schlicht eingerichtete Gaststube und übersichtliche

Speisekarte. Die gelungene Kombination für den soliden Magen: Schnitzel mit Kochkäse, Bratkartoffeln, dazu Krautsalat und hausgemachten Apfelwein. Die meisten Zutaten stammen vom eigenen Hof. Die Terrasse hat auch einen Spielplatz. Do/Fr ab 17 Uhr, Sa ab 16 Uhr, So und feiertags ab 12 Uhr, durchgehend warme Küche. Brunnenweg 8, Eulsbach, ✆ 06255/1483 oder 517, www.am-speierling.de.

Gaststätte Bauernstube. Behaglich eingerichtete Gaststube, die ihrem Namen alle Ehre macht. Das kulinarische Angebot besteht neben diversen Schnitzel- und Kotelett-Variationen auch aus halben Hähnchen oder Salattellern. Wirklich schön ist der Garten mit Blick auf die Dorfkirche. Mo, Do/Fr ab 16.30 Uhr; Sa ab 15.30 Uhr und So ab 11.00 Uhr, durchgehend warme Küche bis 21.30 Uhr. Kirchstr. 7, Schlierbach, ✆ 06255/2848, www.gaststaette-bauernstube.de.

Zum Raupenstein. Der Gasthof hat eine lange Tradition: Zum ersten Mal ausgeschenkt wurde hier 1871. Die Küche ist gutbürgerlich und von der Terrasse hat man einen schönen Ausblick in die liebliche Landschaft. Di/Mi und Fr 11–14 und 17–20 Uhr. Sa/So und feiertags 11–20 Uhr. Am Raupenstein 6, Winterkasten, ✆ 06255/542, www.zumraupenstein.de.

Fürth

Raus aus der Idylle, rein in die Kleinstadt. Fürth ist nicht unbedingt Hauptreiseziel im Odenwald. Ein Stopp lohnt sich natürlich trotzdem, denn die elf Ortsteile sind umgeben von viel Natur, in die auch eine attraktive Mountainbikestrecke integriert ist. Ebenso lockt ein Exkurs zur Walburgiskapelle oder zum Bergtierpark.

In Fürth verlässt der Besucher für einen kurzen Augenblick die Odenwälder Landidylle, denn als lokaler Wirtschaftsstandort gibt hier das Gewerbe den Ton an. Die Stadt an der Weschnitz – der kleine Fluss mündet bei Biblis in den Rhein – hat einen überschaubaren historischen Kern mit Fachwerkbauten. Dass Tourismus in dem staatlich anerkannten Erholungsort durchaus eine Rolle spielt, zeigen die Freizeitangebote: Zu den großen Attraktionen zählt der **Bergtierpark** in Erlenbach, der natürlich vor allem bei kleinen Besuchern sehr beliebt ist. Zu sehen gibt's neben Alpensteinböcken, Emus und Gämsen auch Maras – das sind südamerikanische Meerschweinchen, die von Ohren und Körperhaltung her eher wie Hasen aussehen – oder asiatische Minihirsche namens Muntjak.

Ein Anziehungspunkt für Gläubige ist die **Walburgiskapelle** oberhalb des Ortsteils Weschnitz. Jedes Jahr am 1. Mai pilgern zahlreiche Christen zur höchstgelegenen Kirche im Odenwald und feiern einen gemeinsamen Gottesdienst. Der Platz soll schon den Kelten heilig gewesen sein. Walburga ist die Schutzheilige des Weschnitztals. Der erste 1671 errichtete Kirchenbau fiel einem Feuer zum Opfer. 1815 entstand aus den Überresten eine kleine Kapelle, die heute den Chor stellt. Ihre heutige Form erhielt die Walburgiskapelle zwischen 1935 und 1937.

Die Gegend rund um Fürth lässt sich seit 2011 auch bestens mit dem **Mountainbike** erkunden. Mit Unterstützung des Geo-Naturparks Bergstraße-Odenwald wurden zwei anspruchsvolle, rund 28 km und 17 km lange Rundstrecken ausgebaut, die auch über Anhöhen wie den 535 m hohen Wagenberg führen. Bienen- oder Waldlehrpfad lassen sich dagegen gut zu Fuß absolvieren. Interessant ist auch der 3 km lange **Kunstweg,** der sich über die Felder bis nach Lindenfels erstreckt.

Auch in Fürth gibt es hier und da hübsche Fachwerkhäuschen

Vorderer Odenwald → Karte S. 55

Basis-Infos zu Fürth

Information Besucher können sich an die Gemeindeverwaltung wenden. Mo–Mi 8.30–12 und 13.30–15.30 Uhr, Do bis 18 Uhr und Fr bis 12 Uhr. Hauptstr. 19, 64658 Fürth, ✆ 06253/20010, www.gemeinde-fuerth.de.

Aktivitäten Der **Bergtierpark in Erlenbach** ist eines der Fürther Highlights. Das Freigehege ist für mehr als 20 Tierarten eine Heimat. Möglicherweise sind vietnamesische Hängebauchschweine im Gegensatz zu Mufflons keine typischen Bergtiervertreter – hier können sie auf jeden Fall bewundert werden. Am Eingang wird spezielles Tierfutter verkauft. April bis Okt. tägl. 10–18 Uhr, Nov. bis März Mo–Fr 13 Uhr bis Einbruch der Dunkelheit, Sa/So und feiertags ab 11 Uhr. Erw. 4 €, Kinder 3–14 J. 2 €. Werner-Krauß-Straße, Erlenbach, ✆ 06253/5759, www.bergtierpark-erlenbach.de.

Die erste **Fürther Mountainbike-Strecke** wurde 2011 eingeweiht und war zugleich der erste Abschnitt von einem odenwaldweiten Streckennetz. Kondition sollte man für den rund 28 km langen Trail schon mitbringen. Insgesamt etwa 1000 Höhenmeter sind in mehreren sportlichen Anstiegen zu meistern, so auf den Erzberg (484 m) oder den Wagenberg (535 m). Die Anstrengung wird mit tollen Ausblicken belohnt. Eine zweite Strecke folgte und eine dritte ist bereits in Planung. Markierung: grüner Pfeil (hat er eine orangerote Spitze lauern mögliche Gefahren wie Fußgänger oder Kreuzungen). Eine Streckenübersicht und weitere Infos bietet die Website www.mtb-geonaturpark.de.

Die **Modellbahnschau Odenwald** ist eine feste Ausstellung mit mehreren schön gestalteten Anlagen. Die Eisenbahnlandschaften präsentieren sich mit viel Liebe zum Detail: Da werden Kühe durch das Bauerndorf auf die Alm um Zermatt getrieben oder zeigt sich der Wilde Westen mit typischen Felsformationen in Sherman Hill. Für Modellbahn-Begeisterte zählt der Besuch sicher zum Pflichtprogramm. Do–So 11–18 Uhr. Tageskarte 10 €, Kinder bis 15 J. 5 €. Siemensring 9, ✆ 0172-6252595, www.modell bahnschau-odenwald.de.

Der **Kunstweg** heißt natürlich so, weil er von Skulpturen verschiedener Künstler gesäumt wird. Er geht auf eine Initiative der Sparkasse Starkenburg zurück und umfasst eine rund 3 km lange Strecke zwischen Fürth und Lindenfels. In Fürth startet der Weg am Rathaus und ist mit einem roten Quadrat markiert. Die Plastiken aus Holz, Stein oder Metall wurden zum Teil von Künstlern aus der Region geschaffen.

Schwimmen Das Freibad Fürth befindet sich am Ortsausgang Richtung Krumbach. 2000 wurde es komplett renoviert, alle Becken – rund 1000 m^2 Wasserfläche – sind beheizbar. Wasserrutsche, Basketball- oder Volleyballfelder sorgen für Laune und der Kiosk kümmert sich ums leibliche Wohl. Mai bis Sept. tägl. 8–20 Uhr, letzter Einlass 19 Uhr. Eintritt 3,50 €, ab 18 Uhr 2,50 €. Krumbacher Str. 39, ✆ 06253/5759.

Einkaufen in Fürth

Die **Odenwälder Kochkäserei** produziert zweimal in der Woche die regionale Leibspeise, die es dann auch im Lörzenbacher Landlädchen der Käserei zu kaufen gibt. Neben Kochkäse sind auch Obatzter, Meerrettich-Creme und Kräuterquark im Programm. Di/Mi 9–12.30 und 14.30–17.30 Uhr, Do/Fr 9–18 Uhr, Sa 9–14 Uhr. Lauten-Weschnitzer Str. 11, Lörzenbach, ✆ 06253/4555, www.kochkaeserei.de. ■

Die **Edelobstbrennerei Thomas Helferich** schaut auf mehr als 40 Jahre Destilliertradition zurück. Begonnen hat alles mit dem – man kann schon sagen weltberühmten – „Odenwälder Bub". Dieser Kräuterbitter besteht aus mehr als 40 Kräutern. Heute wird der „Odenwälder Bub" sogar bis nach Amerika geliefert. Thomas Helferich destilliert überwiegend Früchte aus der Region. Daneben gibt es eine tropische Edition mit ausgefallenen Bränden aus Hibiskus oder Cashew-Kernen. Verkostung im Laden möglich. Mo/Di und Do/Fr 10–13 und 14.30–18 Uhr, Sa 10–14 Uhr. Brennereiweg 1, Fürth, ✆ 06253/3215 und 4074, www.thomas-helferich.de.

Übernachten in Fürth

Nibelungen-Camping. Der rund 100 m^2 große Campingplatz befindet sich in unmittelbarer Nachbarschaft zum Freibad. Jedem Platz stehen Wasser, Abwasser, Stromanschluss und WLAN zur Verfügung. Die gemeinschaftlichen Sanitäranlagen sind modern und sauber. Es gibt einen bewirtschafteten Gemeinschaftsraum, ein Hasengehege, Tischtennisplatten und Tischkicker. Stellplatz 10 €, 6 €/Pers., Stromanschluss 0,50 €, Strom 0,50 €/kWh. Tiefertswinkel 20, ✆ 06253/5804, http://camping-fuerth.de.

Feriendorf Kröckelbach. Mit Unterstützung von Land und Kreis hat der Verein Feriendorf im Odenwald e. V. ein Erholungsareal geschaffen, das v. a. Familien Erholung bieten soll. Aber auch allen anderen stehen die 25 Ferienhäuser zur Verfügung – allerdings sind sie immer schnell ausgebucht. Zwei Haustypen bieten Platz für bis zu 5 bzw. 7 Pers. Neuwertig und ausgestattet mit allem, was man im Urlaub braucht. Im Winter sorgt ein offener Kamin in jedem Haus für die richtige Stimmung. 40–51 €/Tag zzgl. Nebenkosten 13–17 €/Tag je nach Jahreszeit für Strom, Wasser, Bettwäsche, Endreinigung 33–36 €. Am Kröckelbach, Kröckelbach, ✆ 06253/3149, www.feriendorf-kroeckelbach.de.

Knapp-Hof. Einfacher Komfort auf dem Bauernhof: Der Knapp-Hof hat ein Doppel- und ein Mehrbettzimmer mit Dusche/WC auf der Etage. Frühstück wird auf Wunsch angeboten. Dem üblichen Komfort entspricht die Ferienwohnung mit einem Schlaf- und einem Wohnraum mit Kochzeile. Bettwäsche und Handtücher werden gestellt. Zimmer ab 3 Nächten 19 €/Pers. inkl. Frühstück (sonst teurer), Wohnung 26 €/Tag für 2 Pers., Endreinigung 20 €, plus Strom nach Verbrauch. Am Brombach 3, Brombach, ✆ 06253/3895, www.landreise.de/knapp-hof.

Ferienwohnung Christa Meiß. Die Ferienwohnung mit separatem Eingang hat durch die ausziehbare Couch im Wohnzimmer Platz für 2–4 Pers. Klassische Ausstattung: Bad mit Dusche/WC, Wohnzimmer mit Sat-TV, geräumige Küche mit Essplatz. Vom Garten hat man einen schönen Ausblick auf Lindenfels und das Weschnitztal. Außerdem führen direkt am Haus Wanderwege vorbei. 50 €/Tag für 2 Pers., ab 4 Nächten 40 €, inkl. Bettwäsche, Handtücher, Tischwäsche, Nebenkosten und Endreinigung. Im Wiesental 10, Kröckelbach, ✆ 06253/21484, www.ferienim odenwald.de.

Man kann einiges über Streuobstwiesen lernen

Dem Streuobst auf der Spur

Südlich von Fürth liegt – ebenfalls an der Hauptverkehrsader im Weschnitztal – die Gemeinde Rimbach. Der erste Eindruck erzeugt vielleicht keine stürmische Begeisterung, dafür aber bestimmt der kleine Ortsteil **Albersbach.** Denn dort gibt es den erlebenswerten und informativen Albersbacher Streuobstlehrpfad des Geo-Naturparks Bergstraße-Odenwald. Auf der 1,4 km langen Strecke berichten 16 Schautafeln über den „Lebensraum Streuobstwiese“, seine Bewohner, das angebaute Obst und Wildgehölze wie Holunder oder Schlehe. Die Strecke lässt sich natürlich rundherum beliebig erweitern. So bietet sich z. B. bei Kreiswald ein Abstecher nach Juhöhe mit seinen Hügelgräbern aus der Jungsteinzeit an – die allerdings leicht zu übersehen sind. Wem Albersbach gefällt, dem seien das exklusive Heuhotel „In's Scholze“ und Einkehrmöglichkeiten wie „Zum Talhof“ oder „Zum Kreiswald“ empfohlen. Die einen haben leckeres selbst gebackenes Steinofenbrot, die anderen produzieren Apfelwein und Schnäpse. Weitere Infos zu Albersbach unter www.rimbach-odw.de.

Essen & Trinken in Fürth

Zur Krone. Sie zählt zu den beliebtesten Lokalen im Hauptort. Grund: Die mächtigen Rumpsteaks, die auf den Punkt genau medium oder englisch auf den Tisch gebracht werden. Der Biergarten ist überdacht und für Kinder gibt es einen Maltisch und -bücher. Mo–Mi und Fr/Sa 11–22 Uhr, So 11–14 und ab 17 Uhr. Hauptstr. 21, Fürth, ✆ 06253/3450.

Eselsmühle. Mit der großen Spielwiese und dem Spielplatz ist sie ganz klar ein Ausflugslokal für Familien mit Kindern. Die Gastwirte haben einen Hang zum Indonesischen. Das dokumentieren nicht nur der balinesische Pavillon beim Spielplatz oder der Pfahlbau aus Java, sondern auch die Speisekarte: Sie bietet neben Odenwälder Kost auch Fisch und Geflügel in „KokosnussCurryZitronengrasKurkumaKemirinuß-TamarindenCremesauce“ an. Do/Fr ab 17 Uhr, Sa/So und feiertags ab 12 Uhr, durchgehend warme Küche bis 21 Uhr.

Vorderer Odenwald → Karte S. 55

Ellenbacher Str. 50, Ellenbach, ✆ 06253/5058, www.eselsmuehle.de.

Zum Schorsch. In der Nähe des Tierparks in Erlenbach gelegen, ist es mit Sicherheit das urigste Lokal im Odenwald. Die Gastwirte sind scheinbar leidenschaftliche Uhrensammler und nutzen die gemütliche Gaststube als Galerie für ihre vielen Zeitmesser. Die Speisekarte hält klassische Odenwälder Kost bereit wie Bratwürste, Schnitzel und Rumpsteak. Für Vegetarier gibt es Gerichte wie „Quer Beet" (Gemüse mit Nudeln), Käsespätzle oder die bunte Ofenkartoffel. Außerdem gibt es einen Biergarten und Gästezimmer. Tägl. (außer Di) ab 11 Uhr durchgehend warme Küche. Steinbruchstr. 3, Erlenbach, ✆ 06253/932363, www.zum-schorsch.de.

Zum Rebstock. Ein guter Platz, um nach oder während einer Wanderung einzukehren. Die Bauernstube mit Terrasse ist einladend. Für Kinder gibt es einen Spielplatz und ein Hasengehege. Auf den Tisch kommen fast nur hauseigene Produkte. Die Karte ist entsprechend übersichtlich und beschränkt sich bei den warmen Speisen auf Würste in allen möglichen Variationen und Rippchen. Das Latwäjebrot zählt zu den Spezialitäten – Mus und Brot sind selbst gemacht. Dreimal die Woche wird Brot gebacken – das auch zum Mitnehmen ist, wie fast alles, was auf der Karte steht. Mo/Di und Fr ab 16 Uhr, Sa ab 15 Uhr und So ab 12 Uhr. Ortsstr. 52, Steinbach, ✆ 06253/3287, www.rebstock-steinbach.de.

Der Überwald

Ein buddhistisches Kloster im Odenwald? In Siedelsbrunn gibt es das tatsächlich. Neben der schönen Waldlandschaft des Überwalds zählen außerdem der Siegfriedbrunnen, das Oldtimer-Museum und die Sommerrodelbahn zu den Highlights.

In steilem Auf und Ab führen zuweilen die schmalen Straßen durch das waldreiche Gebiet des Überwaldes. Hier geht der Vordere bzw. Kristalline Odenwald in den Buntsandstein-Odenwald über – genauer gesagt wird die Tromm als natürliche, geologische Grenze betrachtet. Sie ist mit 577 m der fünfthöchste Berg des Odenwalds und mit dem hölzernen 27 m hohen Ireneturm ein beliebtes Ausflugsziel. Die 430 m hohe Kreidacher Höhe wird dagegen gern von ambitionierten Radfahrern erklommen – bergab saust es sich spektakulär auf dem Odenwaldbob der Sommerrodelbahn. Im Überwald geben die drei Gemeinden Abtsteinach, Grasellenbach und Wald-Michelbach den Ton an. Mit ihren 18 Ortsteilen präsentieren sie sich touristisch kompakt als „Der Überwald" (www.ueberwald.eu).

Abtsteinach, auf 498 m die höchstgelegene der drei Gemeinden, lockt im Sommer mit Freizeitangeboten wie Steinbruchklettern oder Lenkdrachenspaß, im Winter mit Rodelwiesen und Langlaufloipen. Sie setzt sich aus Ober- und Unter-Abtsteinach sowie Mackenheim zusammen und wurde 1012 erstmals als „possesa steinah" erwähnt. In Ober-Abtsteinach entspringt die Steinach, die in den Neckar mündet.

Die Gemeinde **Grasellenbach** hat insgesamt sechs Ortsteile und über 3700 Einwohner. Als ausgezeichnetes Kneipp-Heilbad, Luftkurort und staatlich anerkannter Erholungsort ist sie entsprechend vom Tourismus geprägt. Vor allem der Hauptort Gras-Ellenbach – der Bindestrich ist hier der entscheidende Unterschied – wartet

Tour 3: Zu Siegfriedbrunnen und Olfener Moor → S. 287
Den Nibelungen auf der Spur und weiter zu einem seltenen Hochmoor

mit gebündelten gesundheitsfördernden Angeboten auf, weshalb das Publikum auch gern mal älter ist. Vermutlich gibt es deshalb auch ein riesiges Angebot an Kuchen und Torten, und viele Hotels und Pensionen haben einen gastronomischen Betrieb oder eine Konditorei. Im Wald bei Gras-Ellenbach befindet sich einer der populären Siegfriedbrunnen als Etappenpunkt des Nibelungensteigs – die beiden Lindenblätter im Wappen sind ebenfalls eine Anspielung auf das Nibelungenlied.

Kapelle in Unter-Abtsteinach

Wald-Michelbach ist die dritte und mit neun Ortsteilen sowie rund 11.000 Einwohnern größte Gemeinde im Bunde. Hinter der Hauptverkehrsstraße liegt der kleine, idyllische Ortskern mit Fachwerkbauten und Sehenswürdigkeiten wie dem Bücherbrunnen, dem Einhaus oder dem Heimatmuseum im historischen Fachwerk-Rathaus. Am aktuellen Verwaltungssitz prangt groß das Gemeindewappen an der Wand, das den Rost zeigt, auf dem der heilige Laurentius qualvoll zu Tode kam. Die örtliche katholische Kirche ist ihm geweiht. Im Ortsteil Siedelsbrunn kann man sich einer speziellen Einkehr widmen und im buddhistischen Kloster nach Ruhe suchen.

Besucherbergwerk „Grube Ludwig"

Als im Odenwald noch der Bergbau florierte, wurden hier Eisen-Manganerze abgebaut. Nach dem Zweiten Weltkrieg wurde die Grube geschlossen und verfiel. Um dieses Industriedenkmal zu bewahren, haben Helfer des Überwälder Museums- und Kulturvereins in mühsamer Arbeit den heutigen Besucherstollen von Schlamm und Schutt befreit und die Schächte gesichert. Der Stollen führt ungefähr 80 m in den Berg hinein, darin sind Mineralien und alte Minengeräte ausgestellt. Im Winter ist er geschlossen und bietet laut der ehrenamtlichen Helfer Molchen, Echsen und Fledermäusen ein Schlafquartier.

Die Grube kann von April bis Okt. nur nach Voranmeldung besucht werden. Anfrage bei der Tourist-Info im Rathaus in Wald-Michelbach. Die Grube befindet sich südöstlich von Wald-Michelbachs Ortskern („Am Wetzel"). Eintritt frei. ✆ 06207/947111.

Einhaus mit Backhaus

Das wiederaufgebaute typische Odenwälder Bauernhaus aus dem 18. Jh. beherbergt ein Lapidarium. Zu den Schaustücken der historischen Steinsammlung gehören u. a. ein alter Baumkelterstein, Brunnentröge, alte Grenzsteine und eine Sandsteinbrücke. Das Lapidarium ist als Freilandmuseum konzipiert und befindet sich im Hof, der jederzeit zugänglich ist. Im Backhaus wird an speziellen Tagen gebacken.

Der Eintritt ist frei. An der Hofwiese 1, Wald-Michelbach. Backtermine unter www.ueberwald.eu.

Vorderer Odenwald → Karte S. 55

Heimatmuseum

Das schöne Fachwerk-Rathaus aus dem Jahr 1594 ist heute Sitz des Heimatmuseums in Wald-Michelbach. Nach Themen wie Bergbau oder Schulunterricht von anno dazumal gegliedert, gibt die Ausstellung über drei Etagen das historische Leben im Überwald wieder. Bei der liebevollen Einrichtung der Räume haben die Einwohner tatkräftig mitgewirkt. Ein Zimmer widmet sich ausschließlich dem berühmtesten Sohn des Ortes, Adam Karrillon. Der deutsche Arzt und Schriftsteller wurde 1853 in Wald-Michelbach geboren. Seine Werke thematisieren die Heimat. Karrillon ist heute nahezu unbekannt, obwohl er als erster Schriftsteller mit dem bekannten Georg-Büchner-Preis ausgezeichnet wurde, den die Deutsche Akademie für Sprache und Dichtung alljährlich in Darmstadt verleiht.

Sattlerwerkzeug im Heimatmuseum

Di und Fr–So 15–17 Uhr. Für Gruppen auf Anfrage auch außerhalb der regulären Öffnungszeiten. 2 €/Pers., Kinder unter 14 J. frei. In der Gass 9, Wald-Michelbach, ✆ 06207/947111 (Tourist-Info).

Stoewer Museum

Die Marke Stoewer produzierte zwischen 1858 und 1945 in Stettin vor allem Autos, Fahrräder, Näh- und Schreibmaschinen. Sie hatte einen guten Ruf und wurde seinerzeit mit Marken wie Maybach oder Mercedes-Benz gleichgesetzt. Bereits um 1900 baute Stoewer ein Elektroauto, das aber nicht in Serie gefertigt wurde. Stoewer-Automobile zählen heute zu den Oldtimer-Klassikern. Manfried Bauers Leidenschaft für Stoewer begann ebenfalls mit Oldtimern. Aus seiner Passion entwickelte sich das private Museum mit zahlreichen Exponaten der gesamten Produktpalette. Seit 2002 hat es seine Pforten für Besucher geöffnet.

März bis Dez. jeden 1. Sonntag im Monat 14–17 Uhr, Jan./Febr. Winterpause, Gruppen auf Anfrage auch an anderen Tagen. Eintritt frei. Michelstr. 2, Wald-Michelbach, ✆ 0171-4213922 oder 06207/923620, www.stoewer-museum.de.

Zweiradmuseum Hammelbach

1873 wurde in Hammelbach die Firma Zweirad Röth gegründet. Das Zweiradmuseum dokumentiert die Geschichte des Odenwälder Unternehmens. Es produzierte Fahrräder und Motorräder in Kooperation mit Suzuki oder Münch. In die Historie geben original Schriftwechsel Einblick. Selbstverständlich werden Zweiräder präsentiert.

Mo–Fr 8–12 und 14–17 Uhr, So und feiertags sowie Gruppen nach Absprache. Litzelbacherstr. 15, Hammelbach (Grasellenbach), ✆ 06253/94940 und 94120.

Kloster Buddhas Weg

„Besinnung auf sich selbst“ ist das Anliegen der buddhistischen Nonnen und Mönche im Kloster in Siedelsbrunn bei Wald-Michelbach. „Buddhas Weg“ befindet sich in einer ehemaligen Fachklinik und wurde 2010 eröffnet. Es bietet seinen Gästen Raum für Ruhe und Stille – für einen Tag, ein Wochenende oder auch länger. Dem Kloster ist ein Seminarzentrum mit einem breiten Angebot an Kursen und Vorträgen angeschlossen, darunter Seminare zur Traditionellen Chinesischen Medizin, Yoga, Meditation und Retreats. Ein Aufenthalt in diesem Kloster ist sicherlich die besinnlichste Art, den Odenwald kennenzulernen.

Außerhalb 5, Siedelsbrunn (Wald-Michelbach), www.buddhasweg.eu.

Der Buddha im Kloster Buddhas Weg

St. Maria in Lichtenklingen

Mythen von Geistern und einer Weißen Frau ranken sich um die Ruine der Marienkapelle. Sie steht zwischen Siedelsbrunn und Unter-Abtsteinach, vermutlich an der Stelle eines alten Quellheiligtums der Kelten oder Germanen. 1387 wurde die Kapelle erstmals urkundlich erwähnt. Man geht jedoch davon aus, dass sie deutlich früher erbaut wurde. Im Zuge der Reformation wurde die Kapelle im 16. Jh. aufgegeben, verfiel und wurde als Steinbruch verwendet. Ab dem 18. Jh. sind Marien-Wallfahrten belegt. Zu den „übersinnlichen" Ereignissen zählt die Übersiedlung der Marienfigur, die heute in der Kapelle in Unter-Abtsteinach steht. Die Figur stammt aus Lichtenklingen und soll dreimal an ihren Ursprungsort zurückgekehrt sein, bevor sie an ihrem heutigen Platz blieb.

Basis-Infos zum Überwald

Information Drei Gemeinden – zwei Touristeninformationen und eine Kurverwaltung: 69518 **Abtsteinach**, Kirchstr. 2, ✆ 06207/94070. Mo und Fr 8.30–11.30 Uhr, Di 14–16 Uhr, Do 15–18 Uhr. 64689 **Grasellenbach, Kurverwaltung** (Nibelungenhalle), Am Kurpark 1, ✆ 06207/2554. Mo–Sa 10–12 Uhr, Mo, Mi, Fr auch 15–17 Uhr, Sa auch 13–17 Uhr, So 10–17 Uhr. 69483 **Wald-Michelbach**, In der Gass 17, ✆ 06207/947111. Mo–Fr 7.30–12 Uhr, Mo und Di auch 14–17 Uhr, Do auch 14–18 Uhr.

Abtsteinach, Grasellenbach und Wald-Michelbach präsentieren sich gemeinsam unter www.ueberwald.eu. Die einzelnen Gemeinden informieren darüber hinaus auf ihren Web sites: www.abtsteinach.de, www.grasellenbach.de und www.wald-michelbach.de.

Aktivitäten Das **Geopark-Infozentrum** im Wiesental in Aschbach führt per Schautafeln und Geopfad samt ausführlicher Audiobegleitung in die Geologie und die Geschichte der Steinbrüche sowie Bergwerke des Überwalds ein. Die 36 Audiodateien kann man sich bereits online anhören und sich so einen ersten Eindruck verschaffen. Gut gemacht und empfehlenswert! www.ueberwald.eu.

Boule auf der Tromm: Spätestens seit 1997 wird das Spiel mit den Kugeln im Überwald gepflegt. Der Boule Club Tromm unterhält in der Nachbarschaft des Ausflugslokals Schardhof eine turniergerechte Anlage, die auf Anfrage auch von Gästen genutzt werden kann. Aktuelle Ansprechpartner unter www.boule-club-tromm.de.

Kunstwanderwege im Überwald gibt es gleich drei an der Zahl: Auf der Tromm startet der Weg am Odenwald-Institut. Der Kunstpfad auf der Kreidacher Höhe beginnt am gleichnamigen Hotel, und der in Abtsteinach war der erste im Odenwald. Der Geo-Naturpark bietet Führungen an, am besten im Informationszentrum in Abtsteinach nachfragen. Die Skulpturen zeigen einen interessanten Mix an Materialien und

Vorderer Odenwald → Karte S. 55

Techniken von skurril-verworren bis modern-geometrisch.

Lama-Trekking würde man eher in den Anden wähnen. Aber nein – Familie Schmitt in Kocherbach (Wald-Michelbach) bietet dieses spezielle Wandererlebnis an. Über 2 Std. Lama-Spaß für 4 Pers. kostet 40 €. Anfragen unter www.odenwald-lamas.de.

Sommerrodelbahn & Kletterwald auf der Kreidacher Höhe sind für Groß und Klein ein Riesenspaß. Mit dem Odenwaldbob geht's auf fast 1000 m Länge hinab ins Tal. Die Rodelbahn ist das ganze Jahr geöffnet. Der Kletterwald befindet sich im benachbarten Waldstück. Die Parcours sind leicht bis schwer, die Standhöhen reichen von 0,5 bis 14 m. Da ist Schwindelfreiheit gefragt. Öffnungszeiten Odenwaldbob: April bis Okt. tägl. 10–18 Uhr, Nov. bis März nur Sa/So 13–16 Uhr oder nach Anmeldung. Erw. 2,50 €, Kinder 2 €, 6 Fahrten 12 €/Erw., 9 €/Kind, außerdem gibt es Gruppenermäßigungen. Öffnungszeiten Kletterwald: April bis Okt. tägl. 10–18 Uhr. Letzter Einlass 2 Std. vor Schließung. Bei Regen geschlossen. Erw. 15 €, Kinder 12 €. Infos unter www.sommerrodelbahn-wald-michelbach.de.

Die **Solardraisine Überwaldbahn** führt auf einer denkmalgeschützten Eisenbahnstrecke durch die schöne Überwald-Landschaft über drei Viadukte, vorbei am eindrucksvollen Mackenheimer Steinbruch und durch zwei Tunnel. Die Draisine befördert mit Muskelkraft 8 Pers. Das ist aber nicht so schwer, da Solarenergie ordentlich den Antrieb unterstützt. Für die 10 km lange Strecke von Mörlenbach nach Wald-Michelbach wird rund 1 Std. gerechnet, für einen ganzen Ausflug mit Aufenthalt am Etappenziel mit 3–5 Std. – je nachdem, wie viel Zeit man sich lässt. April bis Okt. Mo–Do 75–85 €/Draisine, Fr–So 105–120 €/Draisine. Buchungshotline ✆ 06209/7975345, www.solardraisine-ueberwaldbahn.de.

Einkaufen **Bauernhof Bei's Jäig's.** Der kleine Hofladen in Gras-Ellenbach hat Lebensmittel vom eigenen Hof und anderen Produzenten der Region: Brot und andere Backwaren, Nudeln, Fleisch, Wurst, Liköre und vieles mehr. Übrigens: Wer Lust auf eine Kutschfahrt durch den Überwald hat, ist hier auch richtig. Do und Fr 8.30–12 und 14–17.30 Uhr, Sa 7.30–15 Uhr. Siegfriedstr. 17, Gras-Ellenbach, ✆ 06207/949294, www.bauernhof-jaeigs.de. ■

Feste & Veranstaltungen Der **Kräutermarkt** im Juni ist etwas für Genießer: Fürs Auge ist die Umgebung, denn der Markt findet auf dem ökologischen Lehrpfad in Aschbach statt – also mitten in der Natur. Etwas für die Nase sind die herrlich duftenden Kräuter. Für den Geschmacksinn sind Produkte wie Kräuterliköre oder Naturhonig. Und den Tastsinn bedienen die Kunstwerke, die sich unter die Pflanzen mischen.

Das **Überwälder Heimatfest** wird seit 1949 jedes Jahr im Juli in Wald-Michelbach zünftig mit Musik, Tanz und Festzug gefeiert. Es dauert vier Tage, beginnt am Freitagabend und endet montags mit dem traditionellen Frühschoppen. Bei diesem Fest ist der gesamte Überwald auf den Beinen.

Die **Überwälder Traumnacht** ist eine Museumsnacht im Juli, bei der abendliche Führungen z. B. durch die historische Druckerei oder den Besucherstollen „Grube Ludwig" angeboten werden. Ansässige Künstler öffnen ihre Ateliers, es gibt außerdem Speis' und Trank.

Der **Trommer Sommer** findet alljährlich am ersten Augustwochenende statt und wird vom Hof-Theater-Tromm organisiert. Dann werden Theaterscheuer, Theaterhof, Stall und Wiese zur Bühne. Manche Stücke nehmen auch die Historie des Odenwalds ins Visier. www.trommer-sommer.de.

Beim **Gassenmarkt** im September wird die Hauptstraße in Wald-Michelbach zur Verkaufsfläche der ortsansässigen Geschäfte. Veranstalter ist der Gewerbeverein. Mode- und Automobilschauen präsentieren aktuelle Trends. Die gastronomischen Betriebe befriedigen die leiblichen Bedürfnisse.

Kur & Wellness Grasellenbach ist als Kneipp-Heilbad ausgezeichnet und verfügt über mehrere Kneipp-Tretanlagen. Generell ist das Angebot vielseitig, das Herz, Kreislauf oder den Stoffwechsel mit Nordic Walking, Bädern oder Massagen auf Vordermann bringen will. Detaillierte Infos erhält man in der Kurverwaltung Grasellenbach, ✆ 06207/2554.

Schwimmen Im Überwald gibt es zwei Freibäder: eines in **Hammelbach** und das Waldschwimmbad in **Wald-Michelbach**. Letzteres ist idyllisch in die Landschaft eingebettet und zählt zu den am schönsten gelegenen Schwimmbädern im Odenwald. Das beheizte Bad hat eine kurvenreiche Wasserrutsche und ein Beachvolleyball-Feld. Öffnungszeiten Waldschwimmbad:

Mai bis Sept. tägl. 8–20 Uhr, Erw. 3,50 €, Kinder 2 €, ab 18 Uhr ermäßigt. Spechtbach 60, Wald-Michelbach, ✆ 06207/2360. Infos zum anderen Schwimmbad unter www.ueberwald.eu.

Theater Theater im Überwald hat Tradition: Seit über 30 Jahren spielt die **Gras-Ellenbacher Heimatbühne** Volksstücke wie den „Brandner Kasper und das ewige Leben". Aktuelle Stücke und Termine unter www.heimatbuehne.net.

Auch die **Theatergruppe Schönmattenwag** existiert seit mehr als 20 Jahren. Die Laienschauspieltruppe hat sich v. a. unterhaltsamen Lustspielen verpflichtet.

Das **Hof-Theater-Tromm** bringt seit 1996 Kultur auf den Überwälder Hausberg. Programm und Gäste sind vielseitig: Geboten werden u. a. Kabarett, Comedy und Zauberkunst, Varieté oder A-Capella-Gesang. Sehenswert sind auch Eigenproduktionen wie „Der hessische Tartuffe" oder „Hamlet". Einmal im Jahr richtet das Hof-Theater-Tromm das Festival „Trommer Sommer" und den Kulturtag „Komm auf die Tromm" aus. www.hof-theater-tromm.de.

Übernachten im Überwald

Campingplatz „Waldesruh" Tromm. Wirbt mit „Mehr Natur geht nicht" – und ja, hier ist man mitten im Grünen, auf einem der höchsten Berge im Odenwald. Wer will, kann vom Platz aus direkt mit Wanderungen durchstarten. Es gibt 80 Dauerstellplätze für Zelte und Caravans sowie entsprechende Strom- und Wasseranschlüsse. In den Wasch- und Duschräumen muss man auch nicht frieren. Reisecamper sind ebenfalls gern gesehen. Die nehmen am besten direkt mit der Campingplatzbetreiberin Kontakt auf. Tromm 27, Wald-Michelbach/Tromm, ✆ 06207/3322, www.camping-tromm.de.

*** **Nibelungencafé – Hotel Gassbachtal**. Das Hotel hat freundliches Personal. Die Zimmer sind sauber und ansprechend in dunklen Brauntönen gehalten. Bekannter als das Hotel ist vermutlich das Nibelungencafé, das mit seiner süßen Auswahl an Pralinen und Torten bereits dreimal als bestes hessisches Café ausgezeichnet wurde (tägl. außer Mo 10–19 Uhr). DZ ab 41 €/Pers. inkl. Frühstück. Hammelbacherstr. 16, Gras-Ellenbach, ✆ 06207/94000, www.nibelungencafe.de.

*** **Landhotel Kühler Grund**. Ein freundliches, familiengeführtes Hotel mit Restaurant und vielseitigem Wellness-Angebot wie Solegrotte, finnische Sauna, Aroma- oder Fußbäder. Die Zimmer in schnörkellosem Stil haben standardmäßig Dusche/WC, Telefon und WLAN. Gegen einen kleinen Aufpreis hat das Zimmer auch einen Balkon. DZ ab 38 €/Pers. inkl. Frühstück und Wellness-Angebot. Trommstr. 5, Scharbach-Tromm, ✆ 06207/94270, www.landhotel-kuehler-grund.de.

Birkenhof. Umgeben von Wald liegt das Hotel etwas außerhalb von Wald-Michelbach. Es hat 6 Einzel- und 23 Doppelzimmer, davon können 6 in Dreibettzimmer umfunktioniert werden. Alle Zimmer sind mit Dusche/WC, TV, WLAN und Balkon ausgestattet. Das Personal ist freundlich. Das integrierte Restaurant mit gutbürgerlicher Küche ergänzt das Übernachtungsangebot. Außerdem ist das Waldschwimmbad in etwa 15 Min. zu Fuß zu erreichen. DZ 32–37 €/Pers. inkl. Frühstück. Stöwerstr. 20, Wald-Michelbach, ✆ 06207/2297, www.hotel-birkenhof-waldmichelbach.de.

Gästehaus-Pension Gudrun. Wer hier aus der Tür tritt, steht direkt auf dem Nibelungensteig. Die Pension liegt ruhig und wenige Meter vom Wald entfernt. Jedes Zimmer hat Dusche/WC, TV und Balkon oder Terrasse mit Blick auf das Ulfenbachtal. Der Einrichtungsstil ist eher gesetzt. Im großzügigen Garten können Liegestühle genutzt werden. Darüber hinaus gibt es eine Ferienwohnung. Gästezimmer 28–31 €/Pers. inkl. Frühstück, Ferienwohnung für 2 Pers. 40 €/Tag zzgl. 20 € Endreinigung. Siegfriedstr. 5, Gras-Ellenbach, ✆ 06207/5506, www.gaestehaus-gudrun.de.

Gästehaus Margarethe. Die kleine Pension hat 8 Doppel- und 2 Einzelzimmer, die alle zweckmäßig eingerichtet sind. Darüber hinaus gibt es eine Sauna, Liegewiese, Tischtennisplatte und ein Restaurant. Haustiere sind erlaubt. DZ ab 31 €/Pers. inkl. Frühstück, Haustiere 5 €/Tag. Am Königsbuckel 5, Wald-Michelbach, ✆ 06207/6408, www.gaestehaus-margarethe.de.

Ferienwohnung Schmitt. Je 2–7 Pers. finden in den beiden 3-Sterne-Ferienwohnungen Platz. Sie haben je eine komplett eingerichtete Küche, Bad und WC sowie TV und Radio. Die eine hat eine kleine Terrasse, die andere einen Balkon. Für 2 Pers. 45 €/Tag,

Vorderer Odenwald → Karte S. 55

jede weitere Pers. 8 €/Tag. Strom, Wasser, Heizung, Bettwäsche, Handtücher und Endreinigung sind im Preis enthalten. Friedhofstr. 4, Abtsteinach, ✆ 06207/7281, www.ferien-abtsteinach.de.

Ferienhaus Tsavo. Für den Namen steht der kenianische Tsavo-Nationalpark Pate. Wie in Afrika treffen hier Gäste auf Elefant, Erdmännchen, Kroko & Co. Allerdings sind die Gesellen aus Kunststoff. Das Ferienhaus mit 6 Betten ist sehr individuell. Holzwände innen wie außen, kuschelig und komfortabel eingerichtet: vom Bügeleisen über den Föhn bis zum Toaster – alles da. An schönen Tagen kann man auf der Terrasse Steaks grillen und an kalten Tagen wärmt zusätzlich die Infrarotkabine. Für 2 Pers. 51 €/Tag, jede weitere Pers. oder Haustier 5 €/Tag. Feriendorf 38, Wald-Michelbach, ✆ 06207/81996, www.haus-tsavo.de.

Goethe-Haus. Hier werden zwei 3-Sterne-Hundehütten vermietet – nun, ein bisschen mehr Komfort bieten die gemütlich eingerichteten Ferienwohnungen schon. Die Bezeichnung deutet nur an, dass Hunde im restaurierten Fachwerk-Bauernhaus sehr willkommen sind. Die Vierbeiner bekommen sogar ein eigenes Hundebett. Die Sterne haben die Wohnungen verdient. Je nach Dauer und Größe der Wohnung: für 2 Pers. 24–46 €/Tag. Almenweg 24, Kreidach, ✆ 06207/923731, www.urlaub-mit-hund-im-odenwald.de.

Essen & Trinken im Überwald

Schardhof. Die Gaststätte befindet sich mitten im Wald. Die Atmosphäre im Lokal ist - wie die Küche: gutbürgerlich. Auf der Speisekarte steht Deftiges von Schwein und Wild. Für den kleinen Hunger gibt es eine Vesperkarte, auf der der Kochkäse natürlich nicht fehlen darf. Auf der sonnigen Terrasse wird gespeist, Kinder können sich auf dem Spielplatz vergnügen und wer mit dem E-Bike unterwegs ist, kann hier Strom tanken. Außerdem steht WLAN frei zur Verfügung. Auf dem gegenüberliegenden Boule-Platz können auch Gäste die Kugeln werfen. Der Gasthof ist ideal zum Einkehren während einer Wandertour. Mo und Mi 17–21 Uhr, Fr–So 11–21 Uhr. Außerhalb 4, Hammelbach, ✆ 06207/932166, www.zum-schardhof.de.

Zur schönen Aussicht. Das Gasthaus liegt auf der Tromm. Die Speisen der Odenwälder Küche und der Kuchen aus eigener Konditorei sind schmackhaft, die Preise moderat. Gäste können auch auf der Kaffee-Terrasse oder auf der Wiese vorm Haus auf Bierbänken Platz nehmen. Der Familienbetrieb bietet auch Gästezimmer an. Zimmer wie Gasthaus passen zum ländlichen Idyll. Tägl. (außer Mo) 8–20 Uhr, durchgehend warme Küche. Auf der Tromm, Ober-Scharbach, ✆ 06207/3310, www.schoene-aussicht-tromm.de.

Ristorante Italiano „Zur Kreuzgass". Lockert den Odenwälder Speiseplan mit Carpaccio di Manzom Verdura della casa oder Spaghetti all'Arrabiata etwas auf. Pizza und Pasta haben moderate Preise; die der Fleischgerichte entsprechen dem italienischen Standard. Das Lokal hat ein angenehmes Ambiente. Hinter dem Haus freut sich der Garten auf Gäste. Tägl. (außer Di) 11.30–14.30 und 17.30–23.30 Uhr. So und feiertags durchgehend warme Küche. In der Gass 5, Wald-Michelbach, ✆ 06207/1890, www.zur-kreuzgass.de.

Restaurant – Konditorei Morgenstern. Quasi ein All-in-one-Betrieb – denn wer sich nach Mittagessen, Kaffee und Torte oder warum auch immer nicht mehr bewegen kann, bekommt hier auch ein Hotelzimmer. Das Haus befindet sich in der Nähe der Sommerrodelbahn, direkt an der Hauptverkehrsstraße in Siedelsbrunn. Tägl. (außer Mo) 10–21 Uhr, durchgehend warme Küche ab 11.30 Uhr. Weinheimer Str. 55, Siedelsbrunn, ✆ 06207/94010, www.morgenstern-odw.de.

Café Hügel. Hier werden leckere Torten gebacken, die man mit Filterkaffee genießt. Motorradfahrer sind herzlich willkommen und bekommen bei Bedarf sogar Reinigungsmittel für verdreckte Helme. Den Kuchen kann man auch auf der Terrasse schlemmen. Für den herzhaften Hunger stehen Kleinigkeiten wie Wurstsalat oder Kartoffelsuppe auf der Karte. Die Einrichtung ist gediegen. Tägl. (außer Fr) 11–19 Uhr. Am Hügel 10, Gras-Ellenbach, ✆ 06207/2405, www.cafe-huegel.de.

Café in der Gass. Es gibt Frühstück, große Tortenstücke, mächtige Eisbecher und für den kleinen Hunger Happen wie Maultaschen oder Salate. Vor der Tür sitzt man direkt an einem Bachlauf mit Blick auf das schöne alte Fachwerk-Rathaus. Tägl. 9–17 Uhr, Sa nur bis 13 Uhr. In der Gass 13, Wald-Michelbach, ✆ 06207/940620, www.lipps-baecker.de.

Das alte Rathaus ist heute
ein Heimatmuseum

Orangerie und Schloss der Kreisstadt Erbach

Mümlingtal und Beerfelder Land

Das Mümlingtal ist spätestens seit der Zeit der Karolinger wichtige Verkehrsader – heute führen Bundesstraßen und Bahnstrecken in das Rhein-Main-Gebiet im Norden und an den Neckar im Süden. Lange Zeit prägten die Grafen von Erbach die Odenwälder Kernregion. Einige Burgen und Schlösser am Flusslauf der Mümling zeugen von ihrer Herrschaft.

Die nur knapp 50 km lange Mümling hat ihre Quelle im Herzen von Beerfelden, wo sie in eine prächtige Laufbrunnenanlage eingefasst ist, die den Menschen der Stadt einst Trinkwasser spendete und auch heute noch fröhlich vor sich hin sprudelt. Um die Gemeinde herum breitet sich das **Beerfelder Land** aus – keine historische Region, sondern seit 1997 ein touristischer Zusammenschluss von vier Orten. Diese Landschaft mit ihren großen Waldflächen ist ideal für ausgedehnte Wanderungen, auf denen man selten Menschen trifft. In den beiden Stauseen Marbachsee und Eutersee lässt es sich herrlich inmitten schöner Natur schwimmen – in ersterem sogar segeln oder surfen. Auch im Winter ist die Region lohnend, denn neben mehreren Loipen gibt es auch eine Abfahrtsstrecke.

Die Mümling bahnt sich ihren Weg weiter nach Norden, vorbei an Erbach und Michelstadt, die mittlerweile nahtlos ineinander übergehen. **Erbach** ist die Kreisstadt des Odenwaldkreises und bietet auch städtische Geschäftigkeit. Als Stammsitz der Grafen von Erbach wird es von einer prächtigen Schlossanlage geprägt. Die Gräflichen Sammlungen von Franz I. sollte man sich nicht entgehen lassen – reichen sie doch von antiken Büsten römischer Herrscher bis zu historischen Waffen und

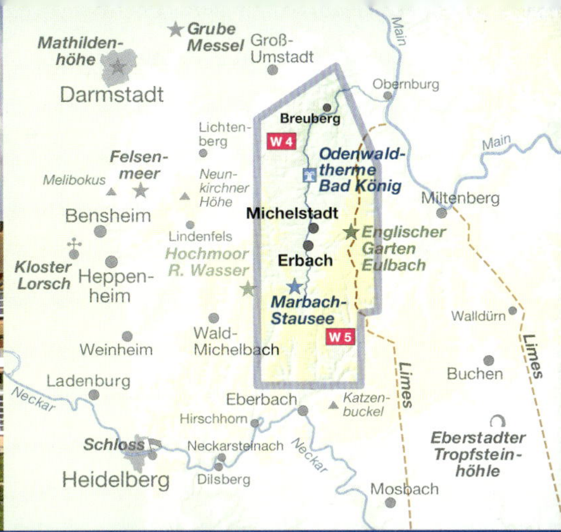

Mümlingtal und Beerfelder Land

Ritterrüstungen. Der unweit gelegene Englische Garten Eulbach geht ebenfalls auf ihn zurück. Zu guter Letzt hat der Graf die Elfenbeinschnitzerei in den Ort gebracht – er ist heute eines der letzten Zentren dieses Handwerks. **Michelstadt** zählt zu den ältesten Siedlungen im Odenwald. Die Einhardsbasilika aus dem 9. Jh. im Ortsteil Steinbach stammt wie die Königshalle des Klosters Lorsch aus der Zeit Karls des Großen. Jüngeren Datums ist das alte Rathaus in der Kernstadt – der Fachwerkbau ist wegen seiner imposanten Westfront über die Region hinaus bekannt. In **Bad König** befindet sich die einzige Thermalquelle des Mittelgebirges. Viele, überwiegend ältere Menschen kommen hierher, um die heilende Wirkung zu genießen, die dem Wasser zugesprochen wird. Die Mümling fließt an **Breuberg** mit seiner stattlichen Burg vorbei und passiert kurz darauf die Grenze von Hessen nach Bayern, heißt dort zeitweilig auch Mömling und mündet nach wenigen Kilometern bei Obernburg in den Main.

Bis weit in die Jungsteinzeit reicht die Besiedlung des Mümlingtals. Römische Spuren dominieren, denn der **Odenwaldlimes** verlief auf den Anhöhen der östlichen Bergkette. Bei Vielbrunn wurde ein römischer Wachturm rekonstruiert, den man begehen kann. Die Ruine der römischen **Villa Haselburg** westlich von Höchst veranschaulicht das ländliche Leben.

Wer sein Glück auf dem Rücken der Pferde findet, ist im Mümlingtal genau richtig. Pferde haben hier ihren festen Platz – erst recht auf einem der zahlreichen Reiterhöfe. In Erbach gibt es eine Trabrennbahn, auf der regelmäßig Rennen veranstaltet werden. Und in Beerfelden werden seit über hundert Jahren alljährlich auf dem Pferdemarkt die schönsten Rösser prämiert.

Burg Breuberg

Breuberg

Sie ist schon von Weitem sichtbar: Burg Breuberg ist ein wahrer Besuchermagnet, gerade an den Wochenenden. Dabei lohnt sich auch der Weg in die Breuberger Niederungen allemal.

Die Stadt Breuberg am Unterlauf der Mümling ist ein Zusammenschluss der Gemeinden Hainstadt, Neustadt, Rai-Breitenbach, Sandbach und Wald-Amorbach im Zuge der Gebietsreform in den 1970er-Jahren. Was lag da näher, als den Namen der Burg für die neu entstandene Stadt zu wählen. Um sie herum gruppieren sich denn auch die fünf Stadtteile.

Neustadt besitzt ohne Frage das schönste historische Ensemble von Breuberg. Die Siedlung entwickelte sich im 14. Jh., als sich hier die Burgbediensteten niederließen, und erhielt 1378 das Marktrecht samt Gerichtsbarkeit. Der Marktplatz mit dem Sandsteinbrunnen in neugotischem Stil und die gepflegten Fachwerkhäuser bilden alle zwei Jahre die Kulisse für den Historischen Markt. (Vom Marktplatz führt ein Fußweg zur Burg.) Die evangelische Kirche entstand wahrscheinlich um 1480 – zumindest vermerkt ein Stein an der Kirche diese Jahreszahl und nennt den vermutlichen Stifter, Wilhelm Graf von Wertheim. Ende des 17. Jh. bis Mitte des 18. Jh. wurde sie umfangreich um- und ausgebaut, wobei der Turm eine barocke Haube und eine Turmuhr erhielt. Rechts von der Kirche steht das alte Rathaus mit dem Glockenspiel, das täglich ab 9.05 Uhr im Zweistundentakt erklingt (im Winter bis 17.05 Uhr, im Sommer bis 19.05 Uhr). An der Wand im Rathaustor befindet sich ein Pranger mit Halseisen, an dem Übeltäter zur Schau gestellt wurden. An der Gasse „Geisrain" steht das alte hölzerne Marktkreuz mit eiserner Hand und Schwert. Es ist angeblich das Einzige seiner Art, das noch am ursprünglichen Ort steht – wenn auch mehrfach erneuert. Das prächtige Fachwerkhaus dahinter ist das sog. Rodensteiner Herrenhaus von 1569.

Sandbach ist der älteste Stadtteil. Bereits um 770 soll auf der Anhöhe eine Kirche gestanden haben, an deren Stelle im 18. Jh. die heutige sehenswerte evangelische Kirche errichtet wurde. Der Vorgängerbau diente u. a. den Grafen von Wertheim als Grablege – eindrucksvoll ist das farbig bemalte Epitaph des Grafen Michael III. von Wertheim. Der mittelalterliche Turm ist der älteste Teil der Kirche, seine barocke Haube bekam er aber erst 1789. Vom Kirchgarten mit Friedhof hat man einen guten Ausblick auf die im Osten liegende Burg. Als Verwaltungssitz der Stadt Breuberg ist Sandbach ein lebendiger Ort.

Ähnlich früh wie Sandbach erscheint **Rai-Breitenbach** – zunächst als „Raibach" – auf der historischen Bildfläche: 798 in einer Schenkungsurkunde an das Kloster Lorsch erstmals erwähnt, steht hier eine der ältesten Kirchen des Odenwalds. Die aus frühromanischer Zeit stammende Kirche war einst dem hl. Bartholomäus geweiht. In ihrem Chorraum sind Fresken von 1498 erhalten, die den Lebensweg Christi zeigen. Der gemütliche Ort ist übrigens Bioenergiedorf (www.bioenergiedorf-odenwald.de), denn seit 2008 wird hier ein Biomasseheizkraftwerk betrieben, das u. a. 150 Haushalte, zwei Schulen und eine Turnhalle mit Nahwärme versorgt.

In **Hainstadt** bestreiten die Menschen auch heute noch ihr Leben mit Ackerbau und Viehzucht. Daher sind hier die meisten landwirtschaftlichen Betriebe zu finden. In Hainstadt zweigt eine Straße in den kleinsten Gemeindeteil ab: **Wald-Amorbach** hat rund 540 Einwohner, die einmal im Jahr das Bakkesfest feiern und im alten Backhaus zusammen Brot backen.

Rings um die Stadtteile erstrecken sich erholsame Waldgebiete, die jede Menge Wanderrouten bereithalten. Trotz aller ländlichen Idylle fällt jedoch auf, dass die Region von Industrie geprägt ist, vor allem von der Reifenproduktion und der Verarbeitung von Früchten. Menschen aus aller Herren Länder arbeiten hier – manche nur zeitweise, andere haben in Breuberg ein Zuhause gefunden. Das **Internationale Kulturfest,** organisiert vom griechischen, portugiesischen, spanischen und türkischen Club, bringt einmal im Jahr alle Nationalitäten zusammen.

Burg Breuberg

Die vermutlich um 1150 angelegte Burg aus Sandstein ist sehr gut erhalten und zählt zu den imposantesten Anlagen im Odenwald – einige sagen sogar im süddeutschen Raum. Ihre Lage war strategisch günstig, denn sie befindet sich in 300 m Höhe an einer Mümling-Schleife. Der Blick ringsherum ist weit

und reicht vom 25 m hohen Bergfried bis zur Neunkircher Höhe, in den Spessart und Taunus.

Der quadratische Bergfried in der **Kernburg** stammt aus der Gründungszeit und ist das älteste Bauwerk. Er wird umgeben von sieben Gebäuden: Im Westen wurde der kleine Münzbau errichtet, in dem sich im 17. Jh. für kurze Zeit eine Münzstätte befand. Daneben, entgegen dem Uhrzeigersinn, die Rentschreiberei mit ehemaliger Burgküche von 1475/76, das Erbacher Herrenhaus von 1509, der neue Küchentrakt von 1986, der obere Saalbau mit Frauentrakt, der Kapellenbau mit Burgkapelle und der Altbau mit Brunnenhalle, in dem auch eine Jugendherberge untergebracht ist.

Durch das romanische Tor von 1350 gelangt man in die **Vorburg.** Hier befinden sich gleich neben dem Tor auf der Nordseite das ehemalige Backhaus und daneben der sog. Hexenturm (1450). Auffällig ist in der nordwestlichen Ecke das Wertheimer Zeughaus von 1528 mit seinem schlichten Renaissanceportal, über dem ein Armbrustschütze aus Stein aus einem Fenster schaut. Gegenüber im Süden steht der Torbau mit dem Wertheimer Wappen (1499). Der angeschlossene Wohnbau (1558) enthielt auch die Wachstube, in der seit Langem eine Gaststätte untergebracht ist. Rechts des Torbaus befindet sich der Johann-Casimir-Bau (1615) mit dem Museum. Daran grenzt die Ruine des Föppelsbaus.

Nach Westen erstreckt sich die sog. **Schütt** mit dem Erbacher Zeughaus. Sie bezeichnet die Kanonenplattform, die die Burg gegen Angriffe vom flacheren Bergsattel aus verteidigen sollte. An die Schütt grenzen auch zwei der vier Rondelle, die zwischen 1482 und 1507 errichtet wurden: im Südwesten der Vordere Turm und im Nordwesten der Rote Turm. Der Wilhelmsturm im Südosten ist der älteste. Nordöstlich im Trockengraben wurde der Michaelsturm zum Schutz der Kernburg erbaut.

Dass die Burg so gut erhalten ist, ist letztlich auch dem Umstand zu verdanken, dass sie fast durchgehend bewohnt war. Zwar drohte sie im 18. Jh. langsam zu verfallen, auch stand anscheinend die Idee im Raum, die Gemäuer komplett abzubrechen. Aber spätestens als 1919 die Jugendherberge einzog, wurde davon Abstand genommen. Nach dem Zweiten Weltkrieg ging Burg Breuberg dann an das Land Hessen, das sich seitdem um die Instandhaltung kümmert.

Museen auf der Burg Breuberg: Der Johann-Casimir-Bau ist von Dach bis Keller auf Museum eingestellt. Benannt ist das Gebäude nach Johann Casimir von Erbach, der es 1613 als kleine Residenz bauen ließ. Besonders imposant ist der Rittersaal mit seiner kunstvollen Stuckdecke, in dem u. a. Ritterrüstungen und Waffen ausgestellt sind. Im Keller war früher der Marstall, der jetzt als Lapidarium genutzt wird und u. a. einen römischen Viergötterstein beherbergt. Im Wertheimer Zeughaus ist ein Feuerwehrmuseum untergebracht. Die Museen sind nur im Rahmen einer Burgführung zu besichtigen – dabei kommt man auch gleich in den Genuss einer Besteigung des Bergfrieds. Mitte März bis Mitte/Ende Okt. Sa/So 13.30 und 14.45 Uhr, So und feiertags auch 16 Uhr. In den hessischen Ferien (außer im Winter) werden die Führungen auch Mo–Fr angeboten. Burg- und Museumsführung Erw. 4,50 €, erm. 3 €. Auskunft bei der Stadtverwaltung Breuberg ✆ 06163/7090 und unter www.burg-breuberg.de.

Skulpturenpark

Die Kunst auf der Breuberg-Aue entstand durch regelmäßige Symposien mit dem Titel „Stone & Wood“. Von einem Bildhauerpaar ins Leben gerufen, wird das Symposium mittlerweile von der Bürgerstiftung Breuberg (http://buergerstiftung-breuberg.de) organisiert. Der Skulpturengarten zeigt überwiegend Sandsteinobjekte wie einen freundlichen Flötenspieler oder einen dicken, grummelig schauenden Fisch, der auf einem Felsen liegt. Es lohnt sich, immer mal wieder vorbeizuschauen, denn es gibt natürlich nach jedem Symposium neue Skulpturen zu sehen.

Basis-Infos zu Breuberg

Information Um touristische Belange kümmert sich die Stadtverwaltung Breuberg. Die Gemeinde-Website informiert über Sehenswertes, Freizeitaktivitäten und kulturelle Veranstaltungen. Mo–Fr 8.30–12 Uhr, Mo–Mi 13.30–15 Uhr, Do bis 17.30 Uhr. Ernst-Ludwig-Str. 2–4, 64747 Breuberg-Sandbach, ✆ 06163/7090, www.breuberg.de.

Aktivitäten Der **Starkenburger Steig** in Hainstadt der Alpenvereinssektion Starkenburg ist ein alter Steinbruch und hat 53 Routen in unterschiedlichen Schwierigkeitsgraden. Die kleine Schutzhütte oberhalb des Steinbruches bietet einen schönen Blick zur Burg Breuberg und ins Mümlingtal. Geklettert werden darf nach Rücksprache. Infos zum Ansprechpartner beim Verkehrsamt, Ernst-Ludwig-Str. 2–4, Breuberg-Sandbach, ✆ 06163/7090.

Feste & Veranstaltungen Mit dem **Musikfestival Breuberg-Aue** wird jedes Jahr am 30. April in den Mai getanzt. Es spielen regionale Bands jeder musikalischen Couleur. Fürs leibliche Wohl ist gesorgt. Am 1. Mai gibt es einen Frühschoppen mit Rock und Jazz für die ältere Generation.

Der **Historische Markt** findet nur in ungeraden Jahren Mitte Juni statt. Vor der Fachwerkkulisse in Neustadt werden historische Tänze und Gewänder präsentiert, zünftige Musik und Theaterstücke sorgen für Kurzweil. An den Ständen der Kunsthandwerker und Händler gibt es allerlei „Mittelalterliches" wie Gewänder, Schmuck, Keramik, Schuhe, Honig oder Liköre. Infos unter www.breuberg-neustadt.de.

Am ersten Juliwochenende wird beim **Backesfest** im 1843 errichteten Backhaus Feuer geschürt, um gemeinschaftlich Brot zu backen. Kindertrachtengruppen und Musikanten begleiten das traditionsreiche Treiben.

Schwimmen Das Freibad in Sandbach hat ein Schwimmbecken und ein Kinderplanschbecken mit Wasserspielen,

Während des „Stone & Wood" entstehen neue, faszinierende Skulpturen

außerdem eine Wasserrutsche, einen 5-m-Turm, eine Tischtennisplatte und ein Volleyball-Feld. Etwa Mitte Mai bis Mitte Sept. tägl. 9–20 Uhr, Erw. 3,50 €, erm. 1,80 €. Schwimmbadstraße, ✆ 06163/4270.

Übernachten in Breuberg

Waldpension Hartmann. Das Haus bietet in einem kleinen Tal zwischen Sandbach und Rai-Breitenbach ländlich-gemütlich in Holz eingerichtete Zimmer an. Die Atmosphäre ist freundlich-familiär. DZ 60 € inkl. Frühstück. Mühlhausen 13, Breuberg-Mühlhausen, ✆ 06165/1226, www.waldpension-hartmann.de.

Jugendherberge Burg Breuberg. Mitgliedern des Deutschen Jugendherbergswerks (DJH) stehen in der historischen Burg 145 Betten in 32 Zimmern für 2–8 Pers. zur Verfügung. Nutzung als Einzel- oder Doppelzimmer mit Dusche und WC möglich. Aufgrund der authentischen Atmosphäre treffen sich hier auch regelmäßig Mittelalterfans zum Rollenspiel. Es gibt ein reichhaltiges Frühstücksbüfett. Halb- und Vollpension sind möglich. Anfragen unter ✆ 06165/3403, www.burgbreuberg.jugendherberge.de.

Berliner Hütte. Die Blockhütte der Freiwilligen Feuerwehr steht auf einem 1000 m² großen Areal unterhalb der Burg. In klassischem Ferienwohnungskomfort bietet sie Platz für bis zu 6 Pers. Tiere sind erlaubt, nur nicht im Schlafzimmer. 26,75 €/Tag für max. 6 Pers. inkl. aller Nebenkosten. Am Römerbad 7, Breuberg-Neustadt, ✆ 06165/6343, www.neustadt-odw.de/pdf/faltplattbh.pdf.

Wohnmobilstellplatz. Auf dem Parkplatz an der Breuberg-Aue unterhalb der Burg stehen 4 Stellplätze mit Stromanschlüssen und einer Säule für Frisch- und Abwasser gegen Gebühr zur Verfügung. Zum Musikfestival Ende April kann es laut werden. Die Plätze sind kostenfrei. Bahnhofstr. 4, Breuberg-Neustadt, ✆ 06163/7090.

Essen & Trinken in Breuberg

Burgschänke. In schönster Lage mitten in der Burg Breuberg – im Sommer im Freien und an kalten Tagen in den gemütlichen Innenräumen. Der Platz in der Fensternische gewährt einen weiten Blick über das Tal. Da ganztags geöffnet ist, wird jeder Appetit bedient, man bekommt alles vom Kuchen über Handkäse mit Musik bis zur Burgfräuleinplatte mit üppigem Fleischangebot. Auch die Wildkarte bietet eine große Auswahl. Tägl. (außer Di) ab 10 Uhr. ✆ 06165/912559, www.burgschaenke.de.

Breuberger Stuben. Hat sich unter der Woche auf Mittagstisch eingestellt. Die saisonal orientierte Küche ist gutbürgerlich. Das Ambiente im Gastraum und auf der Terrasse ist einfach-rustikal. Tägl. (außer Mo) 11–14 Uhr, So auch ab 17 Uhr. Höchster Str. 27, Breuberg-Sandbach, ✆ 06163/912316, www.breuberger-stuben.de.

Zum Löwen. Neben einer größeren Schnitzelkarte und Gerichten wie Rindergeschnetzeltes Stroganoff oder gegrillter St. Pierre (Petersfisch) mit Zitronen-Pfeffer-Sauce gibt es auch Gemüseburger und Handkäse. Die Einrichtung mit dem schönen Kachelofen ist urig, die Terrasse großzügig und teils überdacht. Tägl. (außer Mo) 10.30–14 und 16–24 Uhr, Di nur abends (warme Küche 11.30–13.30 und 17–

Rund um Breuberg lassen sich attraktive Details entdecken

22 Uhr). Mainstr. 76, ✆ 06165/1442, www.landgasthof-zumloewen.de.

Sophienhof. Sehr schön am Waldrand von Rai-Breitenbach gelegen, vom Biergarten mit großem Trampolin für den Nachwuchs hat man einen guten Blick auf die entfernte Burg Breuberg. Hühner laufen hin und wieder über die Wiese. Einrichtung und Küche sind gutbürgerlich und mit Odenwälder Bauernvesper, Hand- und Kochkäse regionaltypisch. Das Lammfleisch stammt aus eigener Zucht. Tägl. (außer Mo/Di) ab 11.30 Uhr. Zum Pitschgrund, ✆ 06165/543.

Café am Markt. Die Bäckerei versorgt die Sandbacher mit Brot, Brötchen oder süßen Stückchen und Gäste mit Frühstück oder Kaffee und Kuchen. Neben der Terrasse liegt der Parkplatz, was aber nicht weiter stört. Mo–Fr 6.30–18 Uhr, Sa bis 12 Uhr, So 8–18 Uhr, feiertags geschlossen. Ernst-Ludwig-Str. 6, Breuberg-Sandbach, ✆ 06163/3347, www.baecker-stapp.de.

Mümlingtal und Beerfelder Land → Karte S. 111

Höchst im Odenwald

Die Gemeinde im Höchster Becken hat mehrere Gesichter: Während sich der namensgebende Ort im Wesentlichen auf seine Funktion als Wirtschaftsstandort konzentriert, bieten die umliegenden Gemeindeteile viel ländliche Idylle. Klares Highlight sind die umfangreich erschlossenen Reste der römischen Villa Haselburg.

Die Gemeinde grenzt direkt an Breuberg an und besteht aus neun im Höchster Becken versprengt liegenden Ortsteilen, die ursprünglich eigenständige Dörfer waren. Mümling-Grumbach liegt südlich von Höchst an der B 45. Hassenroth, Hummetroth, Annelsbach und Pfirschbach im Westen sind beschaulich in Täler eingebettet und eignen sich gut als Ausgangspunkt für Wanderungen. Forstel und Dusenbach sind mit 50 und 80 Einwohnern die kleinsten Gemeindeteile, während Hetschbach nahezu mit Höchst zusammengewachsen ist.

Höchst wurde 1156 erstmals urkundlich erwähnt und zu dieser Zeit wurde auch das fuldische **Augustinerinnenkloster** gegründet, das mitten im heutigen Ort liegt. Im Mittelalter war es das geistige und wirtschaftliche Zentrum im Breuberger Land. Während der Reformation wurde das Kloster aufgehoben. Kurz vorher wurde die aus der Gründungszeit stammende baufällige Kirche bis auf den Turm abgerissen und durch einen Neubau ersetzt. Der bis heute mächtige Kirchturm ist im Klosterhof zu sehen. Die Einrichtung gehört mittlerweile der Evangelischen Kirche Hessen und Nassau, die die Räume für Tagungen vermietet. Südöstlich vom Kloster steht in der Erbacher Straße eine schmucke Gruppe von Fachwerkhäusern, die aus dem sonst modern geprägten Stadtbild heraussticht. Es handelt sich um die 1546 erbaute und 2010 sanierte **Hofreite** mit ihren Gebäuden und dem imposanten Torbau. In dem Komplex soll u. a. einst das Zentgericht getagt haben. Davor befindet sich ein kleiner, schnörkeliger Fischbrunnen aus Buntsandstein aus dem Jahr 1863. Von der Hofreite aus bietet sich ein Spaziergang zur **Obrunnschlucht** (Richtung Rimhorn) an. Mit ihren romantischen Schloss- und Burgenminiaturen ist sie einer der Glanzpunkte der Gemeinde.

Südöstlich von Hummetroth (Richtung Forstel) liegt die römische **Villa Haselburg.** Spätestens seit der Grundsteinlegung für das neue Informationszentrum ist klar, diese Grundmauern sind geschichtlich genauso bedeutsam wie das nördlich hinter Bad Homburg gelegene Römerkastell Saalburg. Bei der Feier hatte zumindest ein Historiker in seiner Rede die beiden antiken Zeitzeugen miteinander verglichen. Während die Saalburg militärisch genutzt wurde, zeugt die Villa vom ländlichen Leben. In die restaurierte Mauer des Wirtschaftsgebäudes wurde die Replik eines keltisch-römischen Altarsteins eingelassen. Er zeigt drei Muttergöttinnen, die auf einer Bank sitzen und jeweils eine Schale mit Früchten im Schoß halten. Das Original des sog. **Matronensteins** entstand vermutlich Anfang des 2. Jh. Er wurde 1841 in einer Friedhofsmauer in Mümling-Grumbach entdeckt und hat heute seinen Platz im Innern der Bergkirche.

Die 1546 errichtete Hofreite wurde 2010 saniert

Villa Haselburg

Rund 5 km von Höchst entfernt auf einer Anhöhe südöstlich von Hummetroth liegen die Überreste der Villa Haselburg. Diese *villa rustica* entstand etwa in der Mitte des 2. Jh. und ist eine der größten Anlagen ihrer Art. 1979 wurde sie beim Verlegen einer Gasfernleitung entdeckt. In den darauffolgenden Jahren hat das Landesamt für Denkmalpflege Hessen die Mauerreste großflächig freigelegt. Der Verein zur Förderung des Freilichtmuseums „Römische Villa Haselburg e. V." kümmert sich seit seiner Gründung 1983 um die Restaurierung und Instandhaltung. Ihren Namen hat sie übrigens von den Haselsträuchern, die auf den Resten wuchsen.

▲ Villa Haselburg von oben

▼ Drei keltisch-römische Muttergöttinnen

Die Villa bestand einst aus einem Hauptwohngebäude, dem ein Hof mit Säulengang vorgelagert war. Links schloss das Badehaus an, rechts der Wirtschaftstrakt. Westlich der Villa wurden die Fundamente eines Jupiterheiligtums freigelegt, in dem eine 10 m hohe Jupitergigantensäule aufgestellt war. Teile des Monuments wurden bei den Ausgrabungen entdeckt, darunter auch Bruchstücke der als Reiter dargestellten Jupiterfigur. Das gesamte Gebäudeensemble liegt in einem rund 3,4 ha großen Areal, das von einer Mauer umgeben war.

Nicht allein die Tatsache, dass die Wasserversorgung anstatt durch einen Brunnen über Kanäle erfolgte, macht die Anlage zur Luxusvilla. Vielmehr ist es die komfortable Fußbodenheizung, die über das sog. Hypokausten-System bei Bedarf für kuschelige Temperaturen in den Räumen sorgte – auch im Warmbad des Badehauses. Es besaß einen Umkleideraum und drei Bäder: ein Warmbad, Laubad und Kaltbad, in die man nacheinander stieg. War man fertig mit Baden, wurde das ablaufende Wasser des Kaltbades für die Toilettenspülung genutzt.

Wie die *villa rustica* im Detail aufgebaut war, zeigt eine Diashow mit digitalen Nachbildungen, die im Haselburg-Informationszentrum zu sehen ist. Dort sind auch die Fundstücke der Jupitersäule ausgestellt. Eine beleuchtete Grafik lässt ihre ursprüngliche Pracht erahnen und präsentiert die römischen Gottheiten, die sich um Jupiter versammelten.

Die Villa Haselburg ist jederzeit und kostenfrei zugänglich. Führungen gegen eine Spende bietet u. a. der Haselburgbeauftragte der Stadt Höchst an (Arno Schäfer, ✆ 06163/912051, 0171-2647988). Öffnungszeiten Infozentrum: April bis Okt. Sa 14–17 Uhr, So und feiertags 11–17 Uhr. Eintritt frei, eine Spende ist gern gesehen. Infos zur Villa, zum Verein und dem Römerfest unter www.haselburg.de.

Tour 4: Von Annelsbach zur Villa Haselburg → S. 288
Über idyllische Dörfer und hoch gelegene Felder zur römischen Villa

Obrunnschlucht

In der Obrunnschlucht zwischen Höchst und Rimhorn begegnen dem Wanderer Märchenfiguren und -schlösser oder auch die Schwanenburg. Die liebevoll gebauten Miniaturen im Maßstab 1:20 erreicht man auf einem romantischen Weg, der über Holzbrücken und kleine Pfade durch die Schlucht führt. Die Bauten und Skulpturen entstanden Mitte des 20. Jh. aus einer privaten Initiative. 1953 wurden sie erstmals durch ein Unwetter zerstört und kurz darauf wieder hergerichtet. Seit 2005 gibt es eine Interessengemeinschaft, die sich um die Modelle kümmert, die bedauerlicherweise immer wieder durch Vandalismus beschädigt werden.

Aber auch die Schlucht selbst ist sehenswert. Obwohl hier der Obrunnbach durchfließt, ist sie nicht wie eine Klamm durch das Eingraben von Wasser entstanden. Vielmehr hob sich vor rund 180 Mio. Jahren der Odenwald ein zweites Mal und bildete u. a. das Höchster Becken mit seinen Anhöhen, Tälern und der schönen Schlucht.

Basis-Infos zu Höchst

Information In Höchst können sich Besucher an das Rathaus wenden. Mo–Fr 8–12 Uhr, Di 14–17 Uhr und Do 14–18 Uhr. Montmelianer Platz 4, 64739 Höchst im Odenwald, ✆ 06163/7080, www.hoechst-i-odw.de.

Feste & Veranstaltungen Das **Apfelblütenfest** fand erstmals 1951 statt. Es bringt alljährlich für vier Tage im Mai (Fr–Mo) die Höchster und Gäste aus dem Umland gesellig zusammen. Natürlich gibt es eine Apfelblütenkönigin, die gemeinsam mit den Stadtvätern und -müttern das Fest im großen Zelt eröffnet. Neben Speis' und Trank gibt's Musik und einen traditionellen Festumzug. Auch die regionale Wirtschaft schließt sich an: Sonntags haben die Geschäfte offen.

Beim **Odenwälder Kartoffelmarkt** Mitte September wird die Knolle in allen möglichen Varianten angeboten und steht für zwei Tage (Sa/So) im Mittelpunkt: Bratkartoffeln, Pellkartoffeln, Kartoffelsupp', Kartoffelpuffer, Kartoffelpizza, Knödel, im Brot oder in der Wurst. Begleitet wird der Markt von einer Hobbykünstlerausstellung und einem verkaufsoffenen Sonntag.

Kino Die **Lichtspiele Höchst** präsentieren in zwei kleinen Kinosälen ein ausgewogenes Filmprogramm aus Mainstream, Kinderspaß und anspruchsvoller Unterhaltung. Frankfurter Str. 2, ✆ 06163/3666, www.lichtspielehoechst.de.

Schwimmen Das Freibad am westlichen Stadtrand entstand bereits 1938 und wurde mehrmals modernisiert. Die großzügige Badelandschaft hat Wellness-Anspruch. Es gibt Massagedüsen und eine Schwallbrause. Kinder können sich auf der 75 m langen Wasserrutsche, auf dem Spielplatz oder an den Tischtennisplatten vergnügen. Mai bis Sept. tägl. 9–20 Uhr, Juni bis Aug. Mi schon ab 6 Uhr, Eintritt 4 €. Jahnstr. 8, ✆ 06163/70826.

Übernachten/Essen & Trinken in Höchst

Übernachten **Burg Breuberg**. Ein Hotel, dass auch Biker gern willkommen heißt. Die Zimmer entsprechen dem üblichen Standard. Wenn im Motorradbeiwagen auch Hund, Katze oder Meerschweinchen mitfahren, dürfen diese gegen einen Aufpreis von 5 € mit ins Hotelzimmer. DZ 76–86 € inkl. Frühstücksbüfett. Aschaffenburger Str. 4, ✆ 06163/938033, www.burg-breuberg.com.

Talblick. Ein All-in-one-Betrieb mit Hotel und Gastronomie. Die freundlich eingerichteten Zimmer entsprechen dem Standard. Mal was anderes ist die Gartenanlage mit Swimmingpool, Liegewiese, Minigolfanlage, Kneippbecken und Tischtennisplatte. Ab 28 €/Pers. inkl. Frühstücksbüfett. Talblick 1, Höchst-Hassenroth, ✆ 06163/5200, www.talblick-odenwald.de.

Red Rock Ranch. Hier sind neben Hunden auch Pferde herzlich willkommen. Für die menschlichen Gäste steht eine Ferienwohnung mit Wohnraum, 2 Schlafzimmern, Küche, Bad und Veranda zur Verfügung. Red Rock heißt die Ranch wegen des Buntsandsteins, der hier imposant zutage tritt. Und das mit den Pferden ist kein Witz: Wanderreiter finden hier ein Quartier. 19 €/Pers. zzgl. Stromkosten nach Verbrauch (30 Cent/kWh) und 25 € Endreinigung. Rimhorner Str. 32, ✆ 06163/939900, www.red-rock-ranch.de.

Essen & Trinken **Dornrös'chen**. Ist Restaurant, Café, Hotel und einfach ein Rundumglücklich-Familienbetrieb. Die immer gut gelaunte Chefin wirbelt um die Gäste, während der Chef sich in der Küche um das leibliche Wohl kümmert. In der Apfelwein-Boutique kann man sich mit besonderen Apfeltröpfchen eindecken. Tal 43, Höchst-Annelsbach, ✆ 06163/2484, www.dornroeschen-annelsbach.de.

Krone. Hetschbach schließt sich direkt an den äußeren, nordwestlichen Zipfel von Höchst an. Hier befindet sich die anspruchsvolle Gastronomie der Gemeinde. In der Gaststube erwartet Gäste eine Atmosphäre, die Tradition mit Moderne kombiniert. Es gibt ambitionierte Gerichte zu moderaten Preisen. Das schicke Restaurant verwöhnt mit Menüs und passenden Weinen. Bemerkenswert ist der schön angelegte Garten. Ein Hotelbetrieb gehört auch dazu. Rondellstr. 20, Höchst-Hetschbach, ✆ 06163/931000, www.krone-hetschbach.de.

Bad König

Sich im Außenbecken der Odenwaldtherme die Sonne auf den Schopf scheinen lassen, im Kurpark minigolfen oder mit Nordic-Walking-Stöcken über die Anhöhen laufen – in Bad König ist Entspannung angesagt. Die Stadt verfügt über die einzige Thermalquelle im gesamten Odenwald. Und die bildet den Mittelpunkt des gemächlichen Lebens in „Kinnisch".

Wildgänse und Schwäne watscheln gemütlich umher, Kinder spielen am Wasserspielplatz und die Fontäne im großen See bläst unermüdlich Wasser in die Luft: Der attraktive, große Kurpark stammt aus den 1960er-Jahren und wird von Gästen und Einheimischen gleichermaßen gern zur Erholung genutzt. Dem deutlich kleineren Kurgarten an der Therme in der Innenstadt hat er längst den Rang abgelaufen.

„Kinnisch", wie die Einheimischen sagen, wurde 1948 zum staatlich anerkannten Kurbad erhoben; auf die 32 °C warme, mineralhaltige Thermalquelle und eine weitere eisenhaltige Heilquelle war man aber bereits Ende des 19. Jh. gestoßen. Zunächst wurde das Wasser im Rahmen von Trinkkuren verabreicht, heute speist die warme Quelle u. a. den Außenpool der Odenwaldtherme. Traditionell kommen Besucher von Bad König in den Genuss von gesundheitsfördernden Anwendungen

Mümlingtal und Beerfelder Land → Karte S. 111

wie medizinischen Wannenbädern oder Heilpackungen, die z. B. bei Muskel- und Gelenkschmerzen oder Störungen des vegetativen Nervensystems helfen sollen. Um auch für jüngeres Publikum attraktiv zu sein, hat sich das Heilbad mittlerweile zusätzlich auf Wellness mit Angeboten wie Hot-Stone-Massagen oder Algen-Thalasso-Therapien spezialisiert. Generell will Bad König Altbewährtes mit Zeitgeist kombinieren. Wie bei der neuen Wandelhalle mit Bar direkt neben der Therme. Sie zeigt sich modern in der Einrichtung und mit Veranstaltungen wie Tanztees eher altehrwürdig.

Historische Altstadt

Doch vor lauter gesundheitsfördernden Aktivitäten sollte nicht vergessen werden, dass Bad König auch einen sehenswerten historischen Stadtkern besitzt, der im Wesentlichen aus Altem und Neuem Schloss, der evangelischen Kirche und der ehemaligen Rentmeisterei besteht.

Keimzelle des geschichtsträchtigen Gebäudeensembles um den ansteigenden Schlossplatz war ein Wehrkirchhof (erstmals im Jahr 820 erwähnt), der zunächst dem Kloster Fulda gehörte, später kurmainzischer Besitz war und 1477 als Lehen an die Schenken von Erbach ging. Unter Letzteren entstand ab dem 15. Jh. zunächst das **Alte Schloss**, das dominierende Gebäude des Komplexes. Auf dem steinernen Unterstock ruhen zwei Fachwerkgeschosse, ein Walmdach schließt den Bau ab. Seine heutige Gestalt ist das Ergebnis der letzten Umbauphase, die auf das Jahr 1775 datiert wird. Zu dieser Zeit verlegten die Grafen der Linie Erbach-Schönberg, die seit 1747 im Besitz des Amtes König waren, ihre Residenz von Schönberg an der Bergstraße hierher. Angeblich war ihnen beim Stammsitz das Brennholz knapp geworden. Wesentlich jüngeren Datums ist die barocke Bemalung an der Schlossfassade, die 1954 im Rahmen von Restaurierungsarbeiten hinzugefügt wurde. 1927 kam das Schloss per Schenkung in den Besitz der Stadt,

Rentmeisterei und Altes Schloss in Bad König

die es seit 1993 als Sitz für ihre Stadtverwaltung nutzt. Außerdem ist hier das Heimatmuseum untergebracht.

Links hinter dem Schloss spitzt die (heutige) **evangelische Kirche** hervor. Ihr dreigeschossiger spätgotischer Turm stammt noch aus dem späten 15. Jh., nur der Spitzhelm, der einen Zinnenkranz verdeckt, wurde ihm später aufgesetzt. Im zweiten Stockwerk des Kirchturms wurde die Kopie eines römischen Grabsteins verbaut, das Original hängt im Tordurchgang der Rentmeisterei. Das Kirchenschiff mit dreiseitigem Chor entstand 1750/51. Das Wappen über dem Hauptportal der Kirche trägt eine Krone und wird von zwei Putten gesäumt. Es erinnert an den Begründer der Schönberger Linie: Georg August Graf zu Erbach und Herr zu Breuberg.

Gegenüber der Kirche steht ein Wirtschaftsgebäude. Zusammen mit Altem Schloss und Kirche umrahmt es einen Hof mit einer sehenswerten barocken Freitreppe, die in den ehemaligen Lustgarten führt, heute Stadtpark mit Spielplatz. Von der Barocktreppe rechts über eine weitere Treppe nähert man sich von hinten dem **Neuen Schloss,** das nach seinem Bauherrn auch Graf-Christians-Bau genannt wird. Errichtet wurde es 1792/93 als barocker Putzbau mit zwei Stockwerken und einem Mansarddach direkt neben dem Alten Schloss, mit dem es baulich verbunden ist. In der Mitte des Daches ist ein Zwerchhaus mit Schweifgiebel eingefügt, den das Erbach-Schönberger Wappen schmückt.

Das jüngste Gebäude des Ensembles ist die links vom Alten Schloss gelegene **Rentmeisterei.** Der Bruchsandsteinbau mit Walmdach entstand 1804, war zunächst grundherrschaftliche Finanzbehörde, dann Rathaus und dient der Stadt heute für repräsentative Zwecke. In der Gebäudemitte befindet sich ein Durchgang, der zu einer 1988 eröffneten kleinen Freilichtbühne führt, die im Sommer von allerlei Bands bespielt wird – eine hübsche moderne Zugabe zum historischen Gebäudekomplex Schloss Bad König.

Heimatmuseum: Das im Alten Schloss untergebrachte Museum stellt u. a. das Handwerkszeug von Besenbindern, Schmieden oder Töpfern aus. Bis in die Mitte der 1990er-Jahre wurden in Bad König Zigarren produziert – auch das ist dokumentiert. Eine kleine Abteilung widmet sich dem Polarforscher Carl Weyprecht, der zwar nur die ersten Jahre seines Lebens in Bad König verbracht hat, aber dennoch allgegenwärtig ist in der Stadt: Eine Schule ist nach ihm benannt, ein Wanderweg und nicht zuletzt der Weyprecht-Tempel am Galgenberg, von dem man einen schönen Blick auf die Stadt hat. 1. und 3. Sonntag im Monat 10.30–12 Uhr. Eintritt frei. ✆ 06063/50090.

Georg Vetter Museum: Gleich um die Ecke, in der Alexanderstraße, wird auf wenigen Quadratmetern das Werk des Heimatmalers Georg Vetter präsentiert. Der Maler, der sich in seinen Zeichnungen in erster Linie Odenwälder Landschafts- und Tierstudien gewidmet hat, wurde in Bad König geboren und blieb seinem Geburtsort bis zum Tode treu. Das Museum organisiert auch Wanderungen und Stadtführungen, die auf den Spuren des Malers wandeln. Nur So 10.30–12 Uhr oder nach Vereinbarung. Eintritt frei. Alexanderstr. 2, ✆ 06063/912280, www.georg-vetter-museum.de.

Basis-Infos zu Bad König

Information Die Tourist-Info ist in einem Reisebüro namens Reisefenster untergebracht – praktisch … Mo–Fr 9–12 und 14.30–18 Uhr, Sa 9.30–12.30 Uhr, So 10–12 Uhr. Bahnhofstr. 12, 64732 Bad König, ✆ 06063/58562, www.badkoenig.de.

Aktivitäten Ein Teil der Siedlungen lässt sich über die 12 **Nordic-Walking-Routen** erschließen. Wie bei Skipisten markieren blaue, rote und schwarze Strecken den Schwierigkeitsgrad. Anspruchsvollere Strecken verfügen zudem

Mümlingtal und Beerfelder Land → Karte S. 111

über ausgewiesene Stationen zum Pulsmessen und Kräftigen.

Feste & Veranstaltungen Die hinter der Rentmeisterei gelegene **Freilichtbühne Bad König** wird im Sommer von Rock-n-Roll-Bands, Jazzcombos oder Musicaltruppen bespielt. Das aktuelle Programm steht unter www.kultinarium.de.

Autoren in der Rentmeisterei – dahinter steckt ein kleines, feines Programm an Lesungen. Gäste sind u. a. Eva Matthes oder Christian Brückner, die mit ihren Stimmen die Zuhörer bezaubern. Die Reihe wird vom örtlichen Buchhandel, der Stadt und der Kurgesellschaft veranstaltet. Infos unter www.literaturhandlung-paperback.de.

Kurpark Der Kurpark entstand in den 1960er-Jahren auf dem Wiesengrund nahe der Mümling. Dabei wurden auch die beiden **Seen** künstlich angelegt, im größeren sprudelt seit 1991 eine Fontäne.

Am Eingang nahe am Freibad befindet sich eine Tafel mit Empfehlungen für **Nordic-Walking-Routen**. Wenige Meter entfernt beginnt der **Planetenweg**, der über verschiedene Stationen bis in den Ortsteil Zell führt. Unterwegs kommt man an drei Sonnenuhren vorbei.

Außerdem verfügt der Kurpark über die obligatorische **Kneipp-** und **Minigolfanlage** mit angeschlossenem kleinen Café und Boule-Feld. Tägl. 9–20 Uhr, Juni bis Aug. bis 22 Uhr. www.minigolf-bad-könig.de.

Schwimmen Direkt beim Eingang zum Kurpark ist das **Freibad**, das mit 50-Meter-Schwimmerbecken, Nichtschwimmer- und Kinderplanschbecken sowie Kiosk für die Grundversorgung ausgestattet ist. Etwa Mitte Mai bis Mitte Sept. tägl. 9–20 Uhr. Eintritt 5 €, erm. 3 €. Schwimmbadstr. 21, ✆ 06063/503234.

Die **Odenwaldtherme** entspannt und erfrischt mit Geysiren, Sprudelliegen, Wildwasserkanal, Meersalzgrotte und diversen Saunen. Tägl. (auch feiertags) 9–22 Uhr, Fr/Sa bis 23 Uhr, Eintritt Thermalbad (Tageskarte) 11 €, erm. 10 €, Saunaland mit Thermalbad (Tageskarte) 19 €, erm. 18 €. Bei nur 3 Std. Aufenthalt 2 € bzw. 3 € günstiger. Elisabethenstr. 13, ✆ 06063/578550, www.odenwaldtherme.de.

Führungen Immer dienstags trifft man sich um 13.45 Uhr, um in großer Gruppe Bad König zu umwandern. Zum Abschluss wird immer in eine andere Gaststätte eingekehrt. Termine und Preise unter www.badkoenig.de.

Einkaufen in Bad König

Auf dem Platz vor der Wandelhalle an der Therme bieten Landwirte aus der Region auf dem **Wochenmarkt** ihre Erzeugnisse an: Kartoffeln, Gemüse, Äpfel, Birnen, Rindfleisch oder Geflügel. Mi 9–12.30 Uhr.

Demeter Obsthof. Direktvermarkter von Kartoffeln, Nüssen, Obst und Saft. Fürstengrunder Str. 86, Bad König-Fürstengrund, ✆ 06063/1444. ■

Gelbviehzucht „Weiße Hube". Hans Trumpfheller züchtet fränkisches Gelbvieh und französische Blonde d'Aquitaine, deren Fleisch auf dem Hof zu Salami, Rindswürsten, Gulasch und Steaks verarbeitet und verkauft wird. Das nicht allzu lange Leben des Schlachtviehs findet biologisch

▲ Die Weltsonnenuhr zeigt vier Zeiten an

▼ Blumengruß im Kurpark

glücklich auf der Weide statt. Außerdem kann man sich auf dem Hof auch mit Obstbränden, Likör, Marmelade und Gelee eindecken. Hohe Str. 72, Bad König-Momart, ✆ 06063/912555.

Confiserie Rudolph. Seit mehr als 150 Jahren werden hier hochwertige Süßigkeiten produziert und verkauft: Mandelsplitter, Trüffelpralinen, Schokoladentafeln, Torten und von Frühling bis Sommer auch selbst gemachtes Eis. An warmen Tagen ist die Terrasse des Cafés geöffnet. Mo–Sa 8.30–18.30 Uhr, So ab 10 Uhr. Frankfurter Str. 4, ✆ 06063/1591, www.konditorei-cafe-rudolph.de.

Die **Literaturhandlung Paperback** verkauft nicht einfach nur Bücher, sondern lebt Literatur. Wenn der Chef einen „Sponti-Rappel" bekommt, wird die Ecke zum Anecken mit Literatur über Che Guevara und von Karl Marx dekoriert. Ansonsten veranstaltet das Team hochwertige Lesungen in der Reihe „Autoren in der Rentmeisterei". Mo–Fr 9–12 und 14.30–18 Uhr, Do durchgehend, Sa bis 13 Uhr. Bahnhofstr. 43, ✆ 06063/4115, www.literaturhandlung-paperback.de.

Übernachten in Bad König

***S **Hotel Büchner**. Gegenüber der Odenwaldtherme, man kann aber auch im hauseigenen Bad schwimmen oder saunieren. Der Familienbetrieb mit gehobenem Anspruch und jungem, freundlichem Personal bietet komfortable Zimmer, Suiten und Studios mit Balkon an. Gemütliche Gartenterrasse. DZ ab 45 €/Pers. inkl. Frühstücksbüfett. Frankfurter Str. 6, ✆ 06063/50050, www.hotel-buechner.de.

*** **Schönberger Hof**. Nur einen Katzensprung von der Therme entfernt, aber auch hier gibt's ein eigenes Schwimmbad mit Terrasse. Die Zimmer haben Balkon und WLAN. Mit Werken wie der „Kleinen politischen Ethik" oder „Rendezvous mit Tier und Mensch" aus der Hausbibliothek kann man sich ein bisschen weiterbilden. Zum Hotel gehört ein griechisches Restaurant. DZ ab 38 €/Pers. inkl. Frühstück. Bahnhofstr. 1, ✆ 06063/503552, www.hotelschoenbergerhof.de.

*** **Hotel Irene**. Im Süden der Stadt gegenüber der Odenwaldklinik, etwa 10 Min. bis zum Altstadtkern. Die Zimmer sind schnörkellos eingerichtet, die Bäder neuwertig. Das Personal ist sehr freundlich und verleiht auch gern Nordic-Walking-Stöcke. Außerdem sind Tiere erlaubt. DZ ab 54 € inkl. Frühstücksbüfett. Philipp-Schmunck-Str. 1, ✆ 06063/3071, www.hotel-irene.de.

Zur Post. Landgasthof mit Hotelbetrieb im idyllischen Momart zwischen Bad König und Michelstadt. Romantisch eingerichtete, komfortable Zimmer mit Dusche und WC, TV, Balkon und WLAN. DZ ab 69 € inkl. Frühstück. Hauswiesenweg 14–16, Bad König-Momart, ✆ 06063/1510, www.zurpost-momart.de.

Landhaus Weber. Acht mit gängigem Komfort ausgestattete Wohnungen in einem Haus. Die im Erdgeschoss mit Terrasse, die anderen mit Balkon. In manchen Wohnungen sind auch Haustiere zugelassen. Bei Bedarf kann man sich auch mit Wellnessbehandlungen verwöhnen lassen. Außerdem ist eine Naturland-Rinderzucht mit Direktvermarktung angegliedert. Ab 65 €/Tag bis 4 Tage. Bei längerer Belegung ab 50 €/Tag. Am Strathweg 6, Bad König-Momart, ✆ 06063/5180, www.landhausweber.de.

Ferienwohnung Mümlingtal. Sehr gut ausgestattete, im ländlich-rustikalen Stil eingerichtete 2-Zimmer-Wohnung mit Bad, Küche und Terrasse. Die Lage am Waldrand ist zugleich ein guter Startpunkt für Wanderungen. Zwei Fahrräder bekommt man kostenlos gestellt. Bis 4 Übernachtungen 45 €/Tag, ab 5 Nächten 39 €/Tag, ab 7 Nächten 37 €/Tag, inkl. Bettwäsche, Handtücher und Endreinigung, zzgl. Kurtaxe 1,40 €/Tag pro Pers. Südring 18, ✆ 06063/3211, www.ferienwohnung-mümlingtal.de.

Essen & Trinken in Bad König

Zum Hirsch. Gaststätte mit eigener Landwirtschaft, die Milch und Gemüse liefert. Der Wirt aus Leidenschaft nimmt sich gern die Zeit, um über die hauseigene Käserei und seinen Betrieb zu berichten. Die übrigen Zutaten für die saisonal

Mümlingtal und Beerfelder Land → Karte S. 111

ausgerichtete Speisekarte werden auch aus der Region bezogen. Und genauso schmeckt's: frisch und lecker. Ein besonderes Kleinod ist der schöne, stufig angelegte Garten. Mo/Di und Fr/Sa ab 11.30 Uhr, So ab 10.30 Uhr, warme Küche 11.30–14 und ab 17 Uhr. Fürstengrunder Str. 36, Bad König-Fürstengrund, ✆ 06063/912520, www.zumhirsch-fuerstengrund.de. ■

››› Mein Tipp: **Die Alte Scheune**. 1798 erbaute und hübsch umgestaltete Scheune direkt neben der Freilichtbühne. Hier trifft man sich auf ein Glas Wein, lauscht an manchen Tagen der Kleinkunst und isst dazu Flammkuchen oder Käse. Der dazugehörige kleine Garten über die Gasse ist ausgesprochen lauschig. Mi–Sa 18–24 Uhr, So–Di „machemer nix" – steht an der Tür. Mühlstr. 11, ✆ 06063/913133. ‹‹‹

Ristorante Pizzeria Maria. Hinter dem Park an der evangelischen Kirche mit großer Auswahl an Pasta und Pizza. Tägl. (außer Mo) 11–14 und 17–22.30 Uhr. Martin-Luther-Str. 16, ✆ 06063/894, www.ristorante-maria.com.

Wandergaststätte Reit- & Fahrverein Heckenhof e. V. Bei Wanderungen rings um den Ortsteil Fürstengrund bietet sich die ruhig am Waldrand gelegene Gaststätte als Rastpunkt an. Auf der Karte stehen u. a. selbst gemachter Kochkäse, selbst gekelterter Äppler und hausgemachter Kuchen. Mai bis Okt. Mi–Sa ab 14 Uhr, So ab 10 Uhr, Nov. bis April Mi–Fr ab 15 Uhr, So ab 10 Uhr. Fürstengrunder Str. 128, Bad König-Fürstengrund, ✆ 06063/2677, www.rfv-heckenhof.de.

Zur Krone. Hier hat man sich auf den kleinen, aber auch großen Hunger eingestellt: von Suppen über Salate und Weinbergschnecken bis zum Steak. Die Karte bietet ein breites, allerdings auch eher fleischlastiges Repertoire. Außerdem wird neben Gästezimmern auch ein gut ausgestatteter Zirkuswohnwagen zum Übernachten vermietet – ist mal was anderes. Mo/Di und Do/Fr ab 17 Uhr, Sa/So ab 11 Uhr. Vorher anrufen, schadet nicht. Königerstr. 1, Bad König-Zell, ✆ 06063/1813, www.krone-klein.de.

Eisparadies Dolce Vita oder auch Eiscafé am Schloss lädt z. B. nach einem Stadtrundgang zu einer kleinen Pause auf ein Eis, einen Kaffee oder einen erfrischenden Joghurt mit Früchten ein. Frühstücken kann man hier auch. Tägl. 10–22 Uhr. Am Schlossplatz, ✆ 0170-4795583.

Michelstadt

Sie zählt zu den ältesten Siedlungen im Odenwald. Wen wundert's also, dass hier eine Sehenswürdigkeit die andere jagt – von der Fachwerk-Altstadt mit dem markanten Rathaus über die Einhardsbasilika und Schloss Fürstenau in Steinbach bis zur Rekonstruktion eines römischen Wachturms, barocken Steinsesseln und einem historischen Wasserwerk bei Vielbrunn.

Michelstadts urkundliche Geschichte beginnt 741 mit einer Schenkung, als der Hausmeier Karlmann, ein Onkel Karls des Großen, dem englischen Mönch Burkard das fränkische Königsgut „Michlinstat" überlässt. Burkhard war der erste Bischof von Würzburg. Nach seinem Tod ging der Hof wieder an die Frankenkrone und wurde 815 dem Gelehrten Einhard geschenkt. Er erbaute die gleichnamige Basilika in Steinbach, bevorzugte allerdings wenig später das am Main gelegene Seligenstadt als Wohnsitz. Während dieser Zeit begann Michelstadt sich erstmals stärker zu entwickeln. Nach Einhards Tod gingen Stadt und Umland an das Kloster Lorsch, das seinerseits nach der Aufhebung an Kurmainz kam. Michelstadt wurde daraufhin zum Zankapfel zwischen den Mainzer Bischöfen und dem Pfalzgrafen, der ebenfalls das Erbe von Lorsch in Anspruch nehmen wollte. Der Streit mündete 1304 in der Zerstörung der Stadt, die 1311 von den Schenken von Erbach wieder aufgebaut wurde. Die Region begann erneut zu florieren und überstand den Dreißigjährigen Krieg fast schadlos. Es gab Tuchweber, Färber und Eisenhütten. Erst spätere Konflikte wie der Pfälzische Erbfolgekrieg setzten Michelstadt ein weiteres

Ehemalige Michelstädter Burg mit Graben und Diebsturm

Mal zu. Die Herrschaft der Erbacher, die sich heute noch in den Sternen des Wappens widerspiegelt, endete 1806, als die Stadt gemeinsam mit der Grafschaft Erbach in den Besitz des Großherzogtums Hessen überging. Im letzten Drittel des 19. Jh. kam mit der Odenwaldbahn der industrielle und wirtschaftliche Aufschwung. Sie verband Michelstadt mit Darmstadt und Eberbach. Bei der Gemeindereform wurden 1971/72 die Orte Rehbach, Steinbach, Steinbuch, Stockheim, Vielbrunn, Weiten-Gesäß und Würzberg eingemeindet.

Im Herzen von Michelstadt befindet sich der eindeutige Besuchermagnet, das historische **Rathaus** aus dem Jahr 1484. Das Fachwerkgebäude wird als eines der schönsten in Deutschland gehandelt. Es besitzt drei Türmchen im gotischen Stil und steht zum Teil auf mächtigen Holzpfeilern. In der offenen Rathaushalle tagte früher das Zentgericht. Im Stockwerk darüber hatte das Gericht seinen Sitz, später der Rat der Stadt. Vor dem Rathaus steht der **Marktbrunnen** aus Sandstein von 1575. Auf seiner Säule erhebt sich der Stadtpatron Erzengel Michael, der mit Flammenschwert und Seelenwaage das Unheil von der Stadt abhalten soll. Hinter dem Rathaus befindet sich die **Stadtkirche,** die ihre heutige Form zwischen 1461 und 1537 erhalten hat. Bereits im 9. Jh. stand an dieser Stelle ein karolingischer Kirchenbau, der im 10. Jh. zum ersten Mal ausgebaut wurde. Aus dieser Zeit stammen die beiden Sarkophage am Portal. Darüber hinaus gibt es einige interessante Grabmäler der Familie von Erbach zu sehen, beispielsweise das Doppelepitaph an der südlichen Seite des Triumphbogens, das den 1461 verstorbenen Schenken Philipp I. und seinen Sohn Georg I. von Erbach abbildet.

Von der Kirche ist es nicht weit bis zur Kellerei, der ehemaligen **Michelstädter Burg.** Sie hatte ihre Wurzeln in einem Meierhof, in dem einst ein Verwalter der fränkischen Krone lebte. Nach Einhards Tod ließ ein Mönch des Klosters Lorsch das Anwesen zu einer Burg ausbauen, die im 14. Jh. zunächst zerstört und wiederaufgebaut wurde. Von dieser Anlage ist heute nur die Kellerei für die früheren

Mümlingtal und Beerfelder Land → Karte S. 111

Verwaltungsbeamten übrig geblieben, die vermutlich die Vorburg bildete. Sie besteht aus der Remise, dem Amtshaus und der Zehntscheuer, die 1539 gebaut wurde. Heute sind in den Gebäuden eine historische Mühle, die Stadtbücherei sowie das Odenwald- und Spielzeugmuseum untergebracht.

An der Remise vorbei führt ein Weg über den Burggraben. Von hier aus kann man sich dem **Diebsturm** von hinten nähern. Der Eckturm der Burg wurde einst als Gefängnis genutzt. Zurück am Rathaus geht es geradeaus durch das Rathausgässchen bis zur Mauerstraße, in der die 1791 erbaute **Synagoge** steht (kann nachmittags besichtigt werden). Zwei Häuser weiter führt ein unscheinbarer Weg durch ein kleines Tor am Turm der Stadtmauer in den Stadtgarten, einen kleinen, ruhigen Park mit See und Spielplatz.

Ganz nebenbei sei noch erwähnt: In einem der schönen Fachwerkhäuser ist Michelstadts renommiertestes Hotel mit Cafébetrieb untergebracht. Es gehört der Schauspielerin Jessica Schwarz und ihrer Schwester. Trotz all der Sehenswürdigkeiten kommt die Altstadt sehr ruhig daher. Mittags klappen die meisten Geschäfte ihre Bordsteine hoch. Dann ist es Zeit, in einem der Straßencafés oder Restaurants eine kurze Pause einzulegen.

Odenwald- und Spielzeugmuseum: Ab 2016 befindet sich das Museum im Umbruch. Es soll umfassend modernisiert und inhaltlich neu strukturiert werden. Bislang standen Hintergrundinformationen über die Geschichte der Einhardsbasilika sowie Puppenhäuser und Puppenküchen aus dem 19. und 20. Jh. im Vordergrund. Künftig soll der Fokus auf der Stadt liegen. Trotz des Umbaus soll das Museum geöffnet bleiben. Vielleicht besser vorher bei der Touristeninformation den Stand der Dinge erfragen. Auch interessant: In der Remise gegenüber dem Museum wurde eine alte Mühle aufgebaut, die 1526 in Nieder-Kainsbach in Betrieb ging. Infos hierzu im Museum. März bis Sept. Fr 12–17 Uhr, Sa/So ab 10 Uhr. Erw. 3 €, Kinder 1,50 €. Speicherbau der Kellerei, ✆ 06061/706139 oder 9794120, www.michelstadt.de.

Dr.-I.-E.-Lichtigfeld-Museum: Die Ausstellung in der 1791 errichteten und 2005 geweihten Synagoge erinnert an die frühere jüdische Gemeinde in Michelstadt. Benannt ist das Museum nach dem Landesrabbiner Dr. I. E. Lichtigfeld, der den hessischen jüdischen Gemeinden von 1954 bis 1967 als geistliches Oberhaupt vorstand. Ganz in der Nähe befindet sich die Jerusalem-Boutique (www.jerusalem-boutique.de), die Kunsthandwerk wie Schmuck, Vasen oder Schnitzereien aus Israel und jüdisch-religiöse Artikel verkauft. Museum: 2 Wochen vor Ostern bis Okt. So–Do 14.30–17.30 Uhr. Nov. bis März nur zeitweise geöffnet. Mauerstr. 19, ✆ 06061/922102.

Der Künstler Ulrich Seidenberg präsentiert in seinem **Privaten Elfenbeinmuseum** eigene Arbeiten und jede Menge indische und asiatische Kunstwerke. Eindrucksvoll sind das große Schachspiel oder der beinahe menschengroße Blumenkorb aus Elfenbein, den er von chinesischen Kollegen geschenkt bekam, nachdem seine Werkstatt vor vielen Jahren durch Propangas in die Luft geflogen war. Der Künstler spricht gern mit den Besuchern, reagiert aber kauzig, wenn man ihn auf das Material und die Elefanten anspricht. Mo–Sa 10–12 und 14.30–17 Uhr, So 11–12 und 14.30–16 Uhr. Eintritt 3 €. Am Kirchplatz 7, ✆ 06061/3157.

Motorradmuseum: Hier wird zwischen Nierentischen eine schicke Sammlung motorisierter Zweiräder von BMW und Moto Guzzi über NSU bis zu Zündapp präsentiert. Die guten Stücke stammen aus den 20er- und 30er-Jahren sowie aus der Wirtschaftswunderzeit. Sammler Hans-Jürgen Künzel lässt sich auch gern auf einen fachlichen Plausch ein. Ganzjährig Sa/So 10–18 Uhr, Mai bis Okt. auch wochentags geöffnet. Eintritt 3 €. Walther-Rathenau-Allee 17, ✆ 06061/73707.

Einhardsbasilika

Nordwestlich von Michelstadt steht im Ortsteil Steinbach eine Basilika karolingischen Ursprungs, die nach ihrem Bauherrn benannt ist. Einhard war Hofgelehrter und Biograf von Karl dem Großen. Es wird vermutet, dass er den Kirchenbau als Grablege für sich und seine Frau geplant hatte. Nach der Fertigstellung im Jahr 827 sollte die Basilika den Heiligen Marcellinus und Petrus geweiht werden, deren Reliquien Einhards Notar auf umstrittene Weise von Rom nach Michelstadt brachte. Doch den Heiligen gefiel es im Odenwald nicht – so Einhard nach einem Zwiegespräch mit den Geistern. Vielleicht war ihm aber auch selbst die Gegend nicht heimelig genug. Zumindest kehrte er 828 Michelstadt den Rücken und baute weiter nördlich in Seligenstadt am Main eine neue Basilika, die 834 das Benediktinerkloster begründete. Dort wurde er 840 auch bestattet. Einhard vererbte testamentarisch den Kirchenbau im Odenwald dem Kloster Lorsch, dem damals bedeutenden geistlichen wie kulturellen Machtzentrum. Dennoch wurde es zunächst über 230 Jahre still um das Gebäude, bis 1073 Lorscher Mönche eine Propstei, also einen Verwaltungssitz gründeten. Mit dem Übergang des Klosters Lorsch an das Erzbistum Mainz kam es allerdings auch in der Propstei zu Veränderungen: Sie wurde 1230 kurzerhand in ein Benediktinerinnenkloster umgewandelt, das im 16. Jh. durch Graf Eberhard XIII. zu Erbach aufgehoben wurde. In der Folgezeit bis zum Dreißigjährigen Krieg wurde das Gebäude als Spital genutzt.

So sah die Basilika einst aus

Mit jeder neuen Nutzung wurde die Basilika baulich verändert. Ein Modell vor dem Gebäude zeigt, wie sie wohl ursprünglich aussah: Der Hauptchor im Osten schloss an ein dreischiffiges Gebäude an und besaß zwei Nebenchöre mit jeweils einer Apsis. Darunter befindet sich eine Gangkrypta. An der nördlichen Mauer des Mittelschiffs sind heute noch fünf Epitaphe zu sehen, darunter die Grabplatte der Anna von Bruck. Die Frau des Schenken Konrad V. von Erbach starb im Mai 1370. Auf der Brust ihres Kleides ist das Erbacher Wappen zu sehen. Die zweite Grabplatte mit Frauengestalt stellt die 1512 verstorbene Äbtissin Elisabeth Lochinger von Arxhofen dar, die einen Rosenkranz in den Händen hält. Die wenigen spätgotischen Malereireste befinden sich in einer Fensterlaibung auf der Südseite. Reste aus der karolingischen Zeit vermag nur das kunsthistorisch geschulte Auge zu sehen.

März bis Okt. tägl. (außer Mo) 10–17 Uhr, Nov. bis 22. Dez nur 12–16 Uhr. Führungen auf Anfrage. Erw. 3,50 €, erm. 2 €. Schlossstr. 17 (Pfortenhaus), vom Michelstädter Bahnhof sind es zu Fuß 10 Min.

Wander-Tipp

Es gibt einen knapp 11 km langen „Kulturhistorischen Wanderweg" rund um Steinbach, der in der Nähe der Einhardsbasilika startet und u. a. an Schloss Fürstenau und der Einhardsquelle nordwestlich im Wald vorbeiführt. Infos hält die Touristeninformation Michelstadt bereit oder können unter www.geo-naturpark.net abgerufen werden.

Schloss Fürstenau

Es hat schon etwas Märchenhaftes, das alte, relativ kleine Schloss in Steinbach mit dem schönen Schmuckbogen. Mit seinen trompetenden Engeln ist dieser für die Region nicht alltäglich. Das Bauwerk wird erstmals 1317 als „Castrum Furstenawe" erwähnt. Damals war es noch eine Wasserburg, die von Kurmainz zum Schutz des Klosters in Steinbach (Einhardsbasilika) erbaut wurde – allerdings auf Grund und Boden der Schenken von Erbach, die Lehensleute des Pfalzgrafen waren. Damit war ein Konflikt vorprogrammiert, der erst 1355 endete, als Kurmainz die Burg an die Erbacher Grafen verpfändete. Im 14. Jh. entwickelte sich die Kernburg dann zur dreiflügeligen Schlossanlage, wie sie heute (in etwa) noch erhalten ist. Nur die westliche Wehrmauer wurde 1588 durch den malerischen Torbogen ersetzt. Zur gleichen Zeit erhielt der Rote Turm von 1532 seine neue Schmuckhaube mit Umgang. Im Laufe der Jahrhunderte kamen in der Vorburg weitere Gebäude dazu. So grenzt westlich der Kernburg das „Neue Palais" an. Der klassizistische Bau entstand 1808–14. Der Tor- und Remisenbau, durch den man das Anwesen betritt, wurde 1764–66 erbaut. An der Mümling befinden sich zudem die in der Renaissance errichtete Schlossmühle und das barocke Kavaliershaus. In der Mühle wurden früher Münzen geprägt, heute erzeugt ein Laufwasserkraftwerk Strom. Die Gebäude sind weiterhin bewohnt: Im Schloss residieren auch heute noch die Grafen von Erbach-Fürstenau, daher kann es nicht besichtigt werden. In den Wirtschaftsgebäuden wohnen der Bildhauer Hagen Hilderhof und der Kunstmaler Hans Sieverding. Hilderhofs Plastiken schmücken Plätze rund ums Schloss. Der Fürstenauer Schlosspark ist übrigens Naturschutzgebiet und damit ein Refugium für viele Vogelarten und kann nur im Rahmen einer Führung vom Geo-Naturpark Bergstraße-Odenwald besucht werden (www.geo-naturpark.net).

▲ Märchenhaftes Schloss Fürstenau

▼ Nachbau eines römischen Wachturms

Vielbrunn und Würzberg

Östlich von Michelstadt stößt man bei Vielbrunn und Würzberg auf die römische Vergangenheit, denn dort verlief der **Odenwaldlimes.** Nördlich von Vielbrunn befinden sich mitten im Wald die Reste des **Römerkastells Hainburg,** in dem eine Besatzung von 150 Mann untergebracht war. Die Reste sind schwer zu erkennen, aber eine Tafel informiert ausführlich darüber. Seit dem 18. Jh. steht hier ein Jagdhaus der Fürsten zu Löwenstein-Wertheim. Aus dieser Zeit stammen auch die sechs monolithischen, mit Voluten verzierten **Steinsessel.** Es wird vermutet, dass es sich um ehemalige Gerichtssessel eines Zent- oder Haingerichts handelt. Weiter südlich am Feld- bzw. Landstraßenrand stehen die Nachbauten eines **römischen Wachturms** samt Palisadenzaun. Der Turm ist begehbar und Schilder erläutern die Bau- und Lebensweise sowie die weiteren Gebäude am Limes. Von hier aus lassen sich auch gut die Starts und Landungen der Flugzeuge des Segelflugplatzes beobachten. Weiter östlich im Wald befindet sich das stillgelegte **historische Wasserwerk** mit seinen Jugendstilornamenten. Und die Technik dahinter – ein Peltonrad-Pumpwerk – ist ein echtes Industriedenkmal (Besichtigung nach Voranmeldung bei Bernd Weinthäter, ✆ 06061/5427).

In Würzberg wird es wieder römisch – dort kann man die gut erhaltenen Fundamente eines **Römerbades** und Reste eines **Kastells** anschauen, von dem Ausgrabungsstücke im Englischen Garten Eulbach (→ S. 137) zu sehen sind.

Mümlingtal und Beerfelder Land → Karte S. 111

Michelstadt und die Bienen

Einer Legende nach hat einst eine Biene Michelstadt vor einem kriegerischen Angriff bewahrt. Der Wächter, der das Stadttor sichern sollte, war eingeschlafen und bemerkte nicht, dass der Feind sich näherte. Er wurde nur deshalb rechtzeitig wach, um die Menschen zu warnen, weil eine Biene ihn stach. Es heißt sogar, sein Geschrei sei so laut gewesen, dass er damit die Angreifer in die Flucht geschlagen hätte. Seitdem danken die Michelstädter dem arbeitsamen Volk mit dem alljährlichen Bienenmarkt. Man sagt aber auch, die Bürger der Stadt seien so fleißig wie die Bienen ...

Basis-Infos zu Michelstadt

Information Die Touristeninformation befindet sich am Markplatz zwischen Brunnen und altem Rathaus. Mo 10–12 Uhr, Di–Fr 10–17 Uhr, Sa/So 11–15 Uhr. Marktplatz 1, 64720 Michelstadt, ✆ 06061/9794110, www.michelstadt.de. Es lohnt sich, auch die Seiten der einzelnen Stadtteile anzuklicken, wo es mehr Infos zur Geschichte und weiteren Sehenswürdigkeiten gibt. Vielbrunn informiert z. B. ausgiebiger über mögliche Freizeitaktivitäten.

Aktivitäten ⋙ Mein Tipp: Der **Panoramaweg Erbach – Michelstadt** ist ein über 16 km langer, relativ neuer Wanderweg mit der Markierung „EM 1". Er verläuft vorwiegend am Waldrand mit schönen Ausblicken, vorbei an den beiden Städten und den Sehenswürdigkeiten. Eine Route, die zu jeder Jahreszeit reizvoll ist. Die Tour startet am großen Parkplatz am Wiesenweg in Michelstadt, auf dem auch der Bienenmarkt stattfindet.

Dauer ca. 5 Std. Die Touristeninformation hält Ausdrucke mit Infos zu den Highlights und einen Routenplan bereit. «<

Beim **Flugsportclub Mümlingtal e. V.** kann man Segelfliegen lernen. Von April bis Okt. gibt es Schnupperkurse. Das Segelfluggelände ist am Wochenende besetzt: Sa/So ab 12 Uhr. ✆ 06061/246, www.fscm.de.

Fabulas Zauberwelt ist ein liebevoll gestalteter Indoor-Spielpark u. a. mit Piratenschiff, Indianerdorf mit Wigwams, Kletterwand und Dschungelrutsche. Nach dem Toben kann sich der Nachwuchs im Bistro stärken, Eltern können hier Zeitschriften schmökern. Generell herrscht (ABS-)Sockenpflicht. Mo–Fr 14–19 Uhr, Sa/So und feiertags ab 11 Uhr. Unterer Hammer 9, ✆ 06061/705839, www.fabulaszauberwelt.de.

Das **Kinderparadies Hohenloher Hof** ist ein Bauernhof mit Riesenbespaßungsprogramm für die Jüngsten: Es gibt eine Gokart-Bahn, eine Reithalle und Spielscheune zum Toben mit Trampolins und Holzpferden, eine Ponywiese und ein großes Lagerfeuer zum Stockbrotbacken. Tägl. geöffnet. Reinschnuppern für 3 Std. 8 €/Pers., Schnuppern plus Wurst und Pommes 12,50 €/Pers., 6 Std. all inclusive 18 €/Pers. Langenbrombacher Str. 1, Michelstadt-Rehbach, ✆ 06061/2321, www.hohenloherhof.de.

Feste & Veranstaltungen Der **Michelstädter Bienenmarkt** sorgt als zweitgrößtes Volksfest im Odenwald immer in der Pfingstwoche für mächtig Trubel auf dem großen Parkplatz westlich der Altstadt. Riesenrad, Kettenkarussell, Labyrinth, Geisterbahn und Co. unterhalten Groß und Klein. Ein Apfelweinzelt, ein Weindorf und jede Menge Fressbuden sorgen dafür, dass man nicht am Hungertuch nagen muss.

Die **Michelstädter Musiknacht** verwandelt jährlich im Sommer die markanten Orte in der Altstadt wie den Schenkenkeller, das alte Rathaus oder die Stadtkirche in kleine Konzertbühnen mit einem gefälligen Musikmix aus Chanson, Jazz, a cappella, Weltmusik und Pop. Genauer Termin und Programm unter www.odenwald.de.

Der **Weihnachtsmarkt** in der malerischen Altstadt ist beliebt und auch vielen Busreiseunternehmen eine Anfahrt wert. Er ist aber auch wirklich schön – und an Wochenenden ziemlich voll. Termin, Programm und weitere Infos unter www.michelstaedter-weihnachtsmarkt.de.

Galerien Die **Galerie Veronica Kautsch** richtet regelmäßig Ausstellungen zeitgenössischer Künstler aus. Zu diesen gehört auch der bei Schloss Fürstenau lebende Maler Hans Sieverding, den der Kunstliebhaber Raimund Graf zu Erbach-Fürstenau einlud, nicht nur die Decke der Schlosskapelle zu gestalten, sondern sich in der Remise mit einem Atelier niederzulassen. Infos zur Galerie, den Künstlern und Ausstellungen unter www.galerie-kautsch.de.

Schwimmen Das **Freibad Vielbrunn** verfügt über ein Becken und eine Liegewiese, umgeben von Bäumen. Und das war es auch schon. Nett ist es hier aber trotzdem. Mitte Mai bis Aug. Mo–Fr 14–19 Uhr (in den Sommerferien ab 11 Uhr), Sa/So 11–19 Uhr, Eintritt 2,50 €. Limesstraße, Michelstadt-Vielbrunn, ✆ 06066/722, www.freibad-vielbrunn.de.vu.

Stadtführungen Das Angebot reicht vom einfachen Stadtrundgang durch die Altstadt über die obligatorische Nachtwächterführung bis hin zur kulinarischen Führung. Dauer ca. 1:30 Std. Öffentlicher Altstadtrundgang von April bis Dez. jeden So 14 Uhr für 3 €/Pers. Über weitere offene Führungen und ihre Termine informiert die Touristeninformation vor Ort.

Theater **Patat** lautet der Name von Michelstadts Kleinkunstbühne. In dem schönen Gewölbekeller spielen Jazzbands oder Kabarettisten, führen kleinere Theater ihre Produktionen auf. Aktuelles Programm unter www.patat.de.

Wellness In der **Salzoase Vitalis** kann man wertvolle Mineralstoffe einatmen. Es gibt 45-minütige Sitzungen, und wer das Abschalten-&-Energie-tanken-Programm komplett machen möchte, genießt noch eine Massage. Schlossstr. 31, Michelstadt-Steinbach, ✆ 06061/6773687, www.salzoase-vitalis.de.

Einkaufen in Michelstadt

Der **Wochenmarkt** mit klassischem Angebot aus frischem Obst und Gemüse, Fleisch, Wurst und Feinkost wird zweimal gehalten. Traditionell freitags auf dem großen Parkplatz am Bienenmarkt und samstags auf dem Marktplatz in der Altstadt. Fr 8–13 Uhr.

Café Siefert. Der Chef war Konditor-Weltmeister – doch nicht nur das: Die Liste der

Auszeichnungen ist lang und auch für ein Buch über seine süßen Kreationen gab's schon einmal Gold. Torten, Pralinen, Marmeladenvariationen oder Bücher gibt es auch zum Mitnehmen. Di 12–18 Uhr, Mi–Sa ab 9 Uhr, So ab 10 Uhr. Braunstr. 17, ✆ 06061/3068, www.cafesiefert.de.

Caffe des Amis heißt die private Kaffeerösterei, die seit 2008 in der Nähe des alten Marktplatzes die begehrten Bohnen röstet. Es gibt sieben Mischungen und neun sortenreine Kaffees zu kaufen. Gelegentlich gibt es spezielle Kaffee-Events, die der Website unter „Specials" zu entnehmen sind. Di–Fr 9.30–12.30 und 14–18 Uhr, Sa 10–14 Uhr. Mo ist Rösttag und deshalb geschlossen. Neutorstr. 2, ✆ 06061/968095, www.caffe-des-amis.de.

Das **Teehaus** hat über 350 Sorten im Programm, die selbst Kunden aus der Mainmetropole Frankfurt nach Michelstadt locken. Mo–Sa 10–18 Uhr, So ab 14 Uhr. Große Gasse 2, ✆ 06061/5535.

Im **Michelstädter Modellbahntreff** bekommt man u. a. alte und bei Sammlern begehrte Märklin-Primex-Kataloge und natürlich jede Menge Märklin-Modelle wie den Schienenzeppelin F. Kruckenberg oder Sonderwagen mit Helmut Newtons „Smoking Nude" im Aufdruck. Di–Sa 9.30–12.30 Uhr, Di, Do und Fr auch 14.30–18.30 Uhr. Braunstr. 14, ✆ 06061/921692, www.michelstaedtermodellbahntreff.de.

Das **Schmuck Atelier Susann Donke** liegt direkt neben dem Michelstädter Rathausbräu. Die Goldschmiedemeisterin kreiert feine Geschmeide aus Silber, Feingold und Edelsteinen. Mi–Fr 14–18 Uhr, Sa 10–14 Uhr. Obere Pfarrgasse 1, ✆ 06061/9691141, www.donke-schmuck.de.

Keramik am Schloss stellt Geschirr, das sich sogar für die Spülmaschine eignet, und frostfeste Gartenkeramik her. Dazwischen spitzen auch lustige Tierchen wie Schweine, Gänse und anderes Landvieh hervor. Einmal im Jahr veranstaltet die Werkstatt eine Gartenausstellung direkt neben Schloss Fürstenau. Mo–Fr 10–12.30 und 14–18 Uhr, Sa 10–14 Uhr. Schlossstr. 7, ✆ 06061/4914, www.keramik-am-schloss.de.

Claudia Diehl gibt Papier-Recycling eine ganz eigene Dimension. Sie verarbeitet alte Zeitungen zu feinen Schmuckstücken, fertigt Papiergarn an und strickt damit, produziert handgeschöpftes Papier. Das Atelier kann nach Voranmeldung besucht werden. Ihre Arbeiten sind außerdem beim Kunsthandwerkermarkt in Michelstadt zu sehen, den die Kooperation „KunstHandwerk Odenwald" (www.kunsthandwerkodenwald.de) organisiert. Am Hang 8, Michelstadt-Steinbach, ✆ 06061/2934, www.claudia-diehl.de.

Übernachten in Michelstadt

Die Träumerei. Das hübsche Fachwerkhaus von 1623 wurde 2006 von Schauspielerin Jessica Schwarz und ihrer Schwester gekauft und ab 2007 in ein hochwertiges Designhotel mit Cafébetrieb umgebaut. Entsprechend ist der Komfort in den Zimmern, die Namen tragen wie Elfenbeinzimmer oder Malvensuite. DZ ab 125 € ohne Frühstück, ab 140 € mit Frühstück. Obere Pfarrgasse 3, ✆ 06061/703333, www.die-traeumerei.com.

Parkhotel 1970. Wer hier übernachtet, begibt sich auf eine Zeitreise in die 1970er-Jahre. Hier ist fast alles original. Am meisten flashen – um es mal Neudeutsch auszudrücken – die unglaublich motivreichen Tapeten. Das Parkhotel lag 20 Jahre still und wurde von der Enkelin der letzten aktiven Generation wieder in Betrieb genommen. Ein echtes Erlebnis! DZ 75–90 €/Tag inkl. Frühstück. Ohrnbachtalstr. 79, Michelstadt-Vielbrunn, ✆ 06061/9697996, www.parkhotel-1970.de.

*** **Talblick**. Das Hotel liegt ruhig, das Personal ist sehr nett, die Zimmer sind nicht mehr ganz modern, aber gepflegt, ohne WLAN, aber mit TV und Föhn. Das Frühstücksbüfett ist reichhaltig, die Kuchen im dazugehörigen Café appetitlich. DZ ab 40 €/Pers. zzgl. Frühstücksbüfett (5 €/Pers.). Ohrnbachtalstr. 61, Michelstadt-Vielbrunn, ✆ 06066/215, www.hotel-talblick.de.

Berghof. In dem „kleinen Landhotel", wie sich das traditionelle Haus mit Restaurant nennt, herrscht ein sehr freundliches Ambiente. Es liegt im ruhigen Ortsteil Weiten-Gesäß. Die Zimmer verfügen über Dusche, WC, TV und einen schönen Ausblick vom Südbalkon. DZ 75 € inkl. Frühstück. Dorfstr. 106, Michelstadt-Weiten-Gesäß, ✆ 06061/3701, www.berghof-landhotel.de.

Ferienwohnung Am Odenwaldlimes. Die Wohnung ist modern, gemütlich und komfortabel eingerichtet, man fühlt sich wie zu Hause. Die Lage ist zentral im kleinen Ort

Mümlingtal und Beerfelder Land → Karte S. 111

Vielbrunn. Von hier aus lassen sich einige Sehenswürdigkeiten entdecken, wie der nachgebaute Limesturm oder das Wasserwerk. 45 €/Tag für 2 Pers. inkl. Endreinigung, Haustiere kosten 4 €/Tag extra, Mindestaufenthalt 3 Tage. Pfarrgewann 18, Michelstadt-Vielbrunn, ✆ 06066/1258, www.ferienwohnung-bechtold.de.

Familie Banse vermietet zwei Ferienwohnungen mit blumigen Namen direkt in Michelstadt: „Tulpe" hat zwei Schlafzimmer, ein Wohnzimmer, Küche, Bad und ist großzügig geschnitten. „Rose" ist kuscheliger, hat nur ein Schlafzimmer, ist aber ebenso komfortabel. Beide verfügen über WLAN und der Garten kann mitbenutzt werden. Tulpe 36 €/Tag, Rose 33 €/Tag für je 2 Pers., ab 1 Woche inkl. Endreinigung, Strom, Wasser, Heizung. Fasanenweg 9, ✆ 06061/4122, www.familie-banse.de.

Ferienwohnung Bibert. In angenehm ruhiger Lage am östlichen Rand von Michelstadt. Die Ausstattung ist komfortabel. In wenigen Minuten ist man zu Fuß im Wald und in der Innenstadt. Ein großes Plus für längere Aufenthalte ist die Waschmaschine. Rauchen und Tiere sind nicht gestattet. 38 €/Tag für 2 Pers. inkl. Bettwäsche und Handtücher, ab 5 Tage auch inkl. Endreinigung und Nebenkosten, sonst zzgl. 25 €. Adam-Wöber-Str. 5, ✆ 06061/5654, http://ferienwohnung-bibert.com.

Essen & Trinken in Michelstadt

Geiersmühle. Dahinter verbirgt sich die etwas ab vom Schuss gelegene hohe Gastronomie an der hessisch-bayerischen Grenze, die in der Vergangenheit von Gault Millau und anderen Gourmetführern gelobt wurde. Das Anwesen liegt sehr lieblich, und man kann sich auch in heimeligen Zimmern zu moderaten Preisen einmieten. Wer einen Ausflug in den mainfränkischen Odenwald plant, hat es von hier nicht weit. Mi–Fr ab 18 Uhr, Sa/So und feiertags 11.30–14.30 und ab 17.30 Uhr. Warme Küche bis 21 Uhr. Ohrnbachtalstraße, Michelstadt-Vielbrunn, ✆ 06066/721, www.geiersmuehle.de.

Zum Grünen Baum. Das Hotel-Restaurant in Familienhand wurde bereits zweimal für Küche und Ambiente mit dem Gastronomiepreis Hessen ausgezeichnet. Regionale und saisonale Küche mit Gerichten wie Tafelspitz mit grüner Sauce oder Michelstädter Käseteller mit Hüttenthaler und hausgemachtem Kochkäse. Auch Weine wie das Stadecker Lenchen aus Rheinhessen oder der badische Ehrenstätter Spätburgunder mussten keine lange Reise auf sich nehmen. Tägl. (außer Mo) 11.30–21 Uhr, durchgehend warme Küche. Große Gasse 17, ✆ 06061/2409, www.gruenerbaum-michelstadt.com.

Michelstädter Rathausbräu. Eine der wenigen Hausbrauereien im Odenwald mit ungefiltertem Bier. Ganzjährig gibt's Pils, Märzen, Schwarzbier und Weizen. Saisonal kommen u. a. Bockbiere dazu. Ein schönes Mitbringsel sind die Bierbrände. Die Speisekarte zeigt sich deftig-gehoben, das Ambiente von Gasträumen, Winter- und Biergarten entsprechend urig bis elegant. Vis-à-vis befindet sich Die Träumerei, beide Betriebe gehören zur Familie Schwarz. Tägl. 11–1 Uhr, warme Küche 11–22 Uhr. Mauerstr. 1–3, ✆ 06061/5666, www.rathausbraeu.de.

Zur Gerste. Gegenüber von Schloss Fürstenau ist noch eine Gaststätte der alten Schule, in der die Dorfbevölkerung gern einkehrt. Quasi aus dem Stall nebenan kommt Hausmannskost wie Koteletts mit Kartoffelsalat oder Bratwürste. Früher soll in dem Gebäude die gräfliche Brauerei und Brennerei gewesen sein. Tägl. ab 18 Uhr, So ab 11.30 Uhr. Schlossstr. 2, Michelstadt-Steinbach, ✆ 06061/4813.

Nick's Biergarten. Dieser kleine, gemütliche Garten liegt bei der Einhardsbasilika um die Ecke. Die Karte ist klein und zünftig: Handkäs', Kochkäs' und Worscht, auch als Platte. Wann die Biergarten-Saison beginnt, steht auf der Website. Mo–Sa 17–23 Uhr, So und feiertags ab 13 Uhr. Schlossstr. 38, Michelstadt-Steinbach, ✆ 06061/5585, www.facebook.com/nicksbiergarten.

Glori's Weinkeller. Ein gemütlicher Ort am Rande der Altstadt, bei dem am Abend Kurzweil angesagt ist. Der Name verrät's: Es gibt natürlich eine große Weinkarte mit Tröpfchen von der Bergstraße, aber auch aus anderen Weinanbaugebieten wie Rhein-Hessen, Tauber-Franken und aus der Pfalz. Einmal im Monat gibt es Livemusik: Jazz, Folk, Blues oder Rock 'n' Roll. Den kleinen Appetit stillen Kochkäse, Käsehäppchen oder Worscht- und Schinkenplatten. Di–Sa ab 18 Uhr. Braunstr. 20, ✆ 06061/4447, www.gloris-weinkeller.de.

Im Alten Bau befindet sich heute der Museumsladen

Erbach

Geschäftig in der städtischen Peripherie und gemütlich im historischen Kern. In der Altstadt dominiert das Schloss, um das sich Rathaus, Kirche und Fachwerkhäuser gruppieren. Hier kann man die Seele baumeln lassen, sei es in einem Café, auf einer Bank an der Mümling oder im Lustgarten der Orangerie. Und für Kultur sorgen das Elfenbeinmuseum oder die Gräflichen Sammlungen.

Rund 900 Jahre lenkten die Grafen von Erbach-Erbach die Geschicke der Region. An einen von ihnen erinnert das Denkmal auf dem Marktplatz vor dem Schloss: Franz I. war ein großer Kunstsammler des 18./19. Jh., u. a. von Ritterrüstungen, Waffen und antiken Büsten römischer Herrscher – zu sehen in den Gräflichen Sammlungen im Schloss. Auch im Odenwald spürte der Graf den Römern nach und ließ Reste des Limes, von Kastellen oder anderen Bauwerken freilegen. Ein Teil der Fundstücke steht im **Englischen Garten Eulbach,** der neben der Parkanlage auch aus einem Wildgehege besteht. Franz I. hatte wie alle Grafen der Familie das Handwerk gefördert und begründete 1783 die Zunft der Elfenbeinschnitzer. Das traditionelle Handwerk hat sich hier bis heute gehalten, während es sonst deutschlandweit aufgegeben wurde. Das **Elfenbeinmuseum** informiert umfangreich und mit zahlreichen kunstvollen Exponaten über diese Schnitzkunst.

Als Bauherr der ersten Burg wird Schenk Gerhard I. betrachtet. Aus dieser Anlage entwickelte sich über die Jahrhunderte hinweg das heutige **Schloss Erbach.** Nördlich der Kernburg siedelten sich Burgmannen an, denen Verwaltung und Schutz der Burg oblagen. Teile dieser Burgmannenhöfe sind noch erhalten, z. B. das sog. **Templerhaus** aus der zweiten Hälfte des 14. Jh. Zwischen den malerischen Fachwerkhäusern wirkt der Bau aus Sandstein mit Treppengiebeln recht massiv. Neben dem Schloss wurde 1545 das Rathaus erbaut. Gleich dahinter befindet sich die Stadtkirche (1750), die die alte Stadtkapelle aus dem 14. Jh. ersetzt. Dem Schloss gegenüber, getrennt durch die Mümling, liegt die **Orangerie** mit barockem Lustgarten. Letzteren gab es bereits im 16. Jh., während die Orangerie erst zu Beginn des 18. Jh. erbaut wurde; heute ist in ihr u. a. ein Café untergebracht.

Erbach ist die Kreisstadt des Odenwaldkreises, zu dem insgesamt 15 Städte und Gemeinden zählen. In diesem Zusammenhang ist das Landratsamt von 1902/04 erwähnenswert. Es wurde im Neorenaissancestil erbaut und zählt zu Erbachs Sehenswürdigkeiten. Seit 1972 gehören weitere 10 Orte zu Erbach, so auch das nur einen Katzensprung entfernte, westlich auf einer Anhöhe gelegene Elsbach, das mit 120 Einwohnern der kleinste Gemeindeteil ist. Im Südosten liegt Bullau auf 515 m am höchsten. Bekannt ist das **Bullauer Bild,** das an einem alten Wallfahrtsweg zum Heilig-Blut-Altar in Walldürn steht. Der Bildstock aus dem Jahr 1561 war von einer Buche umwachsen, die 2012 gefällt werden musste. Das Bild verlor dadurch seinen Halt. Bevor es 2015 wieder aufgestellt wurde, ließ das Grafenhaus Erbach-Fürstenau das Standbild restaurieren. Mittlerweile ist es von einer offenen Holz-Skulptur umgeben und als Geopunkt des Geo-Naturparks Bergstraße-Odenwald ausgewiesen.

Bei Ernsbach entspringt der **Erdbach,** der sowohl der Stadt als auch dem Ortsteil Dorf-Erbach seinen Namen gegeben haben soll. Das 7 km lange Nebenflüsslein der Mümling gilt als geologisches Denkmal, denn der Bach verläuft an fünf Stellen unterirdisch in einem teils ausgeprägten Höhlensystem. Dort hat der Muschelkalk durch das kohlensäurehaltige Wasser Risse bekommen, die sich schließlich zu sehr großen Hohlräumen entwickelten. Forscher haben den Bachlauf durch Farbmessungen verfolgt und festgestellt, dass das Wasser von Dorf-Erbach, wo der Erdbach versickert, ganze 23 Std. benötigt, bis es bei Stockheim (Michelstadt) wieder ans Tageslicht tritt.

Blick aus dem Hof des Erbacher Schlosses: Kirchturm und Treppenturm des Archivbaus

Schloss Erbach

Der Stammsitz der Grafen von Erbach entstand vermutlich im 12. Jh. als Wasserburg auf einer Insel der Mümling. Dafür sprechen auch die massiven Eichenpfähle im Boden, auf denen der mächtige Bergfried und das Schloss stehen. In der heutigen Anlage ist der runde, 67 m hohe Bergfried das älteste Bauwerk, das in der ersten Hälfte des 13. Jh. aus mächtigen Buckelquadern entstand. Diese haben zum Teil eine Länge von 1,40 m und sind bis zu vier Tonnen schwer. Seinen gotischen Helm bekam der Turm 1497 (erneuert 1993). Erstmals erwähnt wird die Burg im Jahr 1303. Im ersten Drittel des 16. Jh. wurde sie umfassend zu einem Renaissanceschloss umgebaut. Als diese Anlage während des Dreißigjährigen Krieges stark beschädigt wurde, entstand bis 1736 auf den mittelalterlichen Fundamenten die heutige Residenz. Um 1800 wurden die Innenräume nach den Vorstellungen von Franz I. umgestaltet, was vor allem im Erdgeschoss für den Rittersaal größere innenarchitektonische Eingriffe mit sich brachte. Die bis dato schmucklose Fassade erhielt 1902 eine neobarocke Gestaltung mit Fensterumrandungen, einem Schlossportal im Innern der Anlage und einem Balkon auf der Ostseite. Das Schloss beherbergt im Erdgeschoss und im ersten Stock die Gräflichen Sammlungen, im zweiten Stock wohnt noch heute die Familie. An der dem Marktplatz zugewendeten Seite des Schlosses schließt der Torbogen mit dem Archivbau an. Weitere Nebengebäude sind der Kanzlei- oder Kastenbau von 1540, der Alte Bau von 1550 – hier befindet sich heute der Museumsladen – und der sog. Damenbau.

Der Schlosseingang öffnet sich Besuchern nur bei Führungen

Die Gräflichen Sammlungen im Schloss Erbach

Man bekommt die Gräflichen Sammlungen nur im Rahmen einer Führung zu Gesicht. Neben besonderen für Kinder und zu speziellen Themen gibt es die klassische Variante, bei der die Besucher vom Archivar des Hauses Erbach-Erbach durch das Schloss geführt werden. Nach einer kurzen Einführung in die Baugeschichte der Gesamtanlage geht es zu den Sammlungen. In der Eingangshalle hängen unzählige Hirschgeweihe. Nichts für zartbesaitete Tierliebhaber, denn jedes Geweih zeigt eine Abnormität, die sich beim Wild entwickelt, wenn es z. B. verletzt wurde. So verwandelt eine Verletzung am Hoden einen Rehbock in einen sog. Perückenbock. Unter dem verkümmerten Geweih entwickeln sich dabei Geschwüre, die einer Perücke des 17./18. Jh. ähneln. In der Waffensammlung zählen eine Hakenbüchse (eine frühe Feuerwaffe aus dem 15. Jh.) oder Windbüchsen (erste Druckluftwaffen aus dem 17. Jh.) zu den Exponaten. Im ersten Stock befinden sich die ehemaligen Gemächer wie der mit Lyoner Seide ausgekleidete Grüne Salon, das frühere Schreibzimmer von Franz I. oder das eindrucksvolle, mit Stuck ausgekleidete Audienzzimmer. Letzteres ist dem antiken Marcellustheater nachempfunden und mit einer anschaulichen Sammlung von Büsten römischer Kaiser wie Trajan, Marc Aurel oder Hadrian bestückt. Zum Schluss geht es in den Rittersaal, in dem zahlreiche stattliche Rüstungen stehen. Franz I. hat sie aus unterschiedlichen

Mümlingtal und Beerfelder Land → Karte S. 111

Zeughäusern zusammengetragen, als diese aufgelöst wurden. Der Saal ist wie eine dreischiffige Kirche in neogotischem Stil gestaltet. Die schönen, bemalten Glasfenster aus dem Mittelalter erhellen den Raum nur bei bestimmten Anlässen. Während der übrigen Zeit bleiben die Fensterläden geschlossen, sodass man die Pracht nur erahnen kann. Prunkstück dieser Sammlung ist ein Sattel aus Eisen – keiner weiß, wie er hergestellt wurde. Außerdem steht hier ein weiteres wertvolles Familienerbstück: der Schenkenbecher. Der Doppelkelch aus Gold wurde im 15. Jh. vom Mainzer Erzbischof Dietrich Schenk von Erbach gestiftet und kommt auch heute noch bei gräflichen Hochzeiten zum Einsatz. Dann darf das Brautpaar daraus trinken.

Führungen Mo–Fr um 11, 14 und 16 Uhr, Sa/So und feiertags zusätzlich um 15 Uhr. Erw. 6 €, erm. 5 €, Schüler/Studenten 3,50 €. Es gibt auch Kombitickets mit Schöllenberger Altar und Elfenbeinmuseum. Für den virtuellen Rundgang gibt es eine Schloss-App auf der Website. ✆ 06062/809360, www.schloss-erbach.de.

Franz I., die Antike und das Elfenbein

Franz I. Graf zu Erbach-Erbach (1754–1823) lebte wie sein Zeitgenosse Goethe in einer Epoche, in der die Menschen von der römischen und griechischen Antike fasziniert waren. Und so wundert es nicht, dass der junge Graf aus Erbach Staatswissenschaften, Geschichte und Altertumskunde studierte und später ein wissbegieriger Kunstsammler wurde. Wie damals üblich, begab er sich auf Bildungsreisen, die ihn durch Europa und vor allem nach Italien führten. Er besuchte u. a. die Ausgrabungsstätte in Pompeji und stellte auf seiner zweiten Reise eine üppige antike Sammlung zusammen, die aus über 30 Marmorskulpturen, unzähligen Vasen, Mosaikfragmenten und Kleinbronzen bestand – darunter eine Büste des jungen Alexanders des Großen, von der es weltweit nur drei Stück gibt. Eine weitere steht in Berlin, die dritte im Akropolis-Museum in Athen. Franz I. leistete darüber hinaus am Odenwaldlimes archäologische Pionierarbeit und ließ einen Teil der Reste römischen Lebens freilegen, darunter die Kastelle in Eulbach und Würzberg.

Auf einer seiner Reisen hatte Franz I. außerdem das Kunsthandwerk mit Elfenbein, dem „weißen Gold“, nicht nur kennengelernt, sondern auch gelernt, es selbst handwerklich zu verarbeiten. Er konnte in seiner Heimat die ortsansässigen Handwerker begeistern, vor allem die Drechsler, und führte 1783 die Elfenbeinschnitzerei ein. Im Elfenbeinmuseum sind die schönsten Stücke ausgestellt, u. a. auch von Franz I. gedrechselte Dosen mit Einlegearbeiten. 90 Jahre nach der Einführung dieses Handwerks machte ein Team aus Erbacher und Michelstädter Elfenbeinschnitzern auf der Wiener Weltausstellung von sich reden. Eine dort präsentierte, fein gearbeitete Rose erregte Aufsehen und machte Erbach weltberühmt. Kunst und Schmuck aus Elfenbein werden auch heute noch im Odenwald hergestellt. Auf kritische Fragen zum Material Elfenbein erhält man die beruhigende Antwort, dass es sich beim heutigen Werkstoff überwiegend um Mammutstoßzähne aus dem sibirischen Permafrostboden handelt. Und wenn Stoßzähne von afrikanischen Elefanten verarbeitet werden, dann seien diese Tiere eines natürlichen Todes gestorben.

Deutsches Elfenbeinmuseum Erbach

Nachdem Franz I. Graf zu Erbach-Erbach die Elfenbeinkunst in seiner Heimat eingeführt hatte, entwickelte sich Erbach zu einem bedeutenden europäischen Zentrum der Elfenbeinschnitzerei. 1966 entstand dann das Museum, in dem die Schnitzkunst nach Themen sortiert präsentiert wird: Die sakrale Abteilung mit religiösen Motiven wie der Schutzmantelmadonna ist in einem atmosphärischen Raum mit stilisiertem Kreuzrippengewölbe untergebracht. Sehr fein gearbeitet zeigen sich auch die Kunstwerke aus Asien, wie die indische Liebesgöttin Lakschmi beweist. An der Werkbank kann man sich über das Handwerk, das Material und die Technik informieren. Auch heute gibt es in Erbach noch Werkstätten, die das traditionelle Handwerk ausüben – mittlerweile aber mit überwiegend fossilen Stoßzähnen.

März bis Okt. tägl. (außer Mo) 10–17 Uhr (an bestimmten Feiertagen geschlossen), Nov. /Dez. Di–Fr 13–17 Uhr, Sa/So ab 11.30 Uhr, Jan./Febr. geschlossen. Erw. 6 €, erm. 5 €, Schüler/Studenten 3,50 €, auch Kombiticket mit den Gräflichen Sammlungen Schloss Erbach. Otto-Glenz-Str. 1, ✆ 06062/919990, www.elfenbeinmuseum.de.

Englischer Garten Eulbach

Es sind in erster Linie die Wisente, Mufflons, Wildschweine, das Dam- und Rotwild sowie Federvieh, wegen denen der Garten immer wieder gern und vor allem von Familien besucht wird. Ein Wildgehege gibt es bereits seit Ende des 18. Jh. Es entstand infolge des 1771 errichteten Jagdhauses der Grafen von Erbach, das gegenüber dem Eingang des Englischen Gartens steht (keine Besichtigung möglich). Den Bau des Parks wiederum initiierte Franz I. von Erbach-Erbach im Jahr 1802. Der Landschaftsarchitekt war Friedrich Ludwig von Sckell, der auch den Englischen Garten in München entwarf. Sanfte Hügel und geschwungene Wege bestimmen das Bild, eine kleine Kapelle im neogotischen Stil steht auf einer Insel im See, die nur per Boot zu erreichen ist. Am Ufer befindet sich eine künstlich geschaffene, romantische Burgruine. Außerdem wurden viele römische Fundstücke rund um den Odenwaldlimes hierher gebracht, darunter Bestandteile eines Kastells, Altäre, Inschriften- und Reliefsteine. Aus Steinen des Kastells Würzberg ließ Franz I. eine 8 m hohe Miniatur des Obelisken der Piazza del Popolo in Rom anfertigen. Für Kinder gibt es einen Abenteuerspielplatz. Und wer nicht im Park picknicken will, kann im Restaurant Forsthaus Eulbach am Parkplatz gegenüber einkehren.

Ganzjährig 10–17 Uhr. Erw. 5 €, Kinder 1,50–3 €. ✆ 06061/706042. Der Garten liegt an der B 47 (Nibelungenstraße) zwischen Michelstadt und Amorbach.

Mümlingtal und Beerfelder Land → Karte S. 111

Basis-Infos zu Erbach

Information Erbachs Touristik-Information ist gut aufgestellt: Die Mitarbeiterinnen wissen so einige Anekdoten und Wissenswertes über Land und Leute zu erzählen. Zudem wird hier eine kleine Auswahl an regionalen Produkten wie Nudeln, Seifen oder Holzpferdchen präsentiert und verkauft. April bis Okt. tägl. 10–17 Uhr, Nov. bis März 11–16 Uhr. Marktplatz 1, 64711 Erbach, ✆ 06062/6480, www.erbach.de. Die Website gibt schon einen kleinen Vorgeschmack, was den Besucher so alles erwartet: Per Panoramaschau kann man sich bereits online ein umfassendes Bild von der Stadt machen, u. a. mit Blick ins Elfenbeinmuseum oder in manches Geschäft.

Aktivitäten Der **Wildpark Brudergrund** ist ein Wildgehege mit zwei Seen und einer Hütte mit Feuerstelle im kleinen Tal des Roßbächleins zwischen Erbach und Untermossau. Der Park ist v. a. für Kinder ein schönes Erlebnis, denn an der

Futterhütte kann man Tierfutter kaufen. Daneben gibt es Lehrreiches für die Sprösslinge, z. B. wie das Holz und die Blätter der heimischen Baumarten aussehen. Ursprünglich stand im Brudergrund die älteste Kirche von Erbach. Von der Not-Gottes-Kapelle existieren nur noch die Grundmauern. 1905 errichtete man ein Kruzifix und stellte Bänke auf. Seitdem werden hier Waldgottesdienste abgehalten – auch eine Glocke gibt es. Der Wildpark ist jederzeit und kostenfrei zugänglich. Spenden sind aber willkommen.

Feste & Veranstaltungen Einmal im Monat findet sonntags ein **Flohmarkt** auf dem Erbacher Sportplatz statt. Genaue Termine unter www.erbach.de.

Der **Erbacher Wiesenmarkt** wurzelt in einem Vieh-, Pferde- und Bauernmarkt und ist heute das größte Volksfest im Odenwald. Pferde haben mit dem Reit- und Springturnier sowie dem Pferderennen weiterhin ihren festen Platz dort. Die Rennbahn liegt direkt neben dem Festgelände, auf dem Schausteller und Händler die Menschen mit Fahrgeschäften, Spielzeug, Haushaltswaren, Gewürzen u. a. beglücken. Der Spaß beginnt freitags in der letzten vollen Juniwoche und endet eine Woche später sonntags mit einem Feuerwerk. www.erbacher-wiesenmarkt.de.

Der **Odenwälder Bauernmarkt** wird immer am zweiten Oktoberwochenende veranstaltet. Eine schöne Gelegenheit, sich von der regionalen Lebensmittelvielfalt und Qualität zu überzeugen. Feilgeboten werden deftige Wurst, geräucherte Forelle, würziger Käse, frisches Brot, leckere Marmelade, Honig, Eier, Gemüse und natürlich um diese Jahreszeit jede Menge Äpfel. www.odenwaelder-bauernmarkt.de.

Die **Erbacher Schlossweihnacht** öffnet die Herzen der Besucher an allen Adventswochenenden (Fr–So). Rund um das Schloss und im Städtel (Altstadt) stehen die festlich geschmückten Stände. Glühwein, Punsch, Bratwürste und andere Leckereien wärmen von innen. Kunsthandwerker und Markthändler bieten Weihnachtliches, Nützliches oder einfach nur Schönes an. www.erbacher-schlossweihnacht.de.

Der **Erbach-Michelstädter Theatersommer** wechselt alljährlich die Kulisse: Mal ist es der Hof von Schloss Erbach, dann ist es der Platz vor dem historischen Rathaus in Michelstadt. Gespielt wird Traditionelles wie Faust, Jedermann oder Don Juan. Kinder werden mit Stücken wie Michel aus Lönneberga unterhalten. Die Schauspieltruppe besteht aus hoch engagierten Laienschauspielern, die professionell geleitet werden. Infos und Spielplan unter www.odenwald-theater.de.

Für Kinder ein Erlebnis: Wildpark Brudergrund

Kino Die **Erbacher Lichtspiele** feierten 2012 hundertjähriges Bestehen. Es soll das älteste Kino in Südhessen sein und ist nach wie vor familiengeführt. Es besteht aus drei kleinen, feinen Kinosälen mit 80 bis 180 Sitzplätzen. Der Spielplan umfasst eher gefällige Hollywood-Produktionen. Im Sommer geht es mit dem mobilen Kino raus in die Schwimmbäder und Burgen der Region. Programm und weitere Infos unter www.erbacher-lichtspiele.de.

Schwimmen Obwohl überwiegend von Industrie und Wirtschaft umgeben, wirkt das **Alexanderbad** sehr einladend. Bäume und Liegewiese lassen einen die Nachbarschaft vergessen und die Schwimmbecken sind auf Planschen, Training und sogar auf Wasserball eingestellt. In der Beach-Anlage kann z. B. Volleyball oder Badminton gespielt werden. Mai bis Sept. tägl. 9–20 Uhr. Eintritt 4 €. Wiesenweg 11, ✆ 06062/266909.

Stadtführungen Bei der **Touristik-Information** können unterschiedliche Themen-, aber natürlich auch klassische Stadtführungen gebucht werden. Der Puppenkasper erklärt 5- bis 8-Jährigen, wo und warum Menschen früher an den Pranger gestellt wurden, eine Hausdame führt mit Anekdoten durchs Erbacher Schloss und eine Räuberin erzählt in der Dämmerung von rüden Foltermethoden im Mittelalter.

Erbacher Original:
Johann Adam Fleckenstein

Dabei handelt es sich um Gruppenführungen, die 1–1:30 Std. dauern und 40–54 € kosten. Offene Führungen bei der Information erfragen.

Einkaufen in Erbach

→ Karte S. 141

Schäferei Hermann Dingeldey 3 Lammfleisch und -spezialitäten werden auf dem Hof nach Vereinbarung, freitags auf dem Michelstädter Wochenmarkt und samstags auf dem Groß-Umstädter Markt verkauft. Dreiseetalstr. 2, Dorf-Erbach, ✆ 06062/62490 oder 4659, www.schaeferei-dingeldey.de. ■

Odenwälder Kunsttöpferei Müller & Dönig 15 Seit 1609 produziert die Werkstatt in reiner Handarbeit Tonwaren für den täglichen Gebrauch wie Teller, Becher und Gefäße. Man kann sich nach Vereinbarung auch die Werkstatt zeigen lassen. Mo–Fr 9–12 und 13.30–18 Uhr, Sa 10–13 Uhr, So 14–17 Uhr. Bahnstr. 21, ✆ 06062/3185, www.odenwaelder-kunsttoepferei.de.

Lehm & Feuer 11 In dieser Kunstwerkstatt herrscht Arbeitsteilung: Er kreiert kunstvolle Lehmöfen, die irgendwie an einen Mix aus Hundertwasser, Manrique und Mykonos-Stadt erinnern. Sie „backt" dagegen kleinere Kunstwerke wie weich geschwungene Figurinen aus Bronze oder auch raue, afrikanisch-farbenfrohe Statuetten aus Keramik. Nachmittags sind die Künstler in ihrer Werkstatt anzutreffen – oder einfach anrufen und einen Termin vereinbaren. Am Schlossgraben 14 a, ✆ 06062 912150, www.lehmundfeuer.de.

Brand 7 Zwar kein kleiner regional-spezifischer Laden, aber einer, wie ihn manche Großstadt mittlerweile vermisst. Hier gibt es eine große Auswahl an Haushaltswaren, Werkzeuge aller Art, Wohnaccessoires, jede Menge Gartenmöbel. Mo–Fr 9–18 Uhr, Sa bis 13.30 Uhr. Brückenstr. 19, ✆ 06062/2066, www.brand-erbach.de.

Mümlingtal und Beerfelder Land → Karte S. 111

Drechselstube 12 Das Holzkunstfachgeschäft besteht seit 1660, bietet aber inzwischen überwiegend zugekaufte Ware an. Das Sortiment besteht hauptsächlich aus Holzspielzeug, Krippen und Weihnachtspyramiden. Mo–Fr 10–12 und 14–18 Uhr, Sa bis 14 Uhr, ab April auch So 13–16 Uhr, im Nov./Dez. durchgehend geöffnet. Am Schlossgraben 16, ✆ 06062/3268, www.drechselstube.com.

Koziol 2 Wer's nicht kennt: Koziol ist eines der international tätigen Unternehmen im Odenwald, das in bunten Tönen u. a. Leuchtenschirme, Trinkbecher, Handtuchhalter, Cocktailrührer produziert – aus Kunststoff. Wer's mag: Es gibt einen Outlet-Shop. Di–Sa 10–18.30 Uhr, So und feiertags ab 14 Uhr. Werner-von-Siemens-Str. 90, ✆ 06062/604325, www.koziol-gluecksfabrik.de.

Übernachten in Erbach

*** **Wappenstube** 9 Das Haus liegt zentral und nahe am Schloss in einer kleinen Gasse. Die Zimmer sind passend zur ehemaligen Hofreite in bäuerlich-antikem Stil eingerichtet. Das Hotel wird sehr freundlich geführt und das morgendliche Büfett lässt mit Lachs, frisch gepresstem O-Saft, Crêpes und selbst gemachter Marmelade kaum einen Wunsch offen. Die Kalorien können dann mit dem Leihfahrrad wieder abtrainiert werden. DZ ab 90 € inkl. Frühstücksbüfett. Hunde sind auf Anfrage für 5 €/Nacht erlaubt. Am Schlossgraben 30, ✆ 06062/2236, www.wappenstube.de.

Mümlingstube 6 An das beliebte Odenwald-Gasthaus ist eine Pension angeschlossen. Die Zimmer sind modern, freundlich und sauber. Es gibt Dusche und WC plus TV. Das Altstadtzentrum ist nur wenige Minuten entfernt und vor der Tür fließt die Mümling entlang. DZ 30 €/Pers. inkl. Frühstück. Hauptstr. 16, ✆ 06062/3379, www.muemlingstube.de.

Ferienwohnung Woody 10 Komfortabel mit allem eingerichtet, was man zur Selbstversorgung braucht. Für Unterhaltung sorgen TV, Musikanlage, DVD-Player, Bücher oder das Internet. Die Wohnung hat einen separaten Eingang und eine Sonnenterrasse. Sie liegt am westlichen Rand von Erbach, sodass man schnell in der Natur ist. Mind. 3 Nächte, ab 39 €/Tag für 2 Pers. Cranachstr. 13, ✆ 06062/4458, www.woody-online.de.

Ferienwohnung Elsbacher Hof 16 Der Bauernhof hat 5 Ferienwohnungen, die Namen wie Kornspeicher, Lavendelstube oder Villa

Die Mümling fließt in Erbachs Herzen

Klatschmohn haben. Sie sind komfortabel ausgestattet und mixen geschmackvoll Alt und Neu. Es gibt eine Terrasse und Liegewiese. Kinder können sich auf dem Spielplatz oder mit Kühen, Schweinen, Hund und Katzen vergnügen. Je nach Kategorie 50–75 €/Tag für 4 Pers. inkl. Strom, Gas, Wasser, Heizung, Wäsche und Endreinigung (ab 7 Nächten, sonst zzgl. 30 €). Zur Hardt 4, Erbach-Elsbach, ✆ 06062/3151, www.elsbacherhof.de.

Habermannskreuz **4** Mitten im Wald, an einer wichtigen Verbindungsstraße nach Amorbach liegt dieses Ausflugslokal mit Zimmer- und Ferienwohnungsangebot. Die Einrichtung ist nicht mehr ganz taufrisch, aber in Ordnung. DZ 70 € inkl. Frühstück. Habermannskreuz 1, Erbach, ✆ 06061/2497, www.habermannskreuz.de.

Wohnmobilstellplatz „Alexanderbad“ **5** Direkt neben dem Freibad und keinen Kilometer von der Altstadt entfernt bietet die Stadt 11 Stellplätze an. Es stehen eine Sani-Station mit Strom- und Frischwasserversorgung sowie eine Entsorgungseinrichtung zur Verfügung. Infos gibt die Touristik-Information. Aufenthaltsdauer max. 72 Std., Strom 0,50 €/kWh, Frischwasser 1 €/70 l, Abwasserentsorgung kostenlos. Parkplatz Alexanderbad, ✆ 06062/6480, www.erbach.de.

Essen & Trinken in Erbach

→ Karte S. 141

Erbacher Brauereiausschank 8 Man nennt sich selbst „Erbachs Wohnzimmer". Das schöne Fachwerkhaus steht direkt an der Mümling, von der Terrasse hat man einen schönen Blick auf das Schloss. Es wird zwar nicht mehr selbst gebraut, aber dafür gibt es zum bodenständigen Essen neben deutschen Bieren auch Guinness oder Krušovice. Tägl. 11–24 Uhr, durchgehend warme Küche. Im Jan./Febr. Mo/Di Ruhetag. Jahnstr. 1, ✆ 06062/5732, www.brauereiausschank.de.

Michel's Restaurant 13 Im 1527 erbauten Gasthaus „Zum Hirsch" gibt es gutbürgerliche Küche mit einem Hang zum Mediterranen. Pilzmaultaschen mit Balsamicosauce und Parmesan oder Nudeln mit Ziegenkäse und Walnüssen erfreuen auch das Vegetarierherz. Tägl. (außer Do) 11.30–14.30 und ab 18 Uhr. Bahnstr. 2, ✆ 06062/3559, www.michels-restaurant.de.

Eis-Päuschen mit Aussicht

Gartenlokal am Karpfenteich 1 Nördlich des Altstadtkerns, mitten im Industriegebiet liegt dieses Erbacher Kleinod. Der Biergarten ist umgeben von zahlreichen Büschen und Bäumen, in denen kleine Trolle kraxeln. Ein schöner Ort für Familien mit Kindern, die hier auf Abenteuersuche gehen können. Im Winter wird's drinnen am Kamin kuschelig. Mo, Do–Sa 16–24 Uhr, So und feiertags 11–22 Uhr. Carl-Benz-Str. 8, ✆ 06062/8098390, www.erbacher-biergarten.de.

Quewalda's Hexenkessel 14 Hier hängen die Hexen an der Decke und über dem Tresen, Spinnengewebe und grimmige Masken fehlen auch nicht. Aber statt Krötenschleim und Spinnenbein gibt es in geselliger Atmosphäre deftige, genießbare Küche, die auch Vegetariern eine kleine Auswahl bietet. Hier ist man auch gern gesehener Gast, ohne etwas zu essen. Di–Sa 17–1 Uhr. Schlossgraben 14b, ✆ 06062/9107634, www.facebook.com/Quewalda.

Gasthaus Zur Erholung – Käs-Back 17 Das Wirtshaus wird als Kultgaststätte in Erbach, besser gesagt Elsbach, gehandelt. Der Ort liegt ruhig und idyllisch westlich von Erbach auf einer Anhöhe. Die Gaststätte ist gutbürgerlich eingerichtet und so präsentiert sich auch die Speisekarte: bodenständig mit Schnitzel, Steaks und Kochkäse. Besonders schön ist der Biergarten auf der anderen Straßenseite mitten im Wald. Im Sommer Mi/Do ab 17 Uhr, das restliche Jahr über erst Fr ab 17 Uhr, ganzjährig Sa/So und feiertags ab 11.30 Uhr. Am Holzfeld 2, Erbach-Elsbach, ✆ 06062/3470, www.kaes-back.de.

Odenwälder Bauernstube 18 So heißt die Gaststätte des vielseitigen Bauernhofs in Haisterbach. Die Gerichte auf der Karte bestehen überwiegend aus eigenen Produkten. Schwartenmagen, Rindfleischsalat, Eier oder Holunderlikör werden auch im täglich geöffneten Hofladen verkauft. Man kann hier Feste feiern oder Planwagenfahrten unternehmen und sich bei Bedarf in der Ferienwohnung einmieten. Fr ab 18 Uhr, Sa/So und feiertags ab 10 Uhr mit durchgehend warmer Küche. Marbachstr. 16, Erbach-Haisterbach, ✆ 06062/3141, www.bauernstube-weis.de. ■

Mossautal

Quellstein von Eva-Gesine Wegner am Weißfrauenbrunnen

Auf dem Weg von Erbach nach Beerfelden zweigt kurz vor Hetzbach die B 460 nach Westen ins Mossautal ab. Nach wenigen Kilometern erreicht man bereits den **Marbachsee.** Der Stausee ist das größte Gewässer im Odenwald und sehr idyllisch in die Landschaft eingebettet. Hier darf bei freiem Eintritt geangelt, gebadet, gesurft und gesegelt werden – am Wochenende bewacht vom DLRG. Seit einigen Jahren ist der See im Spätsommer die Kulisse für das Musikfestival „Sound of the Forest" (www.sound-of-the-forest.de), bei dem Bands einen bunten, ausgezeichneten Mix an Gitarren-Pop, Rock, Ska, Folk, Punk oder Soul liefern. Auch Biker lieben das Plätzchen: Regelmäßig treffen sich Motorradfahrer am Parkplatz am See.

Die Gemeinde Mossautal mit ihren Ortsteilen Güttersbach, Hiltersklingen, Hüttenthal, Ober- und Unter-Mossau ist, wenn man so will, über mehrere Täler verstreut. Es gibt einige markante Stellen, die früh in den Annalen erwähnt wurden, wie der **Lindelbrunnen** zwischen Hüttenthal und Hiltersklingen. Einige Historiker sind überzeugt, dass es sich hier um den wahren Siegfriedbrunnen handelt. Anscheinend passen die regionalen Gegebenheiten besonders gut zu den im Nibelungenlied geschilderten Orten. Wie auch immer: Heute erinnern kubistisch anmutende Stahlfiguren von Hagen und Siegfried an das Ende des Drachentöters, das sich am Brunnen ereignet haben soll.

Weniger mörderisch, sondern würdevoll geht es an der Quelle des **Weißfraubrunnens** im Wald bei Güttersbach zu. Steinbildhauerin Eva-Gesine Wegner (www.eva gesinewegner.de) hat für das Quellwasser eine Skulptur des Dankes aus Alabaster geschaffen, mit der sie auf die Freigiebigkeit der Natur, die mit dem wertvollen Element Wasser Leben schenkt, aufmerksam machen will. Der besinnliche Ort ist eine Station des umfangreichen Pilgerwegs „Quellendank im Odenwald", den die Künstlerin ins Leben gerufen hat. Im benachbarten Grasellenbach z. B. befindet sich ein weiterer Quellstein. Der Geo-Naturpark Bergstraße-Odenwald hat einen Teil der kunstvollen Steine als Geopunkte ausgewiesen.

Einen Überblick über die Gemeinde Mossautal und ihre reizvolle Landschaft verschafft der **Drachenweg.** Der insgesamt 32 km lange Rundwanderweg steuert u. a. uralte Eichen oder den Steinernen Tisch an, der früher den Jagdgesellschaften als Rastplatz diente. Geopark-Tafeln informieren mit Geschichten und Wissenswertem über die jeweiligen Sehenswürdigkeiten.

Erwähnt werden soll auch, dass das Mossautal wegen seiner regionalen Produkte beliebt ist – allen voran das Bier der Schmucker-Brauerei in Ober-Mossau, die appetitlichen Käsekreationen der Molkerei Hüttenthal oder die fangfrischen Forellen der Forellenzüchter.

Infos über das Mossautal, seine Gasthäuser, Cafés, Ferienbauernhöfe sowie Direktvermarkter gibt es auf der Gemeinde-Homepage www.mossautal.de.

Mümlingtal und Beerfelder Land → Karte S. 111

Beerfelder Land

Diese Region ist vielseitig – vom seltenen Hochmoor, herrlichen Tälern und Höhenwegen über einen Bikepark, dessen Downhill-Strecken das Herz jedes Mountainbikers schneller schlagen lassen, bis zu Winterspaß auf Loipen und einer Abfahrtstrecke. Wer dann noch Lust auf Kultur hat, bekommt Viadukte, den Beerfelder Galgen oder Burg Freienstein.

Hinter dem Namen „Beerfelder Land" stehen die vier Gemeinden Beerfelden, Hesseneck, Rothenberg und Sensbachtal mit insgesamt 18 Ortsteilen, die sich zu dieser touristisch attraktiven Einheit zusammengeschlossen haben. **Beerfelden** ist mit Industrie und Gewerbe deutlich als Kernstadt auszumachen und zusammen mit seinen sechs Stadtteilen die größte Gemeinde (rund 6500 Einwohner) in der Tourismusregion. Östlich von Beerfelden liegt, versteckt hinter einer Bergkette, das malerische **Sensbachtal,** das an ein Alpental erinnert. Die gleichnamige Gemeinde besteht aus drei Ortschaften – Ober- und Unter-Sensbach sowie Hebstahl – und hat etwas über 1000 Einwohner. Noch weiter im Osten – am Drei-Länder-Eck von Hessen, Bayern und Baden-Württemberg – schließt **Hesseneck** an, die mit knapp 650 Einwohnern kleinste eigenständige Gemeinde in Hessen. Die vierte Gemeinde im Beerfelder Land ist **Rothenberg,** das sich mit sechs Ortschaften und etwa 2400 Einwohnern südwestlich von Beerfelden bis kurz vor den Neckar erstreckt. Grundsätzlich lässt sich das Beerfelder Land mit seinen Sehenswürdigkeiten am besten durch Wanderungen erschließen.

Wintersport in Beerfelden

Östlich der Stadt wurde an einem Nordwesthang die Abfahrtsstrecke „Buchhelle" mit einer Gesamtlänge von 500 m angelegt. Der Schlepplift bringt die Skifahrer auf eine Höhe von 520 m – bei Dunkelheit sogar mit Flutlicht. Liegt genügend Schnee, hat der Lift Mo–Fr 14–21 Uhr, Sa/So ab 10 Uhr geöffnet (www.skilift-beerfelden.de). Außerdem gibt es einen Kiosk mit einer kleinen Auswahl an deftigen Speisen, Kuchen und Getränken. Und für Langlauf-Begeisterte gibt es gleich mehrere Loipen, die überwiegend leicht zu meistern sind: auf der Sensbacher Höhe, der Olfener Höhe, in Rothenberg und Hesseneck-Hesselbach (Beschreibungen der Strecken unter www.beerfelden.de).

Beerfelden

Auch wenn der Ort wie andere Städte im Mittelgebirge mit Problemen zu kämpfen hat wie leer stehenden Gastronomiebetrieben oder Wohnhäusern, so ist Beerfelden dennoch sehenswert. Ein Grund ist die **Remise von Kurt Schultz.** Der Historiker sammelt Antiquitäten, die den alten Bau bis unter die Decke füllen – darunter 19 historische Kutschen, die u. a. als Leichenwagen oder Feuerwehrfahrzeug dienten. Er ist Besuchern gegenüber sehr aufgeschlossen und weiß einiges über die Region zu berichten. Wenige Meter entfernt im Zentrum von

Der Galgen ist heute ein ruhiger Platz mit schöner Aussicht

Beerfelden steht der **Zwölfröhrenbrunnen,** der die Mümlingquelle einfasst. Er ist aus Buntsandstein und das Wasser fließt aus zwölf Messinglöwenköpfen. Bis Ende des 19. Jh., bevor die Wasserleitung gebaut wurde, war der Brunnen die wichtigste Versorgungsstelle für Trinkwasser. Direkt neben dem Brunnen befindet sich das **Museum der Oberzent,** das historische Alltagskulturgüter aus der Region ausstellt. Beerfelden gehörte früher zur Grafschaft Erbach, erhielt 1328 das Stadtrecht und wurde später zum Hauptort der sog. Oberzent, einem mittelalterlichen Gerichtsbezirk. Der dreischläfige **Galgen** aus Sandstein westlich vor der Stadt erinnert an diese ehemalige Funktion. Er wurde 1597 errichtet und ersetzte einen Galgen aus Holz, der nicht für Massenhinrichtungen geeignet war wie dieser. Der Platz mit der wunderschönen Aussicht wurde angeblich absichtlich ausgewählt: Die Sünder sollten sehen, was ihnen künftig entgehen würde. Erst 1804 fand dic letzte Hinrichtung statt.

Keine 80 Jahre später – 1880/81 – wurde nördlich bei Hetzbach das **Himbächel-Viadukt** gebaut, das seinerzeit aufgrund der Ingenieursleistung als Hessens bedeutendste Eisenbahnbrücke galt. Sie besteht aus Sandstein, ist 250 m lang, bis zu 43 m hoch und zählt zehn Steinbögen. Die Brücke wird heute noch befahren und verbindet Erbach mit Eberbach am Neckar. Südlich von Beerfelden thront die **Burgruine Freienstein** über dem Ortsteil Gammelsbach. Sie ist erstmals 1297 urkundlich belegt. Die Freiensteiner sollen Burgmannen der Erbacher Grafen gewesen sein, die an dieser Stelle die Herrschaftsgrenze sicherten. Von der Kernburg sind noch Teile des Palas erhalten, auch Reste der Schildmauer und des Halsgrabens sind noch gut zu erkennen. Nordwestlich von Beerfelden liegt Olfen. Der Wald um den Ort herum birgt gleich zwei Schätze: ein Hochmoor, auch „Rotes Wasser“ genannt, und das Olfener Bild. Das **Hochmoor** ist ein Naturdenkmal im Odenwald und ein Refugium für seltene Pflanzen wie Sonnentau

Mümlingtal und Beerfelder Land → Karte S. 111

oder Moosbeere. Das **Olfener Bild** hingegen ist ein Denkmal, das die Reformation unbeschadet überstanden hat. Der etwa 3 m hohe, mittlerweile ziemlich verwitterte Bildstock wurde zu Beginn des 16. Jh. aufgestellt und war vermutlich eine Station auf dem Pilgerweg nach Walldürn. Er steht im Wald an der Straße K 47 zwischen Olfen und Güttersbach.

Museum der Oberzent: Das kleine, hübsch verschindelte Haus steht direkt neben der Mümlingquelle. Es wurde 1810 errichtet und wird wegen seiner früheren Eigentümer auch „Schwartz'sches Haus" genannt. Heute ist es ein klassisches Heimatmuseum mit u. a. einem Kaufmannsladen und der „Gud Stubb", das vom Heimat- und Geschichtsverein Oberzent e. V. betrieben wird. Eine Besonderheit ist das Archiv für historische Wörter, dem mehr als 250 Archive aus Deutschland, der Schweiz und Österreich angeschlossen sein sollen. Hier werden Wörter gesammelt, die nicht mehr im aktuellen Sprachschatz verwendet werden. Mai bis Okt. Do 14–16 Uhr, So bis 16.30 Uhr. Führungen auch nach Voranmeldung. Eintritt frei, Spenden erwünscht. Brunnengasse 22, ✆ 06068/930320 oder 1339, www.beerfelden.de.

››› Mein Tipp: **Kurt Schultz und seine Remise**: Seine Antiquitäten stellen die Kulisse für manches Stück bei den Zwingenberger Festspielen. Der Hessische Rundfunk besucht ihn gern, wenn Kurioses für eine Ratesendung gesucht wird. Touristen gegenüber ist Kurt Schultz sehr aufgeschlossen und berichtet über seine Heimat, das Leben vor hundert Jahren und die Besiedlung des Odenwaldes. Als Gastdozent vermittelt der Historiker sein Wissen den Studenten an der Freiburger Universität. Also: Auf gut Glück die Remise besuchen oder auf Nummer sicher gehen und vorher anrufen. Mümlingtalstr. 4, ✆ 06068/2019 oder 0172-9454338. ‹‹‹

Hesseneck

Das nahe Madonnenländchen und das Bauland machen sich hier bereits bemerkbar: So gibt es einige Bildstöcke und der Grünkern hat seinen Platz auf der Speise-

Quellkirche in Schöllenbach

karte. Im Ortsteil Schöllenbach steht die 1465 erbaute **Quellkirche,** die sich später zu einer Marien-Wallfahrtsstätte entwickelte. Unter der südlichen Kirchhofmauer sprudelt die Quelle hervor. Ihr Wasser fließt direkt in den Euterbach und soll früher u. a. Augenleiden gelindert haben. Im Gemeindewappen finden sich Quelle und Kirche stilisiert wieder: Aus dem Bogen unter dem Kreuz ergießt sich Wasser. In der Kirche stand früher der prächtige geschnitzte Flügelaltar aus dem Jahr 1515, den ein Grafenpaar des Hauses Erbach stiftete. Die Erbacher holten den Altar 2010 zurück ins Schloss, wo er in der Hubertuskapelle bewundert werden kann.

Nordöstlich von Schöllenbach liegt auf einer Höhe von 485 m der Ortsteil Hesselbach. Die Nähe zum katholisch geprägten Madonnenländchen ist unübersehbar. Es gibt acht **Bildstöcke** zu bewundern, z. B. neben der Pfarrkirche St. Luzia und St. Odilia oder wenige Schritte östlich bergauf beim Gasthof „Zum Grünen Baum". Die **Kirche St. Luzia und St. Odilia** beherbergt einen barocken Hochaltar, die Skulptur einer vermutlich über 600 Jahre alten schwarzen Madonna und das Duplikat des sog. Hesselbacher Kreuzes, dessen Original im Hessischen Landesmuseum Darmstadt ausgestellt ist. Durch Hesselbach verlief zudem der **Odenwaldlimes** und am nordöstlichen Rand des Ortes sind Reste eines Kastells zu sehen. Ein Limes-Lehrpfad führt bis nach Eulbach im Norden und nach Schloßau im Süden. Ein paar Meter tiefer und weiter westlich befindet sich der malerische **Eutersee.** Wenn einen 16 °C Höchsttemperatur nicht abhalten, kann man durchaus darin schwimmen. Der See staut den insgesamt 28 km langen Euterbach, der bei Würzberg entspringt, bei Badisch-Schöllenbach bereits Itterbach heißt und bei Eberbach in den Neckar fließt.

Das **Haintal-Viadukt** im südlichen Ortsteil Kailbach sieht für Laien zwar irgendwie römisch aus, ist aber zur gleichen Zeit (1881) wie das Himbächel-Viadukt entstanden – mit 173 m Länge und ca. 30 m Höhe nur etwas kleiner.

Tour 5: Vom Reußenkreuz zum Haintal-Viadukt → S. 290
Über romantische Höhen und Wiesengründe zur imposanten Talbrücke

Mümlingtal und Beerfelder Land → Karte S. 111

Rothenberg

Die Highlights von Rothenberg sind etwas für Technikinteressierte. Im Ortsteil Hinterbach wurde Anfang des 20. Jh. eine weiterhin funktionsfähige **„Widderanlage"** (hydraulischer Widder) errichtet, die früher die höher gelegenen Bauernhöfe ohne Fremdenergie mit Wasser versorgte. Verantwortlich dafür sind gegenläufige Ventile und die im Windkessel erzeugte Druckluft, die in intervallartigen Stößen das Wasser nach oben pumpt. Übrigens: Der hydraulische Widder wurde 1796 von Joseph Michel Montgolfier erfunden. Auch Rothenberg verfügt über eine historische Pumpe, die man sich anschauen kann: 1902 machte der sog. **Schmid'sche Wassermotor** den anstrengenden Gang zum Brunnen überflüssig. Die Anlage befördert das Wasser des „Großen Brunnens" im Gammelsbachtal zum 2,5 km entfernten Hochbehälter und überwindet dabei einen Höhenunterschied von mehr als 270 m.

In der Musikszene hat sich der Ortsteil Finkenbach einen Namen gemacht. Seit 1977 bringt das **Finkenbach-Festival,** kurz Finki, fast alljährlich Mitte/Ende August

Krautrockbands und ihre Fans zusammen und wird als das Woodstock des Odenwalds gehandelt. Die Initiatoren und Musiklegenden von Guru-Guru sind selbst seit über 40 Jahren im Musikgeschäft.

Genauer Festivaltermin, Infos zu den Bands und Weiteres unter www.guru-guru.com.

Sensbachtal

Zwischen Beerfelden und dem Sensbachtal liegt mitten im Wald auf einer Anhöhe der **Gemeindefriedhof.** Er hat seine Wurzeln in den Anfängen des Dreißigjährigen Krieges, wie die Jahreszahl 1619 im Eingangsbogen zeigt. Die schlichte Kapelle wurde aus Bruchstein gefertigt. Ihre heutige Form mit Walmdach und einem kleinen Dachreiterturm erhielt sie 1744. Auf dem Friedhof hat das Haus der Grafen von Erbach-Fürstenau eine Gruft. Von der Familie stammt auch das kleine **Jagdschloss** auf dem Krähberg, nördlich des Waldgasthofs Reußenkreuz. Der Bau wurde im 18. Jh. als Sommerfrische auf dem Land erbaut und kann nur nach Anmeldung besichtigt werden.

Basis-Infos zum Beerfelder Land

Information Die gemeinsame Touristikinformation der vier Gemeinden befindet sich in der Beerfelder Stadtverwaltung. Mo/Di und Do 9.30–16 Uhr, Mi/Fr bis 13 Uhr. Metzkeil 1, 64743 Beerfelden, ✆ 06068/7590-520 oder 521, www.beerfelden.de. Von dieser Website gibt es Links zu den anderen Gemeinden. Direkter Zugang unter www.hesseneck-odenwald.de, www.rothenberg-odenwald.de und www.sensbachtal.de. Einzelne Gemeindeteile wie Finkenbach (www.finkenbach.de) oder Falken-Gesäß (www.falken-gesaess.de) haben auch eigene Websites.

Aktivitäten Der **Bikepark** am Beerfelder Skihang verfügt über einen Single Trail, fünf Freeride-Strecken und eine Super-Enduro-Strecke. Bei unterschiedlichen Schwierigkeitsgraden dürfen sich auch Anfänger dorthin wagen. Einen Vorgeschmack geben Videos auf der Homepage oder Youtube. April bis Okt. Fr 11–19 Uhr (Okt. nur bis 18 Uhr) Sa/So und feiertags 10–18 Uhr. Tageskarte 19 €, erm. 14 €. Eberbacher Weg 180, ✆ 06068/940499 oder 0170-2367325, www.bikepark-beerfelden.de.

Feste & Veranstaltungen Das **Beerfelder Brunnenfest** ist ein verkaufsoffener Sonntag mit Volksfestcharakter. Er wird von einem Stadtlauf und dem traditionellen Flohmarkt begeleitet. Es gibt Musik und einiges für den Magen. Das Fest wird immer im Mai veranstaltet und lockt jede Menge Menschen in die Stadt.

Der **Beerfelder Pferdemarkt** hat seit 1901 Tradition. Dann werden immer am zweiten Wochenende im Juli allerlei Huftiere – darunter auch Alpakas und Esel – beäugt, bewertet und verkauft. Begleitet wird der Markt von Reit- und Springturnieren sowie von Fahrgeschäften, die dem Ganzen einen Volksfestcharakter geben. Fester Bestandteil ist das Kleinkunstzelt, in dem Musiker, Kabarettisten, Bauchredner und andere Künstler für Unterhaltung sorgen. www.beerfelder-pferdemarkt.de.

Schwimmen Das **Waldseebad** südlich von Beerfelden speist sich aus einer Quelle, die bereits um 1850 gefasst wurde. Heute wird das Bad von einem Verein betrieben. Es gibt ein großes Becken mit Schwimmer- und Nichtschwimmerbereich, ein Kinderplanschbecken, einen 3-m-Sprungturm, Spielplatz, Tischtennisplatte sowie einen Kiosk mit Pommes, Burgern oder Currywurst. Während der Badesaison Mo–Fr 12–19 Uhr, Sa/So ab 10 Uhr. Eintritt 2,50 €. Lindenallee, ✆ 06068/478876.

Das **Mümlingtalbad Hetzbach** befindet sich direkt neben dem Campinglatz, ist klein, unspektakulär, aber fein. Schwimmer- und Nichtschwimmerbecken sind eins. Es gibt ein Planschbecken, eine Liegewiese und ein paar Liegestühle. Das war's auch schon. Der Kiosk versorgt mit Getränken und Happen. Mo–Fr 12–19 Uhr, Sa/So und feiertags ab 10 Uhr. Eintritt 2,50 €.

Schwimmbadstraße, ✆ 06068/478942, www.schwimmbad-hetzbach.de.

Der **Eutersee** bietet Natur pur, aber Schwimmen auf eigene Gefahr. Er liegt oberhalb von Schöllenbach und ist ein kleiner Stausee mit Kaskadentreppchen für die Fischwanderung. Wenn keine Jugendgruppen den Zeltplatz in der Nähe bevölkern, ist es hier traumhaft ruhig und idyllisch. Am nördlichen Ende des Sees gibt es noch eine Schutzhütte. Aber Achtung: Das Gewässer ist nichts für Warmduscher. Mit gerade mal 12–16 °C im Hochsommer zählt er zu Deutschlands kältesten Seen.

Der Raubacher Jockel

Mit bürgerlichem Namen hieß er Jakob Ihrig, lebte 1866–1941, war ein musikalisches Multitalent und – wenn man so will – ein Held der Region. Er hatte nie etwas gelernt, verdiente sich seinen Lebensunterhalt u. a. als gräflicher Waldarbeiter, Köhler, Uhrmacher und Totengräber. Auf Festen erfreute er die Menschen mit seiner Musik und trieb ihnen den Rhythmus in die Füße. Es gibt viele Geschichten um den Jockel, die in einer kleinen Broschüre festgehalten sind. Die berühmteste beschreibt das Zusammentreffen mit einem der Grafen von Erbach-Fürstenau, der sich im Wald verirrt hatte und auf den Jockel traf. Der Adelsmann fragte den einfachen Menschen nach dem Weg und war mächtig empört, als der Jockel ihn duzte. Ob er denn wisse, wen er vor sich hätte, fragte er. Daraufhin der Jockel: „Un wann du aach de Graf bist, so mußte doch de Buckel nuff, dann runner un wirrer nuff, sunst kimmste dei Lebdag net in die Raubach." Diese und andere Anekdoten kann man auch bei einer aussichtsreichen Wanderung auf den Tafeln des Jockel-Rundwegs um Raubach lesen. Die Broschüre „Raubacher Jockel" ist für 2,50 € bei der Touristikinformation „Beerfelder Land" oder im Gasthof Raubacher Höhe erhältlich, der auf dem Rundweg liegt.

Einkaufen im Beerfelder Land

Brennerei & Ölmühle. Karl-Ludwig – „Lui" – Jahn-Kellermann keltert und brennt Schnäpse und Liköre, allen voran Apfelbrand. Darüber hinaus produziert er kaltgepresste Pflanzenöle. Mo–Mi, Fr und Sa nach Vereinbarung, Do 14–20 Uhr. Vorher anrufen, also auf Nummer sicher gehen. Finkenbacher Str. 27–29, Beerfelden-Olfen, ✆ 06068/2592.

Eigenvermarktung Öhlenschläger. Die Familie betreibt eine kleine Landwirtschaft, verarbeitet und vermarktet die Produkte selbst. Auch ohne Bio-Siegel sind Obst und Gemüse naturbelassen, da nicht gespritzt oder künstlich gedüngt und bei der Verarbeitung auf künstliche Zusätze verzichtet wird. Es gibt auch Wurst aus eigener Herstellung. Verkauft wird auch auf Märkten, in ausgesuchten Supermärkten und anderen Lädchen. Eine Liste auf der Website informiert darüber. Mo–Fr 9–18 Uhr, Sa nach telefonischer Vereinbarung. Finkenbacher Str. 40, Beerfelden-Olfen, ✆ 06068/4603, www.ingrid-oehlenschlaeger.de. ■

Übernachten im Beerfelder Land

*** **Waldgasthof Reußenkreuz**. Diese Unterkunft an der Siegfriedstraße oberhalb von Hetzbach ist ein guter Ausgangspunkt für Wanderungen im Beerfelder Land. Von hier zweigen Wege nach Beerfelden, Hesseneck oder ins Sensbachtal ab. Das Hotel

Mümlingtal und Beerfelder Land → Karte S. 111

ist klein und verfügt über klassischen Sternekomfort. Die Gaststätte ist ebenfalls empfehlenswert. DZ 42 €/Pers. inkl. Frühstücksbüfett. Sensbachtal, ✆ 06068/2086 und 2263, www.reusenkreuz.de.

Zum Grünen Baum. Das freundliche, familiengeführte Gasthaus mit badisch beeinflusster Küche und Zimmerangebot befindet sich in Hesselbach. Hier in der Nähe des Limes sagen sich garantiert auch Fuchs und Hase gute Nacht. Erholung pur mit Standardkomfort. Hunde sind erlaubt DZ 39 €/Pers. inkl. Frühstücksbüfett. Römerstr. 1, Hesseneck-Hesselbach, ✆ 06276/280, www.gruenerbaum-hesselbach.de.

Raubacher Höhe. Der Landgasthof liegt ruhig und idyllisch auf der Anhöhe über dem Hinterbachtal. Die Zimmer sind freundlich in hellem Holz eingerichtet. Die Gaststätte mit gutbürgerlicher Küche ist ideal zum Einkehren, wenn man sich auf die Spuren des Raubacher Jockels begibt. Von der Terrasse hat man einen schönen Ausblick ins Tal. DZ 35 €/Pers. inkl. Frühstück, Hunde kosten 10 € extra. Am Waldesrand 11, Rothenberg-Raubach, ✆ 06068/2183, www.raubacher-hoehe.de.

Zum Spälterwald. Der Olfener Gasthof liegt ruhig am Waldrand. Die Zimmer sind ländlich-rustikal eingerichtet, mit und ohne Balkon. Die Gaststätte bietet saisonale Küche, Fleisch aus eigener Schlachtung und heimischen Wäldern. Je nach Dauer DZ 29–35 €/Pers. inkl. Frühstück. Spälterwaldstr. 4, Beerfelden-Olfen, ✆ 06068/2535, www.odenwald-tourismus.de/spaelterwald.

Hof Heiderich. Der Bauernhof in Falken-Gesäß bietet 4 Ferienwohnungen mit Kapazitäten für 4–6 Pers. Die Wohnungen tragen Namen wie Koblenz, Eifel oder Gießen, sind freundlich und in einem Alt-Neu-Mix eingerichtet. Ab 100 € für eine Nacht (jede weitere Nacht 50 €) für 2 Pers. inkl. Endreinigung, Handtücher, Bettbezug, Heizung und Strom. Bei Belegung unter 3 Tagen werden einmalig 30 € berechnet. Kirchweg 7, Beerfelden/Falken-Gesäß, ✆ 06068/3626, www.hofheiderich.de.

Essen & Trinken im Beerfelder Land

*** **Hotel Hirsch**. Neben Unterkünften gibt es auch eine appetitliche, modern-odenwälderische Küche z. B. mit Wildsülze und grüner Sauce oder Lachsforellen, die quasi aus Nachbars Teich stammen. Die saisonalen Gerichte tragen mal Namen von Odenwälder Originalen wie dem liebenswürdigen Raubacher Jockel oder dem Schurken Hölzerlips oder bestehen beispielsweise aus Leckereien aus dem Alpenland. Mi–Fr ab 18 Uhr, Sa/So ab 12 Uhr mit Pause von 14–18 Uhr. Schulstr. 3–7, Rothenberg, ✆ 06275/91300, www.hirsch-hotel.de.

Maier's Bauernstube. Hier wird gutbürgerliche Küche in rustikalem Ambiente in schöner ländlicher Idylle, nämlich dem Sensbachtal, serviert. Die Gaststätte ist wegen ihrer frischen Küche mit typischen Odenwälder Speisen wie Kochkäse und Schnitzel beliebt. Do–So 11.30–21 Uhr. Sensbacher Str. 32, Sensbachtal, ✆ 06068/3828.

Rosenwirts Scheune. Der Name hält, was er verspricht: Das Gasthaus ist ein auf zwei Etagen ausgebauter und urig eingerichteter Speicher mit Biergarten. Die Speisen sind gutbürgerlich. Es gibt Tagesmenüs in der Regel mit einer hausgemachten klaren Brühe und oft Braten als Hauptgang. Die Portionen sind üppig. Tägl. (außer Mo) 11–22 Uhr, Di–Fr 14.30–17 Uhr Pause. Hauptstr. 42, Rothenberg ✆ 06275/262, www.rosenwirts-scheune.de.

Gasthof-Bäckerei „Zum Kühlen Krug". Wer eine ausgedehnte Wanderung rund um die Burgruine Freienstein plant, findet hier einen Ort zur Einkehr. Der Gasthof bietet auch Übernachtungsmöglichkeiten, weshalb wochentags die Gaststube schon früh öffnet. So und feiertags allerdings erst ab 17 Uhr, Do ist Ruhetag. Beerfelden-Gammelsbach, ✆ 06068/2201, www.gasthof-zum-kuehlen-krug.de.

Café Riesinger. Hier werden feine Torten, Kuchen und Trüffel produziert, die man im Café oder auf der Terrasse schlemmen kann. Es gibt auch Frühstück. Tägl. (außer Mi) 5–18 Uhr, Sa bis 13 Uhr, So 8–17 Uhr. Hirschhorner Str. 11, Beerfelden, ✆ 06068/1393, www.cafe-riesinger.de.

Der Eutersee – ein schönes Stück Natur

Im fruchtbaren Bauland wird vor allem Dinkel kultiviert

Madonnenländchen und Bauland

Das Madonnenländchen liegt eingebettet zwischen Main, Neckar und Tauber. Die vielen Mariensäulen, Bildstöcke und Kapellen haben der Region ihren Namen gegeben. Im Osten grenzt das Madonnenländchen an das Bauland, die Heimat des Grünkerns. Und dann gibt es im südöstlichen Odenwald noch jede Menge römische Ruinen entlang des Limes.

Madonnenländchen und Bauland sind Teil des Neckar-Odenwald-Kreises, der von Mosbach aus verwaltet wird. In der Region geht der waldreiche Buntsandstein-Odenwald über in die sanften Hügel aus Muschelkalkboden. Die meisten Ortschaften liegen relativ hoch, die Anhöhe bei Mudau-Reisenbach, auf der ein knapp 150 m hoher Fernmeldeturm emporragt, misst 580 m. Die Landschaft ist fruchtbar und durch die intensive Bewirtschaftung im Osten weniger bewaldet – ideale Bedingungen für den Anbau von Dinkel, der hier zu Grünkern verarbeitet in regionalen Spezialitäten auf den Tisch kommt.

Entlang der Felder stehen viele Bildstöcke, zahlreiche Marienfiguren schmücken zudem die Hauswände. Die prächtige **Mariensäule in Buchen** ist das Wahrzeichen des Madonnenländchens, sein spirituelles Zentrum ist **Walldürn:** Hier soll sich vor fast 700 Jahren ein sog. Blutwunder ereignet haben. Bis zu 150.000 Menschen pilgern alljährlich zur barocken **Wallfahrtsbasilika St. Georg,** die aus diesem Anlass hoch über der Stadt errichtet wurde.

Vorbei an Walldürn und Osterburken ziehen sich die Überreste des im 2. Jh. n. Chr. entstandenen, 2005 in die Liste des UNESCO-Welterbes aufgenommenen **Obergermanisch-Raetischen Limes.** Noch weiter zurück in die römische Vergangenheit führt ein älterer Limes, der entlang der Ortschaften Mudau, Limbach und Mosbach verläuft. Bei Wanderungen lassen sich die Ruinen der Limes-Kastelle und Wach-

türme sowie diverse rekonstruierte Palisaden gut in Augenschein nehmen. Imposante Funde sind im Römischen Museum Osterburken ausgestellt.

Das Land, aus dem der Grünkern stammt

Betritt man im Madonnenländchen eine Gaststätte mit regionaler gutbürgerlicher Küche, stehen in der Regel auch Grünkernküchle oder Grünkernklößchen-Suppe auf der Karte. Der auch „Schwabenkorn“, „badischer Reis“ oder „Bauländer Spelz“ genannte Grünkern ist die Frucht des Dinkels, die halbreif geerntet und anschließend geröstet wird – übrigens eine Erfindung aus der Not heraus, weil ein verregneter Sommer die Ernte zu zerstören drohte. Als Suppeneinlage bereits seit dem 17. Jh. bekannt, erlebte der genügsame „Urweizen“, der im Bauland mit seinem Muschelkalkboden ideale Bedingungen findet, allerdings erst im letzten Viertel des 19. Jh. einen Anbau-Boom. Fast jeder Bauer kultivierte zu dieser Zeit Dinkel und besaß einen sog. Grünkerndarren. Die noch heute das Bild des Baulands prägenden Darren bestehen aus einem massiven Steinsockel mit Fachwerkaufsatz und sehen aus wie kleine Scheunen. In dem steinernen Unterbau wurde Feuer gemacht, der entstehende Rauch zog über einen Rauchkanal nach oben in den Hohlraum unter einem siebartigen Darrenblech, auf dem der ausgebreitete Dinkel über vier Stunden zu Grünkern geröstet wurde. In Walldürn-Altheim kann man sich einige gut erhaltene Darren ansehen, das vom örtlichen Heimatverein betriebene Museum kann jedoch nur nach Vereinbarung (Kontaktdaten unter www.altheim.de) besucht werden. Konjunktur hatte der Grünkern bis in die 1930er-Jahre, dann wurde er von Weizen und Gerste verdrängt. Erst seit der Gesundheits-Bio-Welle erlebt er ein Comeback. Für weitere Informationen zum „Schwabenkorn“ sind die Seiten www.gruenkern.de und www.fraenkischer-gruenkern.de empfehlenswert.

Mosbach

Üppiges Fachwerk und vorstädtische Industrieparks – bevor man in das schöne Herz der Kreisstadt gelangt, gewinnt man zunächst einen Eindruck vom Wirtschaftsstandort. Doch mit malerischen Gebäuden wie dem Palm'schen Haus, dem Alten Rathaus oder dem Landesgartenschau-Park hat Mosbach vor allem eins zu bieten: viel Atmosphäre.

Bei den ersten wärmenden Strahlen belegen Einheimische und Touristen die Sonnenplätze von Cafés und Restaurants rund um den historischen Marktplatz und den Ludwigsplatz. Gelassen schaut man dem geschäftigen Treiben der Innenstadt zu. Mosbach ist die größte Stadt des Neckar-Odendwald-Kreises und liegt an den südlichen Ausläufern im baden-württembergischen Teil des Mittelgebirges. Mit seinen vielen Fachwerkhäusern aus dem 15. und 16. Jh. bildet es zugleich den nördlichsten Punkt der Schwarzwald-Bodensee-Route der Deutschen Fachwerkstraße.

Mosbach, vom 16. Jh. bis 18. Jh. bedeutendstes Oberamt der Kurpfalz, nahm seinen Anfang mit einem Benediktinerkloster, um das herum eine Siedlung entstand. Erstmals erwähnt wurde „Mosabach" in Zusammenhang mit dem Monasterium 826. Deutlich früher belegt ist die Existenz der Stadtteile Lohrbach (765) und Neckarelz (773), die zu besuchen durchaus lohnt. So gibt es in **Lohrbach** beispielsweise das gleichnamige Wasserschloss zu sehen, in dem man heute Ferienwohnungen anmieten kann. In **Neckarelz** existiert ein stattliches Tempelhaus aus dem 12./13. Jh., das auf einen Wohnturm einer Johanniterburg zurückgeht. Mit der nationalsozialistischen Vergangenheit setzt sich die Gemeinde mit der 2011 eröffneten **KZ-Gedenkstätte** offensiv auseinander.

Der Kiwwelschisserbrunnen erinnert an vergangene Zeiten

Bei Neckarelz mündet – wie der Name schon sagt – die Elz in den Neckar. Der **Landesgartenschau-Park** bindet den Fluss in seinen Wasserspielen mit ein. Das Gelände wurde zu einem Teil bereits 1913/14 als Stadtgarten angelegt, als Mosbach Luftkurort werden wollte. Zu einem „Bad Mosbach" kam es allerdings nicht, der Brunnentempel mit Solebrunnen erinnert jedoch noch an das Vorhaben. Der weitere Teil des Landschaftsparks wurde 1997 für die 15. baden-württembergische Landesgartenschau gestaltet. Heute erholen sich hier Mosbacher und Touristen.

Noch mehr Ruhe versprechen die rund 120 km langen Wanderwege rings um die von Hardberg und Henschelberg gesäumte Stadt. Schöne Ausblicke hat man beispielsweise auf dem Weg von Mosbach nach Neckarzimmern.

Stadtrundgang

Die Tourist Information bietet einen Flyer mit zwei Rundgängen an. Der eine umfasst die baulichen Highlights im Herzen der Altstadt. Die zweite Tour führt zu den Sehenswürdigkeiten in der näheren Umgebung. Dazu zählen auch die 1935 eingeweihte **Kirche St. Cäcilia,** die 1908 errichtete **Alte Mälzerei** oder der schöne **Landesgartenschau-Park.**

Ein Rundgang durch die Innenstadt lässt sich gut am Marktplatz beginnen. Denn hier sieht man gleich drei Höhepunkte: Das **Palm'sche Haus** von 1610 ist ein wahres Schmuckstück. Sein dreigeschossiges Fachwerk ist reich mit Schnitzereien und Bemalungen verziert. Bärtige Neidköpfe sollen böse Geister abwehren. Neben dem Gebäude stehen die **Stiftskirche St. Juliana** und das im Renaissancestil erbaute **Rathaus.** Dieses wurde zwischen 1554 und 1558 auf den Resten der früheren Cäcilienpfarrkirche errichtet, aus der das Lumpenglöckle stammt. St. Juliana, im 14. Jh. von Benediktinern begründet, wird seit Ende des 17. Jh. als Simultankirche von Protestanten und Katholiken genutzt, weshalb 1708 zunächst eine Trennmauer quer durch das Gotteshaus gezogen wurde. Südöstlich gegenüber dem Rathaus an der Hauptstraße steht mit spitzem Dach das **Salzhaus.** Es wurde um 1450 erbaut und ist wahrscheinlich das älteste Fachwerkgebäude der Stadt. Durch kleinere Sträßchen führt der Weg bergauf zur Schlossgasse und zum auf das 14. Jh.

zurückgehende **Mosbacher Schloss,** das sein heutiges Äußeres mit romantischen Erkern und Giebeln allerdings erst 1898 erhielt. Ein Stück zurück und rechts an der alten Stadtmauer entlang, kommt man anschließend zum **Kandelschuss-Brunnen.** Der Kandelbach schoss hier einst mit hoher Geschwindigkeit in einen Trog – daher der Name. Die Heugasse bergab und die nächste gleich wieder links, gelangt man in die Badgasse zum **Kiwwelschisserbrunnen.** Er erinnert an die Zeit, in der die Mosbacher ihre Notdurft in Kübeln – Kiwwel – aufs Feld hinaustrugen, während anderenorts längst komfortablere Donnerbalken existiert haben sollen. Von dort sind es nur noch wenige Meter bis zum Marktplatz. Die offizielle Route führt noch an weiteren Punkten vorbei, wie etwa dem **Alten Hospital** aus dem 15. Jh., in dem sich das Stadtmuseum befindet. Infotafeln an den jeweiligen Gebäuden weisen die Sehenswürdigkeiten aus.

Stadtmuseum

Im 18. Jh. gründete einer der Heidelberger Kurfürsten die Mosbacher Fayence-Manufaktur. Keramiken aus dieser Zeit bilden einen der Schwerpunkte der Dauerausstellung. Eindrucksvoll ist auch die stattliche Sammlung an manuellen Druckmaschinen samt Zubehör, die eine Druckgeschichte von über 550 Jahren Revue passieren lassen. Daneben gibt es noch einiges Heimatkundliches über die früher ansässigen Zünfte wie Brauer, Sattler oder Schuhmacher. Sehenswert ist auch das Ausstellungsgebäude: Das Alte Hospital ist ein herrlicher Fachwerkbau aus dem 15. Jh.

April bis Okt. Mi und So 15–18 Uhr. Eintritt frei. Hospitalgasse 4, www.mosbach.de/Stadtmuseum.html.

KZ-Gedenkstätte Neckarelz

Die Clemens-Brentano-Schule wurde 1944 in ein KZ umgewandelt. Unter der Führung von Daimler-Benz sollten die dort untergebrachten Häftlinge in einem nahe gelegenen Gipsstollen eine unterirdische Fabrik zur Flugzeugmotorenproduktion errichten. Das Unterfangen erhielt den Decknamen „Goldfisch“. Der Goldfisch-Lehrpfad rund um den Stollen – in dem immer noch Gips abgebaut wird – berichtet an zehn Stationen auf Tafeln darüber. Zudem erinnert seit 2011 die Gedenkstätte mit Ausstellung neben der Schule an das dunkle Kapitel in der Geschichte der Stadt.

So 14–17 Uhr. Eintritt 3 €. Mosbacher Str. 39, ✆ 06261/670653, www.kz-denk-neckarelz.de.

Das Lumpenglöckle weist den Weg

Täglich um 22.45 Uhr läutet im Rathausturm in Mosbach das Lumpenglöckle. Während das Geläut heute die in den Kneipen Versackten an die Heimkehr mahnt, hat der Sage nach eine Glocke Mitte des 15. Jh. die Pfalzgräfin Johanna nach Hause geführt. Sie hatte sich bei einem Jagdausritt verirrt. Nach Einbruch der Dunkelheit ließ ihr Gemahl Otto I. die Glocke der früheren Cäcilienkirche läuten. Ihr Klang zeigte der Pfalzgräfin den Weg zurück in die Stadt, wo sie um die Uhrzeit eintraf, zu der heute tagaus, tagein die bereits 1458 gegossene Glocke ertönt. Kleine Repliken aus Ton sind in der Tourist Information erhältlich.

Skulpturen treiben auf dem See des Landesgartenschau-Parks

Madonnenländchen und Bauland → Karte S. 155

Basis-Infos zu Mosbach

Information Die Tourist Information befindet sich am Marktplatz in der Altstadt. Mo–Fr 9–13 und 14–17 Uhr, Mai bis Sept. auch Sa 9–13 Uhr. Marktplatz 4, 74821 Mosbach, ✆ 06261/91880, www.mosbach.de.

Feste & Veranstaltungen Die **Alte Mälzerei** ist Mosbachs Ort für große, kulturelle Events. Aktuelles Programm unter www.maelzerei.de.

Der **Mosbacher Sommer** umfasst zwischen Juli und August Events wie Freilichtschauspiele, Open-Air-Kino, Straßentheater und Open-Air-Konzerte. Programm unter www.mosbach.de.

Über das Jahr verteilt werden monatlich in der Altstadt Märkte veranstaltet. Die Reihe beginnt mit dem **Kunsthandwerkermarkt** Ende März/Anfang April. Im Mai und Juli folgen der **Blumen-** und der **Antikmarkt**, abgelöst vom **Kräutermarkt** im August. Und so geht es weiter, bis der **Weihnachtsmarkt** im Dezember das Marktjahr traditionell abschließt. Termine und Infos unter www.mosbach.de.

Schwimmen Das Open-Air-Badevergnügen **faMos** bespaßt große und kleine Kinder mit einer 75 m langen Wasserrutsche, einem großen Schiff mitten im Schwimmbecken, Wasserstrudel, Tischtennisplatte, Beachvolleyball-Feld und einigem mehr. Trotz großzügiger Liegewiese kann es in der Hochsaison richtig voll werden. Mai bis Ende Sept. tägl. 9–20 Uhr, Schulferien bis 20.30 Uhr, Eintritt 3,50 €. Hammerweg 3, ✆ 06261/8905400.

Von Okt. bis April kann man im weniger spektakulären **Hallenbad Mosbach** in einem 25-m-Becken seine Bahnen ziehen. Di, Do und Fr 14–20 Uhr, Mi 15.30–20 Uhr, Sa 10.30–17 Uhr, So 8–13 Uhr. Mo und feiertags geschlossen. Jean-de-la-Fontaine-Str. 10, ✆ 06261/8905400. Weitere Infos auf www.swm-online.de unter Bäder.

Stadtführungen Von Mai bis Sept. werden jeden Mi um 14.30 Uhr und Sa um 11 Uhr für 4 €/Pers. Führungen durch die Altstadt angeboten. Treffpunkt ist die Tourist Information, Anmeldung nicht erforderlich. www.mosbach.de.

Wer Spaß an **Segway-Touren** hat, kann gemütlich auf zwei Rädern bei einer Führung Mosbach kennenlernen. Anbieter ist die nsp sports & experience GmbH, ✆ 06261/9389840, www.nsp-events.de.

Einkaufen in Mosbach

Auf dem schönen Platz zwischen Stiftskirche, Rathaus und Palm'schem Haus wird ein **Wochenmarkt** abgehalten. Zu den regelmäßigen Beschickern zählen regionale Bauern, Forellenzüchter oder Imker ebenso wie überregionale Kaufleute mit Angeboten wie Ziegenspezialitäten, Trüffel oder Antipasti. Mi und Sa 7–13 Uhr.

Naturquell 2 Der gut sortierte Bioladen hat in der über 550 Jahre alten Bachmühle Quartier bezogen. Hier gibt es alles, was man zum Leben braucht, auch frischen Käse und Wein. Mo–Fr 9–18.30 Uhr, Sa 8–14 Uhr. An der Bachmühle 4, ✆ 06261/16890. ■

Edelobstbrennerei Mathes 14 Die Brennerei in Mosbach-Neckarelz destilliert ihre Schnäpse in einer holzbefeuerten Brennblase. Eibe, Hagebutte oder Mispel bilden u. a. die Grundlage der teils mit Gold und Silber prämierten Wässerchen. Tägl. (außer So) ab 16 Uhr oder nach telefonischer Vereinbarung. Wiesenstr. 10, ✆ 06261/61070.

Mosbacher Schloss

Destille Eisenbahn 15 Hier werden Obst und Kräuter wie Banane, Holunder oder Bärlauch zu feinen Destillaten verarbeitet. Leckerer Walnusslikör heißt hier „Kiwwelwasser". Preise gab es für die hochprozentigen Kreationen auch bereits. Tägl. ab 17 Uhr oder nach Anfrage. Kantstr. 29, Mosbach-Neckarelz ✆ 06261/7314, www.haus-der-übernachtungen.de.

Majer's Tee- und Kaffeeladen 8 Neben Tee und Kaffee gibt es auch Delikatessen wie Lucullus-Senf und zeitgemäße Geschenkartikel. Mo und Mi–Fr 10–18 Uhr, Sa 9.30–13 Uhr. Hauptstr. 56, ✆ 06261/675486.

Galerie Antik 10 Diese Kunst- und Antiquitätengalerie restauriert und verkauft seit über 25 Jahren Bilder und Möbel. Fr 14–19 Uhr, Sa 11–14 Uhr. Schlossgasse 5, ✆ 06261/8464509 oder 0173-9023202.

Hobby-Maler Brück 6 Wer malerische Landschaftsansichten aus Mosbach mitnehmen möchte, ist hier richtig. Ein rotes Schild in Form einer Malpalette mit der Aufschrift „Heute geöffnet" zeigt an, ob jemand da ist. Reguläre Öffnungszeiten gibt es scheinbar nicht. Hospitalgasse 1, ✆ 06261/14401.

Übernachten in Mosbach

*** **Schwanen** 12 Die Zimmer in dem kuscheligen Fachwerkhaus sind alle verspielt neobarock, aber keines wie das andere eingerichtet. Der Komfort entspricht den Sternen. Reichhaltiges Frühstück. Für Empfindliche sei erwähnt, dass hier stündlich die Rathausturmuhr zu hören ist. Zum Hotel gehört ein Restaurant mit Außenplätzen am schönen Marktplatz. DZ 65–90 € inkl. Frühstück. Schlossgasse 8, ✆ 06261/93440, www.schwanen-mosbach.de.

*** **Lamm** 4 Eines der Traditionshäuser der Stadt, mit schönem Fachwerkbau zur Haupteinkaufsstraße hin, in dem sich auch das Restaurant befindet. Wer geräuschempfindlich ist, sollte sich lieber Zimmer nach hinten geben lassen. Denn im Sommer sitzen die Gäste natürlich gern draußen. DZ 80 € inkl. Frühstück. Hauptstr. 59, ✆ 06261/89020, www.lamm-mosbach.de.

Lindenhof 13 Auch wenn die Einrichtung schon etwas betagter ist, gibt es hier ne-

ben Dusche und WC, Telefon und TV auch ISDN-Anschluss. DZ 60 € inkl. Frühstück. Martin-Luther-Str. 3, Mosbach-Neckarelz, ✆ 06261/60066, www.lindenhof-neckarelz.de.

Schreckhof **11** Die ländlich-modern eingerichteten Zimmer des westlich der Stadt inmitten von Feldern gelegenen Gasthofs haben Dusche, WC und Internetanschluss, auf Wunsch auch TV. 28 €/Pers. inkl. Frühstück bei mehreren Übernachtungen, Einzelnacht 5 € Aufschlag. Schreckhof 31, ✆ 06261/2590, www.schreckhof.de.

Wohnmobilstellplatz Wasemweg **1** Der Platz liegt am nördlichen Ende des Landesgartenschau-Parks. Münzbetriebene Strom- und Wasserversorgung ist gewährleistet. Bis zu drei Nächten kostenfrei. Wasemweg, ✆ 06261/91880, www.mosbach.de.

Essen & Trinken in Mosbach

Taverna Mythos **9** Das Gasthaus hat den schönsten Platz in der Stadt: mit Blick auf das Rathaus und das Palm'sche Haus. Geschmackvoll, typisch griechisch eingerichtet, bei schönem Wetter Terrasse geöffnet. Die Tagesgerichte sind besondere Schmankerl und zu empfehlen, wenngleich sie nicht ganz günstig sind. Tägl. 11.30–14.30 und 17–22 Uhr. Badgasse 1, ✆ 06261/37763, www.mythos-mosbach.de.

Das Indische Haus **7** Duft und Geschmack entführen für diesen Moment in einen anderen Kontinent. Es gibt einen günstigen Mittagstisch, vegetarisch und mit Fleisch – auch zum Mitnehmen. Mi–Fr 11.30–14 und ab 18 Uhr, Sa/So und feiertags 12–15 und ab 18 Uhr. Hauptstr. 70, ✆ 06261/8462222, www.dasindischehaus.de.

Ludwig 3 Das Lokal am gleichnamigen Platz versteht sich als Restaurant, Bar und Café in einem. Angeboten werden Pasta, Salate und Steaks. Ein Barkeeper sorgt für die richtige Mischung in den Cocktails. Mo–Fr 9.30–24 Uhr, Sa bis 2 Uhr, So 10.30–24 Uhr, warme Küche 12–23 Uhr. Hauptstr. 92, ✆ 06261/2242, www.ludwig-mosbach.de.

Rino Café 5 Es versteckt sich regelrecht in einer Seitengasse beim Stadtmuseum um die Ecke. Latte Macchiato oder ein Gläschen Wein in urgemütlicher Fachwerk-Mini-Kaffeehausatmosphäre, bei schönem Wetter auf der Gasse. Es gibt auch Kleinigkeiten zum Essen. Di–Sa 9–18 Uhr. Farbgasse 17, ✆ 06261/6744339.

Mudau

Den Neckar-Odenwald-Kreis besuchen, ohne einmal am Limes entlangzulaufen? Das beschauliche Mudau ist ein idealer Ausgangspunkt für eine Wanderung entlang von Ruinen römischer Wachttürme, Kastellen oder Tempeln. Doch die sind nicht die einzigen Highlights.

Ihren Namen hat die etwas abseits vom Bauland – in der Nähe der bayerisch-hessischen Grenze – reizvoll in die typische Landschaft des Buntsandstein-Odenwalds eingebettete Gemeinde von der Mud, einem Bach, der in Mudau entspringt und nach etwa 24 km bei Miltenberg in den Main mündet. Die Region ist eine Wasserscheide zwischen Main und Neckar: Andere Bäche, die hier ihre Quelle haben, wie die Elz oder der Reisenbach, fließen zum Neckar.

Erstmals besiedelt wurde die Gegend von den Römern ab dem 1. Jh. n. Chr.; durch das Gebiet verläuft der Neckar-Odenwald-Limes, der die obergermanische Provinz sichern sollte. Zwischen den Bodendenkmälern Kleinkastell Zwing nahe dem Waldleininger Tal und Kleinkastell Seitzenbuche auf dem Heidenberg erreicht der Grenzwall mit 552 m seinen höchsten Punkt. Die ausgewiesenen Limes-Wanderwege führen vorbei an informativen Schautafeln sowie Resten von Wachtposten und sogar eines Tempels samt römischer Götterskulpturen – Letztere natürlich nur als Repliken.

Barocke Mariensäule in Mudau

Mudau war einst der gerichtliche Mittelpunkt des Mudauer Zents, dem 28 Dörfer angehörten. Das Alte Rathaus von 1434, in dem mittlerweile die Sparkasse ihren Sitz hat, war früher Zenthaus. Der dreischläfrige Galgen südöstlich bezeugt, dass Mudau in der Vergangenheit Gerichtsort war. Das Zentgericht tagte zweimal im Jahr und ließ zum Tode Verurteilte auf der Anhöhe hinrichten. Darüber hinaus hatte Mudau mit seinen mehrmals jährlich stattfindenden Jahr- und Viehmärkten auch als Marktflecken Gewicht.

Schloss Waldleiningen

Die Sehenswürdigkeiten konzentrieren sich überwiegend auf den zentralen Ort: Ein kulturhistorischer Rundweg besucht über 16 Stationen die wesentlichen Attraktionen. Er beginnt in Mudaus Vorstadt und endet beim Galgen. In den eingemeindeten Ortsteilen gibt es darüber hinaus Perlen wie das 1828 im Windsorstil erbaute, heute als Sanatorium genutzte, imposante **Schloss Waldleiningen.** Es erinnert an das Fürstenhaus Leiningen, das in der Region für sehr kurze Zeit – von 1803 bis 1806 – sein Fürstentum hatte, bevor das Land größtenteils an Baden ging. Andere Sehenswürdigkeiten sind religiöser Natur: Neben den zahlreichen Bildstöcken am Straßenrand sind Bauwerke wie die **Scholze Kapelle** in Ünglert von 1778, die barocke **Mariensäule** in Mudau von 1736 und natürlich der prächtige Flügelaltar in der **St.-Martins-Kirche** in Steinbach zu nennen. Dieser entstand vermutlich zwischen 1503 und 1514 und wird der Riemenschneider-Schule zugerechnet. Das ländliche Mudau bietet viel Raum für Besinnung – in Kirchen oder in der Natur auf den zahlreichen Wanderwegen. Für Fahrradfahrer wurde außerdem die **Radwanderbahn** angelegt, eine stillgelegte Bahntrasse, die fast 70 Jahre lang Mosbach mit Mudau per Odenwaldexpress verband.

Tour 6: Rund um den Limes bei Schloßau → S. 293
Auf den Spuren der Römer, vorbei am malerischen Schloss Waldleiningen

Service-Infos zu Mudau

Information Bei touristischen Fragen steht in Mudau das Rathaus zur Verfügung. Mo–Fr 8–12.30 Uhr, Mo/Di auch 14–16 Uhr, Do auch 14–18 Uhr. Schloßauer Str. 2, 69427 Mudau, ✆ 06284/780, www.mudau.de.

Aktivitäten **Eventure Park** ist der Name des Hochseilgartens in Mudau-Steinbach. Die Parcours befinden sich in bewaldeten und frei gebauten Anlagen. Es gibt Touren in Höhen von 10 bis 12 m, aber auch vier Niedrigseilparcours. Nachwuchs hangelt sich im Kinderparcours von Seil zu Seil. Außerdem stehen geführte Mountainbike-Touren und Kanufahrten, z. B. auf Neckar oder Main, auf dem Programm. Winterberg 5, ✆ 06284/9299933, Termine und Preise unter www.eventurepark.de.

Bei **Schollies Kutschfahrten** kann man sich durch Wälder und Felder ziehen lassen – im Winter mit einem Pferdeschlitten. Preise auf Anfrage. Neue Str. 24, Schloßau-

Mudau, ✆ 06262/7149, www.schollies-kutschfahrten.de.

Einkaufen Die **Imkerei** von Andreas Sigmund produziert Honig, Wachskerzen und verkauft auch Bienen-Jungvölker. Öffnungszeiten nach telefonischer Absprache. Auerbergstr. 29/1, Mudau-Langenelz, ✆ 06284/1477.

Mühlenhof. Demeter-Betrieb für biologisch-dynamisches Obst, Gemüse und Kartoffeln, die im Hofladen verkauft werden. 3 km außerhalb von Reisenbach im Reisenbacher Grund. Mo–Mi 17–19 Uhr, Fr nach tel. Absprache. Im Grund 8, Mudau-Reisenbach, ✆ 06284/1886. ■

Im Gasthaus **Zur Rose** im Herzen von Mudau gibt es selbst gebrannte Schnäpse zu kaufen. → Übernachten/Essen.

Feste & Veranstaltungen Auf dem **Mudauer Bauernmarkt** präsentieren sich jährlich am dritten Sonntag im Oktober die Landwirte des Neckar-Odenwald-Kreises. Dann stehen Honig, Ziegenkäse, Wolle und Wurst im Mittelpunkt. Es werden Dinkelspezialitäten, Grillhähnchen und Apfelsaft angeboten, Herbstgirlanden, Heilkräuter und Hochprozentiges verkauft. Wer will, kann außerdem eine kleine Kutschfahrt unternehmen.

Übernachten/Essen **Gästehaus Lena**. Modern eingerichtete Pension, Doppelzimmer alle mit Dusche und WC, Telefon, Kabel-TV, Föhn, WLAN. DZ 85 € inkl. Frühstück. Schloßauerstr. 1, ✆ 06284/9299530, www.gaestehaus-lena.de.

Ferienwohnung Mayer. Die 88 m^2 große Wohnung hat ein Wohn-, zwei Schlafzimmer, eine Wohnküche, Bad und Toilette. Neben dem Balkon darf auch der Garten mitgenutzt werden. 45 €/Tag für 2 Pers., ab 2 Tagen 40 €, inkl. Endreinigung und Nebenkosten. Hebelstr. 7, ✆ 06284/307010, www.ferienwohnung-mayer-mudau.de.

Landgasthof „Zum Grund". Hier fällt man aus der Tür und kann gleich loswandern oder im Winter bei Schnee die Langlaufski anschnallen – na ja, fast. Zumindest befindet man sich mitten in der Natur und ist gut versorgt, auch mit Halb- oder Vollpension. DZ 46–58 € inkl. Frühstück. Hunde sind für 3 €/Tag willkommen. Im Grund 3, Mudau-Reisenbach, ✆ 06284/292, www.landgasthof-zum-grund.de.

Landhaus Römerkastell. Die Spezialität ist der „Heiße Stein", auf dem man Spieße und Gemüse grillt. Während die Großen auf der Terrasse entspannen, können die Kleinen auf dem Spielplatz toben. Auch Appartements zu mieten. Tägl. (außer Mo) 10.30–23 Uhr. Eberbacher Str. 11, Mudau-Scheidental, ✆ 06284/928730, www.haus-roemerkastell.de.

Zur Rose. Die Vesperkarte ist altbewährt mit Speisen wie Käse- und Schinkenbrot, Bratwürsten oder Spargeltoast. Zu empfehlen sind auch die selbst gebrannten Schnäpse. Di ab 16.30 Uhr, Mi–So ab 10 Uhr. Hauptstr. 39, ✆ 06284/201, www.rose-mudau.de.

Das Römermuseum Osterburken

Die Wanderung „Rund um den Limes bei Schloßau" (→ Tour 6, S. 293) führt an mehreren eindrucksvollen römischen Überresten vorbei – darunter Steintürme, Kastelle und sogar ein Marstempel samt Figurengruppe. Das Original der Plastik steht im Römermuseum Osterburken (www.roemermuseum-osterburken.de). Das Museum wurde über einer 1976 entdeckten Thermenanlage erbaut und ist ein Zweigmuseum des Archäologischen Landesmuseums Baden-Württemberg. Das sog. Numerusbad ist in die Ausstellung integriert. Daneben werden zahlreiche Funde aus Osterburken und der Region präsentiert, wie die Jupitergigantensäule aus Mosbach-Diedesheim, Grabreliefs aus Waldmühlbach und Schloßau, Wochengöttersteine und ein Mithrasrelief. Osterburken mit seinen rund 6500 Einwohnern liegt recht weit östlich im Neckar-Odenwald-Kreis und gehörte mit einem Kohortenkastell (Mitte 2. Jh.) und einem Numeruskastell (Ende 2. Jh.) zu den bedeutendsten Stützpunkten am obergermanischen Limes. Die Grundmauern des Numeruskastells sind gut erhalten.

Trunzer-Haus

Madonnenländchen und Bauland → Karte S. 155

Buchen

Ein gemütliches Fachwerkstädtchen, das auf über 500 Jahre Narrentradition blickt, eine rund 2 Mio. Jahre alte Tropfsteinhöhle hat und mit einigen Schlössern aufwartet. Die Madonnenländchen-Metropole gibt sich städtisch und ist zugleich umgeben vom fruchtbaren Bauland.

„Hinne houch" schallt's durch die Gassen der Stadt, wenn an Fasching der Winter vertrieben wird. Am Rosenmontag ziehen Hunderte von Huddelbätzen mit ihren konfettibunten Fleckenkostümen durch die Altstadt. Ein echter Narr erweist dem sog. Blecker die Ehre und gibt ihm einen Kuss auf den Allerwertesten. Diese mittelalterliche Steinfigur liegt auf einem Sockel und reckt ihren nackten Hintern in die Höhe. Sie stand früher als sog. Neidfigur auf der Stadtmauer, um Unheil und böse Geister fernzuhalten. Heute ist der Blecker die Symbolfigur der Buchener Fastnacht und u. a. am Narrenbrunnen zu sehen.

Feiern kann man in Buchen – auch bei der Jazz Night oder dem Schützenfest. Ansonsten geht es recht beschaulich zu: Man flaniert durch die Fußgängerzone, genießt Kaffee und Kuchen am kleinen Marktplatz und beobachtet Kinder, die am Brunnen Tauben vertreiben. Noch ruhiger ist es in den übrigen 13 Stadtteilen, die versprengt rund um Buchen liegen.

Eberstadt ist vor allem bei Höhlenforschern und -freunden bekannt. Hier wurde 1971 eine in dieser Form in Süddeutschland einzigartige **Tropfsteinhöhle** entdeckt, die besichtigt werden kann. In Eberstadt steht auch eines der **Schlösser,** die von den Rüdt von Collenberg ab dem Ende 14. Jh. errichtet wurden. Die ehemalige Wasserburg wurde 1755 zum jetzigen Schloss ausgebaut. Das Schloss in Hainstadt hat die Familie erst 2011 verkauft, während das prächtige Schloss mit mittelalterlicher Burganlage (1722) in Bödigheim weiterhin in Familienbesitz ist.

Hettingenbeuern liegt im lauschigen **Morretal** und ist neben Buchen staatlich anerkannter Erholungsort. Das Klima dort ist relativ mild und begünstigte sogar den Tabakanbau, der ab 1858 im Tal betrieben wurde – erst 2000 hat der letzte Tabakbauer aufgegeben. Das bewaldete Morretal ist schön zum Wandern. Im Frühjahr, wenn die ersten Sonnenstrahlen angenehm wärmen, bietet sich z. B. eine Tour von Buchen zum 14 m hohen **Wartturm** an, der 1490 auf dem Wartberg als Beobachtungsturm errichtet wurde. Von hier aus hat man einen Blick auf das weite Bauland, in das der Odenwald übergeht.

Buchen, erstmals um 773 als „Buchheim" im Lorscher Codex erwähnt, stand im Laufe der Jahrhunderte unter vielen Einflüssen. Die Römer hinterließen Spuren, ebenso die Vögte des nahe gelegenen Klosters Amorbach und später über 500 Jahre hinweg auch das Kurfürstentum Mainz. Angeblich war das mittelalterliche Buchen so reich, dass seine Straßen mit Talern hätten gepflastert werden können – daher der Beiname „Talerstädtchen". 1525 wurde Buchen während des Bauernkriegs zum Schauplatz eines historischen Ereignisses: Im heutigen **Museumshof**, der früheren Kurmainzischen Kellerei, wurde Götz von Berlichingen gegen seinen Willen zum Hauptmann der aufständischen Bauern erklärt. Der kurmainzische Einfluss endete mit der Säkularisation und Buchen ging 1803 für kurze Zeit an das Fürstentum Leiningen und ab 1806 an das Großherzogtum Baden.

Götz von Berlichingen und der Helle Haufen

Zwischen 1524 und 1526 kam es im süddeutschen Raum zu lokalen Bauernaufständen, die zusammengenommen als Deutscher Bauernkrieg bezeichnet werden. In der damaligen Feudalgesellschaft trugen die Bauern die Hauptlast. Sie zahlten Zölle, Steuern, Zinsen und waren darüber hinaus zu Frondiensten verpflichtet. Sie besaßen keine Rechte und waren Hörige oder sogar Leibeigene von Adel und Klerus, der ebenso feudal regierte. Ihre Forderung nach einem menschenwürdigen Leben, wie sie u. a. Martin Luther 1520 in seiner Schrift „Von der Freiheit eines Christenmenschen" formulierte, passte nicht in die gesellschaftliche Ordnung und stieß auf Widerstand bei der Obrigkeit. Also erhob sich der „gemeine Mann" und tat sich in sog. Haufen zusammen, denen auch Schultheiße oder Handwerker angehörten. 1525 vereinigte sich der Neckartaler Haufen, bestehend aus Bauern aus dem Neckartal und dem Odenwald, mit dem Taubertaler Haufen, der vom fränkischen Reichsritter Florian Geyer angeführt wurde. Dieser nun 12.000 Mann starke sog. Helle Haufen verpflichtete im April 1525 im Hof der Kurmainzischen Kellerei in Buchen Götz von Berlichingen als Hauptmann. Daraufhin führte er die Aufständischen nach Amorbach, um das Benediktinerkloster zu besetzen und zu plündern. Seine Burg Hornberg (www.burg-hornberg.de) – auch Götzenburg genannt – liegt übrigens bei Neckarzimmern in der Nähe von Mosbach inmitten von Weinlagen. Laut Eigentümer ist Burg Hornberg das älteste Weingut im Land. Die Burganlage kann mit und ohne Führung besichtigt werden – ein Muss für Burgen- und Schlösserfans.

Stadtrundgang

Der Rundgang startet beim Wahrzeichen des Madonnenländchens, der **Mariensäule.** 1754 nach einer Pestepidemie errichtet, zeigt sie die Mutter Gottes mit

Kind auf dem Arm. Die auch als „das Bild" bezeichnete barocke Säule steht wenige Meter vor dem **Stadtturm.** Der einzige von ehemals vier Tortürmen heißt auch Mainzer Tor. Die zwei unteren Geschosse werden auf das Jahr 1309 datiert, die beiden oberen entstanden vermutlich 1490. Das barocke Zwiebeldach stammt aus dem Jahr 1719 und ersetzte das beim verheerenden Brand 1717 zerstörte Dach. Der Weg hindurch führt auf die Marktstraße, Buchens kleine Einkaufsmeile, an deren Ende ein **Brunnen** mit dem Minnesänger Pilgrim von Buochhein steht, einem vermeintlichen Sohn der Stadt. Hier auf dem Marktplatz befindet sich das prächtige **Alte Rathaus,** unter dessen Arkaden früher der Markt abgehalten wurde.

Mainzer Tor mit Mariensäule davor

Geht man am Rathaus links, gelangt man in der Obergasse zum **Beginenklösterle** mit seinem kleinen Garten. Ab 1489, heißt es, lebten hier Beginen in einer ordensähnlichen Gemeinschaft. Diese frommen, ehelosen Frauen kümmerten sich um Kinder und Arme. Rechts vom Rathaus führen Treppen hinauf zum **Narrenbrunnen** mit den typischen Buchener Huddelbätzen und dem Blecker, der seinen Allerwertesten in die Höhe streckt. Hier steht auch die katholische Stadtkirche **St. Oswald.** Gegenüber führt eine kleine Gasse über die Haagstraße zur Kellereistraße mit vielen hübschen Fachwerkhäusern.

In der Kellereistraße befindet sich die **Kurmainzische Kellerei.** Der ehemalige Verwaltungssitz des Mainzischen Amtes Buchen beherbergt heute den Museumshof. Zu dem Gebäudeensemble gehört u. a. der Steinerne Bau, der 1493 als Sommerresidenz des Mainzer Erzbischofs Berthold von Henneberg erbaut wurde und in dem die volkskundliche Sammlung des Buchener Bezirksmuseums untergebracht ist. Nach dem Museumsgründer Karl Trunzer ist das Trunzer-Haus (17. Jh.) benannt, hier lebte eine Zeit lang der Komponist Joseph Martin Kraus. In der Zehntscheune von 1627 sind jetzt das Stadtarchiv und die Heimatbücherei.

Eberstadter Tropfsteinhöhle

Diese Höhle sollte man sich nicht entgehen lassen! Sie ist 1 bis 2 Mio. Jahre alt und erstreckt sich rund 3 km unter der Erde. 1971 eher zufällig bei Sprengarbeiten in einem Muschelkalksteinbruch entdeckt, ist sie in dieser Form einzigartig im süddeutschen Raum. Ein rund 700 m langer Weg führt durch enge Schluchten und weitere Räume. Dabei erinnern die faszinierenden Stalaktiten und Stalagmiten –

Tropfsteine aus mineralischen Ablagerungen – z. B. an einen Elefantenrüssel oder eine mächtige Hochzeitstorte. Im Besucherzentrum Eberstadter Höhlenwelten kann man die spektakulären Natureindrücke mit wissenschaftlichen Informationen unterfüttern. Für Kinder gibt es gar eine erdgeschichtliche Höhlenrutsche. An Wochenenden kann es ziemlich voll werden.

März bis Okt. tägl. 10–16 Uhr (März/April und Sept./Okt. Mo Ruhetag), Nov. bis Febr. nur Sa/So und feiertags 13–16 Uhr. Erw. 4 €, Kinder 3 €. Führungen zur vollen Stunde, bei starkem Andrang in kürzerem Takt. Infos zum Besucherzentrum und zu Führungsangeboten über die Stadt Buchen und unter www.tropfsteinhoehle.eu.

Bezirksmuseum im Museumshof (Kurmainzische Kellerei)

Das volkskundliche Museum in der früheren kurmainzischen Amtskellerei präsentiert die regionale Geschichte, die bereits in der Jungsteinzeit beginnt. Steinäxte, Feuersteine und Pfeilspitzen dokumentieren die frühe Besiedlung rund um Buchen. Und natürlich dürfen auch die Römer nicht fehlen. Ein anderer Teil der Ausstellung widmet sich Buchens Persönlichkeiten wie Joseph Martin Kraus, der als Odenwälder Mozart in die Annalen einging. Und zu guter Letzt gibt es natürlich auch Exponate historischer Zünfte wie Schlosser, Schmiede oder Gerber.

Mai bis Okt. Mi 17–19.30 Uhr, So und feiertags 14–17 Uhr. Nov. bis April mittwochs, aber nur 1. So im Monat. Erw. 2 €, Kinder frei. Führungen auch nach Vereinbarung möglich. Haagstr. 10, ✆ 06281/8898, www.bezirksmuseum.de.

Joseph Martin Kraus und Egon Eiermann – schöpferische Köpfe in Buchen

Buchen war über die Jahrhunderte hinweg mehreren Künstlern zeitweise eine Heimat. Angefangen bei Joseph Martin Kraus, der im gleichen Jahr (1756) wie Wolfgang Amadeus Mozart geboren wurde – möglicherweise trägt er deshalb den Beinamen „Odenwälder Mozart“. Sein Vater wurde 1761 kurmainzischer Amtskeller in Buchen, weshalb Kraus seine Jugendjahre in einem der heutigen Museumsgebäude verbrachte. Als Kapellmeister am Hof des schwedischen Königs Gustav III. wurde er 1787 zum Direktor der Königlich Schwedischen Musikakademie ernannt. Ein Teil der Ausstellung im Bezirksmuseum und der Joseph-Martin-Kraus-Platz samt Brunnen erinnern an den Komponisten.

Anfang des 20. Jh. ließen sich in Hollerbach – damals eigenständiges Dorf, heute Stadtteil von Buchen – Künstler nieder, die sich vermutlich an der Karlsruher Kunstakademie kennengelernt hatten. Gemeinsam ließen sie sich von der Umgebung zu ihren Landschaftsbildern inspirieren. Diese sog. Hollerbacher Malerkolonie wird im Bezirksmuseum präsentiert.

Bekanntester schöpferischer Gast in Buchen war vermutlich Egon Eiermann. Er zählt mit Bauten wie dem Neubau der Berliner Gedächtniskirche oder dem ehemaligen Bundesabgeordnetengebäude in Bonn zu Deutschlands bedeutendsten Architekten der Nachkriegsmoderne. Oft entwarf er neben den Bauten auch das Mobiliar – wie beim Anbau des Hotels Prinz Carl in Buchen (1967).

Basis-Infos zu Buchen

Information Die Touristik Information liegt genau gegenüber dem Hotel Prinz Carl. Die freundlichen Ansprechpartner helfen bei Fragen zu Unterkünften, Veranstaltungen und Freizeitaktivitäten. Natürlich gibt es auch entsprechende Broschüren. Mo–Do 8–12 und 14–17 Uhr, Fr nur bis 16 Uhr, in der Hauptsaison auch Sa 10–12 Uhr. Platz am Bild, 74722 Buchen, ✆ 06281/2780, www.buchen.de.

Feste & Veranstaltungen Buchen ist Faschingshochburg und die **Faschenacht** wird ausgiebig gefeiert. Termine unter www.buchen.de.

Bei der **Buchener Jazz Night** am ersten Mai-Wochenende spielen in mehreren Gaststätten unterschiedliche Jazzbands. Man bezahlt einmal Eintritt und kann dann von Lokal zu Lokal tingeln.

Das **Kunstrasen-Openair** ist bislang ein Geheimtipp unter den Festivals im Odenwald, die Kunst und Musik miteinander verbinden. Die Kunst auf dem Rasen vom Morretal wird von den Klängen junger Bands begleitet, die überwiegend aus dem fränkischen Einzugsgebiet, bis hin nach Aschaffenburg, stammen. Weitere Infos unter www.kunstrasen-buchen.de.

Der **Schützenmarkt** wurde 1830 erstmals veranstaltet und ist seitdem das traditionelle Volksfest in der ersten Septemberwoche – mittlerweile mit typischen, nervenkitzelnden Fahrvergnügen und jeder Menge Verkaufs- und Imbissbuden.

Und dann gibt es noch **Buchen in concert**, eine Reihe, die über das Jahr verteilt Konzerte veranstaltet. Bigband, Brass, Klassik, Chansons u. a. bestücken den Spielplan, der von Kabarett-Intermezzi und dergleichen ergänzt wird. www.buchenin concert.de.

Kunst Das **Kulturforum Vis-à-Vis** präsentiert zeitgenössische Kunst wie Videoinstallationen, Malerei oder Plastiken. Kellereistr. 23, www.kunstverein-neckar-odenwald.de.

Narrenbrunnen vor der Stadtkirche St. Oswald

Schwimmen Nordwestlich von Buchen liegt im Mühltal mitten im Wald das **Waldschwimmbad**. Schwimmer- und Nichtschwimmerbecken werden durch eine Landzunge mit Brücke voneinander getrennt. Großes Highlight ist die breite Wasserrutsche. Zum Spielen stehen Beachvolleyball-Feld, Tischkicker, Tischtennisplatten und ein Riesen-Schach bereit. Wer sich in Balance üben will, geht in den Slackline-Park. Frühjahr bis Herbst tägl. 9–20 Uhr, Eintritt 3 €. Im Mühltal, ✆ 06281/535160, www.schwimmbad-buchen.de.

Im **Hallenbad** in Buchen badet man im 50 m-Becken in sehr speziellem Wasser: Nach der Methode des Tirolers Johann Grander wurde das Wasser mit Naturenergie „belebt" – es soll dadurch die Fähigkeit haben, sich besser selbst zu reinigen und länger haltbar zu sein. Öffnungszeiten variieren, ebenso die Sommerpause, Eintritt 3 €. Infos unter www.schwimmbad-buchen.de. Dr.-Fritz-Schmitt-Ring, ✆ 06281/535150.

Einkaufen in Buchen

Vor dem alten Rathaus, mit der Stadtkirche St. Oswald im Hintergrund, findet ein **Wochenmarkt** mit regionalen Angeboten statt. Mi und Sa 7–13.30 Uhr.

Julchen's Bauernlädle verkauft die auf dem Aussiedlerhof produzierte Dosenwurst, Nudeln, Eier und Liköre. Der Hof liegt zwischen Bödigheim und Eberstadt in

Madonnenländchen und Bauland → Karte S. 155

der Nähe der Tropfsteinhöhle. Verkauf auf dem Buchener Wochenmarkt und nach telefonischer Absprache im Lädle. Hohlenstein 1, Buchen-Bödigheim, ✆ 06292/7454. ■

Beerenbauer ist eine kleine Kette von Naturkost- bzw. Bioläden aus Ahorn-Hohenstadt, östlich von Buchen. Eine Filiale hat sich auch in Buchen-Stadt niedergelassen. Im Angebot sind natürlich Bio-Obst und -Gemüse, Sojaprodukte und Naturkosmetik. Mo–Do 9–19 Uhr, Fr durchgehend, Sa bis 14 Uhr. Haagstr. 3, ✆ 06281/564853, www.beerenbauer.com. ■

Weltladen. Fast versteckt hinter der Stadtkirche St. Oswald, setzt sich seit Jahren das überwiegend ehrenamtliche Team mit fairen Produkten für eine bessere Welt ein. Mo–Sa 10–12.30 Uhr, Mo/Di und Do/Fr auch 15–18 Uhr. Wimpinaplatz, ✆ 06281/1377.

Übernachten in Buchen

*** **Prinz Carl**. Marmorbäder in den romantischen Zimmern im Altbau, zeitloses Design im Egon-Eiermann-Komplex und Wellness im Vitalhotel. Der freundliche Familienbetrieb mit Standort gegenüber der berühmten Mariensäule setzt die Messlatte hoch an – ebenso im dazugehörigen Restaurant. Wer auch noch gut und gern ausgiebig frühstückt, kann sich getrost hier einmieten. DZ 37–47,50 €/Pers. inkl. Frühstück. Hochstadtstr. 1, ✆ 06281/52690, www.prinz-carl.de.

*** **Zum Schwanen**. Die Zimmer sind modern und komfortabel eingerichtet. Es gibt ein Hallenbad und einen Fitnessraum. Das Restaurant im Haus wird von der eigenen Metzgerei bestückt. DZ 38 €/Pers. inkl. Frühstück. Buchen-Hainstadt, Hornbacher Str. 4, ✆ 06281/2863, www.schwanen-online.de.

Tropfstein-Hochzeitstorte

** **Zur Schmiede**. Das freundlich geführte Hotel in der früheren Malerkolonie Hollerbach gehört zu einem gemütlichen Landgasthof mit gutbürgerlicher Küche. Die Zimmer haben alle Dusche und WC, Telefon und WLAN. DZ 30 €/Pers. inkl. Frühstück. Holunderstr. 4, Buchen-Hollerbach, ✆ 06281/5310, www.hotel-zur-schmiede.de.

Ferienhof Pfeiffer. Urlaub auf dem Bauernhof – in mit 4 DLG-Sternen ausgezeichneter Luxusvariante. Hier werden 3 gemütliche Blockhütten vermietet. Ideal auch für Familien. Kinder können sich mit den Tieren auf dem Hof vergnügen oder in den kleinen Weiher hopsen. 59 €/Nacht für 2 Pers., weniger als 5 Nächte plus einmalig 35 €. Hammelsbusch 4, Buchen-Bödigheim, ✆ 06292/7500, www.ferienhof-pfeiffer.de.

Ferienwohnung Wittwer. Die gemütliche Ferienwohnung mit Wohn- und Schlafzimmer, Küche, Dusche und WC ist 45 m² groß. Die großzügige Terrasse ist herrlich mit Wein berankt. Tiere sind herzlich willkommen. 35 € für 2 Pers. inkl. Endreinigung, im Winter plus 5 €/Tag für Heizung. Hauserner Weg 4, Buchen-Bödigheim, ✆ 06292/929063, www.die-wittwers.com.

Wohnmobilhafen Morretal. Der Platz liegt ruhig und idyllisch am Waldschwimmbad und bietet 12 Stellplätze. Für Strom und Wasser ist gesorgt. Sogar WLAN ist über einen Hotspot beim Schwimmbad möglich. 8 €/Tag, 20 € für 3 Tage – die Gebühr wird an einem Automaten entrichtet, der nur Münzen annimmt! Mühltalstr. 25, ✆ 06281/535160, www.morretal.de.

Essen & Trinken in Buchen

Gasthaus im Hasenwald. Das schöne Ausflugsziel am Tiergehege des Vogelfreunde e. V. hat 2015 mit neuer, passionierter Pächterin eröffnet, die so einiges über Wildkräuter weiß und generell Wert auf regionale und Bio-Produkte legt. Tägl. 10–22 Uhr. Schwedensteinstr. 44, Buchen-Hettingen, ✆ 0176-32207270, www.facebook.com/gasthausimhasenwald.

Reichsadler. Das Haus war einst Brauerei, bevor es 1872 als Schankwirtschaft betrieben wurde. Heute ist der Reichsadler ein gutbürgerliches Restaurant und Hotel mit erschwinglichem Mittagstisch. Di–So 10–14 und 17–22 Uhr, Mo durchgehend geöffnet. Walldürner Str.1, ✆ 06281/52260, www.hotel-reichsadler.de.

Café Riesen. Nicht nur wegen seiner Lage neben dem Alten Rathaus gut besucht, sondern auch wegen seiner Torten. Hier wird geratscht und getratscht oder einfach nur dem Einkaufstreiben in der Fußgängerzone zugeschaut. Die Einrichtung ist innen klassisch, außen monobloc-lastig. Man kann hier auch übernachten. Di–Sa 9–18.30 Uhr, So 11–18 Uhr. Marktstr. 33, ✆ 06281/563255, www.cafe-riesen.de.

Appennino. Im Alten Milchhäusle wird Eiscafé mit Ristorante-Liefer-Pizzeria kombiniert. Im Angebot: Pizza, Pasta, Salate, Steaks und eben Eis. Bei schönem Wetter ist die einladende Terrasse vor dem kleinen Haus geöffnet. Di–Sa 11.30–14 und 17–22 Uhr, So und feiertags ab 12 Uhr. Hofstr. 3 a, ✆ 06281/565424, www.appennino.de.

Walldürn

„Kraft schöpfen im Odenwald" wirbt die Stadt – und das ist durchaus spirituell zu verstehen. Denn Walldürn ist wegen seines legendären Blutwunders der drittgrößte Wallfahrtsort in Deutschland. Die Gemeinde hat aber auch einige profane Sehenswürdigkeiten zu bieten, wie das Grünkerndarren-Museum oder Überreste der römischen Vergangenheit.

Am Sonntag nach Pfingsten (Trinitatis) beginnt die Wallfahrtszeit. Dann machen sich zahlreiche Pilger aus der Region und aus Städten wie Köln, Fulda oder Heidelberg zu Fuß auf den Weg nach Walldürn, um dem Heiligen Blut Ehre zu erweisen. Höhepunkte bilden Fronleichnam und der Große Blutfeiertag, an dem auch Bischöfe oder Kardinäle anderer Bistümer Messen halten. Eine ähnliche Belebung der Stadt bewirkt das Blumen- und Lichterfest am verlängerten Wochenende von Christi Himmelfahrt.

Außerhalb dieser Zeiten ist Walldürn eine ruhige Kleinstadt mit dörflich geprägten Stadtteilen. Gerade deshalb bietet die Heimat von Silvia Neid, Bundestrainerin der deutschen Frauen-Fußballnationalmannschaft, viel Raum für Erholung. Aber es lässt sich auch manches entdecken wie der **Schalkbrunnen,** bei dem der eine Narr dem anderen die Zunge herausstreckt – sein Gegenüber spuckt ihm im Sommer dafür Wasser an den Kragen. Das kunstvolle Wasserspiel steht am 1448 erbauten **Rathaus,** in dem noch heute die Stadtverwaltung ihren Sitz hat. Parallel zur Hauptstraße mit den vielen Fachwerkhäusern verläuft die Burgstraße, in der sich das **Schloss** befindet. Es wurde erstmals 1251 als Burg erwähnt und 1492 als **Kurmainzische Kellerei** ausgebaut. Mittlerweile ist in dem Gebäude ein Teil der Stadtverwaltung untergebracht.

Der Name „Waltdürn" erscheint erstmals 1423 und nimmt vermutlich Bezug auf die weitläufigen Wälder ringsherum. In denen hinterließen Jahrhunderte zuvor

Madonnenländchen und Bauland → Karte S. 155

die Römer mit dem sog. Vorderen Limes ihre Spuren. Am ehemaligen **Kleinkastell Haselburg** in Walldürn-Reinhardsachsen wurde das Osttor mit Umfassungsmauer rekonstruiert. Östlich von Walldürn, Richtung Flugplatz bzw. Waldstetten befinden sich Reste eines **Kastellbads,** das Mitte des 2. Jh. entstand. Die freigelegten Mauern lassen die Raumanordnung gut erkennen. Der von Holzpfosten umgebene, beschriftete Sandstein ist die Kopie eines Altars, der Fortuna geweiht war.

Seelennahrung auf Schusters Rappen

Die Kapelle am Märzenbrünnlein im Walldürner Stadtwald ist ein beliebtes Wanderziel. Die Quelle soll bei den Kelten ein heiliger Ort gewesen sein. Zur Kapelle gelangt man über einen Stationenweg mit gusseisernen Tafeln, die den Leidensweg Christi wiedergeben. Sie sollen zur Meditation anregen, aus der ein Wanderer Kraft schöpfen kann.

Deutlich früher, bereits um 500 v. Chr., ließen sich Menschen im südlichen Stadtteil **Altheim** nieder, worauf die Großsteingräber in der Region hinweisen. Altheim zählt daher zu den frühesten Siedlungen des Baulandes. Außerdem soll der Ort die „Wiege" des Grünkernanbaus sein. Zumindest sind hier noch einige Grünkerndarren zu sehen und ein Museum informiert über die arbeitsaufwendige Grünkernproduktion.

Schalkhaftes Wasserspiel

Grünkerndarren-Museum: Neben der Geschichte der Grünkernproduktion werden Geräte gezeigt, die früher beim mühseligen Rösten des Dinkels im Einsatz waren. April bis Okt. nach Vereinbarung geöffnet. Eintritt 2 €. Oberer Hellerweg, Walldürn-Altheim, ✆ 06285/92929.

Lichtermuseum Wettersdorf: Wie der Name schon vermuten lässt, reihen sich hier dicht an dicht antike Öllampen, Petroleumlampen, Kutschenlaternen, Klavierleuchter, Dunkelkammerlampen, Bauernlaternen, Schiffsleuchten, eben alles, was in den vergangenen Jahrhunderten dem Menschen in der Dunkelheit Licht ohne Strom spendete. April bis Okt. 1. So im Monat 14–17 Uhr. Eintritt frei. Odenwaldstraße, ✆ 06281/3094, www.lichtermuseum.de.

Museum Zeit(T)räume: Die Betreiber widmeten sich zunächst Phonographen, Grammophonen, Walzenspieldosen und Plattenspieluhren. Aber es ging noch größer: Seit einigen Jahren haben sie ihr Herz an Turmuhren gehängt. Sorgsam restauriert können sie nun in der Ausstellung bewundert werden. Geöffnet wird nach Absprache. Untere Vorstadtstr. 45, ✆ 06282/6334, www.museum-zeittraeume.de.

Stadt- und Wallfahrtsmuseum

Das Museum ist im 1558 errichteten Haus „Zum Güldenen Engel“ untergebracht und entspricht einem Heimatmuseum. Ein komplettes Stockwerk widmet sich der Historie der Wallfahrt „Zum Heiligen Blut“. Andere Räume präsentieren traditionelles Handwerk mit entsprechenden Werkstätten. Man erhält Einblick, wie Kerzen gezogen, Lebkuchen in Handarbeit hergestellt oder Stoffe blau gefärbt wurden. Eine weitere Abteilung zeigt Funde aus römischer Zeit wie Amphoren und ein kleines Modell des Kastells, das die Römer im 2. Jh. südlich von Buchens Zentrum errichteten.

Mai bis Okt. Do und So 14.30–16.30 Uhr, Nov. bis April 1. So im Monat 14–17 Uhr und nach Vereinbarung. Eintritt frei. Hauptstr. 39, ✆ 06282/67103, www.heimatmuseum-wallduern.de.

Odenwälder Freilandmuseum

Das im nordwestlichen Ortsteil Gottersdorf gelegene Freilandmuseum zeigt, wie früher gelebt und gearbeitet wurde. 19 historische Gebäude sind als kleines Dorf zusammengefasst und bringen dem Besucher auch verschiedene Berufsbilder näher. So betritt man z. B. das Haus einer Hebamme, eines Schusters oder einer Bauernfamilie. Es kommen stetig neue Gebäude hinzu. Außerdem werden über den normalen Museumsbetrieb hinaus noch das Grünkernfest (Juli), der Kartoffel- und Mosttag (September) und Handwerkertage veranstaltet.

April bis Nov. tägl. (außer Mo) 10–17 Uhr , Mai bis Sept. bis 18 Uhr. Erw. 4 €, erm. 3 €, 6–12 J. 2 €. Weiherstr. 12, Walldürn-Gottersdorf, ✆ 06282/320, www.freilandmuseum.com.

Prunkvoll ausgestattet

Wallfahrtsbasilika St. Georg

Die heutige Wallfahrtsbasilika St. Georg mit ihrer barocken Innenausstattung entstand zwischen 1698 und 1728. Der älteste Teil der Kirche ist der Nordturm. Seine beiden unteren Geschosse stammen aus der Zeit des Blutwunders im Jahr 1330. Die beiden oberen Geschosse kamen durch den Umbau 1497 hinzu. Als nämlich Papst Eugen IV. 1445 das Blutwunder bestätigte, nahm der Pilgerstrom dermaßen zu, dass die mittelalterliche Kirche erweitert werden musste.

Der barocke Sandsteinbau hat zwei Türme und ein Querhaus sowie einen großen Chor. Das Portal am Eingang in das nördliche Querschiff stammt von dem fränkischen Bildhauer Zacharias Juncker dem Älteren. (Die beiden Engel wurden 1950 gestiftet.) Er hat auch das prachtvolle Alabaster-Relief am Heiligblutaltar im Innern der Basilika geschaffen. Das Hauptportal im Westen wurde vom Mainzer Stadtbaumeister Johannes Weydt entworfen. Es zeigt Erzengel Michael, der mit dem Schwert einen Drachen tötet. Vor dem Hauptportal erstreckt sich der Wallfahrtsplatz mit einem überdachten Freialtar, hinter dem ein Sandstein mit dem Blutbildmotiv steht. Wenn das Wetter es zulässt, wird an Fronleichnam und dem Großen Blutfeiertag die Heilige Messe im Freien abgehalten. Auf der Westseite der Kirche befindet sich eine Lourdesgrotte.

St. Georg soll zu den schönsten barocken Kirchen im Rhein-Main-Neckar-Raum gehören. Der Blick ins prächtige Innere bestätigt das: Gemälde des italienischen Barockmalers Giovanni Francesco Marchini zieren die kreuzgewölbten Joche des Langhauses, ebenso den Chor, das Querhaus und die Kapellengewölbe. Die Wände und Säulenbögen sind reich mit Stuckornamenten geschmückt. Der Hauptaltar mit einem Abendmahl-Gemälde wird von den beiden Kirchenpatronen flankiert, den Heiligen Georg und Martin. Der Heiligblutaltar mit dem wundersamen Korporale steht im linken Querhaus. Das Tuch wird in einem 1683 gefertigten Silberschrein verwahrt, der nur zur Wallfahrtszeit geöffnet wird. Im rechten Querhaus steht ein Muttergottesaltar, und sechs weitere Altäre in den Seitenkapellen des Langhauses sind u. a. Franziskus und Petrus geweiht.

Das Blutwunder von Walldürn

Alljährlich pilgern bis zu 150.000 Menschen nach Walldürn. Ihr Ziel: die Wallfahrtsbasilika St. Georg mit ihrem kostbaren Schatz, dem wundersamen Blutbild. Der Legende nach feierte der Priester Heinrich Otto im Jahr 1330 die Heilige Messe und stieß dabei in einem unachtsamen Moment den geweihten Kelch um. Der Wein ergoss sich über die Altardecke (Korporale) und formte das Bild des Gekreuzigten, umgeben von weiteren elf mit Dornen bekrönten Häuptern Christi. Vor Schreck versteckte er das Korporale im Altar und berichtete davon erst kurz bevor er starb. Schnell verbreitete sich die Nachricht und schon bald pilgerten die ersten Gläubigen zum Wunder des Heiligen Blutes, um ihm Ehre zu erweisen. 1445 wurde das Korporale nach Rom zu Papst Eugen IV. gebracht, der das Blutwunder bestätigte. 1920 wurde zum Schutz der Altardecke ein Leinentuch daran befestigt, das 30 Jahre später mit UV-Licht untersucht wurde und angeblich erneut den Gekreuzigten zeigte. Mit dem bloßen Auge ist heute kein Abbild mehr auszumachen – seinem Alter entsprechend ist das Tuch grau. Weitere Informationen zum Blutwunder und der Wallfahrt unter www.wallfahrt-wallduern.de.

Basis-Infos zu Walldürn

Information Die Tourist Information befindet sich im Erdgeschoss des Alten Rathauses. Mo–Mi 8–12 und 13.30–16.30 Uhr, Do bis 17 Uhr, Fr bis 13 Uhr, April bis Okt. Fr bis 15 Uhr. Hauptstr. 27, 74731 Walldürn, ✆ 06282/67106 und 67107, www.wallduern.de. Ein modernes Portal, das Bürger, Wirtschaft, Touristen und Wallfahrer bereits auf der Startseite nach Interessen abholt. Im Wallfahrts-Portal erhält man darüber hinaus Hintergrundinformationen zur 670 Jahre alten Wallfahrt und dem Blutwunder von Walldürn.

Aktivitäten **Forest Jump** fordert mit Hochseilelementen wie der Himmelsleiter, deren Sprossen nur mithilfe anderer gut zu erreichen sind, oder der wackeligen Halteseilbrücke Kraft und Balance heraus. Für Kinder sind die Parcours natürlich deutlich harmloser. Termine am besten direkt erfragen, da eine Voranmeldung ohnehin unbedingt nötig ist. Erw. 35 €, erm. 15 €. Hornbacher Landstr. 42, Walldürn-Rippberg, ✆ 06282/920743, www.forestjump.de.

Das **Geopark Informationszentrum Walldürn** bietet Führungen durch Walldürn und einzelne Gemeindeteile an, die meisten, wie die Nachtwächter- oder Limesführung, zu Fuß. Führungen wie „Woher das Madonnenländchen seinen Namen hat" können außerdem als Radtour – auch mit einem geliehenen E-Bike – unternommen werden. Friedrich-Ebert-Str. 11, ✆ 06282/670, www.geopark-madonnenlaendchen.de.

Feste & Veranstaltungen Das **Blumen- und Lichterfest** wartet mit allem auf, was unterhält und Spaß macht: Krämermarkt, Fahrgeschäfte, kulinarische Stände, Kunst- und Fahrzeugausstellungen, Kinderflohmarkt, Livemusik, Festumzüge, verlängerte Einkaufszeiten – immer in der Innenstadt, jährlich über das verlängerte Wochenende an Christi Himmelfahrt (Mi–So).

Kino Die **Löwenlichtspiele** bringen jede Menge Action und leichte Unterhaltung aus den Traumfabriken der Welt nach Walldürn. Hauptstr. 9, ✆ 06282/929803, www.kino-wallduern.de.

Schwimmen Walldürns **Freibad** liegt am nördlichen Stadtrand im Wald. Es wurde in den 1930er-Jahren gebaut und seit 1991 umfassend saniert. Im Sommer spendet es großen und kleinen Besuchern im Schwimmer-, Nichtschwimmer- und Kinderplanschbecken angenehme Abkühlung. Schweißtreibend geht es dagegen am Netz des Beachvolleyball-Felds zu. Juni bis Sept. tägl. 10–20 Uhr. Erw. 2,50 €, erm. 1 €. Miltenberger Str. 29, ✆ 06282/6266, www.wallduern.de.

Walldürn lässt Raum für Besinnung

Das **Auerberg-Sportbad** ist ein klassisches Hallenbad mit 25-m-Becken, 1-m- und 3-m-Sprungturm sowie einer Sauna. Hallenbad: Erw. 3 €, erm. 1,50 €. Sauna: Erw. 9,50 €. Öffnungszeiten am besten der Website entnehmen. Theodor-Heuss-Ring 13, ✆ 06282/1442, www.wallduern.de.

Madonnenländchen und Bauland → Karte S. 155

Einkaufen in Walldürn

Frische Kräuter, Backwaren und natürlich regionales Obst, Gemüse, Fleisch und Eier werden auf dem **Wochenmarkt** am malerischen Schlossplatz angeboten. Sa 8–13 Uhr.

Berres' Nudeln heißt die lokale Nudelmanufaktur mit überregional beliebten Produkten. Neben einem großen Sortiment an Teigwaren, darunter auch 60 Sorten mit Dinkel oder ohne Ei, werden auch süße und pikante Knabbereien oder diverse Antipasti hergestellt. Angemeldete Gruppen können der Nudelproduktion bei einer kostenfreien Betriebsführung zuschauen. Mo–Fr 8–18 Uhr, Sa bis 14 Uhr. Lindenstr. 1 a, Walldürn-Gerolzahn, ✆ 06286/92990, www.berres-nudeln.de. ■

Familie Trunk betreibt einen Aussiedlerhof zwischen Walldürn und Altheim. Im Hofladen werden Hausmacherwurst und -schinken verkauft. Mo 14–16 Uhr, Do/Fr 9–12 und 14–18 Uhr, Sa 9–13 Uhr. Altheimer Str. 8, ✆ 06282/1214.

Andrea Kehl Devotionalien schaut bereits auf eine 100-jährige Tradition zurück. Bereits der Großvater der heutigen Besitzerin verkaufte 1912 in dem Laden in der Nachbarschaft der Wallfahrtskirche Kerzen mit religiösen Motiven, Kreuze und christliche Figuren. Auch der Hutladen nebenan gehört zum Geschäft. Mo/Di und Do/Fr 9–18 Uhr, Mi 9–16 Uhr, Sa bis 14 Uhr. Burgstr. 9, ✆ 06282/8632.

Arm & Reich bietet „Das Richtige für jeden Geldbeutel", von Möbelstücken über Kleidung bis zu Geschirr. Das Angebot besteht aus Sachspenden, deren Preis vom Käufer selbst bestimmt wird. Die Geschäftsbetreiber wollen so auf die Überflussgesellschaft aufmerksam machen und dazu anregen, sich mit den Themen Armut und Reichtum auseinanderzusetzen. Di und Do 15–17 Uhr, Sa 10–13 Uhr und nach Vereinbarung. Hauptstr. 37, ✆ 0176/95824050.

Der **BücherLaden am Alten Rathaus** verkauft nicht nur Bücher, sondern gehört zu den Kulturschaffenden der Stadt. Die Besitzer organisieren neben Lesungen auch Veranstaltungen rund um Kabarett, Akrobatik, fantasievolles Theater und Musik. Einfach mal im Laden nach möglichen Events fragen. Außerdem wird die gegenüberliegende Galerie „Fürwahr" von hier aus betreut (www.galerie-fürwahr.de). Mo–Fr 9–12.30 und 14–18.30 Uhr, Sa bis 13 Uhr. Hauptstr. 19, ✆ 06282/95509, www.mein-buecherladen.de.

Übernachten in Walldürn

*** **Zum Riesen**. Das 1724 erbaute Gebäude befindet sich in der Altstadt und wurde bereits seit 1800 als Gastwirtschaft genutzt. Die Zimmer liegen in einem 1983 angebauten Trakt, sind antiquiert-mondän eingerichtet und verfügen über den üblichen 3-Sterne-Komfort, inkl. Föhn und WLAN. DZ ab 89 € inkl. Frühstück. Hauptstr. 14, ✆ 06282/92420, www.hotel-riesen.de.

Zum Ritter – Akropolis. Die Zimmer mit Dusche, WC und Kabel-TV sind nicht neu, aber gepflegt und das Personal ist freundlich. Das dazugehörige griechische Lokal bietet eine Auswahl an typischen Gerichten. DZ 74 € inkl. Frühstücksbüfett. Untere Vorstadtstr. 2, ✆ 06282/928940, http://hotel-ritter-akropolis.de.

Zum Burgtörle. Das schöne Fachwerkhaus in der Altstadt hat 5 Zimmer mit Namen wie Nibelungen- oder Römerzimmer. Jedes ist anders und gemütlich eingerichtet, hat Dusche, WC und TV. Die Gaststätte im Haus ist auch bei Einheimischen beliebt und lockt mit einem schönen, kleinen Biergarten. Wer länger bleibt, zahlt weniger. DZ 66 € inkl. Frühstück. Hauptstr. 17, ✆ 06282/95404, www.burgtoerle.de.

Gasthof Schieser. Der schöne Gasthof vermietet 4 Ferienwohnungen und 2 Gästezimmer, die über Dusche, WC und TV verfügen. In der Gaststätte wird gutbürgerliche Küche geboten. Die Wirtsleute backen selbst Brot und brennen Hochprozentiges – für die Schlehe gab es schon Gold. Ferienwohnung ab 45 €/Tag für 2 Pers. Fichtenweg 2, Walldürn-Gottersdorf, ✆ 06286/410, www.schieser.com.

Reisemobilstellplatz Stadtwerke Walldürn. Die 4 Stellplätze befinden sich nahe der Innenstadt und der Basilika. Für Strom- und Wasserversorgung ist per Münzeinwurf gesorgt. Trinkwasser 1 € für ca. 80 Liter, Stromversorgungssäule 0,50 €/kWh. Parkplatz Basilika/Miltenberger Straße, ✆ 06282/922029, www.sw-wallduern.de.

Essen & Trinken in Walldürn

Eiscafé Azzurro. Neben der alten Burg (ehemalige Mainzer Kellerei), in der heute Teile der Stadtverwaltung untergebracht sind, hat das Café schöne Plätze im Freien. Die kredenzten Eisbecher sind mächtig und sehr gut. Der Kaffee ebenso. Tägl. 10–22 Uhr. Klosterstr. 10, ✆ 06282/1343.

Landgasthof Linde. Hat nichts mit der Konditorei in der Kernstadt zu tun, sondern befindet sich in Gerolzahn. Die Wände der urig eingerichteten Gasträume schmücken Hirschgeweihe und alte Holzräder. Draußen gibt es einen herrlichen Biergarten mit kleinem Spielplatz und großem Schachspiel. Die Forellen auf der Karte entspringen dem eigenen Teich, das Bio-Fleisch stammt aus der hofeigenen Schlachtung. Tägl. (außer Mo) 12–14 und 17–21 Uhr, Sa/So durchgehend. Lindenstr. 6, Walldürn-Gerolzahn, ✆ 06286/772, www.linde-landgasthof.de.

Zum Lamm. Im 210 Einwohner starken Hornbach bietet das Lamm saisonal frische Hausmannskost rund um Wild, Forellen und Steaks. Die ländliche Dorfidylle am Hauptverkehrsknoten lässt sich am besten auf der Terrasse genießen. Mi–Sa 11.30–14 und 17–22 Uhr, So durchgehend mit warmer Küche geöffnet. Zum Bühl 1, Walldürn-Hornbach, ✆ 06286/269, www.gasthaus-lamm-hornbach.de.

Jägerhof. Wenn Gasthöfe für ihre Dekoration prämiert würden, gäb's im Odenwald einen klaren Gewinner. Der Jägerhof hat übrigens neben der ordentlichen deftigen Küche auch Kaffee und Kuchen im Angebot. Do–Sa 12–22 Uhr, So ab 10 Uhr. Jägerstr. 1, Walldürn-Kaltenbrunn, ✆ 06286/241, www.jaegerhof-kaltenbrunn.de.

Der fränkische Odenwald

Kurz hinter Walldürn beginnt der bayerische Teil des Odenwalds – oder besser gesagt, der unterfränkische. Er zieht sich überwiegend am Main entlang, der im Osten die natürliche Grenze des Odenwalds bildet. Auf der anderen Flussseite beginnt der Spessart. Orte wie **Miltenberg** (www.miltenberg.info) oder **Klingenberg** (www.klingenberg.de) erstrecken sich über beide Mittelgebirge. Ein Vorteil für die Gemeinden, denn die sonnigen Westhänge des Spessarts werden für den Anbau hervorragender Weine genutzt. Feines Bier gibt es aber auch: Mit Faust (www.brauerei-faust.de) hat die mainfränkische Odenwald-Region eine innovative, agile Brauerei, die mit ihren Erlebnisführungen das Freizeitprogramm im Urlaub bereichern kann.

Selbstverständlich blicken die mainfränkischen Orte wie viele andere im Odenwald auf eine lange Geschichte zurück und glänzen dadurch mit viel Sehenswertem: Angefangen bei der prächtigen Burgruine in **Wertheim** (www.tourismus-wertheim.de) über zahlreiches Fachwerk bis zum Römermuseum **Obernburg** (www.roemermuseum-obernburg.de). Dort werden Fundstücke aus dem römischen Kastell Nemaninga präsentiert, das im 1. Jh. n. Chr. als Garnisonsstützpunkt an der Mainlinie des Obergermanischen Limes errichtet wurde. Auch der Heimat- und Verkehrsverein Obernburg informiert auf seiner Website (www.hvv-obernburg.de) umfassend über die Römerzeit – sogar mit Kochrezepten, für alle, die einmal echt römische Küche ausprobieren wollen.

Einen umfassenden Überblick über die Sehenswürdigkeiten im fränkischen Odenwald bietet unser Reiseführer **Mainfranken** von Hans-Peter Siebenhaar (ISBN 978-3-95654-037-0, 17,90 €).

So viel aber vorab: Zu den beliebtesten Highlights zählt ganz klar die Barockstadt **Amorbach** (www.amorbach.de). Die dortige Benediktinerabtei gehörte zu Frankens ältesten Klöstern. Die prunkvolle Abteikirche mit ihren nahezu originalen, einzigartigen Deckenfresken, Stuckmarmoraltären und Leinwandbildern wurde zwischen 2012 und 2015 für 6,6 Mio. Euro umfassend restauriert. Fast ebenso prächtig ist der mit Stuck reich verzierte Grüne Saal, in dem ursprünglich Mönche und später die Fürsten von Leiningen festliche Empfänge gaben. Ein weiterer Schatz ist die Bibliothek. Ihre Decken sind mit herrlichen Fresken geschmückt. Der Boden überrascht mit einem kunstvollen Muster, das einer optischen Täuschung à la M. C. Escher gleichkommt. Eine Führung durch die Kirche und die Abtei sollten sich Besucher nicht entgehen lassen.

Einen Katzensprung von Amorbach entfernt befindet sich mitten im Wald die **Wildenburg.** Die Ruine der einst stolzen staufischen Ritterburg lässt sich gut zu Fuß vom kleinen Ort Buch aus erreichen. Immer noch imposant wirkt der 9 m^2 große Kamin im Innern des Palas. An dem dort entfachten Feuer soll sich ehedem auch - Wolfram von Eschenbach gewärmt haben. Es wird vermutet, dass der Dichter auf der Wildenburg Teile seines Epos „Parsival" geschrieben hat.

Weinpavillon im Rebmuttergarten

Die Bergstraße

Die Bergstraße zwischen Darmstadt und Heidelberg ist vom Klima und Boden begünstigt: Hier dreht sich fast alles um den Wein. Dann kommen die Burgen. Einige wurden gebaut, um vor über 1000 Jahren das mächtige Kloster Lorsch zu schützen. Zusammen mit der karolingischen Königshalle ist es heute UNESCO-Welterbestätte – nach der Grube Messel die zweite in der Region Odenwald-Bergstraße.

Zwischen Darmstadt und Heidelberg erhebt sich die Bergkette des westlichen Odenwalds. Es gibt einen hessischen Teil der Bergstraße, der bei Darmstadt beginnt und bis Heppenheim reicht, und einen badischen Teil von Laudenbach bis Heidelberg. Der **Melibokus,** Treffpunkt für Drachenflieger, markiert den höchsten Punkt dieser Bergkette.

Das Mittelgebirge entstand durch das Absinken des Rheingrabens – was er übrigens auch heute noch macht, weshalb der Odenwald jährlich um knapp 0,2–0,4 mm wächst. Geologisch hat sich hier einiges über die Jahrtausende hinweg getan: So schlängelte sich anno dazumal auch der Neckar nahe der Bergstraße entlang und floss bei Trebur in den Rhein, bevor Geröll ihm den Weg abschnitt. Das Gelände westlich der Bergstraße, die Oberrheinische Tiefebene, war lange sumpfig. Bei Bickenbach wurden 1934 und in den 1970er-Jahren Reste einer römischen Sumpfbrücke (2. Jh.) freigelegt, die an den matschigen Zustand erinnern.

Bereits die Römer nutzten die Bergstraße als Handels- und militärischen Weg. Die Römer brachten vermutlich auch den Wein in die fruchtbare Region. Er gibt den Ton an und selbst der angebaute Spargel und die Erdbeeren sind nur appetitliches Beiwerk für die spritzigen Weißweine, die hier (überwiegend) kultiviert werden.

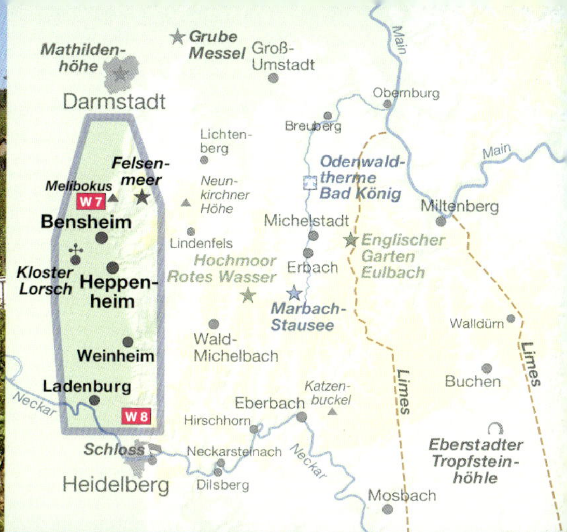

Die Bergstraße

Bekannte Wanderwege an der Bergstraße

Ein wahres Volksfest ist am 1. Mai die **Weinlagenwanderung** entlang der hessischen Bergstraße. Der 22 km lange Weg beginnt in Alsbach und endet bei Heppenheim an der hessisch-badischen Grenze. Unterwegs schenken Winzer an Ständen ihre Weine zum Probieren aus. Man kann die Tour aber auch an ruhigeren Tagen laufen. Unterwegs informieren Schilder über den Weinanbau. Die Markierung ist ein Römerglas.

Besonders im Frühling ist der **Blütenweg** zu empfehlen, denn das relativ milde Klima an der Bergstraße lässt die Natur recht früh erwachen – blühende Forsythien, Magnolien oder Mandelbäume machen Lust auf kommende wärmere Tage. Dieser Fernwanderweg ist etwa 85 km lang, mit einem gelben „B“ markiert und führt von Darmstadt-Eberstadt bis nach Wiesloch, das an den Ausläufern des sog. Kleinen Odenwalds an der Grenze zum Kraichgau liegt.

Ein weiterer Fernwanderweg ist der ca. 120 km lange **Burgensteig,** der mit einem blauen „Burgzeichen“ markiert ist. Er startet ebenfalls in Darmstadt-Eberstadt, an der berühmten Burg Frankenstein und verläuft über waldreiche Strecken, vorbei an Bachläufen, Obstwiesen und Weinbergen bis zum beliebten Heidelberger Schloss. Dabei werden nicht weniger als 30 Burgen, Schlösser und vor allem Ruinen passiert. Da sie auf Bergkuppen erbaut wurden, hat man unterwegs immer wieder wunderbare Ausblicke: auf die Bergstraße, die Rheinebene und bis zu den Berghängen des Pfälzerwaldes sowie im Osten und Süden auf den Odenwald. Ein Teil der historischen Gebäude ist bewirtschaftet – eine gute Gelegenheit für eine Rast – und Schlösser wie Alsbach oder Auerbach sind immer wieder Kulisse für Ritterspiele oder andere mittelalterlich anmutende Feste.

Auch die Rotweine brauchen sich nicht zu verstecken. Und so wundert es nicht, dass das ganze Jahr über Weinfeste veranstaltet werden, die bereits Anfang März mit dem **Mathaisemarkt** im badischen Schriesheim beginnen.

Viele der Burgen entlang der Bergstraße wie die Heppenheimer Starkenburg und Burg Windeck bei Weinheim wurden zum Schutz des in der Rheinebene gelegenen **Klosters Lorsch** erbaut. Diese Abtei war bis ins hohe Mittelalter ein Machtzentrum des geistlichen, kulturellen, aber auch weltlichen Lebens in Europa. Als Reichskloster von Karl dem Großen hatte es u. a. den Auftrag, die Region zu erschließen. Aus der Karolingerzeit stammt auch die Königshalle. Zusammen mit dem Areal des Klosters Lorsch ist sie heute UNESCO-Welterbe und beliebtes Ausflugsziel.

Zu den regionalen Highlights zählt außerdem die Verleihung des **Gertrud-Eysoldt-Rings,** die im Frühjahr die deutsche Theaterwelt nach Bensheim holt und besondere schauspielerische Leistungen ehrt. Klaus Maria Brandauer und Tobias Moretti zählen u. a. zu den prominentesten Preisträgern. Daneben gibt es noch ein breites Spektrum an Kleinkunst, Varieté und Musikveranstaltungen. Wer sich einen Überblick über die Städte, Sehenswürdigkeiten und Events entlang der Bergstraße verschaffen möchte, ist auf der Website des Tourismus Service Bergstrasse e. V. (www.diebergstrasse.de) gut aufgehoben.

Seeheim-Jugenheim

Im Frühjahr zeigt sich die Gemeinde südlich von Darmstadt-Eberstadt besonders prachtvoll: Entlang der Alten Bergstraße, die Seeheim mit Jugenheim verbindet, blühen in üppigem Rosa Japanische Zierkirschen. Die Gärten der Häuser und prachtvollen Villen sind erfüllt vom Gelb der Forsythien und zarten Weiß, Rosé und Violett der Mandelblüten und Magnolien.

Nicht umsonst heißt es auf der Gemeinde-Homepage: „hier blüht's". Sicher ist damit aber nicht nur die prachtvolle Natur im Frühjahr gemeint, sondern auch die eigene Wirtschaft – denn die beiden Hauptorte Seeheim und Jugenheim besitzen eine relativ gute Infrastruktur. Hoch über Seeheim in den Berghang gebaut, ragt das Lufthansa Training & Conference Center zwischen den Bäumen empor. Seeheim-Jugenheim wirbt gern mit diesem Leuchtturm für den eigenen Standort. Im anspruchsvollen Tagungshotel treffen sich Flug-, aber vor allem auch zahlreiche Wirtschaftskapitäne. Die dazugehörige Gastronomie ist öffentlich.

Schuldorf Bergstraße – der Campus-Gedanke im Odenwald

Zwischen Seeheim und Jugenheim liegt eine bemerkenswerte Gesamtschule, die vom Kindergarten und der Vorschule bis hin zum Gymnasium alle Schulzweige abdeckt. Das Schuldorf Bergstraße wurde 1954 eröffnet und besteht mittlerweile aus über 40 Schulgebäuden. Einige Teile der Anlage stehen unter Denkmalschutz. Seit 2005 können Schüler auch den Zweig der State International School besuchen. Infos unter www.schuldorf.de.

Hoher Besuch ist für Seeheim-Jugenheim nichts Ungewöhnliches. Auf Schloss Heiligenberg bei Jugenheim gaben sich einst das Zarenpaar, Fürsten und Diplomaten die Ehre. Hier lebte Prinz Alexander von Hessen-Darmstadt, Begründer der Battenbergs (engl. Mountbatten). Diesen Namen tragen heute alle Mitglieder der englischen Königsfamilie, die aus der Ehe von Elisabeth II. (Windsor) und Prinz Philip (Battenberg/Mountbatten) hervorgegangen sind (z. B. Charles Mountbatten-Windsor, Prince of Wales). Bei hochrangigen Bewohnern lässt eine standesgemäße Nachbarschaft nicht lange auf sich warten. Zahlreiche prunkvolle Villen zeugen davon. Zu den stattlichsten zählt die Goldschmidt-Villa in Seeheim mit dem großen **Goldschmidts Park.** Die Villa wurde 1870 erbaut und ist heute ein gut besuchtes Restaurant der gehobenen Kategorie. Der Park ist frei zugänglich. Sehenswert ist auch die frühere Sommerresidenz des Darmstädter Jugendstilkünstlers und Architekten Albin Müller (Villastr. 8) – seit 1924 Pfarrhaus.

Unweit des Lufthansa Training & Conference Center liegt die Ruine der **Burg Tannenberg.** Sie wurde vermutlich zu Beginn des 13. Jh. erbaut (Ersterwähnung 1210) und bereits 200 Jahre später durch Kanonenbeschuss der „Großen Frankfurter Büchse“ zerstört. In der Burg hatten sich zu diesem Zeitpunkt Raubritter niedergelassen, die Kaufleute auf dem Weg nach Frankfurt plünderten. Burg Tannenberg war eine der ersten mittelalterlichen Anlagen, die mit frühen, schlagkräftigen Feuerwaffen bezwungen wurde.

Seeheim selbst wird bereits 874 urkundlich genannt, als der ostfränkische König Ludwig II. (Ludwig der Deutsche) die Siedlung dem Kloster Lorsch schenkte. Jugenheim wird dagegen erst 1241 erwähnt. Trotzdem ist der Ort schon deutlich länger besiedelt. Eine 4000 Jahre alte Grabstätte, die beim Bau eines Hauses entdeckt wurde, belegt, dass die Region bereits zur Zeit der Schnurkeramik erschlossen wurde. Darüber hinaus wurden Schmuck und Werkzeuge aus der Eisenzeit ausgegraben.

Seit 1977 schreiben beide Orte gemeinsam Geschichte. Zur Gemeinde gehören auch Balkhausen, Malchen, Ober-Beerbach, Stettbach und Steigerts. Von Jugenheim zweigt eine kleine Straße in das reizvolle Stettbachtal ab.

Rundgang durch Seeheim

Sehenswert ist das historische **Rathaus** von 1599 in der Bergstraße. Der Fachwerkbau zeigt Schnitzarbeiten mit Pflanzenmotiven, sein Dach ist von einem kleinen Glockenturm bekrönt. Im Laufe der Jahrhunderte wurde das Rathaus vielfältig genutzt – 1708 als Schmiede, später als Spritzenhaus. Mittlerweile beherbergt es das Bergsträßer Museum und die Gemeindebücherei. Den Brunnen vor dem Gebäude schmückt eine Florian-Figur, der Schutzheilige der Feuerwehr. Wenige Schritte weiter stehen das große **Alte Pfarrhaus,** das zwischen 1582 und 1590 erbaut wurde, und das **Gasthaus „Zum Löwen"** von 1612. Das Gasthaus ist ein pittoresker Fachwerkbau, in dem der Zentgraf früher seinen Sitz hatte. Zwischen 1620 und 1628 sollen dort Alchemisten ihrer Arbeit nachgegangen sein – womöglich wollten sie das Geheimnis lüften, wie sich Eisen in Gold verwandeln lässt. Zweigt man beim Gasthaus in die Kirchstraße ab, stößt man auf den Friedhof und die **Laurentiuskirche.** Es wird vermutet, dass sie bereits im 13. Jh. errichtet wurde – eindeutig belegen lässt sich das jedoch nicht, wurde sie doch mehrfach umgebaut.

Hier waren einst Alchimisten aktiv

Bergsträßer Museum Seeheim-Jugenheim: Die Ausstellungsräume befinden sich im alten Seeheimer Rathaus. Einen Schwerpunkt bildet das regionalhistorische Leben im Mittelalter, außerdem werden Fundstücke der Burgruine Tannenberg gezeigt sowie Modelle, die die Baugeschichte der Burg dokumentieren. So 15–17 Uhr oder nach Vereinbarung. Eintritt frei, um eine Spende wird gebeten. Ober-Beerbacher Str. 1, ✆ 06257/9900 oder 84750.

Burgruine Tannenberg

Die Reste der Höhenburg liegen auf einem rund 335 m hohen Berggipfel. In den Annalen wird sie auch als Burg Seeheim und als möglicher Erbauer Kuno von Münzenberg im Jahre 1210 erwähnt. Er nannte sich bereits „von Tannenberg" und war Mitglied eines Wetterauer Adelsgeschlechts, das bereits 1255 ausstarb. Danach wurde die Burg unter mehreren Erben und Adelsfamilien aufgeteilt und von Burgmannen bewohnt, die im Auftrag der eigentlichen Burgherren die Anlage bewachten. Kurz bevor sie zerstört wurde, soll es 17 Mitbesitzer gegeben haben. Mit dem Einzug von Hartmut dem Jüngeren von Kronberg wurde Tannenberg eine Raubritterburg, die wenig später, 1399, zerstört und nie wiederaufgebaut wurde. Erst 1849 ließ Großherzog Ludwig III. von Hessen-Darmstadt die ersten Teile freilegen. Dabei wurde u. a. die bronzene Tannenberger Handbüchse ausgegraben, eine der ältesten Handfeuerwaffen der Welt. Sie kann heute im Germanischen Nationalmuseum in Nürnberg bestaunt werden. Andere Funde werden im Bergsträßer Museum im alten Seeheimer Rathaus zur Schau gestellt.

Danach ruhten die archäologischen Arbeiten längere Zeit und wurden erst 2002 fortgesetzt. Die niedrigen Reste, die heute zu sehen sind, lassen folgende Rekonstruktion zu: Die ovale Kernburg war von einer Ringmauer umgeben (von der allerdings Teile fehlen). Ausgegrabene Keller weisen vier überwiegend frei stehende Gebäude nach, was für eine Burg ungewöhnlich ist. In der Nähe des Bergfrieds befindet sich eine restaurierte Zisterne. Die Kernburg ist von einem Zwinger umgeben. Im 14. Jh. wurde sie um eine Vorburg mit Wohn-, Vorrats- und Stallgebäuden erweitert. Eine weitere Vorburg wurde nicht fertiggestellt. Die gesamte Anlage ist von einem Halsgraben umgeben. Bei Grabungsarbeiten wurden u. a. verzierte Bodenfließen, Trinkbecher und Keramiktöpfe gefunden, die im Bergsträßer Museum Seeheim-Jugenheim ausgestellt sind.

Weitere Informationen zur Burg und ihrer Geschichte gibt es z. B. auf der Website des Heimat- und Verschönerungsvereins Seeheim unter www.hvv-seeheim.de.

Rundgang durch Jugenheim

Einige Sehenswürdigkeiten reihen sich die Hauptstraße entlang. Das **Haus Krone** fällt sofort ins Auge. Es hat seinen Ursprung im frühen 18. Jh. und war zu Beginn eine Weinwirtschaft. Mit dem Ausbau von Schloss Heiligenberg begann auch für die Krone eine ruhmreiche Zeit – das Hotel florierte, wurde stetig erweitert und hatte einen eigenen Kurpark. Der Erfolg hielt bis ca. 1920. Danach wurde es verkauft, zunächst als Kurhotel weitergeführt und im Krieg als Lazarett genutzt. Seit 1976 verbringen Senioren im Haus Krone ihren Lebensabend. Darüber hinaus hat das **Chamäleon-Theater** hier seine Bühne. Ebenso auffällig mit seinem gelben Putz ist das **Forsthaus** von 1525. Es wurde für den sog. Amtskeller, einen mittelalterlichen Beamten, gebaut. Die Keller des Gebäudes haben die beachtliche Höhe von 8 m. Hier wurden Wein und Lebensmittel gelagert, die als Abgaben an den Grundherrn geleistet werden mussten. Ab 1819 wurde es als Forstamt genutzt. Versetzt auf der gegenüberliegenden Seite steht das **frühere Schulhaus,** ein Fachwerkbau von 1783. In der Hauptstraße 14 wurde 1556 das historische **Rathaus** errichtet. In seinem Erdgeschoss haben das Standesamt und die Bücherei ihr Quartier bezogen. Am Haus wurde eine Sonnenuhr von 1743 angebracht. Außerdem schmückt seit 1913 ein Siegfriedbrunnen das Gebäude. Hinter dem Rathaus steht die evangelische **Bergkirche.** Links davon führt ein Pfad hinauf zum Heiligenberg.

Die Bergstraße → Karte S. 179

Der Heiligenberg

Die Anhöhe über Jugenheim ist ein geschichtsträchtiger Ort. Keramikfunde lassen darauf schließen, dass hier schon zur Zeit der Karolinger ein heidnisches Heiligtum stand. Im Mittelalter soll unter der anscheinend über 800 Jahre alten Linde das Gericht der Zent Jugenheim getagt haben. In den 1930er-Jahren wurde der Baum zum Naturdenkmal erhoben. Neben der Gerichtslinde stifteten Konrad II. von Bickenbach und seine Frau Ruda von Falkenstein vermutlich 1263 ein Klarissenkloster, das zu Beginn des 15. Jh. aufgehoben wurde und verfiel. Der Nonnenbrunnen am gleichnamigen Parkplatz am Fuße des Heiligenbergs im Balkhäuser Tal erinnert an das mühsame Wasserschöpfen der Klosterfrauen. Die Bedeutung des Heiligenbergs verblasste, bis Großherzogin Wilhelmine von Hessen-Darmstadt 1826 das hier von einem hessischen Hofkammerrat erbaute Landgut erwarb. Sie ließ das Gut zu einer

Sommerresidenz umbauen, die Klosterruine restaurieren und einen englischen Landschaftsgarten anlegen. Der Garten ist in seinen Grundzügen noch erhalten. Der Architekt war kein Geringerer als der Hofbauplaner des Großherzogtums Hessen-Darmstadt, Georg Moller. Die heutige Vierflügelanlage entstand ab 1863, als Wilhelmines Sohn Alexander von Hessen-Darmstadt das Schloss als Stammsitz erweitern ließ. Mit dem Ausbau des Schlosses und den hochherrschaftlichen Besuchen begann für Jugenheim eine Blütezeit. Die Region entwickelte sich zum Kurort und zu einem bei Bildungsbürgern beliebten Wohnort. An Großherzogin Wilhelmine erinnert das vergoldete Kreuz auf dem Heiligenberg, das als Wahrzeichen von Jugenheim gilt.

Museum Stangenberg Merck

Das private Kunstmuseum zeigt Werke der Malerin Heidy Stangenberg-Merck sowie ihrer Mutter, der Bildhauerin und Malerin Marietta Merck – beide Mitglieder der traditionsreichen Industriellenfamilie Merck, die das älteste pharmazeutisch-chemische Unternehmen der Welt gegründet hat. Zu sehen sind moderne Stillleben, Landschaftsmalerei, Porträtgemälde und Skulpturen. Auch das Gebäude ist sehenswert, in dem sich die Ausstellung befindet.

Mi–Fr 15–19 Uhr, Sa/So und feiertags 11–18 Uhr. Eintritt 3 €, erm. 2 €, mit Führung in einer Gruppe 4 €/Pers. Helene-Christaller-Weg 13, ✆ 06257/905361, www.museum-jugenheim.de.

Die Herren von Bickenbach

Nur einen Katzensprung westlich von Jugenheim liegt das Örtchen Bickenbach, dessen gleichnamige Dynastie im Mittelalter die Entwicklung der Region maßgeblich prägte – auch die von Seeheim-Jugenheim und Alsbach-Hähnlein. Besiedelt wurde die Gegend bereits in prähistorischer Zeit. Und auch die Römer haben ihre Spuren hinterlassen – 1934 wurde beim Bau eines Entwässerungsgrabens eine archäologische Rarität entdeckt: die Reste einer Brücke, die über das sumpfige Gebiet eines alten Neckarlaufes führte. Die Sumpfbrücke aus Eichenholzpfählen soll 300 m lang gewesen und Mitte des 2. Jh. entstanden sein. Im Jahr 874 wird Bickenbach im Lorscher Codex erstmals erwähnt im Zusammenhang mit seinem Begründer Bico, einem Gefolgsmann von Karl dem Großen. Die Herren von Bickenbach tauchen 1130 zum ersten Mal in einer Urkunde auf und waren ein „höchst reputierliches mittelalterliches Adelsgeschlecht“ – wie es so schön auf der Gemeindehomepage heißt –, das zunächst im Auftrag des Klosters Lorsch das Land verwaltete. Ihre erste Stammburg bauten sie auf dem Weilerhügel im sumpfigen Bickenbacher Gelände. Um 1235 ließ das Adelsgeschlecht seinen neuen Stammsitz auf einer Anhöhe über dem Dorf Alsbach errichten, von dem sehenswerte Ruinen erhalten sind.

Basis-Infos zu Seeheim-Jugenheim

Information Das Ressort „Wirtschaftsförderung und Standortmarketing“ der Gemeindeverwaltung ist zugleich Ansprechpartner für Touristen. Außerdem hält die Homepage umfangreiche Infos bereit. Schulstr. 12, 64342 Seeheim-Jugenheim, ✆ 06257/990280 und 990281, www.seeheim-jugenheim.de.

Aktivitäten Werkstatt Sonne ist ein Verein für kreatives Gestalten. Das Kurspro-

Schloss Heiligenberg: Stammsitz der Battenbergs

Die Bergstraße → Karte S. 179

gramm hält für jede handwerkliche Vorliebe ein Angebot bereit: von Aktmalerei und Bildhauerei über Filzen und Töpfern bis hin zu Fotografieren und Nähen. Die Kursgebühren sind unterschiedlich und natürlich auch materialabhängig. Sandstr. 86, ✆ 06257/82061, www.werkstatt-sonne.de.

Feste & Veranstaltungen Die **See'mer Kerb** ist für Seeheimer und Exilanten spaßiges Pflichtprogramm und auch für Gäste sehr unterhaltsam. www.kb-seeheim.de.

Kultur im Schloss Heiligenberg bezeichnet das meist konzertante Programm in dem schönen historischen Bau hoch über Jugenheim, das überwiegend Klassik, aber auch Chanson und Klezmer im Angebot hat. www.schloss-heiligenberg.de.

Die **Freilichtbühne Seeheim-Jugenheim** bietet von Juni bis Aug. Mi–Sa Open-Air-Kino. Highlights zwischendrin sind z. B. die Open-Air-Dichterschlacht oder auch Livekonzerte aus dem Weltmusik-Sektor (www.filmseher.de). Die Freilichtbühne befindet sich auf dem Gelände des Schuldorfs, das zwischen Seeheim und Jugenheim liegt.

Das **Chamäleon-Theater** hat sich überwiegend Komödien verschrieben, die engagierte Laienschauspieler in einem Monat im Jahr – im Herbst oder Frühling – zum Besten geben. Seinen Sitz hat das Theater im Haus Krone, einem Seniorenheim. Infos unter www.chamaeleon-theater.com.

Schwimmen 1930 eröffnet und in neuerer Zeit umfassend saniert, ist das Freibad in Jugenheim im Sommer ein beliebtes Freizeitangebot. 50-m- und Kinderschwimmbecken werden via Solaranlage beheizt und locken bei jeder Witterung mit 24 °C Wassertemperatur. Für Springfreudige gibt es einen 5-m-Turm und ein 3-m-Brett. Da die Liegeplätze nicht so üppig sind, kann es an warmen Tagen auf der Wiese zu dichtem Gedränge kommen. Mitte Mai bis Mitte Sept. Mo–Fr 7–20 Uhr, Sa/So und feiertags ab 8 Uhr, Erw. 4 €, Abendkarte ab 18 Uhr und Kinder ab 6 J. 2 €. Burkhardtstr. 21, ✆ 06257/2023.

Übernachten in Seeheim-Jugenheim

*** **Hotel-Restaurant Brandhof**. Das Hotel liegt hinter Jugenheim im beschaulichen Stettbachtal und verfügt über 40 Zimmer mit adäquatem Drei-Sterne-Komfort. Wer nicht nur Natur, sondern auch Wellness zur Erholung braucht, kann die drei Saunen oder Massageangebote nutzen. Der Brandhof ist außerdem als Restaurant v. a. wegen der frisch zubereiteten Forellen aus dem eigenen Teich sehr beliebt. DZ 99 € inkl. Frühstück. Im Stettbacher Tal 61, ✆ 06257/50500, www.hotel-brandhof.de.

Bed and Breakfast Wolf. Hier gibt es lediglich ein geschmackvoll wie zweckdienlich eingerichtetes Gästezimmer. Das Frühstück wird im Wintergarten serviert. Und da die Wirtin sich von Berufs wegen auf Massagen versteht und die Praxis sich im gleichen Haus befindet, kann man dieses Wellness-Angebot gleich mitbuchen. Ein Highlight ist sicherlich die Massage unter freiem Himmel. DZ ab 70 € zzgl. Frühstück (6 €/Pers.), Ermäßigungen ab 2 Nächten. Stettbacher Tal 10, ✆ 06257/3768, www.bb-seeheim-jugenheim.de.

Casa Sonja. Die hell und modern eingerichtete, 50 m² große Ferienwohnung in Jugenheim ist geeignet für bis zu 3 Pers. Die Küche ist voll ausgestattet: Herd, Mikrowelle, Kaffeemaschine, Wasserkocher, sogar ein Saftmixer und Bügelbrett samt -eisen sind vorhanden. Das Freibad befindet sich ganz in der Nähe. 70 €/Nacht für 2 Pers., ab 4 Nächten 50 €/Nacht. Hauptstr. 3, ✆ 06257/2536, www.casa-sonja.de.

Ferienwohnung Haase. Die Wohnung gehört zum Lokal „Das Laternchen“, das wegen seiner deftigen, frischen Küche und der urigen Atmosphäre beliebt ist. Die gemütliche Wohnung verfügt über 2 Schlafzimmer und einen Wohn- und Kochbereich. Tiere sind hier willkommen. 70 €/Nacht inkl. Bettwäsche und Endreinigung. Bergstr. 19, ✆ 06257/81082.

Essen & Trinken in Seeheim-Jugenheim

Goldschmidts Park. Das Restaurant zählt zu den ersten Adressen für gehobene Gastronomie an der Bergstraße. Auf der kreativen Karte finden sich Zutaten wie Wachteln, Wildkräuter, Arganöl, Trüffel oder Whiskey. Ein besonderer Genuss ist der Besuch an schönen Tagen, wenn man auf der Terrasse der Villa speisen und der Blick über den schönen Park und die Rheinebene schweifen kann. Im Sommer empfiehlt es sich, am Wochenende vorher anzurufen, da oft Familienfeste ausgerichtet werden. Auch eine Reservierung ist sinnvoll. Do–Sa ab 17 Uhr, So ab 10.30 Uhr Büfett. Villastr. 11, ✆ 06257/962266, www.goldschmidts-park.de.

Annettes. „Gasthaus Tannenberg“ und „Gastronomie im Schloss Heiligenberg“ sind zwei angenehme Plätze in Jugenheim, geführt von einer Hand: Annette Bombala war eigentlich spezialisiert auf Catering und hat nun die richtigen Orte gefunden, um ihre Leckereien Gästen anzubieten, z. B. Frühstück, Kaffee und Kuchen oder allerlei vom Rind. Gasthaus Tannenberg Do–Sa ab 18 Uhr, Hauptstr. 10. Gastronomie im Schloss Heiligenberg Do–So 10–18 Uhr. Auf dem Heiligenberg 8, www.gasthaus-tannenberg.de.

Schöne Aussicht. Dieses kleine Lokal mit frischer Küche befindet sich in Stettbach. Auf einer Tafel steht das aktuelle, saisonal orientierte Angebot – darunter Pasta, Salate und Fleischgerichte. Sa/So gibt es hausgemachten Kuchen. Der Blick von der schönen Terrasse macht dem Namen alle Ehre. Mi–Fr ab 17 Uhr, Sa ab 15 Uhr mit Kaffee und Kuchen, So und feiertags 12–20.30 Uhr durchgehend warme Küche. Am Berg 9, ✆ 06257/61965, www.schoene-aussicht-stettbach.de.

Zum Talblick. Im schönen Steigerts liegt dieses gutbürgerliche Lokal mit diversen Schnitzelvariationen auf der Karte. Die Portionen sind zum ordentlich Sattwerden. Von der großen mit Steinplatten ausgelegten Terrasse kann man an klaren Tagen bis nach Frankfurt schauen. Mi–So 11–24 Uhr, bis 22 Uhr durchgehend warme Küche. Ohlystr. 3, ✆ 06257/81981, www.zum-talblick.de.

Friedrich VII. Ein beliebter Treffpunkt für Jung und Alt in Jugenheim. Am Tresen des rustikalen Lokals wird geredet, gelacht und gemeinsam Pilsbier oder Guinness getrunken. Die Wände sind über und über mit Wandspiegeln mit hochprozentiger Werbung behängt. Die solide Speisekarte hat neben der gängigen Fleischpower auch Lasagne, Pizza und Salate im Angebot. Tägl. (außer So) ab 17 Uhr. Bahnhofstr. 1, ✆ 06257/3251, www.friedrich-7.de.

Eiscafé Natale. Das cremige Eisvergnügen wird als eines der Besten der Region gehandelt. Dementsprechend ist an warmen Tagen die Schlange vor dem Geschäft recht lang und im Café kann es auch zu längeren Wartezeiten kommen. Bergstr. 2, ✆ 06257/8903.

Frühling an der Bergstraße

Die Bergstraße → Karte S. 179

Alsbach-Hähnlein

Die Gemeinde wirkt auf den ersten Blick unspektakulär. Wäre da nicht das Alsbacher Schloss (Burg Bickenbach), das mit einem großen Angebot an mittelalterlichen Festen zahlreiche Besucher anlockt.

Alsbach-Hähnlein besteht aus drei Gemeindeteilen: den beiden Namensgebern und Sandwiese. Während sich Hähnlein und Sandwiese in der Ebene Richtung Hessisches Ried erstrecken, liegt Alsbach an den Hängen der Bergstraße. Wer es nicht besser weiß, ist womöglich geneigt, zügig durch die Orte zu fahren. Aber dann entgeht einem erstens das **Alsbacher Schloss** auf dem rund 260 m hohen Geisberg, zweitens ignoriert man einen Zeugen aus der Jungsteinzeit, den am westlichen Rand der Alsbacher Sportanlage stehenden ca. 1,5 m hohen **Menhir.** Eigentlich spektakulär, dass dieser unscheinbare Stein vor 4000 Jahren als Kalender gedient haben soll. Von seiner Position aus, sieht man zur Wintersonnenwende die Sonne direkt über dem Melibokus aufgehen. Der Berg ist mit 517 m der höchste Punkt der Bergstraße. Westlich des Steins befindet sich der **jüdische Friedhof,** der über einen Feldweg erreichbar ist. Er ist einer der ältesten und größten in Südhessen und wurde bereits 1616 im Alsbacher Gerichtsbuch genannt. Auf dem Friedhof ist Abraham Samuel Ben Isaak Bacharach (1575–1615) begraben. Der hoch angesehene Oberrabbiner von Worms, einer der ältesten jüdischen Gemeinden in Deutschland, ist der Grund, warum sich Mitglieder von 14 südhessischen Synagogengemeinden in der Nähe seines Grabes bestatten ließen. Weitere historische Hintergründe erfährt man bei einer Führung über den Friedhof, die die Gemeindeverwaltung Alsbach-Hähnlein vermittelt.

Ein Blick lohnt sich auch auf die evangelische Kirche in Alsbach. Bereits im 12. Jh. soll dort eine Kapelle gestanden haben. Der gotische Chor der heutigen Kirche entstand um 1466, die Architektur des Kirchenraums um 1604. Ebenfalls geschichtsträchtig: die ehemalige Bürgermeisterei an der Gernsheimer Straße in Hähnlein. Der Bau wurde an der Stelle errichtet, an der ursprünglich der „Hainer Hof" stand. Dieser gilt als Wiege des Ortes und gehörte im 5./6. Jh. der fränkischen Königsfamilie. Zwischen 1849 und 1939 wurden hier schwer erziehbare männliche Jugendliche untergebracht. Daher heißt das Gebäude im Volksmund auch „die Anstalt". Bis 1976 war das Hauptgebäude Sitz der Gemeindeverwaltung. Seit den 1980er-Jahren befindet sich hier ein **Heimatmuseum**, das sich mit Hähnleins Geschichte befasst.

Heimatmuseum Hähnlein: Hier wird die Geschichte des Dorfes dokumentiert. Hähnlein war früher überregional für seine Tierzucht berühmt, v. a. von Ziegen. Diese steht u. a. im Fokus der Präsentation. Das Museum kann nur auf Anfrage besichtigt werden. Gernsheimer Str. 36, ✆ 06257/50080.

Alsbacher Schloss (Burg Bickenbach)

Das Alsbacher Schloss thront südöstlich von Alsbach auf dem ca. 260 m hohen Geisberg. Es wurde von den Herren von Bickenbach (→ S. 182) erbaut, die ursprünglich ihren Stammsitz auf dem Weilerhügel in Bickenbach nordwestlich von Alsbach hatten. Im 13. Jh. verlangte das Adelsgeschlecht nach einer moderneren Unterkunft, zumal das Gebiet um Bickenbach durch den früheren Verlauf des Neckars noch einer Sumpflandschaft glich. Also wurde um 1235 eine neue Burg Bickenbach gebaut: das Alsbacher Schloss. 1241 erstmals erwähnt, war es bis 1664 bewohnt. Ab dem 14. Jh. war die Burg eine Ganerbenburg, die sich mehrere Eigentümer teilten. Einer davon verursachte 1463 eine Fehde mit der Stadt Frankfurt, die schließlich zur Zerstörung der Burg führte. Kurz darauf wurde sie wiederaufgebaut. Während eines kurzen Intermezzos zu Beginn des 16. Jh. waren die Schenken von Erbach, Pfälzer Vasallen, die größten Anteilseigner. Als aber der Pfälzer Kurfürst Ruprecht vom König mit der Reichsacht belegt wurde, ging die Burg an die Landgrafen von Hessen über; ab 1577 waren die Landgrafen von Hessen-Darmstadt Eigentümer. Ab Ende des 17. Jh., nach dem Dreißigjährigen Krieg, verfiel sie zur Ruine.

Der mächtige Bergfried schaut hinter der Ringmauer hervor

Die Kernburg ist geformt wie ein Dreieck mit abgerundeten Ecken. Im Südosten ragt der mächtige runde, restaurierte Bergfried empor. Der Zwinger entstand im 15./16. Jh. und ist heute noch erhalten, ebenso die Ringmauer. Im Süden wurde die Kernburg um einen Vorhof erweitert. In Zwinger und Vorhof bereichern heute Insektenhotels, Rosarium, Kräutergarten und ein Biergarten den alten Bau. 1999 wurde im Burghof eine Reiseuhr aus dem 15. Jh. gefunden. Das Besondere daran: Es handelt sich dabei um die älteste bekannte Sonnenuhr im Taschenformat. Eine Replik des schmucken Stücks kann beim Verein erworben werden, in Bronze, Silber oder Gold. Seit 1997 kümmert sich der Historische & Kulturelle Förderverein Schloss Alsbach e. V. um die prächtige Ruine, die er seit 2000 selbstständig verwaltet und wo er jedes Jahr ein buntes Programm mit mittelalterlichen Festen zusammenstellt.

Tägl. geöffnet, Eintritt frei. Infos unter www.schloss-alsbach.org. In der Burgschänke gibt es neben Erfrischungsgetränken auch Flammkuchen und allerlei Schnitzel. Mi–So und feiertags 11–19 Uhr. Ab Jan. Winterpause. ✆ 06257/6809244, www.schloss-alsbach.de.

Service-Infos zu Alsbach-Hähnlein

Information Bei Fragen zum Tourismus steht die Verwaltung der Gemeinde Alsbach-Hähnlein zur Verfügung. Mo–Do 7.30–12 Uhr, Do auch 13–18 Uhr. Bickenbacher Str. 6, 64665 Alsbach-Hähnlein, ✆ 06257/50080, www.alsbach-haehnlein.de.

Übernachten/Essen Ferienwohnung Alsbach. Sie liegt zentral in Alsbach. Die neue Einrichtung kombiniert rustikalen Stil mit modernem Mobiliar. Die Ausstattung entspricht einfachem Standard. Ab 70 €/Nacht für 2 Pers. Hauptstr. 17, ✆ 06257/62545, www.ferienwohnung-alsbach.de.

Eleonore Nickel. 2 Ferienwohnungen und 8 Fremdenzimmer (für bis zu 3 Gäste) stehen bei Eleonore Nickel in Hähnlein zur Verfügung. Die Zimmer sind mit freundlichen Kiefernmöbeln eingerichtet, haben Dusche/WC und Balkon. DZ 40 € ab 3 Tage, Frühstück 5 €/Pers. Platanenweg 5, ✆ 06257/1621, www.fremdenzimmer-nickel.de.

Zur Sonne. Ein ambitioniertes Gasthaus in Alsbach mit bodenständiger Odenwälder Küche. Die Karte bietet Speisen wie Cordon bleu, Walnussbratwürste mit Kartoffelschwanzerl oder Schafskäsepfännchen mit Knoblauch. Die Sonne vermietet auch Zimmer. Tägl. 17–24 Uhr, So und feiertags auch 11–14.30 Uhr. Hauptstr. 28, ✆ 06257/3515, http://gasthauszursonne-alsbach.de.

Pinocchio. Ein über Alsbachs Grenzen hinaus beliebtes italienisches Lokal, v. a. wegen der Pizza, die knusprig aus dem Steinofen kommt. Die Speisekarte bietet auch sonst einige mediterrane Köstlichkeiten, die von Antipasti bis zu frischen Fischgerichten reichen. Die Atmosphäre im Lokal ist freundlich und hell. In den Sommermonaten ist auch der Garten mit Linde ein schöner Platz. Di–Sa 17.30–23 Uhr, So 11.30–14 und 17.30–22 Uhr. Im Klingen 38, ✆ 06257/2255.

Die Bergstraße → Karte S. 179

Zwingenberg (Bergstraße)

Die älteste Stadt an der Bergstraße hat einen schönen Altstadtkern mit Fachwerkhäusern und verwinkelten Gassen. Der Ort schmiegt sich an den Fuß des Melibokus, des höchsten Berges des Odenwälder Westhangs. Er beschert der Gegend ein besonderes Mikroklima: Wenn es in der Ebene regnet, bleibt es an den Weinhängen oftmals trocken.

Gut für den Wein und auch für die Gastronomie, die sich rund um die Altstadt fast Tür an Tür reiht. In dem sympathischen Winzerstädtchen spielt sich das Leben an warmen Tagen auf der Straße und in den Gärten ab. Insgesamt gibt es in Zwingenberg – gemessen an der Größe der Stadt – auffällig viele Restaurants. Daran wird deutlich, dass die Stadt ursprünglich von der Landwirtschaft, vom Weinbau und eben von der Gastronomie geprägt war. Heute gibt es zudem zahlreiche Gewerbe- und eine Reihe von Technologieunternehmen.

Die Scheuergasse entstand bereits um 1500

1012 wurde der Ort erstmals unter dem Namen „locum getwinc“ urkundlich erwähnt – wenn auch nur nebenbei, denn hauptsächlich ging es um das Jagdrecht im Odenwald, das Kaiser Heinrich II. dem Kloster Lorsch schenkte. Die erste Urkunde, die sich ausschließlich einem Zwingenberger Anliegen widmete, stammt aus dem Jahr 1258. Darin erlaubt das Mainzer Domkapitel dem „Stadtherren“ den Bau einer Kirche. Die Bergkirche erhebt sich über der Altstadt und zählt heute zu den ältesten Zeitzeugen Zwingenbergs. Als eines weniger Gebäude überstand sie, zwar mit Blessuren, nicht nur den Dreißigjährigen Krieg, sondern auch den Ansturm französischer Truppen, der Ende des 17. Jh. Heidelberg in Schutt und Asche legte. Bereits 1274 erhob König Rudolf von Habsburg Zwingenberg zur Stadt, samt Marktrecht und Freiheit für die Bürger. Die Stadt war handels- und kriegsstrategisch wichtig. Wer von Süden in den Norden wollte – oder umgekehrt –, musste hier vorbei, denn die Ebene vor Zwingenberg war noch bis etwa zum 15. Jh. Sumpfgebiet. Auf dem Pass, der heutigen Obergasse, wurden die Reisenden kontrolliert.

Die **Obergasse** im Herzen Zwingenbergs ist heute noch die Hauptflaniermeile, auch wenn die Altstadt schnell durchlaufen ist. Sehenswert sind neben der **Bergkirche** die Reste der alten **Wasserburg** und die Stadtmauer im Tal. Von der oberen Stadtmauer zeugt die **Aul,** ein runder Eckturm aus unverputztem Bruchsteinmauerwerk. Der historische Marktplatz ist umgeben von restaurierten Fachwerkhäusern, die den hübschen Rahmen für den Weihnachtsmarkt oder das Weinfest bilden, das alljährlich am Pfingstwochenende stattfindet. Außerdem steht hier die alte Hofapotheke, in der Wilhelm Büchner lernte. Er war der jüngere Bruder des Dichters und Revolutionärs Georg Büchner. Heute ist das Geschäft in ein Café umgebaut. Westlich außerhalb der Stadtmauern entstand um 1500 eine Straße aus Scheunen, die **Scheuergasse.** Hier wurden entflammbare Vorräte gelagert, um die Stadt vor einem Brand zu schützen. Seit 1980 ist die Scheuergasse Fußgängerzone. Die historischen Gebäude wurden zu Wohnungen, Geschäften oder Restaurants umfunktioniert. Außerdem befindet sich in einer umgebauten Scheune das Heimatmuseum.

Heimatmuseum Zwingenberg

In einer alten Scheune in der historischen Scheuergasse wird auf vier Etagen das Leben vor rund 150 Jahren präsentiert wie beispielsweise ein Schlafzimmer um 1880, eine Schuhmacherwerkstatt von 1920 oder ein Schulzimmer von 1930. Dazu gibt es Informationen zu Stadtgeschichte, Volkskunde, Handwerk und Landwirtschaft sowie eine Waffen- und Puppensammlung. Ausgesprochen lebendig wird das Museum jedes Jahr an Pfingsten: Dann wird in der Außenanlage der Bauern- und Handwerkermarkt veranstaltet. Es duftet nach frischem Brot, das in dem alten Steinofen gebacken wird, Schmiede schlagen Eisernes auf ihrem Amboss, Schuhmacher und Korbflechter stellen ihr Handwerk zur Schau.

März bis Okt. So und feiertags 14.30–17.30 Uhr. Eintritt frei. Scheuergasse 11, www.geschichtsverein-zwingenberg.de.

Der Melibokus

Schon vom Taunus und von den Hängen des gegenüberliegenden Pfälzerwaldes aus springt er dem Betrachter ins Auge – der Melibokus. Oberhalb von Zwingenberg, ist er mit 517 m der markanteste Höhenzug an der Bergstraße. Von seinem Gipfel präsentiert sich ein herrlicher Ausblick in die Rheinebene. Bei Mountainbikern und Drachenfliegern ist er ein beliebtes Ziel und seit 1999 gibt es am Fuß des Aussichtsturms eine Startrampe, die vom Ersten Odenwälder Drachen- und Gleitschirmflieger Club (www.ersterodc.de) betrieben wird. So kann man den Start der Hängegleiter hautnah miterleben. Ursprünglich hieß der Melibokus „Malschen" oder „Malchen". Seinen heutigen Namen trägt er durch einen Irrtum, denn der Name „Melibokus" ist auf eine Schrift des Ptolemäus über Germanien zurückzuführen, die Gelehrte im 16. Jh. falsch interpretierten. Sie dachten, der antike Wissenschaftler würde über den Berg am Rande des Odenwalds berichten. Später fand man jedoch heraus, dass er eigentlich den Harz gemeint hatte. Als der Fehler bemerkt wurde, war der Name bereits zu geläufig, um ihn erneut zu ändern. Den ersten Aussichtsturm ließ Landgraf Ludwig IX. von Hessen-Darmstadt 1772 erbauen. Er war 21 m hoch und bestand bis zum Zweiten Weltkrieg. Während des Krieges wurde er als Flugsicherungspunkt genutzt. Als 1945 die Alliierten vorrückten, wurde der Turm von der Wehrmacht gesprengt, damit die Gegenseite ihn nicht als Beobachtungsposten nutzen konnte. 1966 errichteten die Anrainergemeinden Bensheim, Zwingenberg und Jugenheim einen neuen Turm. In seinem Betonsockel befindet sich ein Ausflugslokal, das am Wochenende und feiertags ab 11 Uhr geöffnet hat.

Tour 7: Runde über den Melibokus → S. 294
Über Weinhänge hinauf auf den höchsten Berg an der Bergstraße

Basis-Infos zu Zwingenberg

Information Die Touristeninformation befindet sich im Zentrum beim Restaurant „Bunter Löwe". März bis Okt. So 11–16 Uhr, zusätzlich geöffnet an Karfreitag, Ostersonntag, 1. Mai und Pfingstmontag. Löwenplatz 6, 64673 Zwingenberg, ✆ 06251/984950, www.zwingenberg.de.

Infos zum Freizeitangebot der Stadt gibt es auf der Homepage des Geschichtsvereins Zwingenberg (www.geschichtsverein-zwingenberg.de).

Aktivitäten Der **Weinlehrpfad** ist ein 1,5 km langer Rundweg und dauert etwa 1:30 Std. Zahlreiche Tafeln informieren über den Weinanbau, die Rebsorten oder das Klima. Die Landschaft ist reizvoll und das Panorama beeindruckend.

Planwagenfahrten sind eine gemütliche Alternative, Zwingenberg und die Umgebung kennenzulernen. Dabei geht es mit dem Traktor und einem Planwagen durch die Altstadt und die Weinberge. Dauer ca. 2:30 Std. Infos unter www.geschichtsverein-zwingenberg.de oder ✆ 06251/9896937.

Einkaufen **Weingut Simon-Bürkle** bietet Wein, Sekt und Brände aus der eigenen Kellerei. Der Gault Millau WeinGuide hat die Qualität des Kellers 2009 mit zwei Trauben ausgezeichnet. Mo–Fr 9–12 und 15–18 Uhr, Sa 9–13 Uhr. Wiesenpromenade 13, ✆ 06251/76446, www.simon-buerkle.de.

Stadtführungen Der Geschichtsverein Zwingenberg bietet Stadtrundgänge an, die etwa 1:30 Std. dauern und zu den Sehenswürdigkeiten der Stadt führen (Bergkirche, Stadtmauer, Scheuergasse). Gruppen von bis zu 25 Pers. pauschal 40 €. ✆ 06251/77956, www.geschichtsverein-zwingenberg.de.

Übernachten/Essen & Trinken in Zwingenberg

Übernachten *** **Hotel zur Bergstraße**. Das Hotel befindet sich in einer Parallelstraße zur historischen Scheuergasse. Die Zimmer sind neuwertig eingerichtet und entsprechen dem Standard. Die teureren Appartements verfügen darüber hinaus über einen Balkon. DZ 90–102 € inkl. Frühstück. Bahnhofstr. 8, ✆ 06251/17850, www.hotel-zur-bergstrasse.de.

Jugendherberge Zwingenberg. Auf den Grundmauern der mittelalterlichen Oberburg und der ehemaligen Zehntscheuer erbaut, wurde sie 1929 eröffnet. Es gibt überwiegend 6-Bett-Zimmer, Dusche/WC auf dem Flur. 4 Zimmer verfügen über integrierte Sanitäranlagen. Keine Selbstversorgung möglich. 19–26 €/Pers. Die Lange Schneise 11, ✆ 06251/75938, www.zwingenberg.jugendherberge.de.

In der ehemaligen Hofapotheke lernte einst Georg Büchners Bruder Wilhelm

Essen & Trinken **Zum Adler**. Die urige Gaststube mit Garten liegt wenige Schritte südlich der Altstadt und ist aufgrund der frischen bodenständigen Küche mit wechselnder Tageskarte beliebt und gut besucht. Deshalb am Wochenende besser reservieren. Mo–Do und Sa 18–22 Uhr, So und feiertags 11–14.30 und 17–22 Uhr. Obertor 10, ✆ 06251/72918, www.gasthauszumadler.de.

Schmitz. Hier sitzt man während der warmen Jahreszeit vor dem schönen, gepflegten Fachwerkhaus auf der Hauptflaniermeile. Im Innern ist es klein, gemütlich und über und über mit Kunst und Krimskrams ausgestattet. Die leckere, gutbürgerliche Küche sorgt dafür, dass das Lokal oft bis auf den letzten Platz belegt ist. Tägl. (außer Mo) ab 18 Uhr, So ab 12.30 Uhr. Obergasse 7, ✆ 06251/72943.

El Greco. Ein beliebtes griechisches Lokal – mit Recht, denn der Service ist freundlich, das typisch griechische Essen frisch und appetitlich, im Fachwerkhäuschen sitzt es sich gemütlich und draußen auf dem Marktplatz auch. Tägl. (außer Mi) 17–22 Uhr, So 12.30–14 und 17–23 Uhr. Marktplatz 11, ✆ 06251/982716, www.elgreco-zwingenberg.de.

Die Scheune. Das Lokal in der alten Scheuergasse bietet eine ambitionierte Küche mit mediterranen Einflüssen. Serviert wird hausgemachter Kochkäse ebenso wie Spaghettini mit Garnelen oder Rumpsteak. Das Ambiente im sanierten Fachwerkhaus ist elegant, im Sommer wird die historische Gasse bestuhlt. Tägl. (außer Mo) 17.30–23 Uhr, So auch 11.30–14 Uhr. Scheuergasse 14, ✆ 06251/8691330, http://die-scheune-zwingenberg.de.

Bensheim

Fürstenlager, Schloss Auerbach oder das Kirchberghäuschen sind bekannte Ausflugsziele, die auch von Großstädtern aus der Rhein-Neckar-Region sehr geschätzt werden. Und während Bensheims Kern mit einer schönen Altstadt und einem attraktiven kulturellen Angebot Besucher anzieht, stehen die anderen Ortsteile für beschauliche Ruhe.

Von der Durchgangsstraße aus betrachtet, verbreitet Bensheim das Flair einer Mittelstadt mit klassischen Bausünden. Der schöne Stadtkern mit der belebten Fußgängerzone und den zahlreichen historischen Bauten bleibt zunächst verborgen – darunter der **Walderdorffer Hof,** Südhessens ältestes Fachwerkhaus, oder die Alte Gerberei, in der heute das Varieté-Theater Pegasus seinen Sitz hat. Apropos Kultur: In dieser Hinsicht gibt Bensheim an der hessischen Bergstraße den Ton an. Seit 1986 ist hier die in Hamburg gegründete **Akademie der Darstellenden Künste** (www.darstellendekuenste.de) ansässig. Seit demselben Jahr verleiht die Stadt Bensheim gemeinsam mit der Akademie alljährlich den Gertrud-Eysoldt-Ring, einen mit 10.000 € dotierten Preis für herausragende schauspielerische Leistungen. Das Festival „Woche junger Schauspieler“ gibt jährlich Nachwuchsschauspielern die Möglichkeit, sich außerhalb ihrer heimatlichen Spielorte zu präsentieren. Auf der Bühne des Parktheaters werden eigene Inszenierungen, aber auch Gastvorstellungen gezeigt. Außerdem hat Bensheim ein paar Galerien und ein Museum, das sich u. a. der Stadtgeschichte widmet.

Bensheims Schutzpatron: St. Georg

Als „Basinusheim“ ist Bensheim erstmals 765 im Lorscher Codex erwähnt. Ab 1320 lassen sich Stadtrechte nachweisen. 1461 wird Bensheim an die Heidelberger Pfalzgrafen verpfändet und bleibt bis 1650 kurpfälzisch. In der Folgezeit bis 1803 ging die Stadt wieder an das Erzbistum Mainz, danach wurde sie den Landgrafen von Hessen-Darmstadt zugesprochen.

Die Bergstraße → Karte S. 179

Auerbach – 1939 in Bensheim eingemeindet – wurde erstmals 784 im Lorscher Codex erwähnt, unter dem Namen Urbach. Der einzige staatlich anerkannte Luftkurort an der Bergstraße besticht mit schönen Fachwerkhäuschen. Wichtiger aber noch: Hier befinden sich zwei der beliebtesten Sehenswürdigkeiten – das **Fürstenlager,** das einst Sommerresidenz der Landgrafen und Großherzöge von Hessen-Darmstadt war, und **Schloss Auerbach,** eine der schönsten Ruinen in Südhessen. Während Auerbach mit Bensheim zusammengewachsen ist, liegen die Stadtteile Langwaden, Fehlheim und Schwanheim im Hessischen Ried, und Hochstädten, Wilmshausen, Schönberg, Gronau und Zell liegen eingebettet in Seitentälern des Vorderen Odenwalds. Zu erwähnen ist noch das **Schönberger Schloss,** das im 13. Jh. als Burg auf einem Berg über dem Ort erbaut wurde, im Bayerisch-Pfälzischen Erbfolgekrieg 1504 stark beschädigt, dann wiederaufgebaut und in den folgenden Jahrhunderten weitere Male umgestaltet wurde.

Die Fraa vun Bensem

Die Frau von Bensheim soll im Dreißigjährigen Krieg der bayerischen Truppe einen geheimen Weg in die Stadt gezeigt haben, die von Franzosen und Schweden belagert war. „Hinne rum, wie die Fraa vun Bensem", wie es heute noch im Volksmund an der Bergstraße heißt. Mit dieser List wurden die Belagerer siegreich vertrieben. Der findigen Frau wurde ein Denkmal gesetzt: Ein Brunnen mit Figur erinnert auf dem Josef-Stoll-Platz bei der alten Stadtmühle an die legendäre Bensheimerin.

Stadtrundgang

Der **Marktplatz** im Zentrum der Stadt ist umgeben von einem attraktiven Fachwerkensemble. In der Mitte steht ein **Brunnen** mit dem heiligen Georg, der sich als Schutzpatron der Stadt auch auf dem Wappen findet. Am Marktplatz beginnt ein offizieller Rundgang, der gut beschildert durch die Altstadt führt und zu jeder Sehenswürdigkeit Informationen zu Baujahr, Nutzung und Geschichte bietet. Erste Station ist die mächtige, das Stadtbild prägende **Pfarrkirche St. Georg,** die ihre Wurzeln in einer mittelalterlichen Basilika hat, die Anfang des 19. Jh. abgerissen wurde. Statt ihrer ließ man 1830 einen neuen klassizistischen Kirchenbau nach Entwürfen des Oberbaurats und Hofbaudirektors des Großherzogtums Hessen-Darmstadt, Georg Moller, errichten. Diese dreischiffige Pseudobasilika wurde im Zweiten Weltkrieg fast vollständig zerstört. Beim Wiederaufbau 1949–53 entstanden romanisch anmutende Chorflankentürme im Osten sowie zwei Türme im Westen. Nur das Innere orientiert sich an der vorangegangenen Moller-Kirche.

Der **Rote Turm** nahe der Nibelungenstraße wurde um 1300 als Teil der Stadtmauer gebaut. Etwas nördlich, auf der rechten Straßenseite befindet sich das **Synagogenmahnmal,** das auf der einen Seite die intakte alte Synagoge zeigt, auf der anderen Seite die Ruine, die die Zerstörung 1938 durch die Nationalsozialisten versinnbildlicht. Durch die Obergasse vorbei am **Walderdorffer Hof** von 1395, geht es kurz darauf in die Dalberger Gasse zum **Dalberger Hof.** Dessen Turm stammt aus dem Jahr 1587. Bei dem schönen Laubengang am langgestreckten Hauptbau handelt es sich um eine offene Fachwerkgalerie. Der Weg verläuft südlich vorbei am Beauner Platz und dem **Hohenecker Hof** von 1756 zum **Wamboldter Hof** von 1733. Von hier aus geht es weiter zu dem um 1300 erbauten **Rinnentorturm,** der einst Teil einer Befestigungsanlage war.

In der Hauptstraße stehen das **Marienhaus,** die katholische **Hospitalkirche St. Joseph** und der **Hospitalbrunnen** von 1536, der durch den modernen Stadtspielplatz beinahe übersehen werden kann. Das Marienhaus ist ein schmuckvoller Renaissance-Fachwerkbau von 1597, der heute u. a. als Frauen- und Familienzentrum genutzt wird. St. Joseph wurde im 14. Jh. als Kirche für das Heilig-Geist-Spital errichtet. Auf der Hauptstraße geht es zurück Richtung nördliche Altstadt. Dabei wird die **Mittelbrücke** überquert. Sie steht anstelle einer Holzbrücke, die 1732 von einem Hochwasser weggeschwemmt wurde, das Menschenleben kostete und Häuser mitriss. Ein Ehepaar, das überlebt hat, stiftete 1747 die beiden Heiligenfiguren, die auf der Brücke stehen. Hinter der Mittelbrücke folgt die **ehemalige Domkapitelfaktorei.** Die Diözese Mainz ließ sie 1732 als Außenstelle bauen. Aktuell ist hier u. a. die Touristeninformation untergebracht. Hinter dem **Bürgerwehrbrunnen** biegt die Route rechts in eine Parallelstraße zum Marktplatz ab. Am Brunnen mit der **Fraa vun Bensem** endet der Rundgang.

Dalberger Hof mit seiner sehenswerten Fachwerkgalerie

Museum der Stadt Bensheim

Das Museum ist im ehemaligen Lorscher Klosterhof untergebracht. Seine Dauerausstellung ist in mehrere Abteilungen gegliedert. Die Vor- und Frühgeschichte präsentiert z. B. den Stoßzahn und Schädelfragmente eines Mammuts, das in der Region gefunden wurde. Werkzeuge von Winzern und Küfern sowie historische Bauerngeräte wie Sensen und Dreschflegel sind in der Abteilung Weinbau und Landwirtschaft ausgestellt. Interessant ist auch das Modell des Auerbacher Schlosses von ca. 1674. Darüber hinaus gibt es Sonderausstellungen mit unterschiedlichen historischen Themen.

Do/Fr 15–18 Uhr, Sa/So 12–18 Uhr. Eintritt 2,50 €, erm. 1 €. Marktplatz 13, ✆ 06251/103801, www.stadtkultur-bensheim.de/museum.

Schloss Auerbach

Oberhalb von Auerbach liegt auf dem Auerberg eine der imposantesten Ruinen an der Bergstraße. Ihre Geschichte beginnt mit den Grafen von Katzenelnbogen, die im 13. Jh. hier eine Burg errichteten. Für das Jahr 1247 ist ihre Existenz bereits belegt. Elf Jahre taucht sie in den Annalen unter dem Namen Urberg auf. Die Anlage, wie man sie heute vorfindet, entstand im 14. Jh. Ihre Kernburg formt mit der 10 m hohen Mantelmauer ein Dreieck, das sich der Bergkuppe anpasst. Jede Ecke wird durch einen Turm geschlossen: Zum Westen hin sind es zwei Rundtürme, im Osten ist es ein mehreckiges Bollwerk mit 5 m dicken Außenmauern. Dieser Turm besaß im Obergeschoss eine Kapelle, die von einer Plattform für Kanonen bekrönt war. Die Kanonenplattform hat die gleiche Höhe wie die Wehrmauer des anschließenden, nach Süden ausgerichteten Saalbaus. Er heißt so, weil sich im Innern des Baus ein großer Saal befindet. Auch zwischen den beiden deutlich höheren Rundtürmen wurde ein Wohnbau errichtet. Auf den Mauern am Nordturm wächst seit mehr als 300 Jahren eine Kiefer, die sich die benötigte Feuchtigkeit aus der Luft holt. Der mächtigere, südwestliche Eckturm kontrolliert den Zugang des Zwingers, der eng um die Kernburg verläuft. In einem zweiten, tiefer liegenden Zwinger haben dagegen auch Wirtschaftsgebäude Platz. Mit dem Aussterben der Katzenelnbogener 1479 ging das Schloss an die Landgrafschaft Hessen. Seit dem 16. Jh. begann sie an Bedeutung zu verlieren. Die vielen Kriege im 17. Jh. zogen auch das Auerbacher Schloss in Mitleidenschaft. Die schlimmsten Folgen hatte der Französisch-Niederländische Krieg (1672–79), als die Anlage eingenommen und in Brand gesteckt wurde. Über die folgenden Jahrhunderte verfielen die Gebäude, bis 1820 der nördliche Turm einstürzte. In der Folgezeit wurde er wiederaufgebaut, andere Gebäudeteile wurden restauriert und gesichert, sodass die Ruine heute begehbar ist. Bereits 1888 wurde im Vorhof ein Lokal errichtet, das rund 100 Jahre später von einem Neubau ergänzt wurde. Heute wird in Fürstenstube, Rittersaal oder Palas wie im Mittelalter getafelt, während Schlossgeister, Ritterturniere oder mittelalterliches Varieté die Gäste bei Laune halten.

Ruine tägl. 10–17 Uhr frei zugänglich. Das gesamte Veranstaltungsprogramm ist veröffentlicht unter www.schloss-auerbach.de.

Fürstenlager

Von der Sommerresidenz zum Naherholungsgebiet, so kann man das Fürstenlager in Bensheim-Auerbach kurz charakterisieren. Der gut 40 ha große, herrliche Landschaftspark liegt in einem kleinen Tal und wurde gegen Ende des 18. Jh. als Sommerresidenz der Landgrafen und späteren Großherzöge von Hessen-Darmstadt errichtet. Den Anlass dazu gab eine eisenhaltige Quelle, der sog. Gesundbrunnen, dessen Mineralgehalt allerdings im Laufe der Zeit sank. Er wurde rund ein halbes Jahrhundert zuvor entdeckt und hatte einen regen Kurbetrieb zur Folge. Es wurden hübsche Wohnpavillons gebaut, Alleen und ein früher englischer Garten angelegt. Da die großherzogliche Familie von Hessen-Darmstadt mit der Zarenfamilie verwandt war, erholten sich hier gelegentlich Familienangehörige der Romanows. Nahezu unverändert sind Kavaliersbau, Wache und Prinzenbau. Der Damenbau wird vom Kunstfreunde Bergstraße e. V. regelmäßig als Galerie für wechselnde Ausstellungen genutzt. Im sog. Fremdenbau befindet sich ein Museum, im Weißzeughäuschen der Museumsladen mit Parkinformationen. Das große Herrenhaus ist seit 1970 ein Hotel mit Restaurant und schöner Terrasse. Die Hotelzimmer werden heute allerdings nur noch von geschlossenen Gesellschaften, z. B. anlässlich einer Hochzeit, gebucht. Über das historische architektonische Ensemble hinaus ist die Pflanzenwelt sehenswert – exotische Pflanzen wie Mammutbaum (angeblich darunter einer der ältesten in ganz Deutschland), Ginkgo, Japanische Zeder und verschiedene Zypressenarten grenzen an typische Odenwälder Streuobstwiesen und Weinhänge. Die Wege im und rund um das Fürstenlager laden zum gemütlichen

Fürstenlager in Bensheim-Auerbach

Die Bergstraße → Karte S. 179

Flanieren ein, inklusive schönem Ausblick: Vom oberen, nach Südwesten ausgerichteten Rand hat man einen weiten Blick bis hinüber zu den Pfälzer Berghängen.

Der Park ist frei zugänglich. Mehr Infos bieten Führungen durch den Park (z. B. 1,5-stündige Kurzführung: Erw. 6 €). Museum im Fremdenbau: April bis Okt. Sa/So und feiertags 12–18 Uhr. ✆ 06251/93460, www.schloesser-hessen.de.

Basis-Infos zu Bensheim

Information Die **Tourist Information** befindet sich in der Innenstadt in der Alten Faktorei. Mo/Di und Do/Fr 9–18 Uhr, Mi bis 13 Uhr, Sa 10–13 Uhr. Hauptstr. 39, 64625 Bensheim, ✆ 06251/5826314, www.bensheim.de.

Über Feste und Veranstaltungen im Luftkurort Bensheim-Auerbach informiert die Website des **Verkehrsbüros des Kur- und Verkehrsvereins Auerbach**: www.bensheim-auerbach-bergstrasse.de.

Aktivitäten Auf über 160 Routen in allen Schwierigkeitsgraden können in der **Kletterhalle Bensheim** die Wände erklommen werden. Innen wie außen gibt es Möglichkeiten zum Bouldern und Hochseil-Kitzel mit unterschiedlichen Hindernissen. Außerdem gibt es eine Sauna, die aber nur auf Anfrage angeschaltet wird. Tägl. 9–23 Uhr, So bis 21 Uhr. Outdoor-Hochseilgarten Sa/So 13–17 Uhr, für Gruppen auf Anfrage. Tageskarte 13 €. Albert-Einstein-Allee 8, ✆ 06251/9894363, www.kletterhalle-bensheim.de.

Minigolf ist in Bensheim-Auerbach nicht nur einfach Freizeitspaß. Da sind Profis am Werk. Ein Pistenplan auf der Website empfiehlt auch gleich die idealen Bälle wie MG Samtpfötchen oder Birdie D01 little. Auf der gepflegten Anlage kann man aber durchaus auch als Laie die Bälle einlochen. März bis Nov. Mo–Fr ab 14 Uhr, Sa ab 12 Uhr, So und feiertags ab 10 Uhr, gespielt wird bis Anbruch der Dunkelheit. Eintritt 4,50 €, erm. 3,50 €. Darmstädter Str. 166, ✆ 06251/79837, www.msc-bensheim-auerbach.de.

››› **Mein Tipp:** Ein Freizeitangebot rund um den Wein darf in Bensheim nicht fehlen. **Wein- und Sektproben oder Führungen durch Weinkeller** bieten unterschiedliche Weinanbaubetriebe an. Am besten bei der Tourist Information erfragen. ‹‹‹

BergsWeinTours verlegt die Weinprobe bei **geführten Weinbergrundgängen** an die frische Luft. Das Angebot richtet sich an Gruppen ab 15 Pers. Dauer 2:30 Std. Angebote werden individuell auf Anfrage erstellt. Infos unter www.bergsweintours.de.

Feste & Veranstaltungen Die **Internationalen Sommerfestspiele Bensheim-Auerbach** laden internationale wie lokale Künstler und Bands ein, die vom Frühjahr bis zum Winter ein abwechslungsreiches Programm entstehen lassen, von Klassik, Jazz, Chanson über argentinischen Tango bis zu Gipsy Swing. Kulissen sind das Fürstenlager oder Schloss Auerbach. Achtung: Es kommt schon mal vor, dass die Festspiele ein Jahr aussetzen! Spielplan unter www.festspiele-auerbach.de.

Das **Bensheimer Bürgerfest** verwandelt immer im Mai/Juni die Fußgängerzone der Altstadt in eine Festmeile mit Livemusik und kulinarischen Genüssen. Das Motto lautet „Musik, Weck, Worscht, Wein und Bier". Ergänzt wird das Spaßangebot von der Kunstmeile. Kunsthandwerker aller Couleur präsentieren ihr Handwerk und ihre Stücke, von Figuren aus Keramik bis zu Aquarellbildern. Genauer Termin und Programm unter www.buergerfest-bensheim.de.

Die St.-Georg-Kirche blickt über die Stadt

Das **Bachgassenfest** in Auerbach unterhält Mitte Juli drei Tage lang Bürger und Besucher mit Jagdhornbläsern, Tanzgruppen, Seifenkistenrennen, Kinderschminken und einigem mehr. Abends gibt's Livemusik u. a. bei der Auerbacher Feuerwehr. Infos unter www.bachgassenfest.de.

Das **Bergsträßer Winzerfest** findet alljährlich Anfang Sept. neun Tage lang statt. Rund um den Marktplatz gibt es bis zu 160 verschiedene Tröpfchen aus den Weinlagen der Hessischen Bergstraße. Begleitet wird das größte südhessische Weinfest von einem Jahrmarkt mit Fahrgeschäften, einem großen Festumzug, bei dem auch die Weinkönigin und die Fraa vun Bensem nicht fehlen dürfen. Infos unter www.verkehrsverein-bensheim.de.

Schwimmen Das **Basinus-Bad**, Hallen- und Freibad in einem, verfügt innen über ein 25-m-Schwimmerbecken, ein Erlebnisbecken mit Strömungskanal und ein Kinderplanschbecken. Highlight ist die 65 m lange Wasserrutsche. Das Freibad mit Liegewiese hat ebenfalls ein Schwimmerbecken und ein Kinderplanschbecken mit Spielplatz. Hallenbad ganzjährig Mo, Mi und Fr 10–22 Uhr, Di und Do ab 6.30 Uhr, Sa/So ab 8 Uhr. Freibad Mai bis Sept. Mo, Mi, Fr–So 8–22 Uhr, Di und Do ab 6.30 Uhr. Eintritt 4,50 €. Spessartstr. 2, ✆ 06251/1301301, www.basinus-bad.de.

Der **Badesee** befindet sich wenige Straßen weiter westlich. Er hat einen 300 m langen Sandstrand, eine große Liegewiese, ein Beachvolleyball-Feld und einen Spielplatz. Umkleidekabinen und Spinde helfen beim Umziehen und Sachenverstauen. Der Naturbadesee ist rund 7 ha groß und max. 17 m tief. Mai und Sept. tägl. 8–20 Uhr, Juni bis Aug. tägl. 8–21 Uhr. Eintritt 2 €. Berliner Ring 110, ✆ 06251/1301308, www.basinus-bad.de.

Theater Das **Parktheater** ist ein von der Stadt betriebenes Haus, das von 1951 bis in die 1960er-Jahre Lichtspielhaus war und grundlegend saniert wurde. Das Programm ist bunt gemixt: Comedy mit prominenten

Künstlern, klassische und Jazzkonzerte, Musicals und konventionelles Theater. Promenadenstr. 25, ✆ 06251/177817, www.stadtkultur-bensheim.de/parktheater.

»> Mein Tipp: Das **Varieté-Theater Pegasus** begeistert bereits seit vielen Jahrzehnten mit zauberhaften artistischen Shows. Ein Conferencier führt unterhaltsam durch das Programm, in dem Jongleure, Akrobaten und Clowns das Publikum mit ihrem Können entzücken. Platanenallee 5, ✆ 06251/989050, www.pegasus-bensheim.de. «<

Das **PIPAPO Kellertheater** im Wambolter Hof, einem alten Adelshof in der Innenstadt, ist eine Kleinkunstbühne, die Kinderstücke und Dramen inszeniert. Auch für Gastspiele ist die Bühne offen, wie Chansonetten oder clowneskes Entertainment. Außerdem treffen sich hier einmal im Monat Jazz-Liebhaber. Kartenvorverkauf: MusikBox im Kaufhaus Ganz, Hauptstr. 56, ✆ 06251/610540. Theater: Wambolterhof, ✆ 06251/67740, www.kellertheater-bensheim.de.

Einkaufen in Bensheim

Auf dem Marktplatz der Altstadt findet ein **Wochenmarkt** statt, wo Bauern aus der Region ihr Obst und Gemüse verkaufen. Andere Stände bieten Eier, Käse, Wurst, Fleisch und Fisch an. Es gibt Blumen und mediterrane Feinkost. An Veranstaltungen wie dem Winzerfest muss der Markt von seinem Stammplatz auf den Beauner Platz ausweichen. Mo–Sa 7–14 Uhr, von Okt. bis Ende März erst ab 8 Uhr.

Käse Mühlum hat sich auf das Beste von Kuh, Ziege und Schaf spezialisiert. Wer klassischen Gruyère oder Emmentaler nicht verträgt, erhält hier auch lactosefreie Varianten. Zum Käserepertoire gesellen sich ausgesuchte Weine, Pasteten und weitere Feinkostspezialitäten. 2011 wurde das Geschäft von „Der Feinschmecker" prämiert. Di–Do 9–13 und 14.30–18 Uhr, Fr durchgehend, Sa 8.30–13.30 Uhr. Gerbergasse 7, ✆ 06251/4284, www.kaese-muehlum.de.

Die **Bücherkiste Auerbach** ist ein kleiner Bücherladen mit zuvorkommendem Personal in der Hauptstraße in Bensheim-Auerbach. Die Inhaberin veranstaltet gelegentlich auch literarische Events. Mo–Fr 9–13 und 14.30–18 Uhr Sa bis 13 Uhr. Darmstädter Str. 185, ✆ 06251/71833, www.buecherkiste-auerbach.de.

Der **New Coffee Store** hat echte Kaffeespezialitäten wie den Jamaica Blue Mountain oder den Yellow Bourbon der brasilianischen Plantage Fazenda Rainha im Sortiment. Es ist aber nicht alles Kaffee, was da in den Regalen steht: Daneben gibt es auch Tee und Schokolade zum Verkauf. Und es wird vor Ort verköstigt. Mo–Fr 8–18 Uhr, Sa 8.30–16 Uhr. Bahnhofstr. 15, ✆ 06251/8282381, www.new-coffee-store.de.

Die Bergstraße → Karte S. 179

Übernachten in Bensheim

*** **Hotel Bacchus**. Das freundlich geführte Hotel in der Nähe des Bahnhofs und der Altstadt verfügt über moderne, komfortable Zimmer mit Sat-TV, Klimaanlage und WLAN. DZ ab 99 € inkl. Frühstück. Rodensteinstr. 30, ✆ 06251/39091, www.hotel-bacchus.de.

Präsenzhof. Das familiengeführte Hotel liegt im Herzen der Bensheimer Altstadt. Dusche, WC, TV, Safe, Kühlschrank sowie Internetanschluss gehören zum Komfort der klassisch eingerichteten Zimmer. Wenn man aus der Tür heraustritt, steht man direkt vor dem Wambolter Hof. DZ ab 85 € inkl. Frühstücksbüfett. Am Wambolterhof 7, ✆ 06251/4256, www.praesenzhof.com.

*** **Hotel-Restaurant Poststuben**. Das Haus liegt ruhig unterhalb des Auerbacher Schlosses. Die gepflegten, schnörkellosen Zimmer sind auf eine Villa und ein Gästehaus verteilt und entsprechen dem Standard-Komfort. DZ ab 85 € inkl. Frühstück. Schloßstr. 28–30, ✆ 06251/59620, www.poststuben.de.

Ferienwohnung Hochstädten. Eine farbenfroh eingerichtete, 70 m^2 große Wohnung mit 3 Zimmern, Küche und Bad und Betten für bis zu 6 Pers. Es gibt außerdem Kabel-TV, DSL-Internet, freies WLAN und eine Waschmaschine. Außerdem ist man ruckzuck im Grünen. 45 €/Tag für 2 Pers. Malchenweg 12, Bensheim-Hochstädten, ✆ 06251/788209, www.fewo-bensheim.de.

Ferienwohnung Balance-Bergstraße. Hier kann man auf der Dachterrasse frühstücken und die Aussicht auf das Auerbacher Schloss genießen. Die Wohnung ist komfortabel ausgestattet, hell und modern eingerichtet. Man kann in der Sauna oder im benachbarten Meditationsraum entspannen – auch nach Anleitung der Gastgeberin, einer erfahrenen Qigong-Lehrerin. Je nach Saison 50–55 €/Tag für 2 Pers. Am Kurpark 2, Bensheim-Auerbach, ✆ 06251/74632, www.ferienwohnung-balance-bergstrasse.de.

Ferienwohnung Lambrecht. Die Ferienwohnung in einem Seitenanbau ist neuwertig, hell und mit geschmackvollen Möbeln eingerichtet. Die Küche lässt nichts vermissen – alles da von der Kaffeemaschine bis zum Wasserkocher und Toaster. Auch ein kleiner gemütlicher Garten mit Schwenkgrill ist vorhanden. 40 €/Tag, 280 €/Woche. Saarstr. 21, ✆ 06251/79117, www.ferienwohnung-bensheim-bergstrasse.de.

Essen & Trinken in Bensheim

Kirchberghäuschen. Der klassizistische Bau auf dem 220 m hohen, gleichnamigen Berg über Bensheim ist schon bei den ersten Sonnenstrahlen gut besucht. Der Ausblick ist verlockend, und der angenehme Weg hinauf führt durch Weinhänge. Kochkäse mit Musik, Bratwürste und Schnitzel mit Brot finden sich auf der deftigen Vesperkarte. Zum Trinken gibt's natürlich auch Weine vom Weingut der Stadt und Obstweine. Wenn die Fahne gehisst ist, darf eingekehrt werden. Tägl. (außer Mo) ab 11 Uhr, Nov. und Dez. nur Sa/So. Außerhalb 2, ✆ 06251/3267, www.kirchberghaeuschen.de.

Nachtwächter sagten einst die Stunden an

Weinstube Walderdorffer Hof. Der Fachwerkbau von 1395 ist das älteste Gebäude in Südhessen und liegt am nordöstlichen Zipfel der Altstadt. Traditionell wirkt auch die Speisekarte, die auf Bensemerisch verfasst ist. Auf den Tisch kommen u. a. Saloaddeller mit oageschwenkte Schambions oder ein „Oald Bensemer Beidel", paniertes Schnitzel gefillt mit Camembert un Salami. Dazu passt die schöne Auswahl an regionalen Weinen. Drinnen und draußen ist es gleichermaßen einladend. Di–Sa ab 18 Uhr, So und feiertags ab 17 Uhr. Obergasse 30, ✆ 06251/63050, www.knapps.de.

Blauer Aff. Die Wirtschaft ist größer, als das blaue Fachwerkhaus in Auerbach auf den ersten Blick vermuten lässt. Der Innenhof ist im Sommer Biergarten, im Winter wird er überdacht. Die rustikale und urgemütliche Einrichtung vermittelt bäuerlichen Charme. Speisen wie die Odenwälder Bachforelle oder das panierte Schnitzel stehen das ganze Jahr auf der Karte. Ergänzt wird sie von saisonalen Gerichten. Der Name wurde von Kölner Besuchern in den 1930er-Jahren geprägt, die hier gern einen gepichelt haben. Sie hatten dann den „Aff". Tägl. ab 17 Uhr. Kappengasse 2, ✆ 06251/72958, www.blauer-aff.de.

Holzwurm. Das Restaurant liegt zwar an der Hauptverkehrsstraße in Auerbach, dennoch sollte man nicht daran vorübergehen. Innen ist es hell und heimelig-ländlich. Ebenso einladend ist der Biergarten. Die deutsch-österreichische Küche ist auf Leckereien aus der Alpenrepublik spezialisiert wie Kümmelbraten mit Semmelknödel und Salat, Spinatnockerln oder Marillenpalatschinken. Tägl. (außer Mi) 11.30–14.30 und 17.30–23.30 Uhr. Darmstädter Str. 183, ✆ 06251/987583, www.holzwurm-auerbach.de.

Zur Hahnmühle. Das Bensheimer Weinhaus Richtung Zeller Tal hat einen schönen Weingarten und ist auch ansonsten rustikal-gemütlich. Die Weinkarte reicht vom Bensheimer Wolfsmagen (Riesling) bis zum Auerbacher Fürstenlager (Sankt Laurent). Den passenden Happen gibt es auch dazu, wie Kartoffelpuffer mit Apfelbrei, Saumagen oder Rumpsteak mit Kräuterbutter. Tägl. (außer Mo) ab 17 Uhr. Friedhofstr. 92, ✆ 06251/2748, www.hahnmuehle.de.

Vetters Mühle. Die Mühle im schönen Zeller Tal ist bekannt für guten selbst gebackenen Kuchen, aber auch für herzhafte Gerichte. Am schönsten sitzt man hier eindeutig im herrlichen Biergarten mit Kastanie und dem alten Wasserrad sowie Mühlrädern als beschauliche Kulisse. Mi–So ab 11.30 Uhr, abends ist meistens geschlossen. Gronauer Str. 73, ✆ 06251/2404, www.vettersmuehle.de.

Gutsschenke Weingut Mohr. Das Weingut liegt etwas außerhalb der Bensheimer Fußgängerzone. Hier wird der eigene Wein verkostet. Dazu wird Deftiges wie Handkäse oder Rumpsteak und zum Federweißen auch Zwiebelkuchen gereicht. Mo–Fr 16–24 Uhr, Sept. und Okt. auch Sa/So. Grieselstr. 51–59, ✆ 06251/2299, www.mohr-weingut.de.

Kloster Lorsch

Lorsch liegt etwa 7 km von der Bergstraße entfernt in der Rheinebene. Dass sich hier vor mehr als 1200 Jahren ein geistliches, kulturelles und auch weltliches Machtzentrum befand, sieht man auf den ersten Blick kaum. Aus heutiger Sicht ist Lorsch eine typische Kleinstadt. Wäre da nicht das UNESCO-Weltkulturerbe Kloster Lorsch – und vor allem die historische Königs- bzw. Torhalle. Sie zählen zu den wenigen Monumenten aus der Zeit der Karolinger.

Lorsch hieß damals Lauresham, als 764 das Kloster erstmals urkundlich erwähnt wurde: Ein Rheingauer Graf namens Cancor gründete gemeinsam mit seiner Mutter die Abtei – vermutlich, um die bereits vorhandene Kirche zur Familiengrablege auszubauen. Sie wurde dem verwandten Erzbischof Chrodegang von Metz übergeben, der die Ordensregel der Benediktiner einführte. Als 766 Chrodegang starb,

Die karolingische Königshalle und ihr herrlicher Fassadenschmuck

Die Bergstraße → Karte S. 179

wurde ein Streit in der Erbfolge entfacht. Abt Gundeland, Bruder von Chrodegang und einer der Erben, schenkte das Kloster samt Besitztümern Karl dem Großen. Er wollte dadurch verhindern, dass weitere Begehrlichkeiten entstanden. Der Benediktinerorden stand also im Dienst des Königs und war u. a. verpflichtet, das zum Kloster gehörende, stetig wachsende Land zu besiedeln.

Viele Schenkungen und Erwerbungen von Höfen, Dörfern oder Ländereien, die bis ins 8. Jh. zurückreichen, wurden im **Lorscher Codex** (12. Jh.) festgehalten. Zahlreiche Orte im Odenwald und an der Bergstraße werden darin erstmals urkundlich erwähnt. Zudem dokumentiert er umfangreich die Klostergeschichte. Neben dem Lorscher Codex gehören auch das Lorscher Evangeliar (eine karolingische Bilderhandschrift bzw. Buchmalerei aus dem 9. Jh.) und eine der größten Bibliotheken des Mittelalters zu den bedeutendsten Stücken des Klosters. Letztere wurde später in die Bibliotheca Palatina in Heidelberg integriert, eine der wichtigsten Bibliotheken der Renaissance, mit unzähligen mittelalterlichen Handschriften.

Der Niedergang erfolgte jedoch bereits 1232, als das Kloster an das Erzbistum Mainz überging und die Benediktiner Lorsch verlassen mussten. Die weitere Geschichte ist schnell erzählt: 1461 kam Lorsch an die Kurpfalz, die der Reformation zugetan war und 1564 das Kloster aufhob. Nach dem Dreißigjährigen Krieg ging das Kloster – oder das, was davon übrig war – erneut an das Erzbistum Mainz, das den übrigen Bestand nur noch ausweidete. Lediglich die schmuckvolle, zweistöckige Torhalle aus rotem und weißem Sandstein mit ihren eindrucksvollen karolingischen Wandmalereien und gotischen Fresken hat die Jahrhunderte unbeschadet überstanden. Sie entstand im 9. Jh. wahrscheinlich unter Ludwig dem Deutschen, einem Enkel Karls des Großen. Ihre Nutzung ist bis heute ungeklärt – ob als Empfangshalle, Gerichtssaal, Bibliothek oder Aufbewahrungsort für die Reliquien. Gemeinsam mit den Resten der mittelalterlichen Klosteranlage wurde die Torhalle 1991 in die Liste der UNESCO-Welterbestätten aufgenommen. Heute sind die Überreste des Klosters samt Torhalle und dem neu angelegten Kräutergarten ein beliebtes Ausflugsziel. In der Zehntscheune, die Ende des 16. Jh. gebaut wurde, ist seit 2015 eine dauerhafte Ausstellung der Grabungsfunde rund um das Kloster untergebracht. In der Nähe des Klosters wird außerdem im Freilichtlabor Lauresham auf gut 4 ha das karolingische Leben mit zeitlich passender Nutztierhaltung und dem Anbau alter Getreidesorten als archäologisches Experiment nachgestellt.

Museumszentrum Lorsch: Tägl. (außer Mo) 10–17 Uhr. Eintritt ohne Führung 3 €, erm. 1,50 €, Königshallen-Führungen März bis Okt. tägl. (außer Mo) 11–16 Uhr zur vollen Stunde, Nov. bis Febr. nur Sa/So (Dauer 30–45 Min.), 5 €, erm. 3 €. Lauresham-Führungen April bis Okt. tägl. (außer Mo) um 11, 13 und 15 Uhr (Dauer 90 Min.), 7 €, erm. 5 €. Nibelungenstr. 35, ✆ 6251/103820, www.kloster-lorsch.de und www.welterbe-areal-kloster-lorsch.de.

Heppenheim

Formel-1-Fans ist die Heimat des mehrfachen Weltmeisters Sebastian Vettel bekannt. Man muss Motorsport aber nicht unbedingt mögen, um Heppenheim zu besuchen. Da gibt es durchaus auch andere Gründe wie die eindrucksvolle Starkenburg oder den historischen Marktplatz.

Dennoch: Die Heppenheimer sind stolz auf ihren vierfachen Weltmeister. Auf einigen Autos klebt ein durchgestrichenes Straßenschild, das den Ort nun als „Vettelheim" ausweist. Und auch die Website der Stadt erinnert an die Ereignisse rund um den lokalen Formel-1-Matador. Dabei existiert der Ort doch deutlich länger – 755 wird er in einer Schenkungsurkunde erstmals erwähnt. Ab 773 stand Heppenheim über mehrere Jahrhunderte hinweg unter dem Einfluss des Klosters Lorsch. Bereits 850 besaß die Stadt das Marktrecht. Über 200 Jahre später, genauer 1065, wurde die Starkenburg auf dem 295 m hohen Schlossberg errichtet. Sie hatte überwiegend militärische Bedeutung. 1232 kamen Stadt und Burg in den Besitz des Mainzer Erzbistums, das seinen Verwaltungsmittelpunkt auf die Starkenburg verlegte. Die hohen Beamten des Erzbischofs und später der Pfälzer Kurfürsten bezogen hier bis ins 17. Jh. als Burggrafen Stellung. Im 13. Jh. wurde Heppenheim zur Stadt erhoben, die sich in den folgenden Jahrhunderten entwickelte.

Marienbrunnen auf dem Marktplatz

Viele hübsche Fachwerkhäuser rund um den Marktplatz und der **Kurmainzer Amtshof** stammen aus der Zeit zwischen dem 14. und 18. Jh. In dem schmucken Amtshof wurden Bischöfe geweiht und Treueeide auf den Kaiser geleistet. Trotz dieser wichtigen Ereignisse blieb Heppenheim bis ins 19. Jh. eine Ackerbürgerstadt, wie es selbst von sich berichtet – geprägt von der Landwirtschaft, insbesondere vom **Weinbau.** Und der blickt auf eine fast 1300-jährige Geschichte zurück. Hauptanbaugebiete sind der Schlossberg und der Steinkopf, auf denen vor allem der Weißwein eine optimale Grundlage findet. In einigen Lagen wird aber auch Rotwein angebaut. Für die Vermarktung ist überwiegend die Bergsträßer Winzer eG zuständig, die ihren Sitz in Heppenheim hat. Die Genossenschaft vertreibt den Wein der gesamten Bergstraße, also auch badische Tröpfchen; und vor ihren Toren beginnt der lehrreiche Rundgang „Wein & Stein", der in die Weinberge führt. Auch Kloster Eberbach als Hessisches Staatsweingut besitzt eine Domäne zwischen Bensheim und Heppenheim. Der sog. Rebmuttergarten liegt auf der Heppenheimer Gemarkung und war früher eine Rebzuchtanlage zur Bekämpfung der Reblaus. Heute kann dort in der Vinothek Wein verkostet und gevespert werden (Infos unter www.kloster-eberbach.de).

In der Gemeinde Heppenheim ist aber nicht alles Wein, schließlich reicht sie mit ihren Ortsteilen – Erbach, Hambach, Igelsbach, Kirschhausen, Mittershausen-Scheuerberg, Ober-Laudenbach, Sonderbach und Wald-Erlenbach – vom Hessischen Ried bis in den Vorderen Odenwald. Mittershausen-Scheuerberg liegt weit östlich, schön eingebettet in sanfte Hügel. Hier beginnt das originäre Kochkäse-Apfelwein-Territorium. Auf den Feldwegen der Anhöhen kann man leicht zu den Nachbargemeinden Fürth und Lindenfels hinüberwandern.

Rundgang durch die Altstadt

Um den Großen Markt gruppiert sich die sehenswerte Altstadt, in der verteilt historische Laternen mit Scherenschnitten stehen. Der sog. **Laternenweg** erzählt kunstvoll hessische Sagen und Märchen und startet am Graben, einer Straße mit gebührenpflichtigen Parkplätzen. Am Eingang zur Kellereigasse steht eine **Skulptur von Martin Buber,** der bis 1938 in der nahe gelegenen Werlestraße wohnte, bevor er nach Palästina emigrieren musste. Von hier aus geht es in die Kellereigasse, wo sich das Landratsamt befindet. Das Gebäude wurde zu Beginn des 16. Jh. als Amtskellerei errichtet und war bis 1648 Sitz des kurmainzischen Finanzverwalters. Weiter die Gasse entlang, gelangt man kurz darauf auf den **Großen Markt.**

In Gedenken an Martin Buber

Von den Fachwerkhäusern fällt das imposante **Rathaus** mit seinem Glockenturm ins Auge. Sein steinernes Erdgeschoss stammt aus dem Jahr 1551. Die beiden Obergeschosse sowie Mittel- und Seitenerker aus Fachwerk wurden nach dem Stadtbrand 1693 errichtet. Der jüngste Teil, das Dachgeschoss mit Glockenspiel, wurde erst 1959 ausgebaut. Angeblich war ein Aprilscherz dafür verantwortlich, der die Heppenheimer Bürger dazu aufrief, sich am ersten April zum Glockenspiel – das es damals nicht gab – auf dem Markt zu versammeln. Linker Hand des Rathauses befindet sich die **Touristinfo.**

Die Kirchgasse führt hinauf zur **St.-Peter-Kirche,** dem „Dom der Bergstraße“, dessen klassizistische Architektur erst 1900–04 entstanden ist. Eine erste Basilika ist bereits für das 8. Jh. belegt. In einiger Entfernung ragt die Starkenburg auf dem Schlossberg zwischen den Bäumen hervor. Treppab geht es zum **Kleinen Bach.** Der Name wurde erstmals 1480 erwähnt und erinnert an das Gewässer, das hier früher floss. Fachwerkexperten sollten ihren Blick auf Haus Nr. 14 richten: Es wurde 1423 erbaut und hat laut Heppenheimer Altstadtführer „als ältestes Fachwerkgebäude mit Schwebegiebel und Firstsäule besonderen historischen Wert“. Nach Westen geht es auf den **Kurmainzer Amtshof** zu. Der beeindruckende Gebäudekomplex entstand 1369 zunächst als zweigeschossiges Verwaltungsgebäude der Mainzer Erzbischöfe. Etwa 15 Jahre später wurde der Bau um einen Kapellenerker und einen gotischen Treppenturm erweitert – die Haube ist barock. Um 1400 entstanden das Kelterhaus und der vorspringende Turm mit Rundbogenfries und Fachwerkgiebel. Im Hauptgebäude befindet sich der Kurfürstensaal mit Malereien aus Gotik und Renaissance. Ein schönes Ambiente für hier veranstaltete Konzerte.

Museum für Stadtgeschichte und Volkskunde

Das Museum befindet sich im Kurmainzer Amtshof (14. Jh.), der zu den ältesten Gebäuden der Stadt zählt. Es widmet sich Heppenheims Historie, von den Besiedlungsanfängen bis in die Neuzeit. Dabei werden u. a. bemerkenswerte Ereignisse dokumentiert wie die „Heppenheimer Tagung", bei der sich am 10. Oktober 1847 führende liberale Politiker in der Stadt trafen. Dies war der Beginn der Deutschen Revolution 1848/49. 100 Jahre später gründete sich aufgrund des historischen Bezugs die Freie Demokratische Partei (FDP) am 11. Dezember 1948 in Heppenheim.

Mi/Do und Sa 14–17 Uhr, So und feiertags bis 18 Uhr. Eintritt 2 €. Amtsgasse 5, ✆ 06252/69112, www.heppenheim.de .

Die Starkenburg

Die Höhenburg wurde 1065 auf einem Gipfel oberhalb der Stadt errichtet und sollte dem weiter westlich gelegenen Kloster Lorsch Schutz bieten. Zu diesem Zeitpunkt trug sie den Namen „Burcheldon". 1206 taucht erstmals der Name „Starkimberg" auf. Spätestens ab 1253 bis 1765 wurde die Burg als kurmainzische Festung genutzt und danach verlassen, worauf sie verfiel. Umfangreiche Restaurierungs- und Umbauarbeiten wurden erst im 20. Jh. vorgenommen, weshalb von der ursprünglichen Bausubstanz nicht viel übrig geblieben ist. Wie sie früher mal ausgesehen haben mag, lässt sich nur vermuten, denn viele Aufzeichnungen darüber wurden im Zweiten Weltkrieg zerstört. Generell zeigt die Burg die Form eines Rechtecks, die bereits im 13./14. Jh. festgelegt wurde. Die Ringmauer der Kernburg im Norden sowie die südliche Mauer der Vorburg bestehen aus Kleinquaderwerk, was eine spätromanische Entstehung in Betracht kommen lässt. Die großzügige Außenbefestigung deutet auf die militärische Nutzung hin. In der Mitte der Anlage stand früher ein großer Bergfried, der aufgrund von Einsturzgefahr 1924 gesprengt wurde. Statt seiner entstand 1927–30 am Westeingang ein neuer Turm, in dem eine Jugendherberge eingerichtet wurde. Vier weitere stark restaurierte runde Ecktürme aus dem 14. Jh. sind in die Ringmauer integriert. Es gab auch Wohnbauten, die der Verfall aber nicht verschont hat. Die einzig sichtbaren Gebäude neben den Türmen sind die Erweiterung der Jugendherberge von 1958–60 und die Burgschenke. Wie die Burg ausgesehen haben könnte, zeigen Rekonstruktionsversuche, die u. a. als Modell in der Jugendherberge ausgestellt sind.

Burgführungen Mai bis Sept. jeden 1. Sonntag im Monat 14 Uhr, Treffpunkt ist der untere Burghof. Erw. 2,50 €, Kinder 2 €. Weitere Infos bei der Touristinfo Heppenheim.

Die Bergstraße → Karte S. 179

Basis-Infos zu Heppenheim

Information Die Touristinfo mit sehr freundlichem Personal hat ihren Sitz im Herzen der Stadt am Marktplatz. Mo–Fr 10–12 und 13–16 Uhr, April bis Sept. auch Sa 10–16 Uhr, Jan. und Febr. Sa geschlossen. Großer Markt 9, 64646 Heppenheim, ✆ 06252/131171 oder 131172, www.heppenheim.de.

Aktivitäten Die **Starkenburg-Sternwarte** ist eine Amateursternwarte, die bei Beobachtungsabenden, Vorträgen oder Führungen mit Besuchern in die Sterne schaut. Darüber hinaus hat der Verein einen Planetenweg initiiert, der von der Stadt in die Weinberge führt und über unser Sonnensystem aufklärt. Infos unter www.starkenburg-sternwarte.de.

››› Mein Tipp: Der **Erlebnispfad Wein & Stein** führt von der Winzergenossenschaft in die Weinberge und informiert auf einer gut 7 km langen Strecke an etwa 70 Stationen über den Weinanbau. Entlang der Route sind zudem Skulpturen aufgestellt, die sich mit den edlen Trauben und der Umgebung befassen. www.weinundstein.net. ‹‹‹

Feste & Veranstaltungen Der **Bergsträßer Weinmarkt** wird immer Ende Juni/Anfang Juli veranstaltet. Während dieser zehn Tage laden, begleitet von Livemusik, in der Altstadt Weinstände zu geselligen Proben ein. Termine unter www.heppenheim.de.

Der **Nikolausmarkt** stimmt immer am 1. Samstag im Dez. auf die besinnliche Adventszeit ein. Der Markt ist aufgrund der Altstadt-Kulisse weit über die Region hinaus bekannt.

Die **Festspiele Heppenheim** finden alljährlich von Mitte Juli bis Anfang Sept. statt. Im Hof des Kurmainzer Amtshofes werden Komödien, Klassiker, Kabarett gespielt und musikalische Abende veranstaltet. Die Festspiele wurden 1974 von Hans Richter ins Leben gerufen. Richter, der deutschlandweit durch Filme wie „Feuerzangenbowle" oder „Das Spukschloss im Spessart" bekannt wurde, startete erfolgreich mit „Jedermann" und führte Regie bis 1992. Dann übernahm sein Sohn Thomas bis heute die Leitung. Aktuelles Festspielprogramm unter www.festspiele-heppenheim.com.

Gassensensationen heißt das internationale Straßentheaterfestival, das jedes Jahr für vier Tage im Juli stattfindet. Spielorte sind u. a. der Parkplatz in der Amtsgasse, der Platz vor der Pfarrkirche St. Peter und natürlich der Marktplatz. Die Darbietungen umfassen u. a. Comedy, Performances, Schattenspiel, Figurentheater. Infos unter www.gassensensationen.de.

Das **Forum Kultur Heppenheim e. V.** sorgt übers Jahr verteilt für ein vielseitiges Unterhaltungsprogramm von klassischen Konzerten im Kurfürstensaal, Jazzkonzerten im Marstall des Kurmainzer Amtshofes, Kleinkunst im Halben Mond bis zu Lesungen in der Alten Sparkasse. Infos unter www.forum-kultur.com.

Kino Der **Saalbau** ist ein Kino für Liebhaber in der Nähe der Altstadt. Der Saal sowie die gesamte Anlage stammen aus den 1950er-Jahren. Das Programm zeigt ausgewählte Filme fernab von Hollywood. Wilhelmstr. 38, ✆ 06252/2378, www.kino-heppenheim.de.

Schwimmen Das beheizte Freibad verfügt über ein 50-m-Schwimmerbecken, Nichtschwimmerbecken mit Rutsche und ein Lehrschwimmbecken mit 25-m-Rutsche. Die Kleinsten haben ihren Spaß im Baby-/Kinderplanschbecken. Außerdem gibt es Klettergerüste, Tischtennisplatten und einen Ballspielplatz. Ein Kiosk verkauft belegte Brötchen. Mai bis Mitte Sept. tägl. 8–20 Uhr, Erw. 3 €, erm. 1,50 €. Walther-Rathenau-Str. 36, ✆ 06252/5642.

Stadtführungen Geboten werden entweder **klassische Führungen** oder **Laternenführungen**. Denn die Laternen in der Altstadt zeigen kunstvolle Scherenschnitte von Geschichten der hessischen Sagenwelt, die bei der Führung erzählt werden. Mai bis Sept. jeden 1. Samstag, klassische Führung 16 Uhr (2 €/Pers.), Laternenführung 22 Uhr (4 €/Pers.), Treffpunkt jeweils am historischen Marktplatz. Infos auch bei der Touristinfo Heppenheim.

Einkaufen in Heppenheim

In der Friedrichstraße (Fußgängerzone) findet ein **Wochenmarkt** statt. Neben Obst und Gemüse oder türkischer Feinkost sind auch Imkerei- und Wildprodukte sowie Marmelade im Angebot. Mi und Sa 8–13 Uhr.

››› Mein Tipp: **Bergsträßer Winzer eG** **1** Sie vermarktet regionale Weine, die im Viniversum gekauft werden können – vom Chardonnay bis zur Scheurebe und vom Dornfelder bis zum Spätburgunder. Bei Bedarf freundliche Beratung samt Probe. Mo–Fr 9–19 Uhr, Sa bis 18 Uhr, So 10–16 Uhr. Darmstädter Str. 56, ✆ 06252/79940, www.bergstraesserwinzer.de. ‹‹‹

bio MARKT **6** Dieses typische Naturkostfachgeschäft bietet wirklich ausschließlich Bioprodukte an. Die Frischtheke zeigt eine große Käseauswahl, darunter auch einige Ziegen- und Schafskäsesorten. Bioweine und Kosmetika sind ebenfalls im Programm. Mo–Fr 8–18.30 Uhr, Sa bis 13.30 Uhr. Marktstr. 15, ✆ 06252/6574. ■

Hereinspaziert **4** Kein Zirkus, sondern ein Stoffladen mit einer Riesenauswahl. Bei rund 5.000 unterschiedlichen Stoffen haben hier SchneiderInnen die Qual der Wahl. Nähen lernen kann man hier auch; die Termine stehen auf der Website. Mo–Fr 9–13 und 14.30–18 Uhr, Sa 10–14 Uhr. Friedrichstr. 7, ✆ 06252/6589, www.hereinspaziert-heppenheim.de.

Übernachten in Heppenheim

Goldener Engel 11 Das Hotel liegt am historischen Marktplatz. Die Zimmer sind hell, freundlich und sauber. Der gehobene Komfort berücksichtigt auch kostenfreies WLAN. Das Personal ist zuvorkommend, das Frühstück reichlich. Seit 2015 ergänzen exklusive Appartements das Zimmerangebot: Die feinen Wohn- und Schlafstuben des **Goldkinds** 10 befinden sich im Fachwerkanbau der früheren Liebig-Apotheke. Angenehmen Luxus bietet die Spa-Mansarde mit integrierter Sauna und frei stehender Badewanne. DZ 99 € inkl. Frühstück. Großer Markt 2, ✆ 06252/2563, www.goldenerengel-heppenheim.de.

Hotel Gasthof Jäger 14 Das Haus liegt in einem Tal im Ortsteil Erbach. Die ländlich eingerichteten Zimmer haben in der Regel Dusche, WC und TV. Manche Einzelzimmer haben Etagen-Dusche und WC. Der Komfort ist eher einfach, dafür ist die Atmosphäre familiär. Der Gasthof ist mit einer Kegelbahn ausgestattet. DZ ab 76 € inkl. Frühstück. Ortsstr. 31, ✆ 06252/2124, www.hotel-jaeger.de.

bed & breakfast am maiberg 12 Das Haus liegt oberhalb des alten Marktplatzes. Die Zimmer sind zurückhaltend und geschmackvoll eingerichtet. Holz dominiert. Es gibt eine Veranda zum Entspannen und eine Sauna, die auf Wunsch benutzt werden kann. DZ 75 € inkl. Frühstück. Ernst-Ludwig-Str. 10 a, ✆ 06252/6886, www.unterkunft-ammaiberg-heppenheim.de.

Ferienwohnung Altstadt 8 Sehr ansprechend und gemütlich eingerichtet ist diese Ferienwohnung am östlichen Rand der Altstadt. Sie befindet sich in einem Fachwerkhaus, ist mit ihren 2 Zimmern 36 m² groß und bietet Platz für 2 Pers. Ein Babybett gibt es auf Anfrage. Ab 2 Nächten 55 €/Nacht. Frühstücks-, Brötchen- oder Getränkeservice mit Aufpreis möglich. Schunkengasse 15, ✆ 06252/687950, helga.brinkmann@web.de.

Ferienwohnung Haag 15 Im Dachgeschoss gelegen, die Dachschrägen machen die Wohnung gemütlich. In der Küche sind alle wichtigen Geräte vorhanden. Der großzügige Balkon hat einen schönen Ausblick Richtung Bergkette. Das Schwimmbad liegt gleich um die Ecke. 38 € für 2 Pers. inkl. Bettwäsche, 1-mal Handtücher die Woche und Endreinigung (bei mehr als 2 Übernachtungen). Karl-Marx-Str. 14, ✆ 06252/2019, www.fewo-haag.de.

Essen & Trinken in Heppenheim

→ Karte S. 205

Filou Heppenheim 9 Das Café und Bistro hat schöne Sitzplätze auf dem Marktplatz im Zentrum der Altstadt. Wenn's ein bisschen lauschiger sein soll, empfiehlt sich ein Platz im Innenhof. Bei schlechtem Wetter ist die einladend eingerichtete Taverne mit Gewölbekeller ebenfalls eine gute Wahl. Mediterrane und saisonale Tagesempfehlungen. Tägl. ab 10 Uhr Frühstück, Mittagstisch und durchgehend warme Küche. Großer Markt 4, ✆ 06252/913256, www.filou-heppenheim.de.

Zum Hirsch 3 Am Hauptverbindungsweg in den Vorderen Odenwald liegt dieses Weingut mit Gasthaus. Zum selbst angebauten Wein wird z. B. Rumpsteak mit Bratkartoffeln gereicht. Die Atmosphäre ist rustikal und gemütlich, auch im Hof. Tägl. (außer Mo) ab 17 Uhr. Siegfriedstr. 8, ✆ 06252/2534, www.weinstube-gehrig.de.

Geschichtenerzähler: historische Laternen mit Scherenschnitt

Burgschänke Starkenburg 2 Das Wirtshaus auf der Burg rühmt sich, den höchst gelegenen Biergarten an der Bergstraße zu besitzen. Hier gibt's zur Abwechslung neben gutbürgerlicher Küche auch Flammkuchen oder Kaffee und Kuchen. April bis Okt. Mi–Fr ab 14 Uhr, Sa/So und feiertags ab 12 Uhr, Nov. bis März nur Sa/So, Dez. bis Febr. geschlossen. Starkenburgweg 51, ✆ 06252/78142, www.burgschaenke-starkenburg.de.

Zum Steigkopf 13 Außerhalb mitten im Wald auf dem gleichnamigen Berg. Vom Parkplatz Guldenklinger Höhe rechts abbiegen oder am besten zu Fuß zum Ausflugslokal laufen. Es hat einen herrlichen Biergarten, einen Spielplatz und einen tollen Ausblick in den Odenwald. Die Karte zeigt sich mit Kochkäse oder Schlachtfestgerichten einfach und deftig. Das Brot wird selbst gebacken. April bis Sept. Mi–Fr ab 15 Uhr, Sa ab 12 Uhr, So und feiertags ab 10 Uhr, Okt. bis März nur Fr–So und feiertags geöffnet. Heppenheim-Kirschhausen, ✆ 06252/67560, www.steigkopf.de.

Zur Linde 5 Das Gasthaus in Mittershausen steht für zünftige Mahlzeiten. Ein Überraschungsgericht ist die Ourewäller Pitsa. Zwei Zutaten seien verraten: Leberwurst und Eier. Hinterm Fachwerkhaus sitzt man beschaulich im kleinen Biergarten. Do–So ab 16 Uhr. Am Pfalzbach 31, Heppenheim-Mittershausen, ✆ 06253/4465, www.ff-mittershausen.de.

Zum Steinschlösschen 7 Die Wirtschaft auf der Höhe in Scheuerberg ist ein beliebtes Ausflugsziel für unverfälschte Odenwaldküche. Ebenso präsentieren sich der Gastraum und die Terrasse. Di/Mi und Fr ab 17 Uhr, Sa ab 16 Uhr, So ab 11 Uhr (1. So im Monat Ruhetag). Am Pfalzbach 61, Heppenheim-Scheuerberg, ✆ 06253/21490, www.steinschloesschen.de.

Cineastisches Kleinod

Südlich von Heppenheim liegt an der badischen Bergstraße der idyllische Ort Hemsbach. Sein Kern glänzt ebenfalls mit Sehenswürdigkeiten wie dem Rothschild-Schloss oder der Zehntscheuer, die aus dem Ritterhaus der ehemaligen Tiefburg des 11. Jh. entstanden ist. Es gibt aber noch ein interessantes kulturelles Highlight: die Brennessel. In dem kleinen, kuscheligen Kino an der Hauptstraße flimmerten bereits 1926 bewegte Bilder über die Leinwand. Das Programm zeigt überwiegend anspruchsvollere Filme (www.brennessel-kino.de).

Weinheim

Am Vormittag in einem der Cafés oder Restaurants auf dem noch relativ ruhigen und schönen Marktplatz sitzen: Wenn das Laub der Bäume und die Sonnenschirme es zulassen, hat man dabei einen herrlichen Blick auf Burg Windeck und die Altstadthäuser. Weinheim versprüht städtische Geschäftigkeit und zugleich Gelassenheit mit südlichem Flair.

Es ist verständlich, dass die erfolgreiche Krimi-Autorin Ingrid Noll diese Stadt als Heimat gewählt hat. Sie ist lieblich im alten Kern und hat ringsherum das Angebot einer mittelgroßen Stadt: Kaufhäuser, Geschäfte, Lokale und Kultur. Man ist sofort im Grünen und, wenn man will, schnell in Heidelberg oder Mannheim. Auch der Bundestrainer der Fußballweltmeister von 1954 Sepp Herberger lebte eine Zeit lang in Weinheim, daran erinnern u. a. in Hohensachsen eine Straße und eine Grundschule.

Weinheims Gerberbachviertel

Neben Hohensachsen gehören auch die Stadtteile Lützelsachsen, Oberflockenbach, Steinklingen, Wünschmichelbach, Rippenweier, Rittenweier, Heiligkreuz, Ritschweier und Sulzbach zu Weinheim.

Bereits 755 wird Weinheim im Lorscher Codex als „Winenheim“ erwähnt. Das althochdeutsche Wort Wino bedeutet Freund – der Name der Stadt kommt also nicht von den Trauben, die ringsherum kultiviert werden. Im Jahr 1000 verlieh Kaiser Otto III. der Stadt das Marktrecht. Und Anfang des 12. Jh. wurde zum Schutz des Klosters Lorsch Burg Windeck östlich von Weinheim auf dem 222 m hohen Schlossberg gebaut. Die nordöstlich gelegene Wachenburg ist indessen deutlich jünger – sie entstand erst zu Beginn des 20. Jh. Ab 1368 gehörte Weinheim zur Kurpfalz. Und so stammt das Weinheimer Schloss aus der Kurpfälzer Zeit. Als 1803 die Kurpfalz aufgelöst wurde, kam Weinheim zu Baden. An die 550-jährige Zugehörigkeit zur Kurpfalz erinnern der Pfälzer Löwe und die Rauten im Wappen der Stadt. Die Weinleiter dagegen nimmt Bezug auf den Weinanbau in der Region.

Im Laufe der Jahrhunderte gaben aber auch andere Wirtschaftszweige den Ton an, wie beispielsweise der Bergbau. Südöstlich von Hohensachsen im **Kohlbachtal** in der Grube mit dem schönen Namen „Marie in der Kohlbach" wurden Blei- und Silbererze geschürft – und das seit dem Mittelalter. Wer sich für die 500 Jahre Bergbaugeschichte interessiert, kann einen Tagstollen der Grube besichtigen. In der Stadt dagegen florierte lange Zeit die Gerberei. Der große Boom im späten Mittelalter und der Renaissance zeigt sich heute noch in den schmuckvollen Fachwerkhäusern des **Gerberbachviertels,** das direkt hinter dem charmanten Marktplatz liegt.

Das Sechs-Mühlen-Tal

Das Weinheimer Gebiet grenzt im Osten an den hessischen Odenwald, insbesondere an das idyllische Gorxheimertal und an Birkenau. Durch das Birkenauer Tal fließt die Weschnitz, die im Osten in Hammelbach entspringt, Weinheim passiert und im Westen bei Biblis in den Rhein mündet. Bei Weinheim hatten sich die Menschen die Wasserkraft zunutze gemacht und sechs Mühlen gebaut, die Getreide und Samen gemahlen oder Strom erzeugt haben. Manche davon, wie die Hildebrand'sche Untere Mühle von 1908, produzieren auch heute noch Strom, der den Bedarf von einigen Haushalten deckt. Durch dieses Sechs-Mühlen-Tal führt ein Wanderweg. Beim Stadt- & Tourismusmarketing e. V. kann man sich auch nach Führungen erkundigen, die entlang der Weschnitz eine Mühle nach der anderen besuchen. Infos unter www.sechs-muehlen-tal.de.

Und noch ein Tipp: Ein Spaziergang durch die sog. **Grünen Meilen,** drei Parkanlagen mitten in Weinheim, bietet Erholung pur und inspiriert so manchen Gartenfreund.

Stadtrundgang

Es bietet sich an, die Tour mit einer Auswahl an Sehenswürdigkeiten am unteren Marktplatz beim **Alten Rathaus** zu starten. Das Gebäude entstand 1557 und war ursprünglich ein Kaufhaus mit offener Halle im Erdgeschoss. Von 1752 bis nach dem Ersten Weltkrieg wurde das Haus als Rathaus genutzt. Im ersten Stock befindet sich ein Bürgersaal, der mit Renaissancemalereien verziert ist. Geht man den Marktplatz bergauf, läuft man der katholischen **St.-Laurentius-Kirche** entgegen, die 1911/13 errichtet wurde. In ihrem Inneren befinden sich alte Wandmalereien aus dem 14. Jh. sowie Hoch- und Seitenaltäre, die auf die Zeit um 1730 datiert werden.

Rechts in der Rote Turmstraße steht gegenüber dem ehemaligen **Karmeliterkloster** (seit 1802 katholisches Pfarrhaus) der **Rote Turm.** Dieser Stadtturm aus dem 14. Jh. hatte früher einmal ein rotes Ziegeldach, das den Pyramidenkegel über dem Zinnenkranz bedeckte. An einem kleinen Parkplatz vorbei, gelangt man zum **Weinheimer Schloss,** das im Laufe der Jahrhunderte mehrfach umgebaut bzw. erweitert wurde. Hinter dem Schloss wurde ein schöner Park im Stil eines englischen Gartens angelegt, der zusammen mit dem Exotenwald und dem Schau- und Sichtungsgarten Hermannshof zu den sog. **Grünen Meilen** zählt.

Am nordöstlichen Rand des Parks steht der **Blaue Hut,** ein Turm, der im 13. Jh. als Teil der Stadtbefestigung entstand. Das Schieferdach, das er einst trug, hat ihm den Namen eingehandelt. In unmittelbarer Nähe führt der Katzenpfad hinab in das **Gerberbachviertel** mit seinen verwinkelten Gässchen und Fachwerkhäusern. Der Gerberbach wird erstmals 1381 erwähnt und Gebäude wie Gerbergasse 3 oder 14 und Münzgasse 8 zeugen noch heute vom alten Handwerk. Doch während heute das alte Gerberviertel pittoresk erscheint, hat es hier zur Blütezeit der Gerberzunft im 15./16. Jh. durch die Verarbeitung der Häute doch ziemlich gestunken. Im **Büdinger Hof** in der Judengasse 15/17 hatten die Gerber zeitweise ihr Zunfthaus. Am Rande des Gerberbachviertels steht der sog. **Hexenturm** und in derselben Straße die **Peterskirche,** deren Geschichte bis um 1000 zurückreicht. Mittelalterliche Fresken, die 1910 beim Abriss des alten Kirchenbaus entdeckt wurden, sind heute im Museum der Stadt Weinheim zu sehen.

Museum der Stadt Weinheim

Das Museum dokumentiert die Geschichte von Stadt und Region. Die Exponate umfassen u. a. archäologische Funde aus der späten Bronzezeit wie Waffen, Schmuckstücke oder landwirtschaftliche Geräte. Eine andere Abteilung zeigt die mittelalterliche Siedlungsgeschichte auf. Des Weiteren werden Fresken der Peterskirche aus dem 13. und 14. Jh. präsentiert. Auch zeitgenössische Werke von regionalen Künstlern haben ihren Platz im Museum, das im ehemaligen Amtshaus des Deutschen Ordens (auch Deutschritterorden) untergebracht ist.

Di–Do und Sa 14–17 Uhr, So ab 10 Uhr. Erw. 2 €, Kinder/Jugendliche frei. Amtsgasse 2, ✆ 06201/82334, www.museum-weinheim.de.

Weinheimer Schloss und Grüne Meilen

Die Geschichte des **Weinheimer Schlosses** beginnt mit den Kurpfälzer Fürsten, die hier ab dem 15. Jh. immer wieder logierten und tagten. Zu den ältesten Gebäudeteilen zählt die Durchfahrt des Obertorturms, der aus der Zeit um 1400 stammt. Der nördliche Renaissancebau wurde 1537 errichtet. Nach einem Zwischenspiel der Familie Ullner von Dieburg, die 1725 den Südflügel erbauen ließ, gelangte das Schloss 1837 in den Besitz des freiherrlichen Adelsgeschlechts derer von Berckheim, die ihre Wurzeln im Elsass haben. Der Weinheimer Zweig ließ sich infolge der Französischen Revolution Ende des 18. Jh. an der Bergstraße nieder und machte das Schloss zu seinem Stammsitz.

Der neugotische Turm des Weinheimer Schlosses

Freiherr Christian Friedrich Gustav von Berckheim, ein ehemaliger Staatsminister und Großhofmeister am Hof in Karlsruhe, gründete im letzten Viertel des 19. Jh. den **Exotenwald.** Dieser grenzt an den **Schlosspark,** der hinter dem Schloss im Stil eines englischen Gartens angelegt wurde. Zu den Highlights gehören hier Deutschlands älteste Zeder und der Kräutergarten am Blauen Hut. Zu guter Letzt gibt es noch den **Schau- und Sichtungsgarten Hermannshof** (www.sichtungsgarten-hermannshof.de), in dem rund 2000 Staudenarten wissenschaftlich untersucht werden und der Anregungen für den eigenen Garten gibt. Alle drei zusammen bilden Weinheims Grüne Meilen – und das mitten in der Stadt.

Interessant sind auch Führungen durch die Grünen Meilen. Infos unter www.weinheim.de.

Die Wachenburg

Die weithin sichtbare Wachenburg wurde auf dem Wachenberg errichtet. Sie wirkt alt – ist es aber nicht. Genau genommen ist sie die jüngste Burg an der Bergstraße. Sie entstand erst 1907–28 als Gedenkstätte und Versammlungsort des Weinheimer Senioren-Convents, eines Dachverbands studentischer Corps. Als Mahnmal erinnert sie an Mitglieder, die im Deutsch-Französischen Krieg 1870/71 und den beiden Weltkriegen gefallen sind. Die Außenfront des sog. Wappentors zeigt die Farbwappen einzelner Studentenverbindungen. Neben dem Torhaus umfasst die Anlage einen Bergfried, der 1908 eingeweiht wurde, Burghof und -schenke sowie einen dreigeschossigen Palas mit zwei Festsälen. Die Architektur entlehnt sich dem romanischen Baustil und erinnert an die Wartburg um 1160.

Bis auf den Palas sind alle Bereiche frei zugänglich.

Burg Windeck

Die Vorgängerburg von Burg Windeck wurde wie andere nahe gelegene Burgen zum Schutz des Klosters Lorsch erbaut. Wissenschaftler gehen davon aus, dass aus

Die Wachenburg entstand erst 1907–28

jener Zeit die beiden unteren Geschosse des alten Wohnturms im Süden der Anlage stammen. Die übrigen Gebäudefragmente entstanden im 14. Jh., nachdem Weinheim 1344 an die Kurpfalz ging. Die Burg wurde im ausgehenden 17. Jh. durch wütende Kriege stark beschädigt und verfiel ab dem 18. Jh. Umgeben ist die Burg von einer fast ovalen Zwingermauer mit Rundbogenfries. Neben dem Wohnturm befand sich einst ein viergeschossiger Wohnbau, von dem u. a. noch der Gewölbekeller und die Ostwand erhalten sind. Im ersten Obergeschoss sieht man drei zum Teil stark restaurierte Kreuzstockfenster und einen Erker. Im Nordosten der Anlage steht ein nach oben konisch zulaufender Turm mit drei gewölbten Geschossen: dem Einstiegsgeschoss, auf 14 m Höhe ein Verlies und darüber die Wächterkammer. Die Reste des Torbaus daneben wurden 1903 restauriert. Der Brunnen im Hof wurde wenige Jahre zuvor entdeckt. Von seinem Schacht aus führt ein 50 m langer Gang zum Berghang. In dem früheren Stallgebäude neben dem Brunnen logiert heute eine Gaststätte mit schönen Sitzplätzen im Freien.

Die Burganlage ist frei zugänglich. Das **Restaurant „Burgschänke"** veranstaltet öffentliche Rittermahle oder Krimidinner. Mi–Sa ab 17 Uhr, So und feiertags ab 11 Uhr, Reservierung erwünscht. Der Biergarten ist in den Sommermonaten geöffnet, dann auch Di ab 17 Uhr. www.rohewo.de.

Basis-Infos zu Weinheim

Information Ansprechpartner vor Ort ist der **Stadt- & Tourismusmarketing Weinheim e. V.** Er hat seinen Standort in der Nähe des Altstadtkerns. Mo–Fr 9–13 und 14–18 Uhr, Sa 10–13 Uhr. Hauptstr. 47, 69469 Weinheim, ✆ 06201/874450, www.weinheim.de.

Die Website hält unter „Tourismus" alle relevanten und interessanten Infos bereit: Sehenswertes, Führungen, Übernachtungsmöglichkeiten und Gastronomie. Weinheim hat außerdem eine App für Smartphones entwickelt. Die Funktionen kann man sich unter http://app. weinheim. de anschauen.

Aktivitäten Die **Minigolfanlage** des 1. MC Weinheim ist für Turniere geeignet. Die Bahnen haben Namen wie Salto, Schleife oder Winkel, die nur Profis mit einem Schlag elegant bezwingen. Ein Spaß aber auch für Freizeit-Minigolfer. März bis Okt. Di–Fr 15–22 Uhr, Sa ab 14 Uhr, So und feiertags ab 11 Uhr. Eintritt 3,50 €. Waidallee 30, ✆ 06201/68300, www.1-mc-weinheim.de.

Eine zweite Minigolfanlage, **Minigolf am Schloss,** liegt am Verwaltungssitz der Stadt, dem früheren Schloss der Kurpfälzer Fürsten. Am besten vorher anrufen, ob offen ist. ✆ 0176-83213226, http://indoor-minigolf.de.

Eine Besichtigung der **Woinemer Hausbrauerei** sorgt für Abwechslung an der weinlastigen Bergstraße. Die Führungen können nüchtern oder mit Verköstigung der Biere, Brotzeit und einem Woinemer-Bierkennerdiplom gebucht werden. Die Preise staffeln sich von 2,90 bis 13,90 €/Pers. (nur Gruppen ab 10 Pers.). Infos unter www.woinemer-hausbrauerei.de.

Muddy's Club stellt im Keller unter der Stadtbibliothek seit 1993 ein ausgesuchtes, internationales Jazz- und Blues-Programm auf die Beine. Schulstr. 3, ✆ 12997, www.muddys-club.net.

Fahrradverleih Bike im Bahnhof verleiht Fahrräder auf Wunsch auch mit Radkörben und Helmen. Fahrrad mit Nabenschaltung 8 €/Tag, Kettenschaltung 10 €/Tag, E-Bikes 25 €/Tag. Am Hauptbahnhof 1, ✆ 06201/2556953.

Feste & Veranstaltungen **Weinheimer Kerwe** heißt das größte Altstadtfest an der Bergstraße, das alljährlich am zweiten Augustwochenende veranstaltet wird. Traditionell wird der Kerwekuchen angeschnitten und das Kerwepaar legt ein Tänzchen auf dem Parkett hin. Es gibt Livemusik und die Höfe verwandeln sich in Straußwirtschaften. Im Riesenrad hat man einen schönen Blick auf die Häuser der Altstadt. Begleitet wird die Kerwe vom Kunsthandwerkermarkt im Gerberbachviertel. www.weinheim.de.

Weinheimer Herbst und Provence-Markt läuten an einem Spätsommerwochenende im Sept. die dritte Jahreszeit ein. Dabei

Die Bergstraße → Karte S. 179

mag so gar kein herbstliches Gefühl aufkommen. Denn der Provence-Markt mit Marktleuten aus der Weinheimer Partnerstadt Cavaillon, die für Melonen berühmt ist, verbreitet vielmehr mediterranes, sommerliches Flair. Neben dem süßen Obst werden Wein, Olivenöl, Kräuter oder Salami aus Frankreich angeboten. Produkte aus der Region ergänzen den kulinarischen Markt. Am Sonntag öffnen zudem die Geschäfte in der Stadt. www.weinheim.de.

Bei der **Weinheimer Weinmeile** versammeln sich Bergsträßer Winzer in der Fußgängerzone zur Degustation ihrer edlen Tröpfchen. www.weinheim.de.

Kino & Theater **Modernes Theater** heißt irreführenderweise das bequeme Kino der Stadt, das eine Auswahl aktueller Filme präsentiert. Hauptstr. 61, ✆ 06201/62155, http://modernes-theater-weinheim.kino-zeit.de.

Das Programm der **Kulturbühne Alte Druckerei** widmet sich überwiegend der Kleinkunst mit Comedy, Kabarett und allerlei Konzerten. Auch karibischer Showtanz oder gregorianische Gesänge können sich im Repertoire dazwischenmogeln. Friedrichstr. 24, ✆ 06201/181821, www.altedruckerei.com.

Die **Kulturgemeinde Weinheim** holt das Ohnsorg-Theater, Ensembles aus Berlin und Schwerin mit Komödien oder auch amerikanische Gospelchöre auf ihre Bühne. Daneben geben auch Truppen wie der Odenwälder Shanty Chor Gastspiele. Birkenauertalstr. 1, ✆ 06201/12282, www.kulturgemeinde.de.

Schwimmen Wellenbad, Strömungskanal und vier Rutschen mit Namen wie Blauer Wal oder Krokodil und unterschiedlichen Rutschgaudi-Geschwindigkeitsgraden sind die Hauptattraktionen des **Erlebnisbads**. Im Winter wird das Treiben nach Anbruch der Dunkelheit mit Lasershows angeheizt. Die Salz- und Kristalltherme hat Verbindung zu einem Außenbecken. Die Saunalandschaft ist in schöne Hütten aufgeteilt und grenzt mit ihrem Freigelände an den schönen Waidsee (Naturbadesee), von dem ein Stück für FKK mitgenutzt wird. Im Winter kann es recht voll werden. Mo–Do 9.30–22 Uhr, Fr bis 24 Uhr, Sa 9–24 Uhr, So und feiertags 9–22 Uhr. Wenn der Feiertag ein Fr oder Sa ist, bis 24 Uhr. Erlebnisbad (4 Std.) 14,50 €, plus Therme 18,70 €, plus Sauna und Therme 21,70 €, Tageskarten plus je 3 €. Waidallee 100, ✆ 06201/60000, www.miramar-bad.de.

Am **Strandbad Waidsee** wird gesurft, gesegelt, getaucht, gefischt, geschwommen und sich gesonnt. 24 ha groß, Seetiefe bis zu 30 m. Mai und Sept. tägl. 10–19 Uhr, Juni bis Aug. Mo–Fr 10–20 Uhr, Sa/So und feiertags ab 9 Uhr. Erw. 3,30 €, erm. 1,70 €. Hammerweg 61, ✆ 06201/53270.

Das Hallenbad Weinheim – kurz: **HaWei** – hat einige Extras wie die 21 m lange Wasserrutsche, Unterwassermassagedüsen und einen 3-m-Sprungturm. Di und Fr 7–20 Uhr, Mi bis 22 Uhr, Do 14–21 Uhr, Sa 7–18 Uhr, So bis 17 Uhr. Erw. 3,50 €, erm. 2,50 €. Mannheimer Str. 11, ✆ 06201/106140, www.sww.de/de/Bad.

In den einzelnen Ortsteilen gibt es weitere Schwimm- und Freibäder wie das **Hallenbad Hohensachsen** oder das **Waldschwimmbad** im Gorxheimer Tal. Infos unter www.weinheim.de.

Stadtführungen Für jeden Geschmack gibt es **Stadtführungen**, von klassisch-faktisch bis historisch-verspielt wie der Rundgang durch die Altstadt mit einer geschwätzigen Magd. Man kann auch Führungen durch die sog. **Grünen Meilen** buchen, den Exotenwald, den Schau- und Sichtungsgarten Hermannshof oder den Schlosspark. Bei einer Geo-Naturpark-Führung kann man in die Geschichte der **Grube „Marie in der Kohlbach“** eintauchen, in der seit dem Mittelalter Silber- und Bleierze zutage gefördert wurden. Infos zu allen Führungen unter www.weinheim.de.

Einkaufen in Weinheim

Auf dem schönen Marktplatz bieten Landwirte aus der Region auf dem **Wochenmarkt** ihr frisches Obst und Gemüse an. Sa 8–13 Uhr.

Einen Überblick über alle Shopping-Möglichkeiten in der Innenstadt bietet ein als PDF herunterladbarer **Einkaufsführer** unter www.weinheim.de.

Chocolaterie CACAO **2** Der Inbegriff von feiner Schokoladenkunst. Sie umfasst verführerische Pralinen und Tafelschokoladen, darunter Marzipan-, Himbeer- oder Schicht-

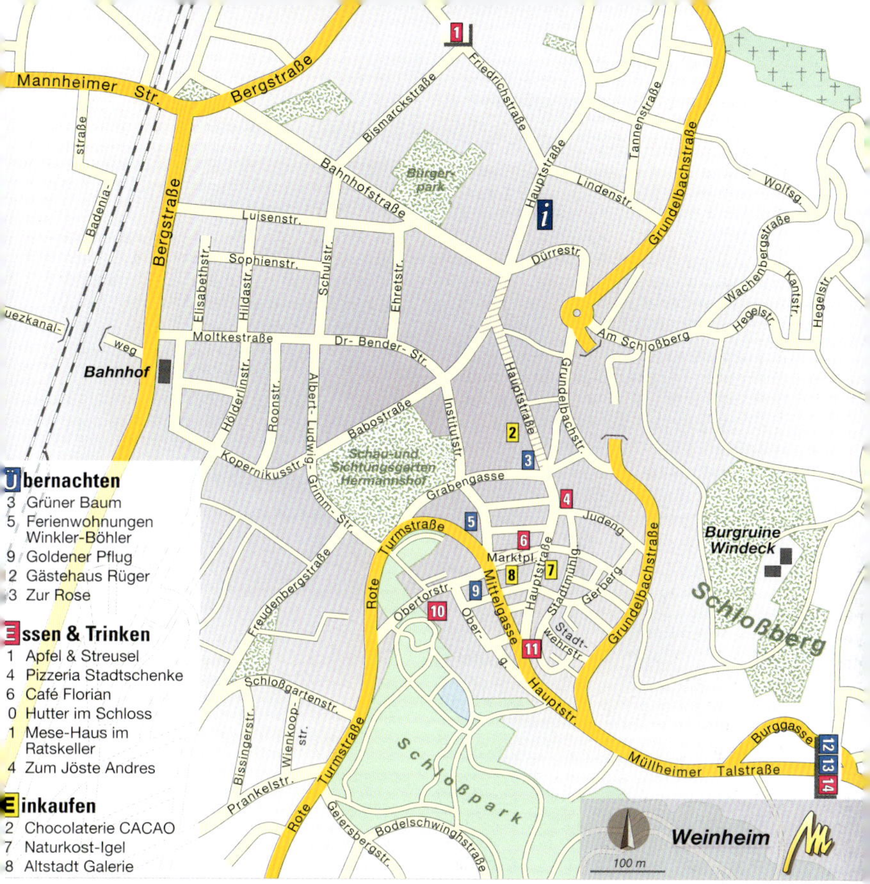

nougatpralinen und einiges mehr. Di–Fr 9–13 und 14–18 Uhr, Sa 9–14 Uhr. Burgenpassage, Hauptstr. 106, ✆ 06201/879879, www.cacao.de.

Altstadt Galerie 8 Dieser kleine Kunstmarkt im schönen, belebten Altstadtzentrum präsentiert Schmuck, Glaskunst und Keramikarbeiten unterschiedlicher Künstler. Di–Fr 10–18.30 Uhr, Sa bis 16 Uhr. Marktplatz 3, ✆ 06201/15848, www.altstadt-galerie.com.

Naturkost-Igel 7 Ein mittlerweile schon alteingesessener Bioladen am unteren Ende des Marktplatzes. Hier bekommt man alles für den täglichen Bedarf: Gemüse, Brot, Käse und einiges mehr. Mo–Fr 10.30–19 Uhr, Sa 10–16 Uhr. Hauptstr. 123, ✆ 06201/877900. ■

Übernachten in Weinheim

Goldener Pflug 9 Das Hotel hat geräumige, komfortable Zimmer wenige Schritte vom Marktplatz. Sie sind gepflegt und haben alle Dusche mit WC, TV und WLAN. Das Personal ist freundlich und die Atmosphäre familiär. Zum Haus gehört eine gemütliche Weinstube mit hübschem Garten. DZ 89–97 € inkl. Frühstück. Obertorstr. 5, ✆ 06201/90280, www.hotel-goldener-pflug.de.

Grüner Baum 3 1620 erstmals erwähnt, wurde das Hotel in der Altstadt zuletzt 2003 rundum renoviert. Die 20 Zimmer sind sauber und mit dem üblichen Komfort ausgestattet. Das Personal ist sehr freundlich. DZ

85 € zzgl. Frühstück (6 €/Pers.). Hauptstr. 114, ✆ 06201/879558, www.ristorante-ferrarese.de.

Ferienwohnungen Winkler-Böhler 5 Die Familie besitzt mehrere Ferienwohnungen in der Altstadt. Sie sind verspielt eingerichtet und kombinieren zuweilen Louis XIV., Biedermeier und Landhausstil. Alle sind gut ausgestattet mit Kabel-TV, Herd, Kühlschrank und Kochgeschirr. 50–60 €/Tag für 2 Pers. Rote Turmstr. 4, ✆ 06201/68006 oder 469265, www.winkler-boehler.com.

Gästehaus Rüger 12 Ein Haus mit gut ausgestatteten Appartements und Wohnungen, das im Baustil eher an Südtirol als an Odenwald erinnert. Es liegt in Löhrbach bei Birkenau mitten im Grünen. Manche Wohnungen bieten Platz für bis zu 6 Pers. Es gibt eine Spiel- und Liegewiese sowie eine Grillmöglichkeit. 18 €/Tag und Pers. inkl. Wäsche, Nebenkosten und Endreinigung. Abtsteinacher Str. 13, Birkenau, ✆ 06201/290558, www.gaestehaus-rueger.de.

Zur Rose 13 Der Gasthof in Oberflockenbach hat im eigenen Haus 12 gemütliche, geschmackvoll und meist komfortabel eingerichtete Zimmer. Dazu kommen weitere Zimmer in der ehemaligen, 2008 restaurierten Volksschule von 1912. DZ mit Dusche/WC 65 € inkl. Frühstück. Großsachsener Str. 20, Weinheim-Oberflockenbach, ✆ 06201/29550, www.zur-rose.de.

Essen & Trinken in Weinheim

→ Karte S. 213

Hutter im Schloss 10 Wo früher die Kurfürsten unter herrlichen Stuckdecken tafelten, können heute auch normale Bürger speisen. Die Karte empfiehlt kleinere Gerichte wie Tapas oder auch 5-Gänge-Menüs; gehobene Qualität zu erschwinglichen Preisen. Öffnungszeiten saisonal abhängig (Genaueres auf der Website). Obertorstr. 9, ✆ 06201/99550, www.hutter-im-schloss.de.

Burg Windeck

Pizzeria Stadtschenke 4 Das Lokal ist innen urig mit massiven Holzbänken und Tischen ausgestattet und für leckere Pizza bekannt und beliebt. Es gibt auch Außenplätze vor der Tür. Tägl. 12–24 Uhr. Hauptstr. 107, ✆ 06201/15257, www.ristorante-ferrarese.de.

Mese-Haus im Ratskeller 11 Bekannt für frische, leckere griechische Mezedes wie Psarokroketes (in Bierteig ausgebackene Fischkroketten) oder Blätterteigpastete mit Spinat-Lauch-Schafskäsefüllung. Als Hauptgerichte kommen auch Lammkoteletts und Schwertfischfilet auf den Tisch. Die Einrichtung entspricht nicht dem üblichen Tavernen-Klischee, sondern wirkt durch den historischen Gastraum mit dem alten Kachelofen eher wie die einer rustikalen Weinstube. Tägl. (außer Di) ab 18 Uhr, So und feiertags 12–14.30 und 17–22 Uhr. Hauptstr. 149, ✆ 06201/69640, www.mese-haus.de.

Café Florian 6 Liegt direkt am schönsten Platz zum Draußensitzen in der Altstadt. Innen herrscht eine typische Bistro-Kaffeehaus-Atmosphäre. Dazu passt das Speisenangebot, darunter Frühstücksvariationen, Flammkuchen und Pastagerichte. Die Getränkeauswahl ist vielseitig und mit Cocktails auch abendtauglich. Tägl. 9–1 Uhr.

Am Marktplatz 8, ✆ 06201/69480, www.cafe-florian.de.

Apfel & Streusel 1 In diesem schönen Frühstückscafé im nördlichen Teil von Weinheim kann man mittags Apfelkuchen oder anderes Tortenwerk naschen. Es ist so beliebt, dass man gerade fürs Frühstück durchaus reservieren sollte. Mi–So 9.30–18 Uhr. Alte Landstr. 19, ✆ 06201/3894631, www.apfelundstreusel.de.

Zum Jöste Andres 14 Die Wirtschaft liegt hinter Hohensachsen in Rittenweiher idyllisch in die Landschaft eingebettet. Auf der Karte steht Odenwälder Kost, vom Kochkäse bis zum Schnitzel aus eigener Schlachtung. Der Gastraum ist oft bis auf den letzten Platz gefüllt. Und im Hof lässt sich die Sonne genießen. Mo/Di und Fr/Sa ab 16.30 Uhr, So und feiertags ab 10 Uhr. Ritschweierer Weg 12, Weinheim-Rittenweiher, ✆ 06201/51207.

Schriesheim

„Freund isch bin vunn Schriese, geh es wie es will, unter meinem Dache, leb isch froh und still", lautet die erste Strophe des Schriesheimer Liedes. Und genauso beschaulich zeigt sich auch das Weinstädtchen mit seinen Rebhängen und der malerischen Burgruine. Nur an Festen wie dem Mathaisemarkt steht das Leben hier kopf.

Der **Mathaisemarkt** Anfang März ist das erste große Frühjahrsfest an der Bergstraße, mit dem auch die neue Weinsaison eröffnet wird. Straußwirtschaften haben geöffnet und die Weinhoheiten werden gewählt. Der Wein ist wie überall in der Region allgegenwärtig – ein schönes Ausflugsziel ist der **Madonnenberg,** der einen weiten Blick ins Rheintal zulässt. Eine Madonna aus Sandstein hat der Anhöhe ihren Namen gegeben. Im Laufe der Jahrhunderte wurde an seinen Hängen mal Wein angebaut, mal Obstbäume wie Pfirsich, Aprikose oder Walnuss gepflanzt, auch Ziegen und Schafe gingen hier auf und ab. Seit 1989 dominiert wieder der Wein.

Auch die Ruine der **Strahlenburg** über der Altstadt ist von Rebstöcken umgeben. Sie ist das Wahrzeichen der Stadt und wurde 1237 von Conrad von Strahlenberg auf einem Sporn des Ölbergs errichtet. Wenige Jahre später begann er, das Dorf Schriesheim zur Stadt auszubauen. „Scriezesheim" wurde erstmals 764 in einer Urkunde des Klosters Ellwangen erwähnt – nicht im Lorscher Codex, wie die meisten anderen Ortschaften an der Bergstraße. Neben der Burgruine erinnern auch die beiden gekreuzten Pfeile (mhd. Stral) im Wappen an den Stadtgründer; der Löwe darüber steht für die Kurpfalz.

1972/73 wurden **Altenbach** und **Ursenbach** eingemeindet. Altenbach liegt östlich bereits im Odenwald auf einer Höhe von über 280 m. Hier entspringt der Kanzelbach, der am Ölberg vorbei durch Schriesheim fließt. Er war früher Antriebsquelle für Mühlen, die Getreide, Öl oder Pulver mahlten.

Im Zentrum der Altstadt, am Marktplatz, steht das **Alte Rathaus** von 1684. An einem Stützpfeiler des Fachwerkbaus ist noch eine Halsfessel des Prangers zu entdecken. Das Glockentürmchen besitzt ein modernes Glockenspiel von 1998, dessen Melodie dreimal täglich erklingt. Von hier aus wird die Stadt längst nicht mehr regiert. Dafür wurde 1971/72 das neue **Rathaus** in der Friedrichstraße gebaut. Beim seinem Bau wurde ins Untergeschoss der Keller eines römischen Herrenhauses eingefügt, der während der regulären Öffnungszeiten besichtigt werden kann. Aus dem Jahr 1964, als Schriesheim das Stadtrecht wiedererlangte, stammt auch der **Brunnen** auf dem Marktplatz. Sein Rand zeigt Reliefs mit Handwerkerszenen –

Die Bergstraße → Karte S. 179

natürlich auch zum Weinbau. An Ostern wird er feierlich geschmückt. Die **katholische Kirche** von 1711 wurde im 20. Jh. mehrfach baulich verändert. Bemerkenswert ist ein Sandsteinrelief über dem Eingang der Sakristei, das den heiligen Veit im Kessel zeigt. Es handelt sich vermutlich um einen Schlussstein aus der früheren St.-Veit-Kirche, die 1748 abgerissen wurde. Veit war Patron des Klosters Ellwangen und gilt als Schutzheiliger der Winzer. Der **Strahlenberger Hof,** ein ehemaliger Adelshof, entstand vermutlich gleichzeitig mit der Stadt um 1250 und reichte einst bis zum Marktplatz. Bei der Sanierung des Steinhauses 1985 wurden die ursprünglichen Bodenfließen gefunden.

Die letzten großen Sehenswürdigkeiten von Schriesheim führen zurück zum Wein: die **Zehntkeller.** Der kleine Zehntkeller stammt noch aus der Zeit, in der das Kloster Ellwangen hier Hof und Gut besaß. Der große Zehntkeller wurde 1498 erbaut und erhielt im 18. Jh. einen barocken Aufbau. In dem seit Langem als Schule genutzten Gebäude steckt im Kern noch der alte Keller, der seit 1930 an die Winzergenossenschaft verpachtet und bei Festen wie dem Mathaisemarkt ein beliebter Veranstaltungsort ist.

Grube Anna-Elisabeth

Das Besucherbergwerk hat eine lange Geschichte. Die Grube wurde erstmals 1473 erwähnt und bis 1817 betrieben, wenn auch mit Unterbrechungen. Hier wurde nach Silbererzen und Vitriolerzen wie kristallinem Eisensulfat gegraben. Jedes Jahr am ersten Juliwochenende veranstaltet der Bergwerksverein das Bergwerksfest, bei dem es neben Führungen auch ein unterhaltsames Programm gibt. Bei Erlebnisführungen geht es zusätzlich hinab in einen 18 m tiefen Stollen.

Ende März bis Ende Okt. So und feiertags (außer Karfreitag) 11–16.30 Uhr. Normale Führung 5 € (4–14 J. 3 €), Erlebnisführung 9 € (12–14 J. 6 €). Talstr. 157, ✆ 06203/68167, www.bergwerk-schriesheim.de.

Museum Théo Kerg

Der Luxemburger Künstler Théo Kerg (1909–93) war Maler, Grafiker, Bildhauer und Glasgestalter. Er war Begründer des sog. Taktilismus, einer Kunstform, die auf dem Tastsinn beruht. Vor allem in den 1960er- und 70er-Jahren verschlug es Kerg in die Rhein-Neckar-Region, um Glasgestaltungen oder Skulpturen und Kunst am Bau zu realisieren. Der Kreuzweg von St. Andreas in Neckarhausen bei Ladenburg zählt zu den Projekten jener Zeit. Nach seinem Tod wurde sein Œuvre in Schriesheim in einem restaurierten Fachwerkhaus dauerhaft untergebracht.

So 14–17 Uhr, bei Sonderausstellungen Sa/So 14–17 Uhr und Mi 17–19 Uhr sowie nach Vereinbarung. Eintritt 3 €. Talstr. 52, ✆ 06203/952819, www.kk-schriesheim.de.

Die Strahlenburg

Trutzig steht die Burgruine in den Weinlagen über der Altstadt. Sie ist das Wahrzeichen von Schriesheim. Von der Festung, die im 14. Jh. ihre Hochzeit hatte, sind noch einige anschauliche Reste erhalten, die heute Privatbesitz sind. 1237 ließ Conrad von Strahlenberg die Burg erbauen. Er war Vogt, also Verwalter des Klosters Ellwangen, dem der Grund gehörte. Allerdings errichtete Conrad die Burg ohne die Erlaubnis seines Arbeitgebers, sodass es zu einer Auseinandersetzung kam und er seinen Besitz verlor. Die Strahlenberger konnten aber die Festung zurückgewinnen. Aus jener Zeit stammt u. a. der massive runde Bergfried. Er soll ursprünglich knapp 30 m hoch gewesen sein und kann heute bestiegen werden. Das Wohngebäude (Palas) wurde vermutlich erst im 14. Jh. erbaut. Insgesamt wurden ab 1329 umfangrei-

Die Strahlenburg thront in den Weinlagen über der Stadt

che Umbau- und Ausbauarbeiten an der Burg vorgenommen. Zu diesem Zeitpunkt wurde der Besitz an einen Burggrafen der nahe gelegenen Starkenburg verpfändet – angeblich wegen Zahlungsschwierigkeiten. Nach seinem Tod ging die Strahlenburg 1346 an die Kurpfalz und über 100 Jahre später, 1468, an Ludwig von Veldenz-Zweibrücken. Dieser geriet zwei Jahre später in Streit mit dem Heidelberger Kurfürsten, der die Burg belagerte und einnahm. Manche Historiker denken, dass die Burg möglicherweise schon bei diesem Ereignis in Mitleidenschaft gezogen wurde. Andere ziehen den Landshuter Erbfolgekrieg um 1500 in Betracht, bei dem die Burg eventuell zerstört wurde. Eindeutig belegt ist, dass die Strahlenburg 1733 zum Abbruch freigegeben wurde und Steine auch in den Mauern der Weinberge Verwendung fanden. Vor der vollständigen Zerstörung wurden neben dem Bergfried Reste des ehemals dreistöckigen Palas gerettet. Nur noch die Außenmauern stehen und die Fensterfassungen sind zum Teil beschädigt, einige spitzbogige frühgotische Doppelfenster von 1237 sind aber gut erhalten. An der südlichen Seite der Ringmauer, die einst in einem regelmäßigen Fünfeck angelegt wurde, ist heute ein Gastronomiebetrieb integriert.

Die Bergstraße → Karte S. 179

Basis-Infos zu Schriesheim

Information In Schriesheim gibt es keine Touristeninformation. Die offizielle Website www.schriesheim.de informiert über kulturelle Einrichtungen wie das Museum Théo Kerg oder die Christian-Mayer-Volkssternwarte, über Sehenswürdigkeiten auch unter „Stadtinformation“. Tipps zu Hotels und Gaststätten gibt indessen die Website des Verkehrsvereins Schriesheim e. V. unter www.verkehrsverein-schriesheim.de. Die Website www.schriese.de liefert Nachberichterstattungen mit Bildern zu einzelnen Events.

Feste & Veranstaltungen **Mathaisemarkt** heißt das erste große Frühlings- und Weinfest an der Bergstraße. Anfang März kann man sich auf dem Festplatz ins Fahrvergnügen stürzen, im Festzelt zu zünftiger Musik schunkeln und bei Bedarf an Imbissbuden stärken. Straußwirtschaften und der Zehntkeller öffnen die Tore und sorgen für Unterhaltung. Höhepunkte sind die Krönung der Weinkönigin und der Umzug, an dem sich auch die Hoheiten oder Spielmannszüge der umliegenden Städte beteiligen. Das zehntägige Fest am Namenstag des Matthias (24. Febr.) ist auf das 1579 erhaltene Marktrecht zurückzuführen. Termine und Programm unter www.schriesheim.de.

Der **Veranstaltungskalender** auf der Gemeindewebsite kündigt alle Veranstaltungen an, die über das Jahr verteilt rund um Schriesheim für kulturelles Leben sorgen, darunter Chorkonzerte, Lesungen, kulinarische Weinbergwanderungen, Sonnwendfeier oder Weihnachtsmärkte. www.schriesheim.de.

Der **Kulturkreis Schriesheim e. V.** stellt interessante Kunst-, Jazz- und Klassikevents auf die Beine. Infos unter www.kk-schriesheim.de.

Schwimmen Das Waldschwimmbad liegt am Waldrand am östlichen Ortsausgang von Schriesheim. Es ist relativ beschaulich und hat ein 50-m-Schwimmerbecken mit angrenzendem Nichtschwimmerbecken sowie ein Planschbecken für die Jüngsten mit vergnüglichem Wasserpilz. Zur Saison tägl. 10–18.30 Uhr. Erw. 4 €, 6–14 J. 1 €, 15–17 J. 2 €. Talstr. 186, ✆ 06203/660011, www.waldschwimmbad-schriesheim.de.

Einkaufen in Schriesheim

Divino Originale ist in erster Linie ein italienisches Feinkostgeschäft und in zweiter eine Espressobar. Man bekommt hier italienische Weine, unterschiedliche Käsesorten, Baguettes, Croissants und Dolci, die man zu einer Tasse Espresso oder einem Cappuccino verspeisen kann. Mo–Fr 9–13 und 15–18.30 Uhr, Sa 9–13 Uhr. Heidelberger Str. 2, ✆ 06203/660200.

Die **Winzergenossenschaft Schriesheim** existiert bereits seit 1930 und vermarktet seitdem die Tröpfchen im Verbund, darunter würziger Traminer, aromatischer St. Laurent oder prickelnder SchrieSecco. Neugierige dürfen kosten. Mo–Fr 8–18 Uhr, Sa 8–13 Uhr. Heidelberger Str. 3, ✆ 06203/61560, www.wg-schriesheim.de.

Der **Obstbaubetrieb Familie Jäck** verkauft auf dem schönen Hof frische Äpfel, Birnen, Walnüsse, Trauben oder im frühen Sommer auch Beerenobst. Außerdem im Sortiment: Produkte, die aus dem Obst hergestellt werden, wie Brände, Apfelwein und -saft sowie Weine. Mo–Do 9–13 und 15–18.30 Uhr, Fr bereits ab 8 Uhr, Sa 8–13 Uhr. Aussiedlerhof 7 a, ✆ 06203/692727, www.obst-jaeck.de.

In Schriesem werd gebabbelt, awwer net nur do

Utes Bücherstube bietet in einem schönen Fachwerkhaus neben Büchern zum Lesen und Hören auch Spiele, Puzzle, Schreibwaren und Bastelzubehör an. Nettes Personal. Mo–Fr 9–13.30 und 14.30–18.30 Uhr, Sa 9–14 Uhr. Heidelberger Str. 10–12, ✆ 06203/62137, www.utes-buecherstube.de.

Tin Wizard aka Thomas Wolter Modelltechnik ist eigentlich eher ein Online-Shop, aber jeder, der Modellautos liebt, kann in der Werkstatt die begehrten Stücke und Ersatzteile kaufen. In jedem Fall ist der Laden etwas für Sammler von Modellen wie dem Rassler Trike scale 1/18 oder einem Union Avus Rennwagen No. 33 (1937). Der Chef kann auch guten Kaffee kochen, munkeln Kunden. Besuch auf Anmeldung. Talstr. 170, ✆ 06203/68680, www.tinwizard.de.

Übernachten in Schriesheim

*** **Neues Ludwigstal**. Das Haus liegt ruhig im Tal zwischen Waldschwimmbad und Schriesheim-Mitte. Der Service passt zum freundlichen Familienbetrieb. Und auch wenn die Einrichtung der Zimmer etwas in die Jahre gekommen ist – alles ist sauber und der Komfort in Ordnung. DZ 82–90 € inkl. Frühstücksbüfett. Strahlenberger Str. 2, ✆ 06203/6950, www.neues-ludwigstal.de.

Hotel-Weinstuben Hauser. In direkter Nähe zum Festplatz könnte dieser Standort beim Mathaisemarkt möglicherweise lauter sein. Ansonsten ist der Ortskern in greifbarer Nähe. Die Zimmer sind freundlich mit üblichem Komfort eingerichtet. In der urigen Weinstube gibt es saisonale, deutsche Kost. DZ 80 € inkl. Frühstücksbüfett. Steinachstr. 12, ✆ 06203/61445, www.hotel-hauser-schriesheim.de.

Ferienwohnung Franziska Reinhardt. Etwas abseits der Bergstraße, dafür heimelig im Odenwald gelegen, verfügt die 60-m²-Ferienwohnung über ein Schlaf- und ein Wohnzimmer, Küche und Duschbad sowie eine Terrasse. 40 €/Nacht für 2 Pers. Weideweg 1, Schriesheim-Ursebach, ✆ 06220/8115, franziska.reinhardt@t-online.de.

Essen & Trinken in Schriesheim

Strahlenberger Hof. Wer in Schriese ausgewählt Essen gehen möchte, sollte das Restaurant im alten Adelshof in der Altstadt besuchen. Hier werden Zutaten wie Topinambur, Wildkräuter oder Frühjahrsmorcheln mit allerlei Getier zu raffinierten Gerichten verarbeitet. Die Haute Cuisine zeigt sich auch an der Menge und an dem schönen Ambiente v. a. im Hof. Tägl. (außer So/Mo) ab 18 Uhr. Kirchstr. 2, ✆ 06203/63076, www.strahlenbergerhof.de.

Burggasthof Strahlenburg. Das Gasthaus hat den romantischen Bonus der alten Burgruine und dazu eine herrliche Terrasse mit großen Kastanienbäumen. Die Küche ist mediterran-gutbürgerlich. Tägl. ab 11 Uhr, im Winter nur Do–So ab 12 Uhr. Burgweg 32, ✆ 06203/9574715, www.strahlenburg-schriesheim.de.

Müllers Weinstube. Ein Klassiker unter den traditionellen örtlichen Gaststätten. Hier wird zünftiges Essen wie Jäger- oder Zigeunersteak mit eigenen Weinen und rustikalem Ambiente kombiniert. Abwechslung bringen Themenwochen wie Kraut- oder Fischwoche. Tägl. (außer Mo) ab 17 Uhr, So auch 11.30–14 Uhr. Max-Planck-Str. 8, ✆ 06203/65077, www.muellers-weinstube.de.

Das Wirtshaus im Mühlenhof. Hinter dem Waldschwimmbad gelegen, leckere frische Küche: Da wird das Hühnchen in Sesambutter gebraten und der Odenwälder Saibling mit Apfel-Meerrettichsauce und Gemüserisotto gereicht – und das zu moderaten Preisen. Extra Kinderkarte. Die Einrichtung ist asketisch-modern in Holz gehalten. Außen sitzt man auf Bierbänken. Der Mühlenhof hat ein beachtenswertes Konzept, das obdachlose Menschen über landwirtschaftliche Arbeit wieder in ein geregeltes Leben führt. Do–Sa ab 16 Uhr, So ab 11 Uhr. Talstr. 188, ✆ 06203/8408997, www.wirtshaus-im-muehlenhof.de.

Kaffeehaus. Schön eingerichtet, jede Menge Tische und Stühle vor dem alten Rathaus am Marktplatz. Tägl. 9–24 Uhr (Küche So–Do 9–22 Uhr, Fr/Sa bis 23 Uhr), Frühstück 9–14 Uhr, Mittagstisch 11–14 Uhr. Heidelberger Str. 13, ✆ 06203/600868, www.kaffeehaus-schriesheim.de.

Die Bergstraße → Karte S. 179

Vor dem Lobdengau-Museum steht eine Jupitersäule

Ladenburg

Westlich von Schriesheim liegt in der Rheinebene am Neckar Ladenburg, eine der ältesten Städte in Deutschland. Ihre Kulturgeschichte beginnt deutlich früher, als es die vielen gepflegten Fachwerkhäuser oder die barocken und klassizistischen Gebäude der schönen Altstadt vermuten lassen.

Bereits um 200 v. Chr. ließen sich die Kelten an der Neckarschlinge nieder. Sie wanderten zu diesem Zeitpunkt von ihrem Sitz auf dem Heiligenberg bei Heidelberg ab und gründeten Lokudunom – die „Seeburg". 240 Jahre später begannen die Römer, den Standort mit suebischen Neckargermanen als sog. Bauernmiliz zu bevölkern. Die Siedlung, jetzt unter dem römischen Namen Lopodunum bekannt, wurde 98 n. Chr. von Kaiser Trajan zur Stadt erhoben: Die Civitas Ulpia Sueborum Nicrensium florierte in den darauffolgenden 200 Jahren. Zahlreiche Funde belegen, dass das römische Forum von einer Stadtmauer umgeben und mit einer Marktbasilika, einem Wochenmarkt, Tempel, Theater sowie mit Palästen und Thermen ausgestattet war.

Archäologische Stücke sind im **Lobdengau-Museum** im Bischofshof ausgestellt. Das Museumsgebäude stammt aus dem 15./16. Jh. und war einst Nebenresidenz der Wormser Bischöfe. Besonders auffällig ist seine manieristische Fassadenbemalung. Vor dem Eingang steht die Kopie einer herrlichen Jupitersäule, die 1973 in einem römischen Steinbrunnen gefunden wurde. Alemannen versenkten sie dort 260 n. Chr. in einer rituellen Handlung als Sieg über den römischen Gott Jupiter. Die Römer eroberten zwar die Stadt zurück, gaben sie aber im 5. Jh. endgültig auf. Die Merowinger hielten Einzug in die Stadt, die nun Lobdenburg hieß, und erbauten

469 einen Königshof. Im 7. Jh. ging die Stadt an das Bistum Worms und seine Bischöfe. Die Pfälzer Kurfürsten übernahmen ab dem 14. Jh. zudem die weltliche Herrschaft. Als im 14. Jh. die Wormser ihren Bischof vertrieben, wurde Ladenburg zwischenzeitlich zum Bischofssitz ausgebaut. Zu dieser Zeit erhielt die **St.-Gallus-Kirche** ihren zweiten Turm, um die bischöfliche Würde zu unterstreichen. Die beiden Türme der repräsentativen Kirche überragen noch immer die Dächer der Altstadt. In ihrem Innern befindet sich eine sehenswerte romanische Krypta.

Ladenburgs alter Kern hat stürmische Zeiten wie den Dreißigjährigen Krieg, Pfälzischen Erbfolgekrieg oder Zweiten Weltkrieg mit je einem blauen Auge überstanden. Das üppige **Altstadt-Ensemble** rund um den Marktplatz und historische Bauten wie Martinstor oder Hexenturm – beide um 1250 errichtet – ziehen zu jeder Jahreszeit viele Besucher an. Zu den jüngeren Sehenswürdigkeiten zählt das **Automuseum Dr. Carl Benz.** Carl Benz lebte hier mit seiner Frau ab 1904 bis zu seinem Tode 1929. Größte Attraktion ist das erste Auto der Welt. Natürlich gibt es viele weitere Oldtimer zu sehen. Die Stadt bietet aber auch eine im wahrsten Sinne des Wortes ausgezeichnete Natur: Der **„Grüne Ring"** entstand, als Ladenburg 2001–05 seine Grünflächen neu strukturierte. Heraus kam ein schöner Grüngürtel entlang der Stadt und des Neckarufers mit Spielplätzen und großzügigen Wiesenflächen. 2006 wurde er als „Deutschlands schönster Park" prämiert.

Lobdengau-Museum: Mai bis Okt. Mi–Sa 14–17 Uhr, So 11–17 Uhr, Nov. bis April Mi und Sa 14–17 Uhr, So 11–17 Uhr. Erw. 3,50 €, erm. 2 €. Amtshof 1, ✆ 06203/700 oder 70270, www.lobdengau-museum.de.

Automuseum Dr. Carl Benz: Mi und Sa/So und feiertags 14–18 Uhr. Erw. 5 €, Kinder 3 €. Ilvesheimer Str. 26, ✆ 06203/181786, www.automuseum-ladenburg.de.

Die Bergstraße → Karte S. 179

Dossenheim

Schon von Weitem leuchten die Steinbrüche in einem gelblichen Braun über der Stadt. Über Jahrzehnte wurde das quarzreiche Gestein aus den Bergen gebrochen. Beinahe wäre auch die Ruine der Schauenburg dem Porphyr-Abbau zum Opfer gefallen. Heute ist sie für Groß und Klein ein beliebtes Ausflugsziel. Direkt zu ihren Füßen liegt Dossenheims alter, beschaulicher Kern.

Der ruhige Ort ist nur wenige Kilometer von Heidelberg entfernt. Wer dörfliche, naturnahe Entspannung sucht und trotzdem Stadtnähe wünscht, für den könnte Dossenheim durchaus ein idealer Standort sein. Auch Mannheim, Ludwigshafen und Weinheim sind in greifbarer Nähe. Die Linie 5 der Rhein-Neckar-Verkehr GmbH (RNV) fährt regelmäßig einen Kreis zwischen Heidelberg und Mannheim ab und streift dabei auch fast alle Ortschaften der badischen Bergstraße zwischen Dossenheim und Weinheim.

Der am Berghang höher gelegene alte Ortskern von Dossenheim kommt sehr unaufgeregt daher. Über dem Ort kreisen manchmal bis zu 15 Drachenflieger, die ihren Startplatz im Steinbruch haben. Hier oben ist die Gastronomiedichte mit Restaurants, Cafés und Straußwirtschaften relativ hoch.

Mit baulichen Sehenswürdigkeiten ist Dossenheim nicht so üppig bestückt. Dennoch wirken die Hinterhöfe mancher alter Häuser sehr lieblich. Erwähnenswert ist die evangelische Kirche aus dem 15. Jh., die auf dem Fundament einer gotischen

Bergkirche von 1375 errichtet wurde. Sie wurde lange als Simultankirche auch von der katholischen Gemeinschaft genutzt, bis 1926 die St.-Pankratius-Kirche entstand. Die katholische Kirche wurde im neobarocken Stil erbaut. Rund 40 Jahre zuvor (1890) entstand das Alte Rathaus. Das Gebäude mit Rathausuhr und Türmchen beheimatet heute ein **Heimatmuseum,** das Dossenheims Geschichte präsentiert.

Spätestens mit der La-Tène-Zeit um 450 v. Chr. beginnt die Besiedlung Dossenheims. Zumindest befand sich an der Stelle der evangelischen Kirche um diese Zeit ein keltischer Mahlsteinwerkplatz. Funde bei Bauarbeiten um 1960 belegen, dass hier einst sog. Napoleonhüte zum Mahlen von Getreide hergestellt wurden. Weiter westlich in der Ebene bei den Straßen „Silbershohl" und „Im Breiten Wingert" wurde ein merowingisches Reihengräberfeld aus dem 5. bis 8. Jh. entdeckt. Zu den Ausgrabungen zählen zwei bemerkenswerte Schädel, die im Museum ausgestellt sind. Im 8. Jh. haben Benediktinermönche des Klosters Lorsch einen Weinberg in Dossenheim erworben. Der dokumentierte Kauf belegt zugleich die lange Weinbautradition des Ortes, ebenso wie die drei Traubenpergel, die an einer Ranke mit vier Blättern seit 1475 das Stadtwappen zieren. Ab 1760 setzte der Quarzporphyr-Abbau in Dossenheims Bergen ein. Anfang des 20. Jh. waren die Dossenheimer Werke Badens größtes Porphyr-Abbaugebiet und wichtigster Arbeitgeber der Region. Die Blütezeit des **Steinbruchs Leferenz** setzte vor dem Ersten Weltkrieg ein und dauerte bis 1984. Eine Abteilung im Heimatmuseum und Geopunkt-Tafeln im Steinbruch berichten über den früheren Wirtschaftszweig. Heute ist der Steinbruch ein Refugium für seltene Arten.

Durch den emsigen Porphyr-Abbau ist auch die Vorburg der **Schauenburg** verschwunden. Die Kernburg wurde gerettet und wird seit 1982 gehegt und gepflegt. Sie ist ein attraktives Naherholungsziel und lässt sich gut als Abstecher in eine Wanderung zum rund 550 m hohen **Weißen Stein** integrieren. Dossenheims Hausberg ist bei Wanderern und Mountainbikern beliebt. Einige markierte Wanderwege führen auch durch Dossenheims Oberdorf, sodass sich Touren rund um den Ort anbieten, um hinterher in einer der schönen Gaststätten einzukehren.

Heimatmuseum

Im Heimatmuseum im Alten Rathaus kann man z. B. in der Abteilung Frühgeschichte den Schädel eines Kriegers von ca. 720 n. Chr. bestaunen, dem die eine Gesichtshälfte beim Kampf mit einer Axt weggeschlagen wurde. Das Modell der Schauenburg dagegen zeigt, wie die Burg einst ausgesehen hat. Und es gibt Wissenswertes zum Weinanbau und zur Steinbruchindustrie.

Jeden dritten So im Monat 14–17 Uhr. Eintritt frei. Rathausstr. 47, ✆ 06221/86510, www.dossenheim.de.

Steinbruch Leferenz

Während andernorts unter Tage dem Stein zu Leibe gerückt wurde, baute Dossenheim in seinen Steinbrüchen das Gebirge ab. Quarzporphyr oder auch Rhyolith ist ein quarzreiches, rotbraunes Gestein mit Kristalleinsprenglingen, das hier laut Geologen des Geoparks bei einer Vulkankatastrophe vor 290 Mio. Jahren entstand. Geopunkt-Tafeln und ein Museumshof im Steinbruch informieren darüber. Ein ganzjährig geöffneter Wanderweg führt hindurch. An bestimmten Tagen wird auch die Lorenbahn in Betrieb gesetzt.

Die Öffnungszeiten des Museumshofes sind auf der Gemeinde-Website unter www.dossenheim.de und die Fahrtage der Lorenbahn unter www.feldbahn-dossenheim.de.tl veröffentlicht.

Viel ist von der Schauenburg nicht übrig geblieben

Die Bergstraße → Karte S. 179

Die Schauenburg

Die Anlage, deren Fragmente heute zu sehen sind, scheint keine 200 Jahre gestanden zu haben. Namensgeber der Burg sind die Edlen von Wolfsölden-Schauenburg, ein adliges Geschlecht, das bereits 1280 ausstarb. 1190 wird ein Gerhard von Schauenburg erwähnt – ob dessen Burg bereits an dieser Stelle stand, ist nicht erwiesen. Auch konnte nicht geklärt werden, ob die südöstlich gelegene, historisch nicht eindeutig einzuordnende Kronenburg ein Vorgängerbau der Schauenburg ist. Von ihr ist noch eine sehr kümmerliche Ruine übrig. Sicher ist hingegen, dass die erhaltenen Reste der Schauenburg erst in der Mitte des 14. Jh. als Stützpunkt des Erzbistums Mainz entstanden. Denn nach dem Tod der Gründerfamilie ging der Besitz 1303 zunächst an die Pfalzgrafen und 1319 an den Mainzer Erzbischof. So nah an der Residenzstadt Heidelberg war diese fremde Herrschaft auf der Burg den Pfälzer Kurfürsten ein Dorn im Auge. Die fortwährenden Konflikte endeten schließlich 1460, als es Kurfürst Friedrich I. gelang, die Burg gewaltsam zu zerstören. Die Schauenburg ist seitdem Ruine.

Einen großen Schaden erlitt die Anlage durch einen Steinbruch, der zwischen 1897 und 1926 die Vorburg zerstörte. Zwar gab es um 1900 und 1932 Arbeiten an der Burgruine. Fachmännisch gesichert wird sie allerdings erst seit 1982 von engagierten Dossenheimern und mit Unterstützung des Landesdenkmalamts Baden-Württemberg. Die Reste der Kernburg sind zum Teil bis zu 6 m hoch. Gebaut wurde sie aus Porphyr-Bruchstein, dem Gestein, das hier in den Steinbrüchen über lange Zeit abgebaut wurde. An den Ecken der Mauern sind Sandsteinquader zu sehen. Im Norden ist die Kontur des quadratischen Bergfrieds erhalten, der an zwei Seiten bis zu 3,4 m dicke Mauern hat. Im Westen führt die Mauer zu einem Wohngebäude, das einen Keller mit zwei Räumen besaß. Es wurden weitere Gebäudeteile gesichert, unter denen man im Osten die ehemalige Küche vermutet. Auch Fragmente des Torzwingers der Kernburg sind erhalten, der vermutlich vier oder fünf aufeinanderfolgende Tore besaß.

Darstellungen des Mauerbestands hat die AG Schauenburg auf ihrem Schauenburg-Blog unter www.schauenburg.blogspot.com veröffentlicht. Außerdem hält der Blog noch mehr Wissenswertes über die Geschichte der Burg bereit und informiert über jüngste Aktivitäten rund um die Ruine.

Tour 8: Von der Schauenburg zum Weißen Stein → S. 296
Dossenheims Hausberg ist 550 m hoch und ein beliebtes Ausflugsziel

Basis-Infos zu Dossenheim

Information In Dossenheim gibt es keine Touristeninformation. Auf der offiziellen Website unter www.dossenheim.de finden Besucher Tipps zur hiesigen Gastronomie und Hotellerie. Bei den „Veranstaltungen" werden Events wie der Bücherflohmarkt oder Radwanderungen neben vielen christlichen Angeboten gelistet. „Leben in Dossenheim" („Kultur") informiert hingegen über Dossenheims Geschichte, das Heimatmuseum und die Kirchweih.

Feste & Veranstaltungen **Dossemer Kerwe** findet traditionell am dritten Wochenende im Sept. statt. Auf dem Rathausplatz werden Fahrgeschäfte aufgestellt.

Nostalgischer Briefkasten am Heimatmuseum

Clowns, Zauberer und Livemusik unterhalten die Gäste. Und es wird Brauchtum wie der Holzäpfeltanz der Trachtengruppe des Heimatvereins gepflegt. Außerdem wird die Kirchweih von einem Kinderflohmarkt begleitet. Termine und Programm unter www.dossenheim.de.

Die **Kommission Kunst Dossenheim** ist ein von der Stadt beauftragtes Gremium, das sich um die Kunst der Region kümmert. Sie organisiert regelmäßig Ausstellungen, die an verschiedenen Orten präsentiert werden, wie in der Museumsscheune, im Rathaussaal oder in der Seniorenbegegnungsstätte. Der Schwerpunkt liegt auf moderner Malerei und Fotografie. Das Programm und vergangene Ausstellungen werden veröffentlicht unter www.kommission-kunst.de.

Schwimmen Es gibt ein Hallenbad mit einem 25-m-Schwimmerbecken und Sprungtürmen bis zu 5 m. Im Kinderbecken tummeln sich die Nichtschwimmer bei angenehmen 32 °C Wassertemperatur. Es gibt spezielle Frauenbadetage und Kinderspielstunden. Fr 13–21.30 Uhr, Sa 13–17 Uhr, So 8–12 Uhr. Die variierenden Öffnungszeiten (Mo geschlossen) der übrigen Tage finden Sie unter www.dossenheim.de. Eintritt 4 €, erm. 2 €. Gerhart-Hauptmann-Straße, ✆ 06221/868811.

Übernachten in Dossenheim

** **Zum Heidelberger Tor**. Das Haus befindet sich in der Nähe der sehenswerten katholischen Kirche, die nicht ganz leise ist. Die Zimmer entsprechen dem Standard der Zwei-Sterne-Kategorie mit Dusche, WC und einem Flat-TV an der Wand. Das Personal ist freundlich. DZ ab 80 € inkl. Frühstücksbüfett. Heidelberger Str. 32, ✆ 06221/87570, www.hotelheidelbergertor.de.

Gästehaus Kerle. Unkonventionell, heimelig und nahe den Weinbergen: Hier bucht man Zimmer mit Selbstverpflegung in einer Gemeinschaftsküche und Etagenbad. Zwei Zimmer haben einen Balkon, eines ein eigenes Bad. Alle haben LED-TV und WLAN. Es gibt außerdem eine gut ausgestattete Ferienwohnung (62 € für 2 Pers. inkl. Endreinigung). Am Wochenende kann Frühstück dazugebucht werden. DZ 42–48 €, Kurzzeitzuschlag 5 €. Schriesheimer Str. 54, ✆ 06221/869288, www.gaestehaus-kerle.de.

Zur Turmstube. Die familiär wirkende Pension hat zwar nicht die schönste Lage (die Adresse verrät es), aber der Weg in die Natur – besser zu angrenzenden Feldern – ist nicht weit. Die Zimmer haben TV und Internet-Zugang. Die Wirtsleute sind zuvorkommend, das Frühstück ist üppig. DZ 75 € inkl. Frühstücksbüfett. Gewerbestr. 22, ✆ 06221/864922, www.zur-turmstube.de.

Ferienwohnung Schauenburgblick. Die Dachgeschosswohnung im Mehrfamilienhaus befindet sich im nördlichen, der Bergstraße zugewendeten Teil Dossenheims. Gemütlich eingerichtet, verfügt sie über eine voll ausgestattete Küche inkl. Geschirrspüler und Toaster, eine Waschmaschine im Bad und einen hellen Westbalkon. Ab 3 Übernachtungen 69 €/Nacht zzgl. 35 € Endreinigung, inkl. Küchen- und Handtücher. Silbershohl 30, ✆ 06221/866957, www.ferienwohnung-schauenburgblick.de.

Der Ritter wacht über ein Restaurant

Essen & Trinken in Dossenheim

Zum Löwen. Gutbürgerliche Küche auf gehobenem Niveau, wie auch schon die gekonnt eingedeckte Bauernstube zeigt. Hier dürfen sich Vegetarier über eine kleine Auswahl an appetitlichen Gerichten freuen. Auch der Löwengarten ist einladend. Do–Sa 17–24 Uhr, So 11–14.30 und 17–22 Uhr. Rathausstr. 24, ✆ 06221/866139, www.loewe-dossenheim.de.

Dossema Weinhof. Die Besenwirtschaft der netten Familie ist urgemütlich eingerichtet. Gerade im Sommer ist der Hof herrlich. Es gibt Wildschweinbratwürste, Schnitzel oder Hand- und Kochkäse – wahlweise auch über die Wurst. Empfehlenswert ist auch die schöne Ferienwohnung. Mi–Sa 16–23 Uhr, So und feiertags 11–22 Uhr Uhr. Winterpause beachten. Rathausstr. 45, ✆ 06221/7257617, www.dossema-weinhof.de.

Zur Schauenburg. Empfängt die Gäste mit einer Ritterrüstung an der Hauswand und im Innern warten noch mehr Blechanzüge. Im Sommer kann man auf der Terrasse Platz nehmen. Die Karte bietet Deftiges aus aller Welt, z. B. einen argentinischen Churrasco-Teller, ein vietnamesisches Fish- & Shrimpcurry oder eine Dossenheimer Kartoffelpfanne. Di–Fr 17–22 Uhr, Sa/So ab 11 Uhr mit durchgehend warmer Küche. Schauenburgstr. 1, ✆ 06221/866794, www.schauenburg-dossenheim.de.

Zum Neuen Schwanen. Serviert das, was immer schmeckt: Pasta, Salate, Steaks und Schnitzel – mal klassisch, mal mediterran oder mit Kochkäse im Odenwälder Stil. Die Terrasse liefert zur Sommersaison die Wohlfühlatmosphäre dazu. Mo–Sa 12–14 (mit Mittagstisch) und ab 17 Uhr, So ab 12 Uhr durchgehend warme Küche. Bahnhofstr. 1, ✆ 06221/869686, www.zum-neuen-schwanen.com.

Café Meisel. Dieses Café bietet eine große Auswahl an leckeren Kuchen und mächtigen Torten mit Obst, Sahne, Schokolade – eben alles, was Süßmäuler begehren. An warmen Tagen öffnet die ruhige Terrasse an der Rathausstraße. Tägl. (außer Mo) 7–18 Uhr, So und feiertags ab 8 Uhr. Hauptstr. 27, ✆ 06221/866545, www.cafe-meisel.de.

Die Bergstraße → Karte S. 179

Alljährlich zieht die Stadt 3,5 Mio. Gäste in ihren Bann

Heidelberg

Über der pittoresken Altstadt erhebt sich die prächtige Schlossruine – alljährlich zieht es deshalb rund 3,5 Mio. Gäste in die Stadt. Touristisch betrachtet ist Heidelberg bereits seit Jahrhunderten ein beliebtes Ziel. Schon Goethe oder Thomas Mann ließen sich vom romantischen Charme der Stadt bezaubern. Doch die Natur rings um Königstuhl und Heiligenberg ist mindestens ebenso reizvoll.

Täglich strömen Scharen in die Altstadt: Touristen aus aller Welt, Studenten und natürlich auch waschechte Heidelberger. Erstes Ziel ist oft die Hauptstraße, eine 1,6 km lange Fußgängerzone – angeblich eine der längsten in Europa. Das Shopping-Angebot ist groß und reicht vom Souvenirladen bis zum Filialbetrieb bekannter Warenhäuser. Restaurants und Cafés müssen hier nicht lange auf Gäste warten. Der ganze Trubel verschleiert fast den Blick für die historischen Gebäude, Theater, Kinos oder Museen, die ebenfalls auf der Hauptmeile angesiedelt sind. Der Höhepunkt ist die Heiliggeistkirche, an die kleine Buch- und Andenkenläden gebaut sind. Auf dem angrenzenden Marktplatz sind die Lokale immer gut gefüllt.

Etwas ruhiger geht es in den Nebengassen zu. Auch Heidelbergs berühmtes Café Knösel liegt etwas abseits. Hier wurde 1863 der schokosüße Heidelberger Studentenkuss erfunden, und in einem Nebenraum hängen Bilder einer Burschenschaft, die sich dort noch manchmal trifft. Das Studentenleben in der Stadt hat Tradition – nicht erst seit dem Vormärz, der politisch bewegten Zeit vor der Deutschen Revolution von 1848/49. Die Ruprecht-Karls-Universität wurde 1386 als dritte Universität nördlich der Alpen gegründet, nach jenen in Prag (1348) und Wien (1365), und gehört damit zu den ältesten Universitäten Europas. Wissenschaftler wie Mar-

tin Opitz, Georg Wilhelm Friedrich Hegel, Robert Bunsen oder Karl Jaspers haben hier gelehrt. Bis heute hat die Universität mit ihren mittlerweile zwölf Fakultäten nicht an Präsenz auf dem wissenschaftlichen Parkett verloren. Zu den wichtigsten Zweigen zählt die medizinische Fakultät mit dem Universitätsklinikum. Gemeinsam mit anderen in Heidelberg sesshaften Institutionen wie dem Deutschen Krebsforschungszentrum oder dem Max-Planck-Institut für medizinische Forschung wird hier für die Gesundheit der Menschen geforscht. Die Max-Planck-Gesellschaft führt in Heidelberg gleich vier Institute, darunter auch das für Astronomie. Es wurde 1968 gegründet und hat seinen Sitz auf dem Königstuhl. Auch die Landessternwarte hat auf Heidelbergs Hausberg – deutlich früher: 1898 – Quartier bezogen, um Planeten und Sterne zu beobachten.

Die Natur um Heidelberg bietet viel Raum für sportliche Aktivitäten wie Nordic Walking, anspruchsvolle Radtouren oder ausgedehnte Sparziergänge. Für Letztere ist auch der Philosophenweg beliebt. Er liegt auf der nördlichen Neckarseite, am Fuße des Heiligenbergs. Er bietet einen malerischen Blick auf die Burg und auf die Altstadt. Seinen Namen hat der rund 2 km lange Spazierweg seit der Romantik, als Dichter wie Hölderlin oder Eichendorff hier wandelten. Studenten nutzten ihn früher eher für ungestörte Zweisamkeit.

Ebenfalls auf der Nordseite sind die Neckarwiesen, wo es im Sommer – auch beim Grillen – ziemlich gesellig zugeht. Sie sind ein ausgezeichneter Platz, um die Schlossbeleuchtung anzuschauen. Oberhalb der Neckarwiesen liegen die Stadtteile Neuenheim und Handschuhsheim, die – abseits des Touristenrummels – noch ursprünglicher sind. Auch ein Besuch von Bergheim lohnt sich – ein Viertel mit attraktiven Cafés, schönen Altbauten und lustigen Halsbandsittichen. Wer genau hinhört, erkennt das für die Region untypische Pfeifen der tierischen Neubürger, die eigentlich aus Afrika und Asien stammen.

Geschichte

Vom Karlsplatz aus gewinnt man ...

Am Anfang war der Homo heidelbergensis – zumindest ist sein Unterkiefer ältester Zeitzeuge aus der Region. Er wurde 1907 in einer Sandgrube in einer Gemeinde südlich von Heidelberg entdeckt und zählt zu den ältesten Funden von Europas Urmenschen. Der Homo heidelbergensis lebte vor etwa 600.000 Jahren, ging bereits aufrecht und machte vermutlich als Jäger den Odenwald unsicher. Sesshaft wurden die Menschen hier um 5000 v. Chr. Mit den Kelten, die bereits eine eigene Schrift und ein Münzwesen besaßen, lässt sich die Entwicklung rund um Heidelberg detaillierter nachvollziehen. Sie siedelten im 5. Jh. v. Chr. auf dem 440 m hohen Heiligenberg über Handschuhsheim. Rund 600 Jahre später ließen sich hier die Römer nieder und erbauten zu Ehren Merkurs einen Tempel auf dem Berg. Den Römern sind auch erste Brücken über den Neckar zuzuschreiben – zunächst aus Holz, im 2. Jh. dann eine rund 260 m lange Brücke mit Steinpfeilern. Namentlich wird Heidelberg jedoch nicht erwähnt.

Erstmals zitiert wird „Heidelberch“ eher beiläufig in einer Urkunde des benachbarten Klosters Schönau aus dem Jahr 1196. Die heute eingemeindeten Stadtteile Bergheim, Handschuhsheim, Neuenheim, Rohrbach und Wieblingen werden bereits im 8. Jh. im Lorscher Codex genannt. Im 12. Jh. bestand Heidelberg aus der „Oberen Burg“ auf dem Königstuhl und einem Burgweiler namens „Heidelberch“ samt Kirche (Vorgängerbau der Peterskirche) im Bereich der heutigen Altstadt. Prominentester Dauergast war Konrad von Hohenstaufen, ein Halbbruder von Kaiser Friedrich I. Barbarossa. Als ihm die Pfalzgrafenwürde verliehen wurde, bekam die Region Aufwind. In der ersten Hälfte des 13. Jh. wurde Heidelberg von einer Stadtmauer umgeben, zu der auch der Hexenturm gehörte. Er ist heute in den Hof der Neuen Universität integriert und der einzige Eckturm, der von der westlichen Befestigungsanlage übrig ist.

Im 14. Jh. entwickelte sich Heidelberg zur Residenzstadt der Pfalzgrafen. Eines der bedeutendsten Ereignisses dieses Jahrhunderts war die Gründung der Universität. Sie wurde 1386 feierlich mit einer Messe in der Kapelle am Marktplatz eingeweiht, die wenige Jahrzehnte später zur repräsentativen Heiliggeistkirche ausgebaut wurde. Mit der Universität begann die Heidelberger Schul- und Gelehrtentradition, die im 16. Jh. und der Folgezeit stark von der Reformation beeinflusst wurde. Im Auftrag des Kurfürsten Friedrich III. (auch Friedrich der Fromme) entstand an der Universität der Heidelberger Katechismus. Bis heute ist er das verbreitetste Bekenntnisbuch der reformierten Kirche. Weltweit wurde es in über 40 Sprachen

... bereits einen guten Eindruck über die frühere Pracht des Schlosses

übersetzt. Das Engagement der Kurfürsten für den reformierten Glauben führte während des Dreißigjährigen Krieges zur Zerstörung von Heidelberg. Kurfürst Friedrich V. war als Führer der Protestantischen Union ein Widersacher des Grafen Tilly, des Heerführers der Katholischen Liga. Der Vernichtung nicht genug, beschlagnahmte Tilly darüber hinaus auch noch die Bibliotheca Palatina, die pfälzische Bibliothek, mit ihren wertvollen Schriftstücken aus der Antike und dem Mittelalter sowie zahlreichen reformatorischen Werken. Nach Verhandlungen mit dem verbündeten Vatikan wurde 1623 die Bibliotheca Palatina in die Bibliothek des Kirchenstaats nach Rom gebracht. Ein kleiner Teil dieses Schatzes gelangte nach dem Wiener Kongress 1816 wieder nach Heidelberg. Auch die beachtliche Manessische Liederhandschrift mit mittelhochdeutscher Lyrik fand später über Umwege zurück.

Kaum hatte Heidelberg den Dreißigjährigen Krieg annähernd verdaut, legte der verheerende Pfälzische Erbfolgekrieg die Stadt bis auf die Peterskirche und das Gasthaus zum Ritter in Schutt und Asche. Diese Katastrophe fand 1693 ihren Höhepunkt, als das Heidelberger Schloss gesprengt wurde. In der Folgezeit verlor die Stadt ihre politische Bedeutung und gab die Position als kurfürstliche Residenz an Mannheim ab. Auf dem politischen Parkett erschien Heidelberg erst wieder im Zuge der Deutschen Revolution 1848/49. Die zahlreichen Burschenschaften der Stadt halfen tatkräftig mit, die nationalen, liberalen und demokratischen Ideen des jungen Deutschlands aktiv zu verbreiten. Und rund 70 Jahre später – in der Weimarer Republik – wurde ein gebürtiger Heidelberger Präsident der ersten deutschen Demokratie: Friedrich Ebert. Sein Geburtshaus in der Pfaffengasse ist seit 1974 Gedenkstätte und Dokumentationszentrum, das über die Entstehung der Demokratie in Deutschland informiert.

Heidelberg → Karte S. 242/243

Liselotte von der Pfalz und der Erbfolgekrieg

Elisabeth Charlotte, Prinzessin von der Pfalz, wurde wegen ihrer Briefe berühmt, in denen sie unverblümt vom Leben am französischen Hof berichtete. Aus strategischen Gründen wurde sie mit einem Bruder von Ludwig XIV. verheiratet. Dieser Bund sollte Heidelberg und der Kurpfalz Schutz gewähren – doch diese Rechnung wurde ohne den berühmten Schwager gemacht. Denn als Liselottes Bruder, Kurfürst Karl von der Pfalz, starb, erhob der Sonnenkönig entgegen dem Erbschaftsvertrag Anspruch auf die Kurpfalz. Daraus resultierte der Pfälzische Erbfolgekrieg, der u. a. das Schloss Heidelberg in eine Ruine verwandelte. Liselotte, die ihre Heimat über alles liebte, soll Heidelberg nie mehr wiedergesehen haben.

Stadtrundgang

Beim westlich der Altstadt gelegenen Bismarckplatz kann sich der Besucher entscheiden, ob er gleich die quirlige Hauptstraße oder doch erst einmal geruhsam die parallel verlaufende Plöck mit ihren vielen kleinen Geschäften entlangschlendern will. Am Ende der Plöck Ecke Grabengasse steht die 1905 erbaute **Universitätsbibliothek** mit ihrer prächtigen Jugendstilfassade. Auch der Blick ins Innere lohnt – sehenswert sind die schweren, schmuckvollen Holztüren und die skurrilen greifartigen Fabelwesen im Eingangsbereich. Die Universitätsbibliothek ist die älteste in Deutschland und entstand zeitgleich mit der Heidelberger Universität 1386.

Gegenüber steht die **Peterskirche,** Heidelbergs älteste Kirche. Die Grabengasse Richtung Norden führt, vorbei an der 1930–33 erbauten Neuen Universität, zum Universitätsplatz mit der barocken **Alten Universität** (Domus Wilhelmina). Die herrliche Aula im historischen Gebäude dient heute noch als Repräsentationsraum. Die Alte Universität entstand zwischen 1712 und 1735. Dahinter, in der Augustinergasse 2, befindet sich der **Studentenkarzer.** Seine mit Ruß verschmierten Wände sind über und über mit Sprüchen und Porträts von Studenten bemalt, die dort einstmals eingesperrt waren. Die Augustinergasse kreuzt die Merianstraße, in der die **Jesuitenkirche** steht, der das Museum für sakrale Kunst und Liturgie angeschlossen ist. Die Dauerausstellung präsentiert kirchliche Kunst des 17. bis 19. Jh., wie Heiligenfiguren, Kelche oder Monstranzen, und dokumentiert das Wirken der Jesuiten in der Pfalz.

Weiter geht es in die Ingrimstraße, die auf den Kornmarkt stößt. Im Zentrum des historischen Platzes steht ein Brunnen mit einer barocken **Mariensäule** von 1718. Das Original der „Kornmarkt-Madonna“ steht im Eingangsbereich des Kurpfälzischen Museums. Am Kornmarkt startet die **Bergbahn** hinauf zum Königstuhl. Die nächste Station der Bahn ist das **Heidelberger Schloss,** das vom Kornmarkt aus in wenigen Minuten auch sehr gut zu Fuß zu erreichen ist.

Auf der anderen Seite des Kornmarktes verläuft die Hauptstraße. Der Abstecher nach Westen führt auf den **Marktplatz** mit dem barocken Rathaus von 1701. Nord- und Südflügel des Gebäudes wurden Ende des 19. Jh. bzw. zu Beginn des 20. Jh. erweitert. Gegenüber steht die den Marktplatz dominierende **Heiliggeistkirche,** die bedeutendste Kirche der Stadt. Ursprünglich eine kleine Kapelle, wurde sie 1398 mit Sandstein aus dem Neckartal zur gotischen Hallenkirche ausgebaut. An der Südseite der Kirche (Hauptstr. 178) steht das **Haus zum Ritter** von 1592 mit seiner prunkvollen Renaissancefassade. Das älteste Haus der Stadt hat als einziges den Dreißigjährigen Krieg und den Pfälzer Erbfolgekrieg unbeschadet überstanden.

An der Nordseite der Heiliggeistkirche führt die Steingasse hinunter zur **Karl-Theodor-Brücke.** Benannt nach ihrem kurfürstlichen Bauherrn, verbindet sie seit 1788 die Altstadt mit dem Stadtteil Neuenheim. Das historische Brückentor mit seinen Türmen existiert bereits seit dem Mittelalter und wurde im Laufe der Zeit baulich erweitert. Skulpturen auf der Brücke zeigen u. a. Kurfürst Karl Theodor und die römische Göttin Minerva. Die Neckarstaden entlang nach Westen kommt man zum **Marstall.** Im 16. Jh. wurde das Gebäude als Zeughaus genutzt, heute hat das Studentenwerk mit Mensa und Café hier Quartier bezogen. Über die Schiffgasse geht es wieder zur Hauptstraße, wo nach rechts das barocke **Palais Morass** (Hauptstr. 97) von 1712 liegt, das das Kurpfälzische Museum beherbergt.

Das Haus zum Ritter von 1592 überstand mehrere Kriege

Heidelberger Schloss

Das Heidelberger Schloss ist nicht nur das Wahrzeichen der Stadt. Es ist Deutschlands berühmteste Ruine. Der Schlosskomplex besteht überwiegend aus Renaissancebauten, doch stand hier vermutlich bereits um 1300 eine Burg. Zu diesem Zeitpunkt befand sich noch eine weitere Burg oberhalb auf dem Gelände der sog. Molkenkur. Heute steht dort ein Hotel und von der sog. Oberen Burg sind nur unauffällige Mauerreste in der Nähe des kaum erkennbaren Halsgrabens am Parkplatz übrig. Sie wurde als Pulvermagazin genutzt und 1537 durch einen Blitzschlag völlig zerstört.

Die untere Burg ließen die Kurfürsten zur sehenswerten Residenz ausbauen. Der älteste Teil befindet sich gleich links hinter dem Torturm: der **Ruprechtsbau,** benannt nach Ruprecht III., der 1400–10 römisch-deutscher König war. 1524 entstand der dreigeschossige Ludwigsbau als symmetrisch um einen Treppenturm angelegter Wohnbau. Seine nördliche Seite musste aber wenig später dem Ottheinrichsbau Platz machen. Der **Ottheinrichsbau** – benannt nach dem bibliophilen Kurfürsten, der den Grundstock für die berühmte Bibliotheca Palatina legte – ist der größte Palastbau des Schlosses. Er entstand 1558 und imponiert noch heute mit seinen 16 allegorischen Fassadenfiguren, die militärische und politische Stärke

Das Heidelberger Schloss ist zu jeder Jahreszeit Besuchermagnet

(Samson oder Herkules) oder die Planeten bzw. Wochentage symbolisieren (Saturn, Venus oder Merkur). Nicht minder beeindruckend ist der **Friedrichsbau,** dessen Fassade die Ahnengalerie der Kurfürsten schmückt. Das Gebäude wurde 1601–07 erbaut.

Links des Friedrichsbaus steht der **Frauenzimmerbau** bzw. Königssaal aus der ersten Hälfte des 16. Jh., von dem nur noch das Erdgeschoss erhalten ist. Im Königssaal tafelte die höfische Gesellschaft, bis die Festsäle des Gläsernen Saalbaus und des Ottheinrichsbaus ihm den Rang abliefen. Der **Gläserne Saalbau** (1544–56) schließt rechts an den Friedrichsbau. Seinen Namen verdankt er dem Saal im Obergeschoss, der reich mit venezianischem Spiegelglas ausgestattet war.

An den Frauenzimmerbau angeschlossen ist das Gebäude, das eigens für das **Große Fass** (→ S. 233) gebaut wurde. Der **Englische Bau** ist der jüngste von allen. Er wurde für Elisabeth Stuart errichtet, Enkelin der berühmten Königin von Schottland, Maria Stuart, und Ehefrau von Friedrich V. Die Ruine des Gebäudes befindet sich zwischen dem Fassbau und dem Dicken Turm.

Der **Dicke Turm** war mit rund 40 m Höhe, 28 m Durchmesser und einer Mauerstärke von 7 m der mächtigste von sechs Schlosstürmen. Die meisten wurden während des Pfälzischen Erbfolgekriegs gesprengt. Der Dicke Turm bildet das nördliche Ende des **Stückgartens** – „Stück" ist die frühere Bezeichnung für „Geschütz". In den Garten gelangt man durch das **Elisabethentor**. Dieses Prunkportal entstand wohl zu Ehren der Hochzeit von Friedrich V. mit Elisabeth Stuart. Von der Terrasse des Stückgartens hat man eine weite Sicht über die Stadt hinweg in die Rheinebene. Friedrich V. hat auch den **Hortus Palatinus,** den viel gerühmten Schlossgarten, in Auftrag gegeben. Zwischen 1614 und 1619 erschuf der Architekt Salomon de Caus nach italienischen und französischen Vorbildern einen Renaissancegarten, den es in dieser Größe zuvor nicht gab – er wurde jedoch nie vollendet. Neben exotischen

Pflanzen, Zierbeeten, Laubengängen und einem Irrgarten gab es dort kunstvolle Brunnen, Skulpturen, Grotten und Lusthäuschen. Die Brunnenskulptur „Vater Rhein" in der südöstlichen Ecke des Schlossgartens erinnert noch an die ehemalige Pracht.

Schlosshof und **Großes Fass**: Tägl. 8–18 Uhr. **Deutsches Apotheken-Museum**: → S. 235. April bis Okt. 10–18 Uhr, Nov. bis März 10–17.30 Uhr. Kombiticket (Bergbahn, Schlosshof, Großes Fass und Apotheken-Museum) Erw. 6 €, erm. 4 €.

Schlossführungen in die Innenräume: Nur mit einer Führung sind z. B. das Schlossmodell sowie die Romantik- und Mittelalterausstellung zu besichtigen. April bis Okt. Mo–Fr 11–16 Uhr, Sa/So und feiertags 10–16 Uhr, jeweils stündlich. Nov. bis März beginnt die erste Führung tägl. um 11 Uhr. Infos unter www.schloss-heidelberg.de.

Perkeo, der Wein und die Fässer

„Perché no?", „Warum nicht?", hat der kleinwüchsige Knopfmacher Clemens aus Südtirol gesagt, als er in ein Saufduell mit Kurfürst Karl Philipp in Innsbruck einwilligte. Das Gezeche dauerte ganze eineinhalb Tage. Beide sollen dabei insgesamt 37 Flaschen Wein vernichtetet haben, wobei Perkeo – so der spätere Name des Knopfmachers – eine Flasche mehr vertilgte. Seine Trinkfestigkeit trug ihm daraufhin den Job als kurfürstlicher Kellermeister in Heidelberg ein. Ab 1728 bewachte er das Große Fass im Schloss. Genau genommen gab es vier Fässer: Das erste wurde 1591 erbaut, fasste 127.794 l Wein und zerfiel während des Dreißigjährigen Krieges. Die Nachfolgefässer waren nicht dicht. So auch das letzte Fass von 1751, das heute noch im Schlosskeller steht. Perkeo wurde schnell zur Legende und ist spätestens seit Gründung der Perkeo-Gesellschaft (www.perkeo-online.de) Symbolfigur der Heidelberger Fastnacht. Man trifft ihn als Schmuckfigur an Häusern, im Museum als Ölbild, ein Lokal ist nach ihm benannt und im Schloss bewacht ein hölzernes Abbild noch heute das Große Fass – daneben hängt eine Uhr, an deren Griff sollte man unbedingt ziehen ...

Perkeo, Herr der Fässer

Handschuhsheim

„Hendesse", so Handschuhsheim im Dialekt, zählt zu den bevorzugten Wohngegenden in Heidelberg. Sein historischer Ortskern wird von der Tiefburg, der Vituskirche, alten Fachwerkhäusern und verwinkelten Gassen geprägt. Zahlreiche

Heidelberg → Karte S. 242/243

Lokale mit Gartenwirtschaften sorgen für Genuss und Leben im Stadtteil. Noch bis 1903 war das einst landwirtschaftlich geprägte Dorf selbstständig. Besiedelt war Handschuhsheim bereits im 3. Jahrtausend v. Chr. Und wie die meisten Orte der Region wird auch „Hantscuhesheim" erstmals im Lorscher Codex erwähnt – im Jahr 765.

Ein silberner Handschuh auf blauem Grund ziert das Wappen der Herren von Handschuhsheim. Das Geschlecht, das Ende des 16. Jh. ausstarb, hatte seinen Sitz auf der **Tiefburg.** Die ehemalige Wasserburg entstand im 12. Jh. Während des Dreißigjährigen Krieges wurde sie stark verwüstet und im darauffolgenden Pfälzischen Erbfolgekrieg vollends zerstört. Erst 1911–13 wurden Teile der Burg wieder nutzbar gemacht, die heute für Veranstaltungen des Handschuhsheimer Stadtteilvereins genutzt werden.

In der nördlichen Nachbarschaft zur Tiefburg wurde 1908–10 die evangelische **Friedenskirche** errichtet. Ihr Turm spitzt, von der Burg aus gut sichtbar, über die Dächer. Eine Querstraße weiter südlich steht die älteste Kirche von Heidelberg, **St. Vitus.** Ein Teil des östlichen Turmmauerwerks soll aus karolingischer Zeit stammen. 1053–57 wurde dann ein frühromanischer Kirchenbau errichtet, der im 12. Jh. zu einer dreischiffigen Basilika erweitert wurde. Sehenswert sind die erst im vergangenen Jahrhundert freigelegten Wandmalereien und die Grabmäler der Handschuhsheimer Adelsfamilie. Zu guter Letzt ist das **Handschuhsheimer Schlösschen** eine Attraktion des Stadtteils. Von dem ursprünglichen, 1609 erbauten Gebäude steht nur noch der Treppenturm. Mittlerweile ist hier die Heidelberger Musik- und Singschule untergebracht.

Verschnaufpause vor der Handschuhsheimer Tiefburg

Das Rätsel um den eingemauerten Ritter

Im Keller der Handschuhsheimer Tiefburg steht einsam und zur Hälfte eingemauert eine Rüstung. Der Geschichte nach wurde sie 1770 vom damaligen Besitzer der Burg, Johann Ferdinand Joseph Freiherr von Helmstatt, entdeckt, als er den kurpfälzischen General von Rothenhausen durch das Anwesen führte. Scheinbar mehr durch Zufall klopfte er mit einem Gegenstand an eine hohle Stelle in der Wand und ließ diese daraufhin einreißen. Damals enthielt die Rüstung auch noch das Skelett des Toten, der gefesselt seinem grausamen Schicksal ausgeliefert war. Um wen es sich handelt, ist der Wissenschaft auch heute noch ein Rätsel. Als man 1830 auf Schloss Hirschhorn ein eingemauertes weibliches Skelett fand, wurde sogleich eine Liebesgeschichte um die Opfer gerankt – vielleicht waren beide verheiratet und begingen Ehebruch, der entdeckt und schlimm bestraft wurde. Doch das ist nur Legende. Die Rüstung ist übrigens nur das Abbild des Originals, das seit dem Zweiten Weltkrieg spurlos verschwunden ist. Mehr Infos zum eingemauerten Ritter und zur Tiefburg auf der Website des Handschuhsheimer Stadtteilvereins unter www.tiefburg.de.

Museen und Gärten

Kurpfälzisches Museum der Stadt Heidelberg: Wenn man ein wenig die Historie der Stadt nachvollziehen möchte, gehört das Museum zum Pflichtprogramm. Gleich zu Beginn wird dem Besucher ein Bild vom Schloss mitsamt der herrlichen Gartenanlage präsentiert. Es zeigt die Pracht vor 1620. Im nächsten Raum hängen Porträts der Mitglieder der kurfürstlichen Familie. Auch ein Bild des berühmten Hofzwergs Perkeo ist darunter. In den weiteren, vielfach wertvoll möblierten Räumen werden u. a. die Sammlung Frankenthaler Porzellans und das Tafelsilber der Kurfürstin Elisabeth Augusta aus dem 18. Jh. ausgestellt. Zu den Highlights zählen die Informationen zum Homo heidelbergensis und der Zwölfbotenaltar von Tilman Riemenschneider. Sehenswert ist auch das Lapidarium mit seinen mächtigen Steinskulpturen, aber auch das Museum selbst. Das Palais Morass ist einer der imposantesten Barockbauten der Heidelberger Altstadt.

Tägl. (außer Mo) 10–18 Uhr. Erw. 3 € (So und feiertags 1,80 €), erm. 1,80 € (So und feiertags 1,20 €). Hauptstr. 97 (Palais Morass), ✆ 06221/5834000 oder 5834020, www.museum-heidelberg.de.

Deutsches Apotheken-Museum: Die Ausstellung startet mit der Heilkunde der Antike, führt über die der arabisch-islamischen Welt und erste Heilkundebestrebungen im christlichen Abendland bis hin zur modernen Forschung. Zur Schau gestellt sind u. a. komplette, prachtvolle Apotheken aus dem 17. und 18. Jh., historische Geräte zur Produktion von Medikamenten und jede Menge Arzneistoffe aus der Pflanzen- und Tierwelt. Unterhaltsam ist die Entwicklungsgeschichte der Apothekenkennzeichen. In den 1920er-Jahren versuchte man bereits, ein einheitliches Zeichen wie das heutige „Apotheken-A“ zu etablieren. Damals war es ein Fläschchen mit drei Löffeln, das die Arzneiverordnung „dreimal täglich einen Löffel Arznei“ symbolisierte.

April bis Okt. tägl. 10–18 Uhr, Nov. bis März nur bis 17.30 Uhr. Kombiticket (Bergbahn, Schlosshof, Großes Fass und Apotheken-Museum) Erw. 6 €, erm. 4 €. Schloss Heidelberg, ✆ 06221/25880, www.deutsches-apotheken-museum.de.

Heidelberg → Karte S. 242/243

Sammlung Prinzhorn: Die etwa 6000 Werke umfassende Sammlung ist benannt nach dem deutschen Psychiater und Kunsthistoriker Hans Prinzhorn, der zwischen 1919 und 1921 im Auftrag der Psychiatrischen Universitätsklinik Heidelberg Bilder, Skulpturen und Texte von geistig kranken Menschen zusammentrug. 2001 wurde die Sammlung in einem eigenen Museum, dem früheren Hörsaal der Neurologischen Klinik, untergebracht. Bis auf die geschnitzten Kunstwerke von Johann Karl Genzel wechseln die ausgestellten Stücke. Genzels Werke wie z. B. die „Eselsgöttin mit Gekreuzigtem“ oder die „Kuh, die auf katholisch geht“ wirken heute eher drollig. Zugleich sprechen sie Bände über den Zwiespalt und die Zeit damals. Viele der Bilder anderer künstlerisch begabter Patienten zeichnen sich durch ihre Liebe zum Detail oder ihren Hang zu Symbolen aus. 1938 wurden Stücke der Sammlung von den Nationalsozialisten für die Wanderausstellung „Entartete Kunst“ instrumentalisiert – als Verurteilung der modernen Kunst. Künstler der „Moderne“ ließen sich dagegen von der Sammlung inspirieren. Ein Tipp: Vor dem Rundgang durch die Ausstellungsräume sollte man sich zum besseren Verständnis unbedingt den einführenden Film im Foyer anschauen.

J. K. Genzels „Eselsgöttin mit Gekreuzigtem“

Di, Do–So 11–17 Uhr, Mi bis 20 Uhr. Erw. 5 €, erm. 3 €. Kostenlose öffentliche Führungen So 14 Uhr und Mi 18 Uhr. Sonderführungen nach telefonischer Vereinbarung. Voßstr. 2, ✆ 06221/564739, www.prinzhorn.ukl-hd.de.

Verpackungsmuseum: Schon im Eingangsbereich bekommt der Besucher einen Vorgeschmack auf die Ausstellung. In den Vitrinen stehen Tabakpäckchen einer alten Heidelberger Tabakfabrik und historische Kakao- oder Keksdosen. Auf dem Treppenaufgang räkelt sich eine kunstvolle Tetrapack-Frauensilhouette. Es werden regelmäßig Sonderausstellungen wie die „Geschichte der Faltschachtel“ organisiert.

Mi–Fr 13–18 Uhr, Sa/So und feiertags 11–18 Uhr. Erw. 5 €, erm. 3 €. Hauptstr. 22, ✆ 06221/21361, www.verpackungsmuseum.de.

Völkerkundemuseum: Überwiegend wechselnde Ausstellungen prägen dieses Museum, dessen Schwerpunkt auf Kunst, Religiösem und Alltäglichem aus unterschiedlichen Regionen Asiens, Afrikas und Ozeaniens liegt. Eine Dauerausstellung widmet sich der aufwendigen Schnitzkunst der Asmat, einer ethnischen Gruppe der indonesischen Insel Neuguinea.

Mi–Sa 14–18 Uhr, So und feiertags 11–18 Uhr. Hinweis: Es gibt eine Sommerpause. Erw. 7 €, erm. 5 €. Hauptstr. 235 (Palais Weimar), ✆ 06221/22067, www.voelkerkundemuseum-vpst.de.

Carl Bosch Museum: Die Villa des berühmten Nobelpreisträgers liegt im östlichen Stadtteil Schlierbach. Rund 300 m^2 des Gebäudes – der ehemalige Trakt für die Chauffeure und die Garage – wurden in ein Technikmuseum umfunktioniert. Es

zeigt einzelne Stationen aus dem Leben Carl Boschs, darunter sein Wirken als Magnat der BASF oder seine Auszeichnungen und Ehrungen für seine Forschung. Eine Hochdruckwerkstatt, ein Labor und Teile einer Industrieanlage für Hochdrucktechnologie verdeutlichen die Entwicklungsarbeit.
Tägl. (außer Do) 10–17 Uhr. Erw. 3,50 €, erm. 2 €. Schloss-Wolfsbrunnenweg 46, ✆ 06221/603616, www.carl-bosch-museum.de.

Räkelnde Tetrapaks auf der Treppe des Verpackungsmuseums

Zoo Heidelberg: Im 1934 offiziell eröffneten Tiergarten wurden zunächst vor allem kleinere Tiere, Vögel, Rotwild, zwei Bären, ein Kamel und 20 Affen gehalten. Mittlerweile gibt es mehrere Affenhäuser mit Gorilla-, Schimpansen- und Orang-Utan-Gruppen. Auch Elefanten, Tiger und Löwen haben Einzug gehalten. Und bei Kindern beliebt ist natürlich der Streichelzoo. Zu speziellen Terminen kann man bei der Fütterung von Stachelschweinen, Waschbären, Robben und den Raubtieren zuschauen.
April bis Sept. tägl. 9–19 Uhr, März und Okt. bis 18 Uhr, Nov. bis Febr. bis 17 Uhr. Hauptsaison: Erw. 10 €, Kinder 5 €, erm. 7,50 €. Nebensaison: Erw. 7,80 €, Kinder 3,90 €, erm. 5,80 €. Tiergartenstr. 3, ✆ 06221/64550, www.zoo-heidelberg.de.

Botanischer Garten: Im Frühsommer musizieren die Frösche in den Teichen, Strauchmargeriten kanarischen Ursprungs stehen in voller Blüte. Sie gehören zu einer der 10.000 Pflanzenarten des Botanischen Gartens der Ruprecht-Karls-Universität. 90 % davon sind Gewächshauskulturen, wie die vielen Orchideen oder Bromelien (Ananasgewächse). Eindrucksvoll ist die riesige Victoria-Seerose. Sie stammt aus Südamerika. Ihre Blätter können in der Natur einen Durchmesser von 4 m erreichen. Im Außenbereich sind Parzellen angelegt, die z. B. die Vegetation eines Hochmoors, der norddeutschen Heide oder einer Binnendüne nachbilden. Die sog. Grüne Schule des Gartens bietet Führungen, Veranstaltungen wie Wildkräuter sammeln und zubereiten oder Workshops, z. B. zur Pflanzenvermehrung, an.
Infos unter http://botgart.bot.uni-heidelberg.de und http://grueneschule.bot.uni-heidelberg.de.

Heidelberg → Karte S. 242/243

Königstuhl

Außer der Natur erwartet die Besucher des Heidelberger Hausbergs ein abwechslungsreiches Freizeitangebot. Die Bergbahn bringt Gäste in rund 20 Minuten auf den Königstuhl. Links vorbei am „Berghotel & Restaurant Königstuhl“ führt der Weg zur **Falknerei Tinnunculus.** Der Turmfalke (Falco tinnunculus) ist einer der majestätischen Greifvögel, die in der Falknerei zweimal täglich bei der Flugschau bewundert werden können. Besonders imponierend ist der Uhu, der von besonders mutigen Kindern sogar gestreichelt werden darf. Ein weiteres Vergnügen für Sprösslinge ist das **Märchenparadies.** Anders als in großen Freizeitparks geht es hier relativ unaufgeregt zu. In liebevoll mit Puppen gestalteten Pavillons werden Märchen wie Rumpelstilzchen, Schneewittchen oder Zwergnase erzählt. Es gibt Trampoline, Kletterburgen, Karusselle und einiges mehr. An kleine und große Besucher richten sich die **Via Naturae** und der **Walderlebnispfad.** Mit klassischen Infotafeln, Skulpturen, Klettersstegen oder Waldinstrumenten kann die Natur erfahren werden, Entdeckungslust und Fantasie sollen gefördert werden. Wissenschaftlich wird es in der **Landessternwarte,** die bereits 1898 eingeweiht wurde. Dort wird Grundlagenforschung auf den Gebieten der Astronomie und Astrophysik betrieben.

Natur und Müll – Skulptur auf dem Königstuhl

Falknerei Tinnunculus: Flugvorführungen bei jedem Wetter. April bis Okt. tägl. (außer Mo) 11.30 und 15.30 Uhr. Erw. 7 €, erm. 5 €. Königstuhl 2 a, ✆ 06221/485936 (vormittags) oder 0173-3067007, www.tinnunculus-heidelberg.de.

Märchenparadies: März bis Nov. tägl. 10–18 Uhr, So und feiertags bis 19 Uhr. Erw. 5 € Kinder (2–12 J.) 4 €. Königstuhl 5 a, ✆ 06221/23416, www.maerchenparadies.de.

Landessternwarte Königstuhl (LSW): Die Sternwarte kann im Rahmen einer Führung durch das Max-Planck-Institut für Astronomie und das Haus der Astronomie besichtigt werden. Infos unter www.haus-der-astronomie.de.

Basis-Infos zu Heidelberg

Information Heidelberg hat zwei Anlaufstellen: **Tourist Information am Hauptbahnhof,** April bis Okt. Mo–Sa 9–19 Uhr, So und feiertags 10–18 Uhr, Nov. bis März Mo–Sa 9–18 Uhr. Willy-Brandt-Platz 1, 69115 Heidelberg, ✆ 06221/5844444. **Tourist Information im Rathaus**, Mo–Fr 8–17 Uhr. Marktplatz 10, www.heidelberg.de und www.heidelberg-marketing.de.

Bootsverleih & Schifffahrten Die **Rhein-Neckar-Fahrgastschifffahrt** unternimmt Heidelberg- und Neckartalfahrten sowie Touren nach Neckarsteinach. Die Saison startet im April und endet mit Glühweinfahrten im Dezember. Aktuelle Fahrpläne und Tickets unter http://weisse-flotte-heidelberg.de oder vor Ort an der Anlegestelle an der Stadthalle, Neckarstaden 25, ✆ 06221/20181.

Eine umweltfreundliche Alternative ist die Fahrt mit dem Solarschiff, einem Katamaran aus Edelstahl, der **Heidelberger Solarschifffahrts GmbH**. Die Anlegestelle befindet sich an der Karl-Theodor-Brücke (Alte Brücke) auf der Altstadtseite. Heidelbergfahrten März bis Okt. tägl. (außer Mo). Aktuelle Fahrpläne und Ticketpreise unter www.hdsolarschiff.com.

Bus & Bahn Die Rhein-Neckar-Verkehr GmbH (RNV) ist für den Nahverkehr in Heidelberg zuständig. Sie gibt kostenlose Linienpläne aus, die in der Regel über die Hotelrezeption oder die Touristeninformationen erhältlich sind. Das City-Ticket für den Innenstadtbereich kostet 1,20 €, das Single Ticket in die Stadtteile 2,40 €. Interessant ist die Straßenbahnlinie 5, die bis nach Mannheim und Weinheim fährt. Bei speziellen Fragen kann man sich an das RNV-Service Center wenden. Mo–Fr 10–18 Uhr, Sa 10–15 Uhr. Kurfürsten-Anlage 62 am Hauptbahnhof, www.rnv-online.de.

Die Bergbahn

Das muss man einmal gemacht haben! Vom Kornmarkt aus geht es mit Deutschlands zurzeit modernster Bahn in wenigen Minuten zügig zum ersten Halt, dem Schloss. Aus Sicherheitsgründen wurde die Strecke von 2003 bis 2005 rundum erneuert. Beim nächsten Stopp, der Molkenkur, steigt man in die älteste noch aktive Standseilbahn um. Ruckelnd wird der Gipfel des Königstuhls angesteuert. Einfache Fahrt bis Königstuhl (Hin- und Rückfahrt): Erw. 9 € (12 €), erm. 6,50 € (10 €), bis Schloss Erw. 6 €, erm. 4 €. Wissenswertes über die Bergbahn und weitere Infos unter www.bergbahn-heidelberg.de.

Fahrradverleih Zur Radflotte des **Radhofs Bergheim** zählen rund 75 Fahrräder. Ideal auch für größere Gruppen, die die Gegend auf zwei Rädern erkunden wollen. Nach Absprache gibt es geführte Radtouren. Zum Radhof gehört außerdem **Bike im Bahnhof**. Dort kann man Fahrräder reparieren und sich ggf. eines leihen. Reservierung per E-Mail oder telefonisch möglich. 4–10 €/Tag, 50 € Kaution. Mo–Fr 10–18 Uhr, Sa 10–13 Uhr. Bergheimer Straße 101, ✆ 06221/6599452, www.fahrrad-heidelberg.de.

Feste & Veranstaltungen **Heidelberger Frühling**. Das internationale Musikfestival mit zahlreichen klassischen Konzerten und einem Rahmenprogramm aus Filmvorführungen, Jazzabenden und Diskussionsforen wird jährlich im März und April veranstaltet. www.heidelberger-fruehling.de.

Schlossbeleuchtung. An drei Terminen von Juni bis Sept. brennt das Schloss. Nicht ganz. Es wird weithin sichtbar und sehr imposant mit einem bengalischen Feuer illuminiert. Das Spektakel stellt den Brand des Schlosses infolge des Pfälzischen Erbfolgekrieges nach und endet mit einem Feuerwerk über der Alten Brücke. Beginn nach Anbruch der Dämmerung (gegen 22 Uhr). Tipp: Die beste Sicht hat man vom Philosophenweg, der gegenüberliegenden Neckarwiese oder von einem Boot aus. Termine unter www.heidelberg-marketing.de.

Brückenfest. Jedes Jahr Anfang Juli rockt und rollt ein Stück Altstadt vor der Alten Brücke. Veranstalter ist der Verein „Alt Heidelberg", der Bands für Livemusik und Gutes für Leib und Seele organisiert. www.altheidelberg.org.

Fischerfest. Die frühere Fischertradition des Stadtteils Neuenheim wird einmal im Jahr an einem Wochenende Anfang Sept. wieder lebendig. Ein Fest auf dem Marktplatz abseits des Touristentrubels. Hier feiert der Heidelberger.

Heidelberger Herbst. Der letzte Samstag im Sept. gehört dem Stadtfest rund um Marktplatz, Kornmarkt, Karlsplatz, Universitätsplatz, Fischmarkt, Heumarkt und Marstallhof. Begleitet wird die Veranstaltung von Mittelalter- und Kunsthandwerkermärkten, einem großen Flohmarkt, jeder Menge Livemusik und kulinarischen Ständen. www.facebook.com/heidelbergerherbst.

Enjoy Jazz. Das jährliche Festival im Spätherbst mit Staraufgebot, z. B. Charlie Haden, Herbie Hancock oder Ornette Colemen, hat keinen festen Sitz und verteilt sich auf mehrere Örtlichkeiten in Heidelberg, Mannheim und Ludwigshafen. Die Organisation befindet sich in Heidelberg. Bergheimer Str. 153, ✆ 06221/5835850, www.enjoyjazz.de.

Weitere Veranstaltungen und Festivals wie die **Schlossfestspiele**, die **Heidelberger Literaturtage** oder der **Heidelberger Stückemarkt** unter www.heidelberg.de.

Medien Die tägliche lokale Berichterstattung übernimmt in Heidelberg in erster Linie die **Rhein-Neckar-Zeitung** (www.rnz.de). Über Veranstaltungen und Events jeder Art wie Konzerte, Theater oder Lesungen informiert www.meier-online.de. Wer sich über die kulinarische Vielfalt der Stadt ein Bild machen möchte, dem sei das **Espresso** ans Herz gelegt. Das Magazin bespricht wertfrei und realitätsnah Bars, Restaurants, Cafés und auch Hotels mit besonderen Angeboten.

Parkplätze Auto und Heidelberg ist so eine Sache. Wer mit dem eigenen Wagen anreist, sollte ihn danach stehen lassen. Parkhäuser kosten 1,50 €/Std. Sie gruppieren sich zahlreich rund um die Altstadt. Am neuen Messplatz (Kirchheimer Weg), südlich des Hauptbahnhofs, kann zurzeit noch kostenlos geparkt werden. In vielen Stadtteilen dürfen die Parkplätze nur mit Anwoh-

Heidelberg → Karte S. 242/243

nerparkausweis genutzt werden. Die meisten Hotels stellen diese auch ihren Gästen für rund 3 €/Tag zur Verfügung. Die Altstadt ist aber ohnehin Fußgängerzone und mit den öffentlichen Verkehrsmitteln jederzeit gut zu erreichen.

Stadtführungen Durch Heidelberg führen gleich mehrere Anbieter: Einzel-, Gruppen- oder Audio-Guide-Führungen von der **Stadt Heidelberg** werden unter www.heidelberg-marketing.de vorgestellt. Termine für **Eventführungen** mit Titeln wie „Hexen, Spuk und Teufelswerk" oder „Mörder, Mägde und Missetaten" findet man unter www.heidelberg-stadtfuehrungen.de.

Aktivitäten in Heidelberg

Jazz Das **Cave 54** trägt im Titel den Vermerk „Verein zur Pflege studentischer Geselligkeit". Klingt antiquiert? Stimmt. Schließlich existiert der Laden bereits seit 1954 und bezeichnet sich selbst als Deutschlands ältesten Studenten-Jazzclub. Auf der Bühne des Altstadt-Gewölbekellers stehen monatlich nationale wie internationale Künstler. Neben Jazz werden auch Blues, Rock und Pop gespielt. Jeden Di Jam-Session. Krämergasse 2, ✆ 06221/27840, www.cave54.de.

Lust auf eine Jam-Session?

Das **Jazzhaus Heidelberg** hat sich im Jahr 2000 ebenfalls in einem Gewölbekeller in der Altstadt niedergelassen. Der Schwerpunkt liegt auf Modern Jazz, aber auch Soul, Blues, Rhythm 'n' Blues und Rock. Jeden Do Jam-Session. Heiliggeiststr. 21/Leyergasse, ✆ 06221/4332040, www.jazzhaus-hd.de.

Kinos Filme zur Unterhaltung und mit Anspruch stehen auf den Programmen des Kinokonglomerats **Gloria & Gloriette** (Hauptstr. 146) und der **Kamera** (Brückenstr. 26), www.gloria-kamera-kinos.de. Das **Karlstorkino** (Am Karlstor 1) widmet sich dem besonderen Film und veranstaltet monatlich themenorientierte Highlights wie die Filmtage des Mittelmeeres oder ein Stummfilmsymposium, www.karlstorkino.de.

Kulturzentren & Konzerte Der **Karlstorbahnhof** ist der Kulturnabel der Stadt. Der große Saal steht für Konzerte, DJ-Events und Kabarett-Kleinkunst-Comedy-Veranstaltungen bereit. Im Kulturhaus haben außerdem das Kulturcafé, der Theaterverein, das Eine-Welt-Zentrum und das Medienforum ihren Platz gefunden, die das Programm ihrerseits mit Lesungen, Ausstellungen, Theateraufführungen oder allerlei Workshops bereichern. Am Karlstor 1, ✆ 06221/978911, www.karlstorbahnhof.de.

Die **Halle 02** liegt südwestlich des Hauptbahnhofs am stillgelegten Güterbahnhof und zählt zu den wichtigsten Locations für Konzerte, DJ-Gigs und andere kulturelle Glanzpunkte. Im Sommer steppt der Bär im angeschlossenen **Zollhofgarten**. Güteramtsstr. 2, ✆ 06221/3389990, www.halle02.de.

Das **Kulturfenster** bietet Radioworkshops, Filz- und Töpferkurse, Kindertheater und vieles mehr. Darüber hinaus hat die Kleinkunstbühne des Kulturfensters ein sehr attraktives Musik- und Kabarettprogramm. Ein Publikumsmagnet ist das alljährliche deutsche Chansonfest „schöner lügen". Kirchstr. 16, ✆ 06221/1374866, www.kulturfenster.de.

Schwimmen **Tiergartenbad**. Eine Kinderrutsche und eine 17 m lange Breitrutsche, ein Sprungbecken mit 10-m-Sprungturm und Becken für Schwimmer, Nichtschwimmer sowie Kleinkinder garantieren an warmen Tagen einen abwechslungsreichen Badespaß. Das Freizeitbad liegt direkt am Neckar neben dem Zoo im Stadtteil Neuenheim. Mai bis Sept. tägl. 9–21 Uhr (abweichende Zeiten zu Beginn und am Ende der Saison), Erw. 4 €, Familien 8 €. Tiergartenstr. 13, Neuenheim.

Entspannte Freizeit auf den Neckarwiesen

Thermalbad. Nur der Name erinnert noch daran, dass es hier früher einmal eine Thermalquelle gab. Die beiden jeweils 50 m langen Schwimmer- und Nichtschwimmerbecken sind wie in anderen Bädern auch mit gechlortem Wasser gefüllt. Für den Nachwuchs stehen eine Kinderrutsche und ein Kinderplanschbecken bereit. Das Bad liegt am Neckarufer. Ende April bis Mitte/Ende Okt. tägl. 8–20.30 Uhr, Erw. 5 €, Familien 12 €. Vangerowstr. 4, Bergheim.

Weitere Infos zu Tiergartenbad, Thermalbad und den Heidelberger **Hallenbädern** unter www.heidelberger-stadtwerke.de, ✆ 06221/5130 oder der Kunden-Hotline ✆ 0800-5135132.

Theater **Theater und Orchester Heidelberg**. Seit seiner Gründung 1853 steht das Stadttheater für anspruchsvolle Inszenierungen von Opern, Schauspiel oder Tanztheater. Mithilfe von hohem bürgerschaftlichem Engagement – über 16 Mio. € private und unternehmerische Spenden haben das Bauprojekt mitgetragen – wurde das spätklassizistische Gebäude in der Altstadt zwischen 2010 und 2012 saniert und erweitert. Theaterstr. 10, ✆ 06221/5835000, www.theaterheidelberg.de.

Das **Zimmertheater** wurde 1950 gegründet und gilt als zweitältestes privates Theater in Deutschland. Das kleine Theater an der Hauptmeile der Altstadt hat 93 Zuschauerplätze und widmet sich zeitgenössischen Stücken, die hier oft auch erst- oder uraufgeführt werden. Das facettenreiche Repertoire reicht von der unterhaltsamen Beziehungsklamotte bis hin zur bizarren Ökosatire, die für rege Diskussionen nach der Vorstellung sorgt. Hauptstr. 118, ✆ 06221/23101, www.zimmertheaterheidelberg.de.

Taeter Theater. Im Hinterhof der alten Tabakfabrik Landfried ist seit Ende der 1980er-Jahre ein außergewöhnliches Laienschauspiel zu Hause, das von zwei Theaterprofis gegründet wurde. Schauspieler Wofgang Graczol und seine Frau, die Bühnenbildnerin Anne Steiner-Graczol, inszenieren mit Laiendarstellern Stücke wie Nikolai Gogols Verwechslungskomödie „Der Revisor". In Aufführungen wie Kafkas „Das Urteil" mimt eindrucksvoll der Chef persönlich. Bergheimerstr. 147, ✆ 06221/163333, www.taeter-theater.de.

TIKK. Wie alles im Kulturhaus Karlstorbahnhof bereichert auch das Theater mit einem am Zeitgeist orientierten Programm die Szene. Politisches Theater findet hier ebenso seine Zuschauer wie Comedy oder die unglaubliche Tanzperformance von Bodypoeten. Am Karlstor 1, ✆ 06221/978928, www.karlstorbahnhof.de.

Heidelberg → Karte S. 242/243

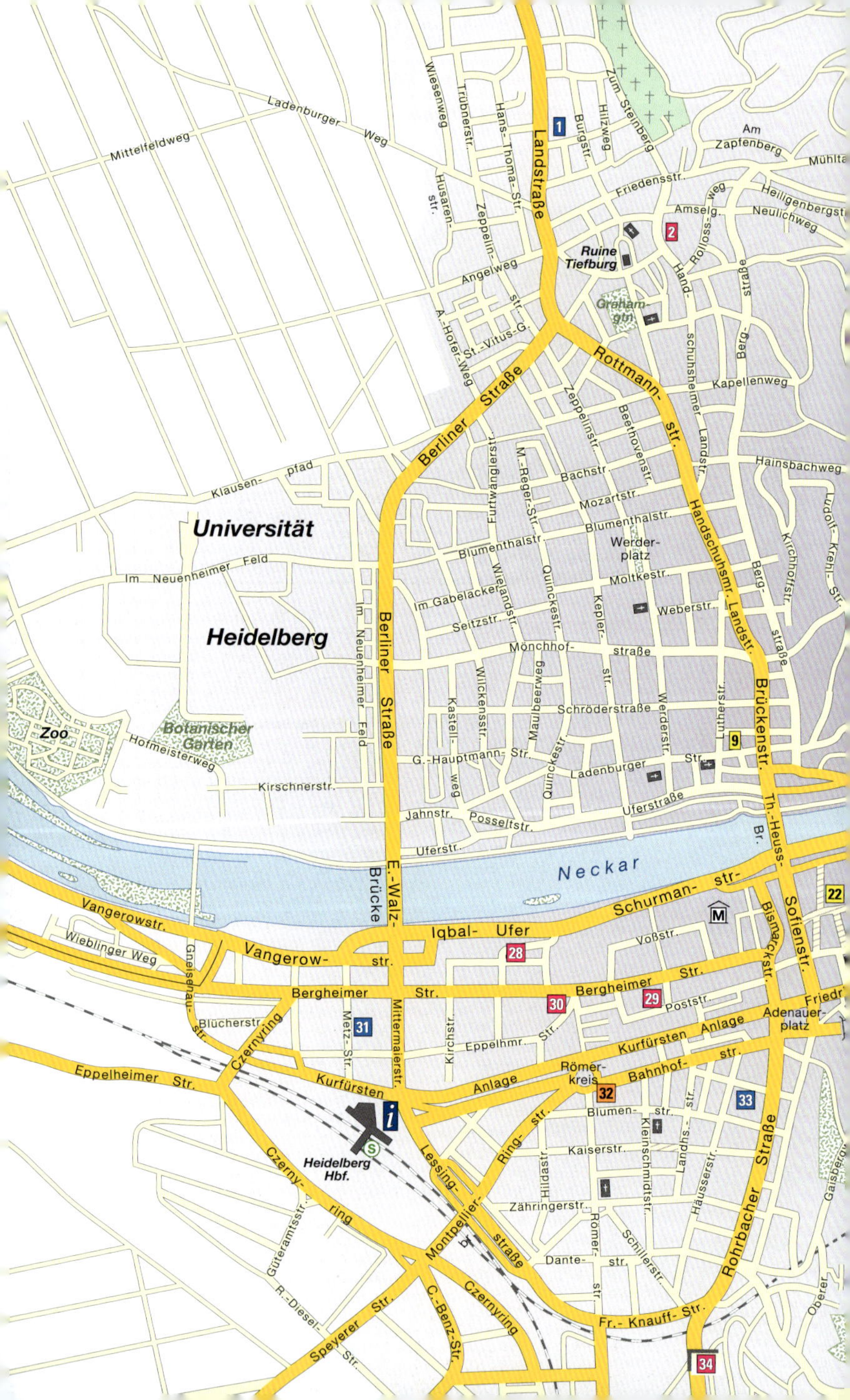

Universität
Heidelberg
Zoo
Botanischer Garten
Neckar
Ruine Tiefburg
Heidelberg Hbf.
Ladenburger Weg
Mittelfeldweg
Wiesenweg
Trübnerstr.
Hans-Thoma-Str.
Landstraße
Burgstr.
Hilzweg
Zum Steinberg
Am Zapfenberg
Mühltal
Friedensstr.
Heiligenbergstr.
Neulichweg
Amselg.
Rolloss-weg
Husaren-str.
Zeppelin-str.
Angelweg
Hand-schuhsheimer Landstr.
Berg-straße
Graham-gtn.
A.-Hofer-Weg
St.-Vitus-G.
Rottmann-str.
Kapellenweg
Berliner Straße
Zeppelinstr.
Beethovenstr.
Hainsbachweg
Klausen-pfad
Furtwänglerstr.
M.-Reger-Str.
Bachstr.
Mozartstr.
Blumenthalstr.
Handschuhsmr. Landstr.
Ludolf-Krehl-Str.
Kirchhoffstr.
Werder-platz
Im Neuenheimer Feld
Moltkestr.
Berg-straße
Im Gabelacker
Wielandstr.
Quinckestr.
Kepler-str.
Weberstr.
Seitzstr.
Mönchhof-straße
Maulbeerweg
Wilckensstr.
Kastell-weg
Schröderstraße
Werderstr.
Lutherstr.
Brückenstr.
Hofmeisterweg
G.-Hauptmann-Str.
Quinckestr.
Ladenburger Str.
Kirschnerstr.
Jahnstr.
Posseltstr.
Uferstraße
Th.-Heuss-Br.
Uferstr.
E.-Walz-Brücke
Schurman-str.
Iqbal-Ufer
Vangerowstr.
Wieblinger Weg
Vangerow-str.
Vo߀str.
Bismarckstr.
Sofienstr.
Gneisenau-str.
Bergheimer Str.
Bergheimer Str.
Poststr.
Friedr
Adenauer-platz
Blücherstr.
Czernyring
Metz-Str.
Mittermaierstr.
Kirchstr.
Eppelhmr. Str.
Kurfürsten Anlage
Eppelheimer Str.
Kurfürsten Anlage
Römer-kreis
Bahnhof-str.
Blumen-str.
Lessing-str.
Ring-str.
Kaiserstr.
Kleinschmidtstr.
Landhs.-str.
Häusserstr.
Czerny-ring
Hildastr.
Zähringerstr.
Montpellier-br.
Rohrbacher Straße
Gaisbergstr.
Güteramtsstr.
Montpellier-straße
Dante-str.
Römer-str.
Schillerstr.
R.-Diesel-Str.
Speyerer Str.
C.-Benz-Str.
Czernyring
Fr.-Knauff-Str.
Oberer
1
2
9
22
28
29
30
31
32
33
34

Übernachten
1 Hotel-Restaurant Auerstein
5 Camping Heidelberg
10 Hotel & Restaurant Hackteufel
18 Hip-Hotel
19 Hotel Zum Ritter St. Georg
20 Lotte – The Backpackers
25 Arthotel
31 Steffi's Hostel
33 Elite-Hotel – Haus Bunsen
Einkaufen
7 Chocoladenmanufaktur & Chocolaterie Knösel
9 Fromagerie La Flamm
13 Florian Steiner Kaffee
16 Chocolaterie YilliY
21 Reisebuchladen
22 Janssen Kaffee
24 Globetrotter Outfitter
26 Antiquariat Richart Kulbach
27 Heidelberger Zuckerladen
Essen & Trinken
2 Alt Hendesse
3 Waldschenke
4 Kloster Neuburg
6 Goldener Hecht
8 Café Knösel
12 Kulturbrauerei
15 Café Weinstube Burkardt
17 Sahara
23 Essighaus
28 Bootshaus
29 red. die grüne Küche
30 Merlin
34 Bodega Don Jamón
35 Bierhelder Hof
Nachtleben
11 Bent Bar und Frollein Bent
14 Sonderbar
32 P11
Heiligenberg
Neckar
Neckarstaden
Am Hackteufel
Ziegelhäuser Landstraße
Neunheimer Landstraße
Schlierbacher Landstr.
In der Neckarhelle
Philosophenweg
Hölderlinw.
Hirschgasse
Schloss-Garten
Station Kornmarkt
Station Schloss
Station Molkenkur
Station Königstuhl
Heidelberg-Altstadt
Carl-Bosch-Museum
Bergbahn
Königstuhl-Tunnel
Stadtteil Altstadt
Klingenteichstr.
Gaiberger Weg
Blockhausweg
Kohlhöferweg
Molkenkurweg
Felsenmeerweg
Schmeilweg
Haarlassweg
Waldweg
Talweg
Aussichtsturmweg
Odenwalder Weg
Heiligenbergweg
Chaisenweg
Hutzelwald-pfad
Johannes-Hoops-Weg
Turmweg
Plöck
Anlage
Grabeng.
Theaterstr.
Unt. Neckar-Str.
Haupt-str.
K.-Theodor-Br.
Wehr-steg
Haus-ackerw.
Heidelberg
200 m

Der **Romanische Keller** gibt Studenten eine Schauspielplattform. Bei der „offenen Bühne" dürfen sich nach dem Rahmenprogramm Talente auf dem Podium präsentieren. Der Genre-Vielfalt sind dabei keine Grenzen gesetzt – von Dichtung, Schauspiel, Kabarett, Stand-Up-Comedy, Zauberei bis Tanz. Seminarstr. 3/Kettengasse, ✆ 06221/542769, http://theater.rs.uni-heidelberg.de.

Einkaufen in Heidelberg

→ Karte S. 242/243

Chocoladenmanufaktur & Chocolaterie Knösel 7 Hier wird Heidelbergs wohl berühmteste Nascherei produziert: der Studentenkuss. Er besteht aus Schokolade, Nougat und Waffeln und wurde 1863 im ältesten Café der Stadt, dem Café Knösel, erfunden. Dort trafen sich zu jener Zeit Studenten, die gern mit den jungen weiblichen Gästen in Kontakt getreten wären, hätten das nicht deren Gouvernanten verhindert. So blieb nur der Traum eines Kusses aus Schokolade. Tägl. 11–19 Uhr. Haspelgasse 16, ✆ 06221/22345, www.studentenkuss.com.

Etwas für Antiquitätenliebhaber

Chocolaterie YilliY 16 Direkt vis-à-vis dem Knösel'schen Schokowerk liegt die einladende Mischung aus Café, Galerie und Verkaufsladen. Die Auswahl an extravaganten Schokoladen, Pralinés oder spanischem Nougat ist groß. Tägl. 10–20 Uhr, Fr/Sa bis 21 Uhr. Haspelgasse 7, ✆ 06221/6599364, www.chocolaterie-heidelberg.de.

Janssen Kaffee 22 Dies ist Heidelbergs ältestes Spezialitätengeschäft mit Kaffee, Tee und Wein. Seit 1933 wird vor Ort auch Kaffee geröstet. Kunden können die große Rösttrommel vom Verkaufsraum aus bestaunen. Mo–Fr 9.30–18.30 Uhr, Sa bis 14.30 Uhr. Hauptstr. 29, ✆ 06221/21416, www.janssen-kaffee.de.

Florian Steiner Kaffee 13 Das ist die jüngere Rösterei der Stadt, mit einer Auswahl an Bio-Kaffees. Der ehemalige Sommelier wurde Deutscher Röstmeister 2009. Er verkauft und serviert seine Röstungen u. a. in dieser Rösterei am östlichen Ende der Altstadt. Auch diverse Lokale sind bereits auf seinen Bohnengeschmack gekommen. Di–Sa 10–19 Uhr. Obere Neckarstr. 18, ✆ 06221/6508233, www.floriansteiner.com.

Fromagerie La Flamm 9 Das einladende Geschäft hat sich auf exquisite Käsesorten aus Kuh-, Ziegen- und Schafsmilch sowie edle Pasteten spezialisiert. Den passenden französischen Wein oder Champagner gibt es gleich dazu. Mo–Do 9.30–13 und 15–18.30 Uhr, Fr 9.30–19 Uhr, Sa 8.30–14 Uhr. Ladenburger Str. 6, Neuenheim, ✆ 06221/471746, www.laflamm-heidelberg.com.

Heidelberger Zuckerladen 27 Die Passanten werden mit eigenwilligen Schaufensterdekorationen getäuscht: Eine männliche Schaufensterpuppe auf einem alten Frisörstuhl oder Ähnliches. Der Weg hinein eröffnet großen und kleinen Naschkatzen ein skurriles Eldorado, was Süßigkeiten betrifft. Di–Fr 12–19 Uhr, Sa 11–17 Uhr. Plöck 52, ✆ 06221/24365, www.heidelberger-zuckerladen.de.

Globetrotter Outfitter 24 Sollten auf einer Wanderung mal Rucksack oder Wanderschuhe versagen – hier kann man Ersatz finden. Mo–Fr 13–19 Uhr, Sa 10–20 Uhr. Plöck 73, ✆ 06221/6734681, www.backpacking-united.com.

Antiquariat Richart Kulbach 26 Das Antiquariat verkauft kostbare Stücke wie „Thomas Manns Gesammelte Werke" (12 Bände, Halbpergament, Aufbau Verlag 1956) oder die Jugendstilzeitschrift „Jugend" von 1899. Di–Fr 10.30–18 Uhr, Sa bis 15 Uhr. Neugasse 19, ✆ 06221/23614, www.antiquariat-kulbach.de.

Reisebuchladen 21 Der kleine, aber feine Laden hat alles für Reiselustige: eine riesige Auswahl an Reiseführern und Landkarten. Und für Münz- und Briefmarkensammler gibt es passendes Zubehör fürs Hobby. Mo–Fr 9–19 Uhr, Sa 10–16 Uhr. Kettengasse 5, ✆ 06221/20552, www.reisebuchladen-heidelberg.de.

Übernachten in Heidelberg

→ Karte S. 242/243

**** **Hotel Zum Ritter St. Georg 19** Der sehenswerte Renaissancebau mit dem ältesten Restaurant der Stadt steht gegenüber der Heiliggeistkirche mitten in der Altstadt. Die Zimmer vereinen einen Mix aus Neobarock und gutbürgerlicher Moderne und sind in die Kategorien Standard bis De Luxe eingeteilt. Das äußert sich v. a. in der Größe. Zu Hause fühlt sich hier, wer Romantik mag. DZ ab 109 € zzgl. Frühstücksbüfett (15 €/Pers.). Hauptstr. 178, ✆ 06221/1350, www.hotel-ritter-heidelberg.com.

**** **Arthotel 25** Das Hotel besteht aus historischem Altbau und modernem Neubau mit Glasfassade. Die Zimmer im Altbau kombinieren den Charme der Vergangenheit mit puristischem Design. Zum Hotel gehört das von Gault Millau empfohlene Restaurant „Romer". DZ 125–198 € zzgl. Frühstück (12,90 €/Pers.). Grabengasse 7, ✆ 06221/650060, www.arthotel.de.

**** **Hip-Hotel 18** Einmal um die Welt schlafen, bitte. Von Amsterdam bis Zermatt über Delhi, Kairo oder Ottawa – jedes Zimmer ist originell und einzigartig eingerichtet. Und wenn man vor die Tür tritt, steht man mitten in der Altstadt von Heidelberg. DZ 150–210 € zzgl. Frühstücksbüfett (12 €/Pers.). Hauptstr. 115, ✆ 06221/20879, www.hip-hotel.de.

*** **Hotel & Restaurant Hackteufel 10** Das Haus liegt in der Nähe der alten, malerischen Neckarbrücke. Die Zimmer des freundlich geführten Hotels sind heimelig und sauber, die sanitären Anlagen modern. Und das reichhaltige Frühstück lässt auch nichts vermissen. DZ 120–180 € inkl. Frühstück. Steingasse 7, ✆ 06221/905380, www.hackteufel.de.

*** **Hotel-Restaurant Auerstein 1** Das Hotel liegt in Handschuhsheim und ist eine Alternative zum Altstadtrummel. Die Zimmer sind zweckmäßig eingerichtet, mit romantischem Touch. Die Lage ist verkehrsgünstig und mit der Straßenbahn ist die Heidelberger Innenstadt zügig zu erreichen. DZ 99–149 € zzgl. Frühstück (9,90 €/Pers.). Dossenheimer Landstr. 82, Handschuhsheim, ✆ 06221/6499700, www.auerstein.de.

Elite Hotel – Haus Bunsen 33 Ein dicker Teppich auf den Holztreppen, historische, bunte Glasfenster im Flur, alte Gemälde an den Wänden und eine Kuckucksuhr im wohnzimmerartigen Frühstücksraum: Das freundlich und familiär geführte Hotel versetzt seine Gäste in eine andere Zeit. Leider ist es sehr hellhörig, sodass man unter Umständen von anderen Hotelgästen in der Nacht wieder ins Hier und Jetzt geholt werden kann. Im dazugehörigen, gegenüberliegenden Haus Bunsen lebte einst der Erfinder des Bunsenbrenners. DZ 79 € zzgl. Frühstücksbüfett (7,50 €/Pers.). Bunsenstr. 15, ✆ 06221/25734, www.hotel-elite-heidelberg.de.

Lotte – The Backpackers 20 Ein sympathisches, junges und alternatives Hostel mit überwiegend Mehrbettzimmern und Etagenbädern in der Altstadt. Im Preis enthalten: eine „Kost-nix-all-you-can-eat-Müsli-Theke" und „Tee und Kaffee wann immer, wie viel auch immer für 0,nix". DZ ab 32 €/Pers. inkl. Bettwäsche. Burgweg 3, ✆ 06221/7350725, www.lotte-heidelberg.de.

Steffi's Hostel 31 die 2- bis 10-Bett-Zimmer bieten schlichten und sauberen Komfort. Die sanitären Anlagen werden gemeinschaftlich genutzt. Auch das Früh-stück ist sehr einfach. Das Hostel befindet sich in der alten Landfried-Tabakfabrik in der Nähe des Bahnhofs, rund 0:30 Std. zu Fuß von der Altstadt entfernt. Im gleichen Karree sind übrigens auch die Clubs „Nachtschicht" und „Acht Grad" sowie das Taeter Theater angesiedelt. DZ ab 28 €/Pers. Alte Eppelheimer Str. 50, ✆ 06221/7782772, www.hostelheidelberg.de.

Camping Heidelberg 5 Auch Camper finden für Wohnmobil oder Zelt einen Platz, wenn auch etwas außerhalb im Ortsteil Schlierbach. Der Campingplatz liegt direkt am Neckar, im Rücken verläuft die B37. 6 €/Pers., Zelt ab 4 €, Caravan/Wohnmobil ab 5 €, Stromanschluss 3 €, Hunde kosten extra. Schlierbacher Landstr. 151, ✆ 06221/802506, www.camping-heidelberg.de.

Heidelberg → Karte S. 242/243

Essen & Trinken/Nachtleben in Heidelberg

→ Karte S. 242/243

Restaurants & Cafés **Goldener Hecht 6** Es gibt gleich mehrere Gründe, hier einzukehren: Erstens gibt es hier das beste Wiener Schnitzel der Stadt. Kein Wunder, denn der Inhaber ist Österreicher. Zweitens werden mit Gerichten wie den gebackenen Champignons auch Vegetarier glücklich. Drittens sitzt man sehr gemütlich: draußen an der historischen Neckarbrücke, drinnen u. a. im Goethezimmer mit alten Wandmalereien. Das Restaurant ist gleichzeitig Hotel mit romantisch eingerichteten Zimmern, die Namen wie Eichendorff, Hölderlin oder Mark Twain tragen. Tägl. 12–24 Uhr durchgehend warme Küche. Steingasse 2, ✆ 06221/6599222, www.goldener-hecht-heidelberg.eu.

Sahara 17 Das Restaurant steht für köstliche libanesische Küche. Man sollte sich auf keinen Fall davon abschrecken lassen, dass der Eingangsbereich gleichzeitig Schawarma-Take-away-Zone ist. Der Blick auf die Auslage in der Vitrine darunter sagt: Einkehren! Hier ist alles frisch und appetitlich. Die Vorspeisenplatte ist auch gut als kleines Mittagessen zu zweit geeignet. Tägl. 10–2 Uhr, Fr/Sa bis 3 Uhr. Hauptstr. 167, ✆ 06221/6595854, www.sahara-heidelberg.de.

Kulturbrauerei 12 Man schaut auf eine lange Tradition zurück und braut je nach Saison unterschiedliche Biersorten. Sie schmecken sehr gut, sind aber zum Teil ziemlich nahrhaft. Ebenso lecker ist auch die saisonal ausgerichtete Speisekarte. Im ehemaligen Tanzsaal haben gut 160 Pers. Platz. Gäste, die es lieber etwas lauschiger mögen, entscheiden sich für die Braustube. Und auch im großen Biergarten muss keiner stehen. Tägl. warme Küche 11.30–23 Uhr, Frühstück Mo–Sa ab 7 Uhr, So ab 8 Uhr. Leyergasse 6, ✆ 06221/502980, www.heidelberger-kulturbrauerei.de.

Essighaus 23 In dem stets gut besuchten Lokal gibt es bodenständige, gutbürgerliche Küche, auch mit kleinem vegetarischem Angebot. Einziger Schmuck im rustikalen Gastraum sind Kachelbilder mit Motiven von Albrecht Dürer wie „Die Vertreibung aus dem Paradies" oder „Ritter, Tod und Teufel". Im Sommer verwandelt sich der Hinterhof in einen Biergarten. Tägl. 11.30–0.30 Uhr. Plöck 97, ✆ 06221/22496, www.essighaus-heidelberg.de.

Alt Hendesse 2 Uriges, alteingesessenes Lokal in Handschuhsheim, in dem sich Jung und Alt zum Essen bei traditioneller badischer Küche trifft. Der Innenhof ist lauschig mit Wein berankt. Hier nimmt man gerne Platz. Mo–Sa 17–24 Uhr, So und feiertags ab 11 Uhr. Mühltalstr. 7, Handschuhsheim, ✆ 06221/480517.

red. die grüne Küche 29 Hier kommen Vegetarier und Veganer voll auf ihre Kosten. Die Gerichte, von saisonalem Angebot bestimmt, sind kreativ und lecker. Wer von der abwechslungsreichen Küche überzeugt wurde, kann hier auch Kochkurse besuchen, die allerdings ratzfatz ausgebucht sind. Gerichte und Kuchen gibt's auch zum Mitnehmen. Mo–Sa 11–22 Uhr. Poststr. 42, ✆ 06221/9145206, www.red-diegruenekueche.com.

Bodega Don Jamón 34 Innen wie außen im Hof eine angenehme Atmosphäre. Neben Tapas und Paella gibt es jede Menge Fisch- und Fleischgerichte wie die ihm Tontopf servierte Zarzuela oder das im Ofen geschmorte Knoblauchhühnchen. Ohne Reservieren geht hier nichts. Tägl. (außer So) ab 18 Uhr, Reservierung ab 16.30 Uhr. Bierhelderweg 4, Rohrbach, ✆ 06221/374312, www.bodega-heidelberg.de.

Merlin 30 Es erinnert an ein großes, altes Kaffeehaus mit einer langen Theke im Zentrum und wird überwiegend von studentischem Publikum besucht. Die Getränkeauswahl ist groß: vom Chai-Latte über Pfälzer Weißburgunder bis zu hochprozentigem Long Island Ice Tea. Und auch zum Essen gibt's etwas für jede Tageszeit: Frühstück, Crêpes, Salate oder Schnitzelvariationen. An schönen Tagen lädt die große Terrasse an der Straße ein. Tägl. 9–24 Uhr, Fr/Sa bis 1 Uhr, Terrasse bis 24 Uhr, warme Küche 9–23 Uhr. Bergheimer Str. 85, ✆ 06221/657856, www.cafe-merlin.de.

Café Weinstube Burkardt 15 Mit seinem Mix aus Kaffeehaus und Bibliothek einer der gemütlichsten Orte der Stadt – und mit Frühstück, deftigen Gerichten oder Kaffee und Kuchen geeignet für jede Tageszeit. Eine echte Ruhezone ist der Innenhof. Tägl. 10–24 Uhr, warme Küche 11.30–14 und 18–22 Uhr. Untere Str. 27, ✆ 06221/166620, www.cafeburkardt.com.

Café Knösel 8 Dies ist das älteste Café der Stadt. An der Wand im sog. Studentenzimmer hängen Fotos einer Burschenschaft, die sich hier auch heute noch hin und wieder trifft. Die Torten reichen von der mächtigen Schokotrüffel-Variante bis zur leichteren Käsesahneschnitte. Für den deftigen Hunger gibt es saisonale Gerichte mit gehobenem Anspruch. Warme Küche Mo–Fr 12–15 und 18–22 Uhr, Sa/So durchgehend. Haspelgasse 20, ✆ 06221/7272754, www.cafek-hd.de.

Biergärten & Terrassen

Bootshaus 28 Die Terrasse ist einer der entspanntesten Plätze, wenn man am Neckarufer einen schönen Cocktail oder ein anderes Getränk zu sich nehmen will. Die Küche ist ambitioniert und beliebt wegen ihrer Steaks und hausgemachten Burger. Tägl. 11.30–22 Uhr, Sa ab 17 Uhr. Schurmanstr. 2, ✆ 06221/25396, www.dasbootshaus.com.

Waldschenke 3 Der heimelige Biergarten liegt auf dem geschichtsträchtigen Heiligenberg, in der Nähe der Thingstätte, umgeben von viel Wald. Ein Ausflugsziel mit exponierter Lage. Die Speisekarte vereint badische Maultaschen und Odenwälder Kochkäse – selbstverständlich getrennt serviert. Tägl. (außer Mo) ab 11 Uhr, bei schönem Wetter, im Herbst und Winter am besten aktuelle Öffnungszeiten erfragen. Heiligenberg 1, ✆ 06221/4385649, www.wald schenke-heidelberg.de.

Bierhelder Hof 35 Das Ausflugslokal liegt oberhalb von Rohrbach am Königstuhl und lockt bereits an den ersten schönen Tagen im Jahr zahlreiche Gäste in seinen Biergarten. Der Hof züchtet Angusrinder, deren Fleisch frisch und variantenreich auf dem Tisch landet oder im Hofladen verkauft wird. Hier kann man behaupten: Die Tiere waren glücklich. Unter der Woche wird ein günstiges, tägl. wechselndes Mittagsmenü angeboten. Tägl. (außer Mo) 10–22 Uhr, warme Küche 11–21 Uhr. Bierhelderhofweg 1, ✆ 06221/22827, www.bierhelderhof.de.

Kloster Neuburg 4 Die Abtei in Ziegelhausen bietet Gutes für Leib und Seele. Veranstaltungen wie das Klosterfest oder das Erntedankfest mit Gottesdienst sowie Oster- und Weihnachtsmarkt, Bauern- und Kunsthandwerkermärkte laden zum Besuch. Für Kinder steht z. B. das „Kleine Kuh-Diplom" auf dem Programm. Die Klosterbrauerei kann besichtigt werden, einmal im Jahr gibt's das Brauereifest. Im Hofladen kann man klostereigene Produkte kaufen. Seit 2011 hat das „Gasthaus zum Klosterhof" mit Biergarten seine Pforten geöffnet. Natürlich stehen auch frische Klosterhofforellen aus dem eigenen Teich und das

Das Weinfass ist wirklich ziemlich groß

Klosterbier auf der Speisekarte. Tägl. 11–23 Uhr, warme Küche 11.30–22 Uhr. Stiftweg 4, Ziegelhausen, ✆ 06221/6530559, www.kloster hof-neuburg.de. ■

Nachtleben

P11 32 Im Café am Römerkreis sitzt man besonders schön auf den Barhockerplätzen am Fenster. Wer nichts Besseres zu tun hat, schaut dem Straßenbahntreiben zu. Mo–Fr 9–1 Uhr, Sa 10–1 Uhr, So 13–23 Uhr. Bahnhofstr. 63, ✆ 06221/6593223, www.p11-hd.de.

Bent Bar und Frollein Bent 11 Beide Bars unter ein und derselben Führung liegen am Neckarmünzplatz, in (fast) direkter Nachbarschaft und angenehm abseits vom Altstadttrubel. Wegen der guten Cocktails und nicht wegen der kleinen Räume sind die Bars immer gut gefüllt. Im Sommer weicht das Publikum vor die Tür aus. Bent Bar tägl. (außer So) 19–2 Uhr, Frollein Bent Okt. bis März Fr–So ab 17 Uhr, April bis Sept. Di–So ab 14 Uhr. Leyergasse 2, ✆ 06221/657856, www.bentbar.de und www.frolleinbent.de.

Sonderbar 14 Über dem Eingang prangt das Schild „Betreutes Trinken", an einer Tafel steht „Absynth bis zum Ohren abschneiden". Die Location ist klein, beliebt und es darf geraucht werden. Noch Fragen? Vielleicht noch eins: Die Bar war sogar schon dem Spiegel einen Bericht wert. Mo–Fr 14–2 Uhr, Sa/So 14–3 Uhr. Untere Str. 13, ✆ 06221/25200.

Heidelberg → Karte S. 242/243

Schon Mark Twain soll den Neckar befahren haben

Die Burgenstraße

Wie Perlen an einer Kette reihen sich am Neckar dicht an dicht Burgen, Schlösser und kleine Fachwerkstädtchen. Der Fluss schlängelt sich in sanften Kurven durch bewaldete Berghänge. Kein Wunder also, dass die durchs Neckartal verlaufende romantische Burgenstraße zu den touristisch beliebtesten Regionen des Odenwalds zählt.

Das Neckartal mit seinen Burgen, Schlössern und wildromantischen Schluchten fasziniert – nicht erst seit heute. Der Komponist und Dirigent Karl Maria von Weber soll sich von der **Wolfsschlucht** bei Zwingenberg zu Szenen seiner Oper „Der Freischütz" inspiriert haben lassen. Die Wolfsschlucht und auch die **Margaretenschlucht** bei Neckargerach sind nicht nur wegen der Vegetation und Wasserfälle kleine Sensationen fürs Auge, sondern gewähren auch Einblicke in die Erdgeschichte des südlichen Odenwalds mit Sandsteinschichten aus mehreren Erdepochen. Zudem bieten die Schluchten seltenen Farnen, Moosen und Flechten sowie geschützten Amphibien eine Heimat. Am Eingang der Wolfsschlucht steht **Schloss Zwingenberg,** eines der attraktivsten Bauwerke an der Burgenstraße. Es ist noch heute bewohnt, aber für Besucher zugänglich bei Führungen oder den Schlossfestspielen, zu denen jährlich Tausende strömen.

Hoch hinaus geht es auf dem **Katzenbuckel** – mit 626 m ist er die höchste Erhebung des Odenwalds. Der ehemalige Vulkan bei Eberbach ist ein sehr schönes Ziel für eine der anspruchsvolleren Wanderungen (→ Tour 9, S. 298). Dabei erinnert die Landschaft, je näher man dem Gipfel kommt, immer mehr an den kristallinen Vorderen Odenwald.

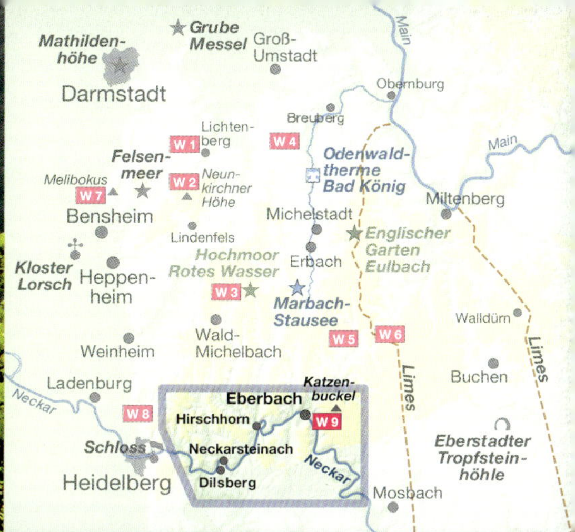

Die Burgenstraße

Lieblich sind die Altstädte von Hirschhorn, Eberbach oder der **Burgfeste Dilsberg.** Mark Twain bezeichnete Dilsberg als wunderlichen und malerisch gelegenen Ort. Er ist einer der prominentesten Besucher der Region. Twain reiste in der zweiten Hälfte des 19. Jh. durch Europa und landete auch am Neckar, den er angeblich mit einem Floß befuhr. Seine Eindrücke sind erstmals 1880 im halbfiktiven Erlebnisbericht „Bummel durch Europa" („A Tramp Abroad") erschienen. Damals war der Neckar noch wilder, aber längst als Handelsweg erschlossen, der die Wirtschaft der Region maßgeblich beeinflusste: Flößerei, Holzhandel, Schiffsbau und die Schifffahrt prosperierten über Jahrhunderte hinweg. Heute kurven vor allem Binnenschiffe, Flusskreuzfahrtschiffe, Sport- oder Paddelboote die lieblichen Neckarschleifen mit ihren beruhigenden Staustufen entlang. Dazu ein Tipp für Paddelfreudige: In Neckargemünd gibt es einen Kanuverleih, der Touren organisiert.

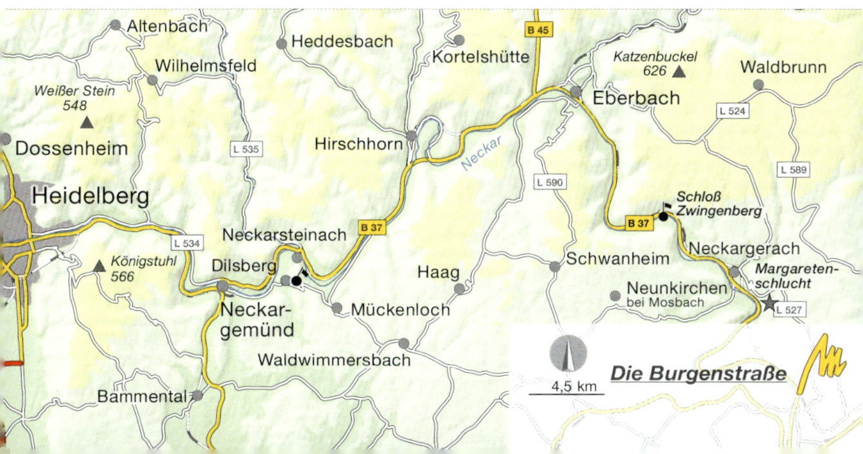

Neckargemünd

Neckargemünd ist zwar eine kleine Stadt, aber die Nähe zu Heidelberg ist spürbar, was sich allein schon an der vielseitigen internationalen, auch gehobenen Gastronomie zeigt. Darüber hinaus hat Neckargemünd eine attraktive Altstadt und darf die historische Burgfeste Dilsberg ihr Eigen nennen.

Die Stadt, bei der die Elsenz in den Neckar mündet – daher der Name –, liegt gut 10 km von Heidelberg entfernt und ist von dort hervorragend mit der S-Bahn zu erreichen. Einige Plätze laden dazu ein, dem kleinstädtischen Treiben zuzuschauen, unterhalb der evangelischen Kirche legen die Schiffe an, die zwischen den Ortschaften am Neckar hin- und herpendeln, und am Marktplatz blickt man auf die 1894–96 im neuromanischen Stil erbaute katholische Kirche St. Johannes Nepomuk und auf die schönen Fachwerkhäuser. Ein Stück weiter oben steht das Alte Rathaus, das 1770/71 als lutherische Kirche erbaut wurde und heute das städtische Museum beherbergt. Geht man weiter die Hauptstraße entlang, gelangt man schließlich zum **Karlstor** (1788).

Hinter dem Tor führt ein Weg auf den **Hollmuth,** Neckargemünds Hausberg, auf dem die **Burgruine Reichenstein** liegt. Sie wurde erstmals 1292 erwähnt, bereits im 14. Jh. aufgegeben und war im 17. Jh. schon fast komplett verschwunden. Ihr rechteckiger Grundriss auf dem lang gestreckten Bergrücken lässt sich nur noch erahnen. Vieles von dem sichtbaren Mauerwerk ist rekonstruiert und gehört als Attraktion zum Stadtpark, der um 1900 auf dem Hollmuth angelegt wurde. Zu den wenigen Originalen zählen u. a. die Reste des Burgtors. Von der Ruine Reichenstein hat man einen schönen Blick auf die nordöstlich gelegene, malerische **Burgfeste Dilsberg.**

Marktplatz in Neckargemünd

Zu Neckargemünd gehören neben Dilsberg die früher ebenfalls selbstständigen Orte Mückenloch und Waldhilsbach sowie die Weiler Dilsbergerhof, Neuhof und Rainbach rund um Dilsberg. Gemeinsam mit den Städten Neckarsteinach, Hirschhorn und Eberbach hat sich Neckargemünd in einer touristischen Kooperation zusammengeschlossen – sie präsentieren sich seitdem als „Die romantischen Vier" (www.romantischevier.de).

Museum im Alten Rathaus: Das Heimatmuseum hat neben den üblichen Exponaten, wie alten Handwerksgegenständen, als Schwerpunktthema die Entwicklung der Neckarschifffahrt. Ergänzt wird die Schau von wechselnden Sonderausstellungen. Sehenswert ist auch das Gebäude selbst: 1770/71 als lutherische Kirche erbaut, wurde es 1821 an die Stadt verkauft, zum Rathaus umgebaut und als solches bis 1984 genutzt. So 11–17 Uhr, zu Sonderausstellungen auch Do und Sa 15–18 Uhr. Hauptstr. 25, ✆ 06223/488240, www.neckargemuend.de.

Burgfeste Dilsberg

Dilsberg wirkt immer noch wie ein mittelalterliches Städtchen, das von ein paar verwinkelten Gässchen mit zahlreichen Fachwerkhäuschen durchzogen ist. Die Burgfeste liegt auf einem hohen Berg, umgeben von einer weiten Neckarschleife. Schon von Weitem erkennt man die alte Stadtmauer, an deren Kurven sich die Häuser im Innern der Feste schmiegen. Einlass erhält man u. a. durch das alte Stadttor, das 1842 beinahe abgerissen worden wäre, wenn nicht das Heidelberger Bauamt einen Riegel davorgeschoben hätte. Sein Mauerwerk trägt die Jahreszahl 1684. Heute ist das Torhaus zur Jugendherberge umfunktioniert. Dilsberg – damals noch selbstständig – ereilte im Laufe der Jahrhunderte ein ähnliches Schicksal wie Neckargemünd. So wurden beispielsweise beide Städte im Zuge des Dreißigjährigen Krieges von den Truppen der Katholischen Liga unter dem Kommando des Feldherrn Tilly belagert. Dilsbergs Geschichte beginnt jedoch bereits in der Römerzeit. Funde von Münzen und Keramikresten nähren die Annahme, dass der Berg den Römern als Signalstation diente. 1208 wurde die Bergfeste erstmals urkundlich erwähnt. Burgherren waren die Grafen von Lauffen, später die Herren von Dürn und unter kurpfälzischer Herrschaft wurde Dilsberg schließlich 1347 zur Stadt ernannt. Seit 1973 gehört Dilsberg zu Neckargemünd.

Auf dem höchsten Punkt des Bergs befindet sich die Ruine der alten Kernburg mit einem Rest der 16 m hohen Mantelmauer und einem sechseckigen Treppenturm. Darüber hinaus sind der alte Gewölbekeller des früheren Wohnbaus und der 46 m tiefe Brunnen mit dem Brunnenstollen erhalten. Gut konserviert und restauriert ist das historische Kommandantenhaus der Vorburg.

April bis Okt. tägl. (außer Mo) 10–17.30 Uhr. Erw. 2 €, erm. 1 €. Führungen Burg und Brunnenstollen (1 Std., So und feiertags 15 Uhr, Erw. 3 €, Schüler 1 €) werden von der Tourist-Information Neckargemünd, Neckarstr. 19–21, ✆ 06223/3553, organisiert. Infos unter www.burg-dilsberg.de.

Basis-Infos zu Neckargemünd

Information Die Tourist-Information hält neben einigen Flyern zu Stadt und Region sowie einem aktuellen Gastgeberverzeichnis auch den Fahrplan der Rhein-Neckar-Fahrgastschifffahrt (www.rnf-schifffahrt.de) bereit. Tägl. (außer So) 9–18 Uhr, Mi und Sa nur bis 13 Uhr. Neckarstr. 21, 69151 Neckargemünd, ✆ 06223/3553, www.neckargemuend.de.

Aktivitäten Der **Hochseilgarten & Kanu-Verleih Neckargemünd** liegt direkt neben dem Schwimmbad. Der Hindernisparcours besteht aus Baumstämmen, die durch unterschiedlich schwierige, in bis zu 12 m Höhe befindliche Touren über Seil- und Balkenkonstruktionen verbunden sind. Das Besondere: Es gibt drei Elemente, die für Rollstuhlfahrer gebaut sind. Der Kanu-Verleih an der Friedensbrücke am Campingplatz organisiert Gruppentouren. Sowohl für den ganzjährig geöffneten Hochseilgarten als auch für die Kanutouren ist eine Anmeldung notwendig. Schwimmbadstr. 40, ✆ 06223/805508, www.hochseilgarten-neckargemuend.de.

Der **Sinnenpfad** befindet sich auf der westlichen Seite der Elsenz. Er schult spielerisch die Wahrnehmung und den Blick für die Umgebung. In den Summstein steckt man z. B. den Kopf und summt laut, mit einem Seil lässt sich eine Steilwand erklimmen und im Gnom-Garten lächeln den Besucher

Die Burgenstraße → Karte S. 249

lustige Gesichter von kopfstehenden Bäumen an – mit Wurzelwerk als Haar. Zu Fuß den Alten Bammentaler Weg anpeilen, per Pkw folgt man der B 45 Richtung Bammental (Parkplatz „Sinnenpfad" ist ausgeschildert). Infos unter www.sinnenpfad.de.

Fahrradverleih **Rudis Radladen** verkauft, repariert und vermietet Räder aller Art: Mountainbikes, Tandems, Kinderräder und einiges mehr. Das Geschäft stellt Touren- und Kartenmaterial zur Verfügung, inkl. Geheimtipps für besonders attraktive Routen. Frühzeitige Reservierung ist empfehlenswert. Mo–Sa 9–13 Uhr, Mo–Fr auch 14.30–18.30 Uhr. Mühlgasse 2, ✆ 06223/71295, www.rudis-radladen.de.

Dilsberger Stadttor

Feste & Veranstaltungen Der **Kulturverein Neckargemünd e. V.** organisiert über das Jahr verteilt musikalische oder sonstige kulturelle Events wie Jazz- oder Soul-Konzerte, Dichterlesungen und auch die Weihnachtsausstellungen im alten Rathaus. Termine unter www.kulturverein-neckargemuend.de.

Im Juni findet das drei Tage dauernde **Menzer-Park-Fest** mit Musik von Heavy Metal bis Jazz und Kinderbespaßung statt. Infos unter www.neckargemuend.de.

Im Juni/Juli hat der Verein der **Burgbühne Dilsberg** Hochsaison. Alljährlich führt die örtliche Laienschauspieltruppe Stücke wie „Der Widerspenstigen Zähmung" oder „Das Gespenst von Canterville" auf der Freilichtbühne direkt hinter der Burgruine auf – eine herrliche Kulisse. Infos unter www.burgbuehne-dilsberg.de.

Das **Dilsberger Schokoladenfest** ist eine süße Sache: Die Chocolaterie im „Gasthaus zur Burg" feiert einmal im Jahr alles, was sich aus Kakao herstellen lässt. Infos unter www.das-beste-zum-schluss.com.

Schwimmen Der Sommerfreizeitspaß liegt direkt an der nördlichen Neckarseite in Kleingemünd. Neben dem üblichen Schwimmer- und Nichtschwimmerbecken gibt es liebevoll erdachte Sprungmöglichkeiten: Statt vom Betonsprungturm hüpft man von einem gemauerten Felsen oder man schwingt sich mit einer Liane mehr oder weniger elegant ins kühle Nass. Mitte Mai bis Mitte Sept. tägl. 9–20 Uhr, Di und Do ab 8 Uhr, letzter Einlass 19 Uhr, Erw. 4 €, erm. 3 €, Abendtarif 2,70 €, Tagesfamilienkarte 9 €. Schwimmbadstr. 2, ✆ 06223/74403, www.neckargemuend.de.

Stadt- und Burgführungen Die Tourist-Information bietet Führungen durch Neckargemünds Altstadt und die Burgfeste Dilsberg an. So kann man beispielsweise auf Mark Twains Spuren wandeln, der 1878 durch Europa bummelte und dabei auch Dilsberg besuchte. Dauer ca. 1:30 Std., ab 40 € pro Gruppe, plus 2 € für die Besichtigung der Dilsberger Burgruine.

Einkaufen in Neckargemünd

Der relativ kleine **Wochenmarkt** befindet sich auf dem Marktplatz im Herzen der Altstadt. Hier findet man auch Eilers kleinen Feinkostwagen, der in der Region von Wochenmarkt zu Wochenmarkt tingelt (u. a. französischer Ziegenkäse, Büffelmozzarella, allerlei Oliven, Feigen, Gewürze und Öle). Mi und Sa 8–13 Uhr, April bis Sept. bereits ab 7 Uhr.

Pläsier – Kaffee, Tee, Schokolade ist ein Laden für süße und aromatische Verführungen. Feine Pralinen und Trüffel, besondere Schokoladen, edle Hochlandkaffees und eine große Auswahl an Tees locken bereits durch die schön dekorierte Auslage. Für Schleckermäuler führt hier in Neckargemünd kein Weg vorbei. Tägl. (außer So) 10–13 und 14.30–18 Uhr, Mo nur nachmittags und Sa ab 9 Uhr. Hauptstr. 19, ✆ 06223/8014814, www.plaesier.net.

In langjähriger Familientradition, genauer gesagt seit 1790, kümmert sich **Das Kunsthaus** als Restaurationswerkstatt um den Erhalt von Gemälden. Hier kann man Bilder begutachten lassen und natürlich auch mit dem entsprechenden Kleingeld kaufen. Mi und Sa 10–13 Uhr, Do/Fr bis 19 Uhr. Hauptstr. 21, ✆ 06223/9542102.

Der Orientshop **Merhaba** hat sich auf Kostüme und Zubehör für den Bauchtanz spezialisiert, aber es gibt auch sehr schöne orientalische Gefäße wie Schalen oder Kannen, kleine Holztische oder Wasserpfeifen. Mo–Fr 9–13 und 15–18.30 Uhr, Sa 9–13 Uhr. Hauptstr. 65, ✆ 06223/46817.

Im kleinen Fachwerkhaus direkt hinter dem Stadttor befindet sich die **Dilsberger Keramik**. Neben solide getöpferten Tassen, Kannen oder Schüsseln werden auch romantische Holzfiguren und Tee verkauft. Mo 10–12 Uhr, Di–Fr bis 18 Uhr, Sa bis 17 Uhr, So und feiertags 12–17 Uhr. Jan. bis Ostern auf Anfrage. Obere Str. 1, Dilsberg, ✆ 06223/6346, www.dilsberger-keramik.de.

Annetin Design heißt der kleine Laden mit kreativem Schmuck, individueller Kleidung und handgefertigten Schuhen. Alle Stücke sind Unikate. Vieles stammt von der Besitzerin selbst. Tägl. (außer Di) 11–13 und 14–18 Uhr. Untere Str. 39, Dilsberg.

Übernachten in Neckargemünd

**** **ART Hotel**. Jedes der 8 Doppel- und 5 Einzelzimmer ist individuell und geschmackvoll eingerichtet. Fans von schönen Tapeten kommen hier auf ihre Kosten. Zum ART Hotel gehört die deutlich günstigere, ebenfalls schön eingerichtete Pension „Die Dependance“ (DZ ab 50 € zzgl. 5,50 € Frühstück/Pers., Hauptstr. 57, www.die-dependance.de). DZ ab 95 € inkl. Frühstück. Hauptstr. 40, ✆ 06223/862768, www.art-hotel-neckar.de.

Hotel Kredell. Das familiengeführte Hotel in der Altstadt gibt es bereits seit 1898. Das Personal ist freundlich, die Zimmer entsprechen dem normalen Standardkomfort mit Sat-TV und Bad mit Dusche/WC. Das Frühstücksbüfett ist reichlich. DZ 70–78 € inkl. Frühstücksbüfett. Hauptstr. 67, ✆ 06223/2633, www.hotel-kredell.de.

Alte Feuerwehr. Die beiden Ferienwohnungen in der alten Feuerwehr liegen idyllisch an der Elsenzmündung in der Nähe der Altstadt. Die Wohnungen sind modern und komfortabel eingerichtet. Eine Wohnung hat nur Dusche/WC, die andere zusätzlich eine Badewanne. Im Wohnzimmer gibt's LCD-TV und WLAN. Dusche/WC 59 €/Tag für 2 Pers., Dusche/Bad/WC 69 €/Tag für 2 Pers., jeweils inkl. Bettwäsche und Handtücher. Am Hanfmarkt 16, ✆ 06223/925984, www.fewos.sedconweb.com.

*** **Das Hexenhaus**. Das hübsche, am Waldrand gelegene Holzhäuschen im Westen von Neckargemünd mit Veranda und Garten ist für 2 Pers. geeignet. Die Einrichtung ist ein Sammelsurium von Antiquitäten und modernerem Mobiliar. Das Ganze mutet ein bisschen wie ein Bauernhaus an. Die Küche ist mit Cerankochfeld und Waschmaschine bestückt. 1. Tag 55 € für 2 Pers., Folgetage 43 €, inkl. Bettwäsche und Handtücher. Hermann-Walker-Str. 19, ✆ 06223/1022, www.ferienhaus-hexenhaus-neckargemuend.de.

**** **Ferienwohnung Abendsonne**. Nicht in der Veste, aber ruhig und waldnah in Dilsberg liegt diese Ferienwohnung. Sie hat Platz für bis zu 4 Pers., mit Wohnzimmer, Küche sowie zwei Schlafzimmern und einem kleinen Bad. Auf der Terrasse kann man die Abendsonne mit Blick in den Kleinen Odenwald genießen. Preis auf Anfrage. Postweg 23, Dilsberg, ✆ 06223/71315, www.abendsonne-ferienwohnung.de.

Ferienwohnungen Am Felsenberg. Hinter diesem Namen stecken zwei komfortable Ferienwohnungen in Kleingemünd, also auf der nördlichen Neckarseite. Die große Familienwohnung bietet Platz für bis zu 6 Pers., hat eine Terrasse mit Zugang zum Garten. Die Dachwohnung ist kleiner und kuscheliger, mit Blick auf Neckargemünd

Die Burgenstraße → Karte S. 249

vom Panoramafenster und einem Balkon am Schlafzimmer. 2 Pers. inkl. Bettwäsche und Handtücher, 50 € zzgl. 20 € Endreinigung. Peter-Schnellbach-Str. 3, ✆ 06223/71434 oder 0171-7031962, www.am-felsenberg.de.

Campingplatz Dilsberg. Am Fuße von Dilsberg gegenüber von Neckarsteinach haben Campingfreunde hier eine zentrale Unterkunft für drei attraktive Ausflugsziele – Neckargemünd, Dilsberg und Neckarsteinach. Hunde sind an der Leine erlaubt. April bis Sept. Stellplatz 7,50 €/Tag, Erw. 6 €/Tag, Strom pauschal 2,50 € oder 0,50 €/kWh, einmalige Stromanschlussgebühr 1,50 €. Dorthsfeld 1, Dilsberg, ✆ 06223/72585, www. camping-dilsberg.de.

1882 eröffnete Julius Menzer die „Griechische Weinstube“

Julius Menzer und der griechische Wein

Eines der schönsten Häuser in Neckargemünd ist die frühere, historische griechische Weinstube. Sie wurde 1882 von Julius Menzer eröffnet, einem badischen Weingroßhändler und griechischen Konsul. Er soll als erster Weinhändler griechische Weine nach Deutschland eingeführt haben. Seine Weinhandlung galt zeitweise als größtes Unternehmen in Neckargemünd. Heute erinnern neben der Weinstube die 1892 im Stil der Gründerzeit erbaute Villa Menzer, der Menzer-Park und die Julius-Menzer-Straße an den einst bekannten Sohn der Stadt. 2015 wurde das Lokal für immer geschlossen und das Gebäude von der Stadt gekauft. In naher Zukunft sollen hier voraussichtlich Wohnungen und Gewerberäume erschlossen werden.

Essen & Trinken in Neckargemünd

Zur Sonne. Das Traditionslokal befindet sich im Herzen der Veste Dilsberg. Es gibt regionale Spezialitäten wie badische Grünkernsuppe, Fisch aus dem schwäbischen Meer (Bodensee) oder Wild aus dem Odenwald. Vegetarier haben es hier recht schwer und müssen mit Vorspeisen, Salaten und Nachtisch vorliebnehmen. Tägl. (außer Do) 11.30–14.30 und 18–24 Uhr, warme Küche bis 21 Uhr, So und feiertags durchgehend. Obere Str. 14, Dilsberg, ✆ 06223/2210, www.zur-sonne-dilsberg.de.

Mio Limoncello. Die kreative Küche und große Auswahl an italienischen Weinen findet auch der Guide Michelin erwähnenswert. Die Osteria/Vineria hat ein sehr ansprechendes, gehobenes Ambiente und eine schöne Gartenterrasse. Gelegentlich gibt es auch Weindegustationen von deutschen Winzern. Dazu wird ein feines, passendes Menü zusammengestellt. Tägl. (außer Mo) 18–24 Uhr, Sa/So auch 12–14.30 Uhr, Küche bis 22 Uhr, So bis 21 Uhr. Hauptstr. 16, ✆ 06223/8014460, www.mio-limoncello.de.

Gasthaus Friedrichsburg. Auch wenn hier Schnitzel und andere Fleischgerichte die Speisekarte dominieren, finden auch Vegetarier etwas zu essen, z. B. Serviettenknödel mit Rahmpilzen oder Grünkern-Gemüse-Lasagne. Das Gasthaus ist gemütlich und die Terrasse auf dem Platz vor dem Karlstor großzügig. Tägl. (außer Di) ab 18 Uhr, Mi und So auch 12–14 Uhr. Hauptstr. 9, ✆ 06223/4875747, http://gasthaus-friedrichsburg.de.

Alte Scheune. Pfälzische Hausmannskost mit frischen Zutaten: Pfälzer Teller mit Bratwurst, Leberknödel mit Specksauce, Saumagen, Sauerkraut und Brot. Das Bedürfnis nach einem verdauungsfördernden Schnaps gibt es gratis dazu. Die Gaststätte befindet sich direkt neben der Kneipe „Zum Schiff", ist relativ klein und die Tische sind schnell belegt. Auch draußen vor der Tür sind die Plätze relativ knapp bemessen. Tägl. 10–1 Uhr, warme Küche durchgehend 11.30–23 Uhr. Schiffgasse 7 a, ✆ 06223/1583.

Jaber's. Titelt mit Bar – Bistro – Café und wird dem auch gerecht. Man bekommt hier Cocktails und eine kleine Auswahl an Weinen oder Spirituosen. Für den Hunger stehen Salate, Pasta oder Steaks auf der Karte. Und der Kaffeedurst wird mit Espresso, Cappuccino oder Kreationen wie Kaffee Mafioso mit Ramazotti oder einem Baileys Latte gelöscht. Die nette Atmosphäre genießt Alt und Jung. Tägl. (außer So) 17–1 Uhr, Fr/Sa bis 2 Uhr. Bahnhofstr. 7, ✆ 06223/8959, www.jabers.de.

Chocolaterie im Gasthaus zur Burg. In dem kleinen Gasthaus in der Feste Dilsberg ist der süße Genuss zu Hause. Es gibt selbstgemachte Trüffel, hausgemachte Kuchen und Torten, aber auch Herzhaftes, das sich nach dem saisonalen Angebot richtet. Immer zu haben sind die deftigen Hefefladen mit Sauerrahm oder in der italienischen Variante mit Tomate, Mozzarella und Basilikum. Tägl. (außer Mo/Di) 11.30–18 Uhr, So bis 17 Uhr. Obere Str. 12, Dilsberg, ✆ 06223/864748, www.das-beste-zum-schluss.com.

Eiscafé Roma. Es liegt unterhalb der Terrasse der gleichnamigen Ristorante-Pizzeria. Die Eiskarte lockt v. a. mit einer größeren Auswahl an Spaghetti-Eis-Kreationen wie der Schokoeis-Variante mit Schokoladensauce oder Carbonara mit Eierlikör und Nüssen. Ergänzt wird die Karte von Frühstück, Kuchen, Crêpes und Gerichten wie Gulasch oder Flammkuchen für den kleinen herzhaften Hunger. Mo–Sa 8–22 Uhr, So ab 9 Uhr. Hauptstr. 69.

Kommandantenhaus der Burgfeste Dilsberg

Neckarsteinach

Der südlichste Zipfel Hessens glänzt gleich mit vier Burgen – ein Ensemble dieser Art ist deutschlandweit wohl einzigartig. Berühmtester Spross der Erbauerfamilie ist der Minnesänger Bligger von Steinach, der mit seinen Strophen die höfische Gesellschaft von Kaiser Barbarossa und Heinrich VI. erquickte.

Die kleine Stadt Neckarsteinach mit den Ortsteilen Darsberg, Grein und Neckarhausen ist überschaubar. Zu den hübschesten Gassen mit alten Fachwerkbauten gehört die **Hirschgasse** mit dem alten Amtshaus von 1587, in dem sich heute die gehobene Gastronomie niedergelassen hat. Dahinter befindet sich die frühere **Synagoge,** die aus dem Jahr 1889 stammt, 1938 dem Novemberpogrom zum Opfer fiel und nach dem Zweiten Weltkrieg zum Wohnhaus umfunktioniert wurde – eine Tafel erinnert an die ursprüngliche Bestimmung.

Wirklich herausragend sind die vier Burgen der Stadt, die von den Herren von Steinach im 12. und 13. Jh. erbaut wurden. Während **Vorder-** und **Mittelburg** zum Teil bewohnt und nicht zur Besichtigung freigegeben sind, bestehen **Hinterburg** und **Burg Schadeck** nur noch als imposante Ruinen, die jederzeit zugänglich sind. Das Schwalbennest, so der Name von Burg Schadeck im Volksmund, ist das Wahrzeichen der Stadt und wird in den Sommermonaten abends festlich angestrahlt. Bei der alljährlichen spektakulären Vierburgenbeleuchtung werden auch die übrigen drei fulminant beleuchtet.

Die Edelfreien von Steinach haben den Ort bis zu ihrem Aussterben 1653 maßgeblich geprägt. Sie dienten den Wormser Bischöfen als Lehensmänner, später auch den Heidelberger Kurfürsten; und sie hatten eine Vorliebe für den Vornamen Bligger, später auch Blicker. Er wurde fast inflationär an die männlichen Nachkommen vergeben – da wundert es nicht, dass in Neckarsteinach auch eine Gasse diesen Namen trägt, in der einige sehenswerte Häuser aus dem Mittelalter stehen. Der berühmteste Spross war der Minnesänger Bligger von Steinach. Im 12. Jh. war seine Anwesenheit am Hofe der Stauferkaiser Friedrich I. (Barbarossa) und Heinrich VI. hoch geschätzt. Die Harfe im Wappen des heutigen Neckarsteinach soll auf ihn zurückgehen.

Blicker XIV. ließ 1483 die spätgotische, heutige evangelische Kirche erbauen, die zu den bauhistorischen Glanzstücken der Stadt zählt. Sie wurde von Mitte des 16. Jh. bis ins 20. Jh. als sog. Simultankirche von beiden christlichen Konfessionen genutzt. Erst als 1908 der Neubau der neobarocken katholischen Herz-Jesu-Kirche fertiggestellt wurde, gingen in Neckarsteinach die gläubigen Protestanten und Katholiken räumlich getrennte Wege. Im Innern der evangelischen Kirche befinden sich zahlreiche Epitaphe des alten Adels. Ebenfalls sehenswert sind die Repliken der Glasfenster aus dem Erbauungsjahr. Teile der Originale befinden sich seit 1936 im Besitz des Hessischen Landesmuseums in Darmstadt.

Zu den modernen Sehenswürdigkeiten gehört der kleine **Nibelungengarten.** Er entstand 2000 und besteht aus sechs mannshohen Sandsteinstelen mit montierten Sandsteinköpfen, die die Hauptfiguren des Nibelungenliedes präsentieren, darunter selbstverständlich Siegfried und Hagen. Der Garten befindet sich in der Nähe der autofreien **Uferpromenade.** Hier kann, wer nicht unbedingt wandern will, auch bequem am Neckarufer flanieren. Die Promenade ist auf 5 km für Spaziergänger ausgebaut. Ein bisschen anspruchsvoller ist der Weg über die Neckarstaustufe und über Felder zur Burgfeste Dilsberg (→ S. 251). Dieser historische Ort gehört zu

Neckargemünd, liegt aber auf der anderen Flussseite, Neckarsteinach direkt gegenüber. Von dort hat man einen guten Ausblick auf Hessens südlichste Stadt.

Die vier Burgen der Herren von Steinach

Die vier Burgen von Neckarsteinach stehen strategisch günstig hintereinander aufgereiht auf einem Bergsporn, der sowohl einen Überblick über das Neckartal als auch das Steinachtal ermöglicht. Dass Burgen so dicht beieinanderstehen, ist einzigartig in Deutschland. Angeblich waren es mehrere der Edelfreien von Steinach, ein Vater und zwei Söhne, die in kurzen Abständen im 12. Jh. drei der Burgen erbauten.

Die **Hinterburg** ist die älteste und wird als Stammburg der Adelsfamilie betrachtet. Sie entstand vermutlich bereits um 1100 und wurde Ende des 12. Jh./Anfang des 13. Jh. vom Minnesänger Bligger II. umfangreich ausgebaut. Von ihr ist heute eine eindrucksvolle Ruine übrig geblieben, die frei zugänglich ist. Die fünfeckige Kernburg mit einem massiven Bergfried ist von drei Zwingermauern umgeben. Der Turm misst stattliche 20 m, zeigt eine solide Bautechnik mit akkurat gearbeiteten Buckelquadern. Im Burghof befindet sich ein rund 23 m tiefer Brunnen. Von der Neckarseite aus sind die gotischen Fenster des ehemaligen Wohnbaus zu sehen. Früher konnte die Spornburg nur über eine Zugbrücke betreten werden. Heute befindet sich am Eingang eine Treppe, die 1900 gebaut wurde.

Die Hinterburg ist die älteste der vier Burgen

Die zweitälteste Burg ist die **Mittelburg.** Die einen sagen, der Erbauer sei der Bruder des Minnesängers gewesen. Andere Quellen behaupten, der Bau sei einem seiner Söhne zuzuschreiben. Ihre Entstehungszeit wird auf 1165 bzw. 1170 datiert. Die zunächst kleine Kernburg mit Bergfried wurde im Laufe der Jahrhunderte kontinuierlich erweitert. Zum ältesten Baubestand zählen die rechteckige Ringmauer und der mächtige quadratische Bergfried. Nach 1550 ließ Hans Bleikard von Steinach die Burg nach Heidelberger Vorbild zu einem Renaissanceschloss umgestalten. Es entstand eine zum Fluss geöffnete Dreiflügelanlage. Auch die westliche Vorburg stammt vermutlich aus dieser Zeit. Es folgten mehrere Besitzerwechsel. Mitte des 19. Jh. wurde das Schloss im neugotischen Stil verändert. Zu Beginn der 1940er-Jahre ging die Burg an die Freiherren von Warsberg, deren Nachkommen noch heute hier leben. Die Burg kann daher nicht besichtigt werden.

Die **Vorderburg** ist die dritte Burg im Bunde: Sie wurde um 1200 von Ulrich I. von Steinach errichtet, einem Sohn von Bligger II. Von der mittelalterlichen Höhenburg sind noch der imposante, viereckige Bergfried und der dreigeschossige Saalbau

(Palas) erhalten. Als Neckarsteinach im 14. Jh. seine Stadtmauer erhielt, wurde die Burg in die Stadtbefestigung integriert. Auch sie ist bewohnt und nicht zur Besichtigung freigegeben.

Burg Schadeck, das Schwalbennest, ist die jüngste der vier Burgen. Sie wurde 1230 an den Steilhang gebaut. Die Ruine der Burg Schadeck gehört dem Land Hessen und kann jederzeit besucht werden. Im Gegensatz zu den anderen drei besitzt sie keinen massiven Bergfried. Dafür hat sie eine zweiflügelige Schildmauer mit zwei runden Erkertürmen, die heute über eine Holztreppe bestiegen werden können. Die Ruine der alten Felsburg ist heute das Wahrzeichen der Stadt.

Der Mythos vom meuchelnden Freier und der Rose vom Dilsberg

Einer der Edelfreien von Steinach soll um die Hand der Tochter des Grafen Heinrich von Düren, des Herrn vom Dilsberg, angehalten haben. Er war aber nicht der Einzige, der um ihre Gunst buhlte. Auch dem Ritter Wolf von Hirschhorn gefiel das holde Burgfräulein – und dieser hatte deutlich bessere Karten. Als sich Ritter Wolf auf den Weg zum Dilsberg zur Hochzeit machte, soll ihn der verschmähte Freier hinterrücks gemeuchelt haben. Diese Tat traf die Braut so schwer, dass sie sich direkt das Leben nahm, indem sie sich von der Burgmauer stürzte. Dort, wo man ihren Leichnam fand, wächst seitdem eine weiße Rose. Diese Tragödie wird übrigens immer wieder mal von der Burgbühne Dilsberg zum Leben erweckt (www.burgbuehne-dilsberg.de).

Basis-Infos zu Neckarsteinach

Information Das Infozentrum Neckarsteinach des **Geo-Naturparks Bergstraße-Odenwald** befindet sich in der Nähe der Schiffsanlegestelle. April bis Okt. tägl. 11–18 Uhr, Nov./Dez. und März nur Sa/So geöffnet, Jan./Febr. geschlossen. Neckarstr. 47, 69239 Neckarsteinach, ✆ 06229/708914.

Feste & Veranstaltungen Darsberg feiert **Fastnacht** auf Alemannisch: Am Faschingsdienstag ziehen Hexen durch den Ort, begleitet von flötend-trötend-rhythmischer Guggenmusik. Seinen Höhepunkt findet die Veranstaltung im Abrollen eines **Feuerrads**. Ende der 1990er-Jahre wurde eine alte Darsberger Tradition zu neuem Leben erweckt: Seitdem fliegen am Faschingsdienstag wieder Birkenholzscheiben durch die Luft – ein alter Brauch, der dem „Schützen" erlaubt, sich bei einem guten Flug etwas zu wünschen. Dauer ca. 18–22 Uhr.

Immer am ersten Wochenende im März veranstaltet Neckarsteinach die **Kleine Buchmesse im Neckartal**. Regionale Verlage und Händler aus dem Rhein-Neckar-Raum präsentieren ihr aktuelles Programm, das an diesen Tagen auch verkauft wird. Veranstaltungsort: Bürgerhaus „Zum Schwanen", Neckarstr. 42.

Tag des Gastes heißt das Sommerfest der Stadt, das immer am letzten Samstag im Juli gefeiert wird. Es ist ein kleines Volksfest entlang des Neckarufers (Neckarlauer), bei dem v. a. die städt. Vereine ihre Gäste mit Speisen und Getränken bewirten. Zum Rahmenprogramm zählen der obligatorische Bieranstich, Livemusik (von Rock bis Boogie) und die Krönung der neuen Vierburgenkönigin. Konkurrenzloses Highlight und mein besonderer Tipp ist die **Vierburgenbeleuchtung**, die die Schlösser und Ruinen spektakulär in Szene setzt. Sie beginnt gegen 22.15 Uhr und endet mit einem Feuerwerk.

Am ersten Adventswochenende verwandelt sich Neckarsteinachs Altstadt mit dem **Weihnachtsmarkt** in eine festliche Kulisse. Alles ist geschmückt und stimmt auf die besinnlichen Tage ein.

Stadt- und Burgenführungen Wer waren die Landschad von Steinach? Wie kommt die Bliggergasse zu ihrem Namen? Diese und andere Fragen werden bei den Führungen rund um die Stadt und die vier Burgen beantwortet. Die Kosten berechnen sich anhand der Teilnehmer und des Umfangs der jeweiligen Führung. Am besten im Infozentrum Neckarsteinach nachfragen. ✆ 06229/708914.

Übernachten in Neckarsteinach

*** **Vierburgeneck**. Das familiengeführte Hotel liegt etwas außerhalb von Neckarsteinach – zurückgesetzt von der Bundesstraße, sodass der Straßenlärm nicht stört. Die Zimmer haben modernen Komfort. Sehr schön ist der Blick vom Terrassencafé auf den Neckar. Dazu können die Gäste selbst gemachten Kuchen und Torten schlemmen. DZ ab 99 € inkl. Frühstück. Heiterswiesenweg 11, ✆ 06229/542, www.vierburgeneck.de.

Ferienwohnungen Dreher. Das Haus liegt im nördlichen Neckarsteinach in der Nähe der Neckartal-Bahnstrecke. Die 40 m² große Wohnung mit Terrasse hat Platz für 2–3 Pers., die 60-m²-Wohnung mit Balkon ist für bis zu 5 Pers. Beide sind gemütlich, modern-rustikal eingerichtet und haben den üblichen Komfort (mit Radio und Sat-TV). Tiere sind auf Anfrage erlaubt. Whg. ab 45 € bzw. 55 € pro Nacht für 2 Pers., inkl. Bettwäsche und Handtücher. Hirtweg 23, ✆ 06229/1083.

Ferienwohnung Am Neckarsteig. Der attraktive Fernwanderweg, der von Heidelberg nach Bad Wimpfen führt, verläuft nur etwa 200 m entfernt. Die ruhig gelegene Ferienwohnung in Darsberg eignet sich aber nicht nur als Etappenunterkunft, sondern auch als guter Ausgangspunkt, um die Region rings um Neckarsteinach zu erkunden. Sie ist mit allem ausgestattet, was man braucht: Küchenzeile samt Toaster und Wasserkocher, Waschmaschine, Fernseher. Handtücher und Bettwäsche sind auch vorhanden. 40 €/Nacht für 2 Pers. plus 5 € Endreinigung. Neckarsteinacher Str. 44, ✆ 06229/9337838, www.facebook.com/FeWoAmNeckarsteig.

Essen & Trinken in Neckarsteinach

Zum Ambtman. Das Gasthaus im schönen Fachwerkbau des früheren Amtshauses hat sich der gehobenen Gastronomie verschrieben: Auf der Karte stehen Kalbsfilet vom Grill mit Gänseleberparfait oder im Speckmantel gegrillte Hummerkrabbenschwänze. Außerdem gibt es eine große Auswahl an regionalen Weinen von der Bergstraße oder der nahe gelegenen Pfalz. Das Innere entspricht dem gepflegten Altbau: Die Atmosphäre ist altertümlich-gemütlich kombiniert mit vornehmer Eleganz. Auf der kleinen Terrasse vor dem Haus kann man im Freien speisen. Tägl. (außer Mo/Di) ab 18 Uhr, So und feiertags auch 12–14 Uhr. Hirschgasse 1, ✆ 06229/2115, www.zum-ambtman.de.

Zum Schiff. Das Restaurant hat eine schöne Terrasse zum Neckar hin. Die Einrichtung ist zweigeteilt: rustikal bzw. mondän-chic mit Kunstlederstühlen. Das Essen ist gutbürgerlich, saisonal abgestimmt und frisch. Tägl. (außer Mi/Do) 11–14 und 17.30–21 Uhr. Neckargemünder Str. 2, ✆ 06229/324, www.zum-schiff.de.

Zum Schwanen. Zwei in einem ist das Bürgerhaus mit Biergarten (Schwanengarten) und Lokal (Schwanenstube). Drinnen herrscht klares Holzdesign. Die Speisekarte bietet viel, von Zwiebelringen im Bierteig über Flammkuchen bis hin zu Riesengarnelenspießen. Im sehr schönen Biergarten, der am Neckar liegt, dürfen es gern mal Weißwürste oder Obatzda sein. Schwanengarten: bei schönem Wetter tägl. 11–23 Uhr, Schwanenstube: Tägl. (außer Mo/Di) 18–23 Uhr, So ab 12 Uhr. Neckarstr. 42, ✆ 06229/7566, www.schwanenstube.de.

Café Steigleder. Der Ort bei Tortenlust. Zwar ist die Einrichtung schon ein wenig in die Jahre gekommen, die Torten wie die obligatorische Schwarzwälder Kirsch sind dafür in der Regel frisch, sahnig und lecker. Café: Mo–Fr 8–12.30 und 14–18 Uhr, So 14–17 Uhr, der Laden öffnet wochentags bereits um 6 Uhr. Bahnhofstr. 2, ✆ 06229/501, www.cafe-steigleder.de.

Die Burgenstraße → Karte S. 249

Blick von der Schlossterrasse aufs malerische Pförtnerhaus

Hirschhorn

Bei Sonnenschein auf der Schlossterrasse sitzen und gemütlich dem Schleusenbetrieb auf dem Neckar zuschauen – das ist an der Burgenstraße nur auf Burg Hirschhorn möglich. Außerdem hat man von dort eine tolle Sicht über die Altstadt und auf die wohl älteste Kirche des Neckartals: die Ersheimer Kapelle.

Man möchte den Titel eigentlich gar nicht mehr wiederholen, aber die „Perle des Neckars" hat diesen Namen schon verdient. Stattlich thront die Burg über der Stadt. Der Weg zu Fuß hinauf führt durch die schöne Altstadt, vorbei an kleinen Gässchen mit vielen historischen Häusern, zum Teil mit Fachwerk und schmuckvollen Schnitzereien. An der ruhigen Hauptstraße reihen sich einige Gasthäuser und Cafés beinahe nahtlos aneinander. Sehenswert ist hier auch der Torturm des alten Mitteltors von 1392, der heute der angrenzenden Pfarrkirche Zur Unbefleckten Empfängnis Mariä (1628–30) als Kirchturm dient.

Der Reichtum vergangener Epochen lässt sich an den historischen Bauwerken, die im Laufe der Jahrhunderte kaum zerstört wurden, noch gut ablesen. Für den einstigen Wohlstand sorgten die Stadtgründer: Vor allem unter Hans V. von Hirschhorn erlebte die Stadt eine Blütezeit. Er war königlicher Gesandter von Ruprecht III. und entsprechend begünstigt. Während seiner Zeit erhielt Hirschhorn z. B. das Marktrecht (1404). Er stiftete 1406 das Karmeliterkloster samt der Kirche Mariä Verkündigung. Das Adelsgeschlecht regierte bis ins 17. Jh., starb aber während des Dreißigjährigen Krieges aus. Stadt und Burg gingen dann an das Erzbistum Mainz. 1803 wechselte Hirschhorn erneut den Besitzer und ging an das Großherzogtum Hessen-Darmstadt.

Zur Gemeinde Hirschhorn zählen heute die Stadtteile Ersheim, Langenthal, Unter-Hainbrunn und die südwestliche Hälfte von Igelsbach – die nordöstliche gehört zu

Eberbach und damit zu Baden-Württemberg. Ersheim liegt wie auf einer Landzunge in einer von zwei aufeinanderfolgenden Neckarschlaufen auf der südlichen Flussseite direkt gegenüber von Hirschhorn. Der Stadtteil ist deutlich älter als Hirschhorn und wurde bereits 773 im Lorscher Codex erwähnt, damals mit dem Namen „Erasam". Archäologische Funde beweisen, dass die Gegend sogar schon vor 6000 Jahren besiedelt wurde. Die **Ersheimer Kapelle** an der Spitze der Landzunge soll die älteste Kirche im Neckartal sein. Ersheim konnte über Jahrhunderte hinweg nur mit einer Fähre erreicht werden und war deshalb kaum besiedelt. Mit dem Bau einer Schleuse in den 1930er-Jahren wurde auch eine Brücke geschaffen. Seitdem ist der Stadtteil beständig um die Ersheimer Kapelle herum gewachsen – im Osten gruppiert sich zum Neckar hin Industrie, der übrige Teil besteht vorwiegend aus neueren Wohngebieten.

Langbeinmuseum: Der Namensgeber des Museums, Carl Langbein, war im 19. Jh. ein Hirschhorner Gastwirt. Er war vielseitig interessiert und talentiert. So erforschte er in seiner Freizeit die Heimatgeschichte oder reparierte als geschickter Kunsthandwerker Möbelstücke und sammelte – Gemälde, Skulpturen, Möbel, Waffen, Münzen, Bücher und vieles mehr. Im Museum sind u. a. über 180 Tierpräparate ausgestellt, von denen Langbein die meisten selbst präpariert hat. Das Museum ist im ehemaligen Forsthaus, dem heutigen „Haus des Gastes" untergebracht. Das klassizistische Gebäude befindet sich gegenüber dem Rathaus. Mi und So 15–17 Uhr. Für Gruppen werden auf Anfrage Sonderführungen am Vormittag organisiert. Alleeweg 2, ✆ 06272/1742, www.museum-hirschhorn.de.

Burg Hirschhorn

Vom Neckar aus lässt sich die Größe der Gesamtanlage nicht erschließen, denn zunächst imponiert die Burg mit dem emporragenden Turm und dem Renaissancegebäude, dem sog. Hatzfeldbau. Doch die Gesamtfläche nimmt gut die Hälfte der darunterliegenden Altstadt ein.

Schön begrünte Altstadtmauer – dahinter fließt der Neckar

Die Burgenstraße → Karte S. 249

Die Burg liegt auf einem Sporn des Stöckbergs und war so geschickt positioniert, dass gleichzeitig Neckartal, Finkenbachtal und Ulfenbachtal überwacht werden konnten. Sie entstand Mitte des 13. Jh. und besteht neben der Kernburg noch aus zwei jüngeren Vorburgen. Die Kernburg enthält die ältesten Bauteile, zu denen die mächtige Schildmauer zählt, die im Norden 15 m in die Tiefe fällt. Der alte Palas und der schlanke, rechteckige Bergfried stammen aus dem frühen 14. Jh. Im ausgehenden 16. Jh. wurden die Wohnbauten der Kernburg um den Hatzfeldbau erweitert. Mit seinen drei Geschossen und schmucken Ziergiebeln verdeckt er einen Teil des alten, abgetragenen Baus. Seine Fassade wurde in jüngerer Zeit im Stil des 16. Jh. bemalt. Im Gebäude ist seit den 1950er-Jahren ein Hotel mit Restaurant untergebracht. Über der Hotelrezeption befindet sich die Burgkapelle (geweiht 1350), die heute als Standesamt genutzt wird. An ihrer Nordwand sind noch Ausschnitte eines Freskos zu sehen, das den Passionszyklus zeigt.

Noch heute ist das Wappentier der Hirschhorner gegenwärtig

Nach Süden und Westen erstreckt sich die obere Vorburg mit dem Nordtor und dem westlichen Eckturm, dem sog. Gefängnisturm. Nach Süden hin trennt das zweigeschossige Torwächterhaus die untere von der oberen Vorburg. In der unteren Vorburg stehen der Marstall, der zum Hotelkomplex gehört, und eine kleine Burgkirche. Weiter unterhalb dieser Gebäude befindet sich ein Wehrturm, der in die Stadtmauer integriert ist.

Ersheimer Kapelle St. Nazarius und Celsus

Die Ersheimer Kapelle befindet sich fast an der Spitze der halbinselförmigen Landzunge in der Neckarschlaufe und soll älter sein als der Ort Hirschhorn. Es wird vermutet, dass schon im 8./9. Jh. an dieser Stelle eine kleine Kirche stand. Erstmals urkundlich erwähnt wird sie jedoch erst 1345. Aus dem 14. Jh. stammt auch der Vorchor, der zu den ältesten Gebäudeteilen zählt. Sein Kreuzrippengewölbe und die Wände sind mit eindrucksvollen Fresken bedeckt, die erst bei Restaurierungsarbeiten in den 1960er-Jahren entdeckt wurden. Das Gewölbe ist mit Evangelistensymbolen verziert: menschliche Wesen mit Menschen-, Löwen-, Stier- und Adlerkopf, die Matthäus, Markus, Lukas und Johannes versinnbildlichen. In die Nordwand ist ein schmuckvolles Stuck-Epitaph des 17. Jh. zu Ehren des Ministerialen Philipp Heimreich von Weinheim eingelassen. Im 14. Jh. diente die Kapelle vor allem den Herren von Hirschhorn als Begräbnisstätte. Im prachtvollen spätgotischen Chor stehen mehrere Grabplatten des Adelsgeschlechts. Besonders beeindruckend sind die Grabplatten von Engelhard I. von Hirschhorn (gest. 1361) und seiner Schwiegertochter Margarete von Erbach (gest. 1383). Sie zeigen die Verstorbenen als lebensgroße Reliefplastiken. Im Gegensatz zum Chor und Vorchor ist das Langhaus aus dem Jahr 1464 schlicht. Hier befindet sich ein Konsolenstein mit Gesicht, der möglicherweise den Baumeister porträtiert. Er ist links neben dem Eingang in die Wand integriert. St. Nazarius und Celsus war bis 1636 die Pfarrkirche von Hirschhorn, dann übernahm die Karmeliterkirche Mariä Verkündigung diese Aufgabe. Seit dem 17. Jh. wird sie ausschließlich als Friedhofskirche genutzt.

Basis-Infos zu Hirschhorn

Information Ein Schild am Mitteltor weist den Weg zur Tourist-Information, die sich direkt hinter der Pfarrkirche Zur Unbefleckten Empfängnis Mariä befindet. Mai bis Sept. tägl. (außer So/Mo) 14–17 Uhr, Mi–Fr auch 10–12 Uhr, Sa nur morgens, Okt. bis April Di–Fr 10–12 und 14–17 Uhr. Untere Gasse 1, 69434 Hirschhorn, ✆ 06272/1742, www.hirschhorn.de. Bei Übernachtungen in der Kernstadt wird übrigens von April bis Okt. eine Kurabgabe von 0,50 €/Erw. pro Nacht fällig.

Feste & Veranstaltungen Am Faschingssonntag wird die ganze Stadt närrisch. Einheimische wie Gäste stehen dann beim großen **Fastnachtsumzug** Spalier. Begleitet von Fußgruppen in Teufels- oder Tigerkostümen, Helau-Rufen und Rucki-zucki-Klängen fahren zahlreiche geschmückte Wagen und Traktoren an den Zuschauern vorbei.

Wie Neckarsteinach beendet auch Hirschhorn-Langenthal die närrische Zeit mit dem traditionellen Abrollen des **Feuerrads**. Das Spektakel beginnt gegen 20 Uhr. Bratwürstchen und Getränke wärmen bei Kälte von innen.

Beim **Ritterfest** wird in der Altstadt die Zeit zurückgedreht. Im Handwerkerdorf kann man z. B. einem Drechsler oder einer Färberin bei der Arbeit über die Schulter schauen. Händler verkaufen mittelalterliche Spiele, getrocknete Kräuter oder handgeschöpfte Seife. Spielleute und Sänger beschallen den Schauplatz mit mittelalterlichem Liedgut. Und Gaukler bringen ihr Publikum zum Lachen. Die größte Attraktion aber sind die Ritterkämpfe: Edle Recken in ihren Rüstungen hauen sich in einstudierter Choreografie Beile und Schwerter um die Helme. Immer am ersten Wochenende im September. Eintritt ins Handwerkerdorf und für die Ritterkämpfe 6 €, Kombiticket für Sa/So 8 €, „Kinder unter Schwertmaß haben freien Zugang", heißt es vom Veranstalter. Infos unter www.hirschhorner-ritter.de.

Stadtführungen Von Juni bis Sept. bietet die Stadt Hirschhorn jeden Samstag eine Führung an. Beginn 10 Uhr, Dauer ca. 1 Std., Treffpunkt ist die Tourist-Information. Preise und weitere Termine unter www.hirschhorn.de oder bei der Tourist-Information, Untere Gasse 1.

Der Gefängnisturm schließt an das Nordtor an

Einkaufen in Hirschhorn

Feines im Fachwerk. Der urige Laden liegt an der Hauptstraße in der Altstadt. Neben zahlreichen Teesorten, hochwertiger Schokolade, feinen Kräutern und Gewürzen oder ausgesuchten Bio-Essigen werden im Gewölbe auch dekorative Accessoires verkauft. Mo–Fr 9.30–12.30 und 15–18 Uhr, Sa 10–13 Uhr. April bis Okt. Mo geschlossen, stattdessen So 13–17 Uhr. Hauptstr. 24, ✆ 06272/922853, http://feines-im-fachwerk.de.

Kaffeemanufaktur Hirschhorn. Die Rösterei will der Einzelhandelsflucht aus der Stadt entgegenwirken. Das dazugehörige „Café am Rathaus" ist am Wochenende gut besucht. Gäste können verschiedene Sorten selbst gerösteten Kaffees für zu Hause erwerben, z. B. Guatemala Antigua oder Java Blavan sowie Kaffeemischungen namens Hirschhorn No. 1 bis 3 für Espresso-, Kaffee- oder entkoffeinierten Genuss. Tägl. 8–18 Uhr. Hauptstr. 17, ✆ 06272/5130479, www.kaffeemanufaktur-hirschhorn.de. ■

Übernachten in Hirschhorn

Poseidon. Das Hotel-Restaurant in der Altstadt mit dem griechischen Namen ist auch hellenisch-gastfreundlich geführt. Es hat geräumige, saubere Standardzimmer mit Dusche/WC, TV und WLAN. Für alles, was zwei Räder hat, steht eine extra Biker-Garage zur Verfügung. Das Restaurant ist auch gut besucht. DZ 65 € inkl. Frühstück. Hauptstr. 39, ✆ 06272/912300, www.poseidon-hirschhorn.de.

Zur Krone. Befindet sich im Gemeindeteil Langenthal und kombiniert wie viele andere auch Pension und Gasthaus. Die 9 DZ und 2 EZ sind zwar recht nüchtern eingerichtet, haben aber den üblichen Komfort. Die Krone ist zweiradfreundlich und wird bei Bett & Bike geführt. Es gibt eine Garage für Räder mit und ohne Motor und eine Trockengelegenheit für Kleidung und Ausrüstung. 35 €/Pers. inkl. Frühstück. Waldmichelbacher Str. 29, ✆ 06272/2510 oder 93020, www.zur-krone-langenthal.de.

Ferienwohnung Groß Claus. Das malerische Haus, in dem sich die rund 60 m² große, voll ausgestattete Ferienwohnung befindet, liegt direkt am Treppenaufgang zur Burg, nahe dem Kloster. Die Einrichtung ist geschmackvoll authentisch und passt zum Sichtfachwerk im Inneren. 50 €/Nacht für 2 Pers. plus 40 € Endreinigung und 0,60 € Kurtaxe/Nacht. Klostergasse 20, ✆ 06272/9296248, http://gross-claus.homepage.t-online.de.

Ferienwohnung „Schäfer". Die 75 m² große, komplett renovierte und neu ausgestattete Unterkunft befindet sich in Ersheim. Die Küche bietet alles an Geräten, was man braucht, selbst eine Geschirrspülmaschine, auch wenn man sie zu zweit im Urlaub eigentlich nicht benötigt. Außerdem verfügt die Ferienwohnung über WLAN und einen Sat-TV. Wie üblich werden Bettwäsche und Handtücher gestellt. 40 €/Tag für 2 Pers. Höhenweg 10, ✆ 06272/895, www.ferienwohnung-schaefer.info.

*** **Ferienwohnung Sydow**. Diese urig-rustikale und komfortable Unterkunft mit Balkon ist das Richtige für Selbstversorger. Die Küche hat einen Geschirrspüler. Bei Bedarf kann eine Waschmaschine im Trockenkeller benutzt werden. Telefon und TV sind vorhanden. Tiere sind auch willkommen. Die Ferienwohnung liegt in Igelsbach – also zwischen Hirschhorn und Eberbach. 256 €/Woche für 2 Pers. Sandweg 11, ✆ 06272/72849, http://home. arcor. de/asydow/fw/index.html.

Odenwald Camping-Park. Der Platz liegt nördlich außerhalb von Hirschhorn in einem Tal. Er verfügt über ein Schwimmbad und bietet vieles über den üblichen Service hinaus wie eine Waschmaschine plus Trockner oder ein Animationsprogramm für Kinder und Jugendliche. Geöffnet von März bis Anfang Okt. Stellplatz 7 €/Tag, 6,30 €/Pers. Weitere Preisangaben auf der Website. Langenthaler Str. 80, ✆ 06272/809, www.odenwald-camping-park.de.

Essen & Trinken in Hirschhorn

Zum Hirsch. Das älteste Gasthaus in Hirschhorn wurde bereits 1677 schriftlich erwähnt. Seit 1909 steht das Gebäude unter Denkmalschutz. Diese lange Tradition zeigt sich natürlich auch in der urig-gemütlichen Einrichtung. Im Sommer sitzt man vor der Tür in der Fußgängerzone. Die Karte ist deftig, auch saisonale Gerichte – im Herbst z. B. stehen Kürbis, Ente oder Wild auf der Karte. Tägl. (außer Mi) ab 10 Uhr (Di abends zu). Hauptstr. 25, ✆ 06272/1268, www.gasthaus-zum-hirsch.com.

Zur Burg Hirschhorn. In dem Lokal lassen sich gern auch die Einheimischen das gutbürgerliche Essen vom Mittagstisch schmecken. An der Decke hängen Messingleuchten, Gemälde von der Burg und dem Mitteltor zieren die Wände. Es gibt auch eine größere Auswahl an vegetarischen Gerichten wie Kartoffeltaschen mit Käsefüllung. Dafür wurde das Gasthaus 2009 vom Vegetarierbund Deutschland ausgezeichnet. Ein Stück des Bürgersteigs dient als Terrasse. Mo bis 14 Uhr, Mi–So ab 11 Uhr, im Sommer durchgehend warme Küche. Hauptstr.10, ✆ 06272/2660.

Das Hirschhorner Kartoffelhaus. Dass Kartoffeln mehr sind als nur einfache Beilage, zeigt dieses Restaurant. Aus unterschiedlichen Kartoffelsorten werden kreative Speisen zubereitet, die für jede Vorliebe etwas bereithalten, z. B. vegetarische Trüffel-Gnocchi, Kartoffel-Ravioli oder Kartoffel-Trilogie mit Geflügelleber. Dazu gibt es die passende Weinempfehlung. Man ahnt es: Das Ambiente ist eher gehoben. Einen schönen Platz zum Sitzen auf der Hauptstraße im historischen Stadtkern hat das Kartoffelhaus auch. Mo–Sa 17–23 Uhr, So 11.30–14.30 und 17–22 Uhr. Hauptstr. 35, ✆ 06272/5130670, www.kartoffelhaus-hirschhorn.de.

Stadtcafé Grimm. Das Lokal bietet in gediegener Kaffeehausatmosphäre auch Steaks oder Forellen an. Zu den Spezialitäten zählen die Pfannenkuchen-Variationen mit süßer oder pikanter Füllung. Das Stadtcafé ist am Wochenende immer gut besucht. Ein kleines Geschäft, in dem Brötchen, Kuchen und hausgemachte Pralinen verkauft werden, ist angeschlossen. Tägl. (außer Mo) ab 8 Uhr bzw. warme Küche ab 11 Uhr. Hauptstr. 31, ✆ 06272/2243.

Auf dem Weg hinauf zur Burg vorbei am Karmeliterkloster

Eberbach

Die alte Stauferstadt ist ein guter Ausgangspunkt, um den höchsten Berg des Odenwalds zu erwandern, den Katzenbuckel. Außerdem hat Eberbach viele sehenswerte Fachwerkbauten und Türme, diverse Museen und jede Menge Gastronomie. Im Herzen der schönen, belebten Altstadt lässt es sich entspannen.

Eberbach liegt idyllisch in einem Talkessel am Neckar. Seine neun Stadtteile sind rund um den Fluss in alle Himmelsrichtungen verteilt – darunter Gaimühle, Pleutersbach oder Brombach. Die Stadt mit dem Wildschwein und der blauen Welle im Wappen ist jedoch nicht mit dem gleichnamigen Kloster im Rheingau zu verwechseln! Kein Witz, immer wieder passiert es den Eberbachern, dass verirrte Touristen nach dem Weg zur weltberühmten Abtei fragen, die für den Film „Der Name der Rose" die Kulisse stellte. Doch die befindet sich in der Nähe von Eltville am Rhein.

Eberbach am Neckar war ursprünglich die Grenze zwischen den Bistümern Worms und Würzburg. Die offizielle Stadtgeschichte beginnt mit dem fränkischen Adelsgeschlecht derer von Lauffen. Einer dieser Grafen ließ sich als Wormser Stiftsvogt am Fuße des Katzenbuckels (626 m) nieder und nannte sich 1196 Graf von Eberbach. Den höchsten Odenwälder Berg im Rücken und weite Teile des Neckars im Überblick, konnte er so Schifffahrt und Grenzverkehr gut kontrollieren. Es entstand die erste von insgesamt drei Burgen, die nach dem Aussterben des Lauffener Adelsgeschlechts 1227 an Heinrich (VII.) verkauft wurde. Unter dem Stauferkönig wurde Eberbach vermutlich direkt am Neckarufer zur Stadt ausgebaut. Er soll hier einen herrschaftlichen Hof besessen haben. Urkundlich belegt ist der Bau der Stadtmauer um 1241. Ein großer Teil davon ist heute noch erhalten. Nach dem Ende der Staufer-Ära wechselte die Stadt mehrmals den Besitzer: darunter die Grafen von Katzenelnbogen, die Herren von Hirschhorn im Auftrag der rheinischen Pfalzgrafen und die Fürsten zu Leiningen.

Eberbachs Wahrzeichen: St. Johannes Nepomuk

Wichtig für Eberbachs wirtschaftliche Entwicklung war natürlich der Neckar. Bereits im 15. Jh. florierten Flößerei und Holzhandel, Schiffsbau und Schifffahrt. Gegen Ende des 19. Jh. gab es sogar mehrere Werften, die sich auf den

Holzschiffsbau spezialisiert hatten. Heute gibt es nur noch einen Betrieb, der Rennruderboote produziert. Und die Schiffe, die nun in Eberbach anlegen, bringen in der Regel Besucher nach Hirschhorn, Neckargemünd oder Heidelberg. Generell prägen heute zahlreiche Touristen das Stadtbild. Gerade auf dem Alten Markt, umgeben von schönen historischen Gebäuden wie dem Rathaus, in dem sich mittlerweile das Stadtmuseum befindet, sitzt es sich angenehm. Älteres Publikum lässt sich hier Kuchen und Torten schmecken. Aber auch Radfahrer und Wanderer finden sich nach manchmal einsamer Tour durch den Wald zum Katzenbuckel in Eberbach ein.

Queen Victoria auf dem Neckar geboren?

Das munkelt zumindest eine Sage. Und das kam so: Prinz Edward Augustus, Duke of Kent and Strathearn, heiratete 1818 in Amorbach die verwitwete Fürstin Victoire von Leiningen. Die frühere Prinzessin von Sachsen-Coburg-Saalfeld hatte im östlichen Odenwald, nachdem ihr Gatte Emich Carl zu Leiningen verstarb, ihren Witwensitz. Nach der Hochzeit bezog das herrschaftliche Paar das Thalheim'sche Haus in Eberbach. Soweit ist die Geschichte belegt. Und nun wird's abenteuerlich: 1819 war die Fürstin schwanger. Kurz vor der Niederkunft wollte das Paar nach England, doch die Zeit reichte nicht mehr. Also wurde ein Schiff besorgt, zu englischem Territorium erklärt und die spätere Königin des Vereinigten Königreichs von Großbritannien und Irland auf dem Neckar in der Nähe von Eberbach geboren. Ob das so stimmt? Zumindest sorgt die Sage dafür, dass die bekannteste Konditorei der Stadt per Torte Kontakt zum britischen Königshaus hält. Im Café Viktoria gibt es nicht nur eine gleichnamige Torte. Die Tortenbäcker haben auch zur Hochzeit von Prinz William und Kate Middleton eine individuelle Kreation an den englischen Hof geschickt.

Rundgang durch die Altstadt

Eberbachs Altstadt wird von Teilen der historischen Stadtmauer eingerahmt, deren Eckpunkte die vier Stadttürme markieren – Pulverturm, Blauer Hut, Rosenturm und Haspelturm. An der südwestlichen Ecke befindet sich der in die Stadtmauer eingebundene **Pulverturm** (früher Mantelturm). Sein Fundament entstand um 1230, bis ins 15. Jh. hinein wurde er ausgebaut. Seine Turmuhr stammt von einem Eberbacher Uhrmacher aus dem Jahre 1766. Direkt daneben steht das **Thalheim'sche Haus.** Das älteste Steingebäude von Eberbach entstand im frühen 15. Jh. und wurde über die Jahrhunderte vielfältig genutzt: zunächst als kurpfälzischer Amtskeller, dann als Jagdhaus derer von Leiningen. Auch die Eltern von Queen Victoria residierten hier 1818/19. Es war Amtsgericht, Rathaus und Touristeninformation, bis schließlich das Informationszentrum des Naturparks Neckartal-Odenwald hier sein Domizil aufschlug. Die Zwingerstraße parallel zum Neckar führt zum **Blauen Hut.** Der kleine Turm aus dem 14. Jh. ist zugleich der jüngste der vier Stadttürme. Seinen Namen hat er von der geschwungenen Dachhaube aus blauschwarzem Schiefer.

Auch die Ostseite der mit Fachwerkhäusern bebauten Stadtmauer existiert noch. Die Häuser wurden damals aus Platzmangel auf die Mauer gebaut. An deren Ende

Die Burgenstraße → Karte S. 249

steht der runde **Rosenturm.** Aufgrund der Bauweise und des Materials gehen Historiker davon aus, dass er zeitgleich mit der Stadtmauer im 13. Jh. entstand und somit der älteste der vier Türme ist. Bis ins späte Mittelalter war er mit einem runden Turmdach bedeckt, das heute fehlt. Den eleganten Namen trug er nicht immer – eigentlich hieß er zunächst „Rossenbrunner Turm" nach einer Pferdetränke, die einst in der Nähe lag. In seinem Rücken befindet sich die evangelische **Michaelskirche,** die in der ersten Hälfte des 19. Jh. entstand. Zum vierten Stadtturm, dem **Haspelturm,** gelangt man einmal quer durch die Obere Badstraße in der Altstadt. Er stammt aus dem 14. Jh. und beherbergt heute das **Zinnfigurenkabinett.** Im Untergeschoss befindet sich ein Verlies, in das Gefangene mit einer Haspel (eine Art Gewinde) hinuntergelassen wurden.

Im Herzen der Altstadt, am Alten Markt, steht das **Alte Rathaus** aus dem Jahre 1823. Es wurde im sog. Weinbrenner-Stil gebaut – benannt nach dem Baumeister Johann Jacob Friedrich Weinbrenner, der den Klassizismus in Baden nachhaltig prägte. Am Gebäude befinden sich zwei Brunnen jeweils mit dem Kopf eines Ebers, dem Wappentier der Stadt. In den Räumen des Alten Rathauses ist heute das Heimatmuseum untergebracht. Daneben steht das **Hotel „Karpfen",** dessen Fassade Malereien in Sgraffito-Technik von 1934 zieren. Sie zeigen bedeutende Personen und Ereignisse aus der Stadtgeschichte. Eine Querstraße weiter steht das **Wirtshaus „Zum Krabbenstein",** das ebenfalls mit Sgraffiti bemalt wurde, die alte Handwerksberufe darstellen. Etwas nördlich oberhalb der Altstadt steht die sehenswerte **St.-Johannes-Nepomuk-Kirche.** Ihr Neorenaissancestil aus dem ausgehenden 19. Jh. brachte ein Stück italienische Architektur nach Eberbach. Sie gilt heute als Wahrzeichen der Stadt.

Dem Haspelturm gelingt es nicht, sich zu verstecken

Heimatmuseum: Das Museum im historischen Rathaus informiert u. a. über alte Berufszweige, die sich aus den natürlichen Vorgaben der Region entwickelten, wie Flößer, Fischer, Schiffsbauer, Steinhauer und Steinmetz. Darüber hinaus gibt es Lehrreiches über die Landschaft zu erfahren. Di und Fr 15–17 Uhr, Sa/So 14–17 Uhr sowie nach Vereinbarung. Der Eintritt ist frei. Alter Markt, ✆ 06271/1664, www.museum-eberbach.de.

Küferei-Museum: Der letzte Eberbacher Küfer hat sein Handwerk bis 1987 betrieben. Nun ist seine ehemalige Werkstatt ein Museum, in dem man Schritt für Schritt nachvollziehen kann, wie früher ein Fass hergestellt wurde. Mai bis 1. Oktoberwochenende Fr–So und feiertags 14–17 Uhr, Juli bis Sept. auch Di 14–17 Uhr. Der Eintritt in das kleine private Museum ist frei. Pfarrhof 4, ✆ 06271/2704.

Zinnfigurenkabinett: Im Haspelturm sind in Mauer- und Fensternischen Dioramen in beleuchteten Schaukästen platziert, die in Miniatur die Entwicklung des Lebens auf der Erde dokumentieren. Es beginnt bei den Dinosauriern und führt über die Steinzeit und die Kelten bis zur Neuzeit. Mitte Mai bis Mitte Okt. Mi und Sa 15–17 Uhr, So und feiertags 14–17 Uhr sowie nach telefonischer Vereinbarung. Der Eintritt ist frei. Lindenplatz, ✆ 06271/3020.

Naturparkzentrum Eberbach: Die Ausstellung im Thalheim'schen Haus ähnelt thematisch der im Heimatmuseum, denn sie informiert ebenfalls über die Geschichte der Region, ihre Landschaft und deren Besiedlung. Gleichzeitig hat sie aber einen „Lehrauftrag": Das Naturparkzentrum lehrt große und kleine Menschen, wie der Lebensraum über die Jahrhunderte hinweg genutzt wurde und wie er heute für die Zukunft geschützt werden kann und sollte. Di–Do 14–16.30 Uhr, So und feiertags 14–17 Uhr. Der Eintritt ist frei. Kellereistr. 36, ✆ 06271/942275, www.naturpark-neckartal-odenwald.de.

Der Ohrsberg

Der 229 m hohe Berg liegt mitten in der Stadt. Ursprünglich hatte der Neckar eine Schleife um ihn herum gezogen, die aber im Laufe der Zeit abgeschnitten wurde. Von der Altstadt führt ein gemütlicher Panoramaweg hinauf, auf dem einer der Geopunkte des Geo-Naturparks Bergstraße-Odenwald liegt. Das Schild erläutert die Entstehungsgeschichte des Ohrsbergs. So wird vermutet, dass an der Stelle des Bahnhofs der alte Neckarlauf mit einem Wasserfall seinen neuen Lauf erschlossen hat. Am Süd- und Osthang des Ohrsbergs befinden sich einige Kleingärten. Dahinter liegt ein kleiner jüdischer Friedhof. Der Panoramaweg führt bis auf die Bergkuppe, wo 1970 der Ohrsbergturm errichtet wurde. Von ihm hat man einen wunderbaren Blick auf die Stadt, den Neckar und den Wald. Zur Stauferzeit hat hier eine Burg gestanden. Ihr Ringgraben ist heute noch deutlich zu erkennen. Es handelt sich dabei aber nicht um die Burgruine Eberbach, die auf einem Bergsporn westlich gegenüber liegt.

Burgruine Eberbach

Die Burganlage von Eberbach besteht aus drei Burgruinen: Vorder-, Mittel- und Hinterburg, die sich auf einer Länge von 200 m und einer Breite von 45 m erstrecken. Sie entstanden nacheinander und waren in sich geschlossene Anlagen. Die Vorderburg wurde im 12. Jh. auf Geheiß der Bischöfe von Worms errichtet, die so ihr Herrschaftsgebiet sicherten. Die Mittel- und die Hinterburg entstanden zwischen 1227 und 1240 unter dem Stauferkönig Heinrich (VII.), dem Gründer der Stadt Eberbach. Nachdem die Herrschaft der Staufer endete, stand die weitere Geschichte der Burganlage unter keinem guten Stern. Sie wurde mehrfach verpfändet, bis schließlich Ritter Hans von Hirschhorn ihr Besitzer wurde. Er setzte 1403 durch, dass die Burganlage als unrentabel angesehen und bis auf wenige Mauerreste „geschliffen" (abgerissen) wurde. 500 Jahre lang, bis in das 20. Jh. hinein, wurde ihr keine Beachtung geschenkt. Erst ab 1909 interessierten sich die Eberbacher

Die Burgenstraße → Karte S. 249

wieder für das Gemäuer und begannen mit Ausgrabungen, die Rückschlüsse auf die Architektur und Gebäudenutzung zuließen. Auch wurden einzelne Bauelemente in der Folgezeit bis 1963 wiederaufgebaut.

Tour 9: Runde auf den Katzenbuckel → S. 298
Vorbei an der Burgruine Eberbach, hinauf auf den ehemaligen Vulkan

Basis-Infos zu Eberbach

Information Die **Tourismus-Stadtinformation** befindet sich im Rathaus. Mai bis Okt. Mo–Fr 9–17 Uhr, Mi bis 18 Uhr, Sa 10–12 Uhr, Nov. bis April Mo/Di und Do 9.30–17 Uhr, Fr bis 12 Uhr. Leopoldsplatz 1, 69412 Eberbach, ✆ 06271/87242, www.eberbach.de. Auf der Website gibt es u. a. Infos zur **Eberbacher Personenschifffahrt (EPS)**. Detaillierte Auskünfte zu Fahrtzeiten und Routen der Schiffe unter www.epskappes.de.

Feste & Veranstaltungen »» Mein Tipp: In Eberbach startet die Festsaison mit **JazzMe**. So heißen die Eberbacher Jazztage, die im Februar und März den gekürten Musikernachwuchs des Bundeswettbewerbs „Jugend jazzt" in die Stadt holen. Die Locations für ihre Auftritte sind angenehm unkonventionell – gespielt wird u. a. in Gewächshäusern, Schalterhallen oder Ausstellungsräumen. ««

Mit den **Bärlauchtagen** im März und April begrüßt die Stadt den Frühling. Seitdem das würzige Gewächs wiederentdeckt wurde, findet es seinen Platz in Käse, Wurst und allerlei anderen Speisen. An den Bärlauchtagen kommt es frisch auf den Tisch der örtlichen Lokale.

Das **Frühlingsfest** in der Altstadt lockt immer am Wochenende nach Christi Himmelfahrt v. a. Musikfreunde an. Fünf bis sechs Bühnen beschallen den Stadtkern mit Musik, von Pop bis Klassik. Örtliche Vereine bewirten Besucher mit Speisen und Getränken.

Der **Kuckucksmarkt** am letzten Augustwochenende ist das größte Volksfest der Stadt mit klassischen Fahrgeschäften, Jahrmarktbuden und Imbissständen. Es hat seinen festen Platz auf dem Sportgelände Richtung Pleutersbach auf der südlichen Neckarseite.

Der **Apfeltag** ist dem pausbäckigen Obst gewidmet. Eigentlich handelt es sich um einen verkaufsoffenen Sonntag, der immer am dritten Sonntag im Oktober stattfindet und zum Happening ausartet: Aus allen Ecken ertönt von professionellen und Nachwuchsmusikern Rock, Jazz, Dixie oder Volksmusik. Es gibt eine umfangreiche Kinderbespaßung und natürlich jede Menge Äpfel – als Kuchen, Saft oder auch Apfelmus zum Reibekuchen.

Schwimmen Das Badezentrum „In der Au" mit Freibad und Hallenbad liegt direkt am Neckar in unmittelbarer Nähe des Campingplatzes. Das Freibad hat ein 50 m-Becken und 3 Kinderbecken. Wasserrutsche, Tischtennisplatten, Spiel-, Volleyball-, Basketball- und Bolzplatz geben jüngeren Besuchern Gelegenheit, sich kräftig auszutoben. Für Entspannung sorgt dagegen ein Besuch der Sauna. Das Hallenbad kann ohne Aufpreis mitbenutzt werden. Freibad: Mai bis Sept. Mo–Fr 7–20 Uhr, Sa/So und feiertags ab 8 Uhr, Eintritt 4 €. Hallenbad: ab Mitte Sept. Di 13–20.30 Uhr, Mi 15–22 Uhr, Do 8–20.30 Uhr, Fr/Sa 13–18 Uhr, So und feiertags 9–16 Uhr, Eintritt 3,50 €, Sauna 9 €. In der Au, ✆ 06271/7611 und 920960, weitere Infos unter www.stadtwerke-eberbach.de.

Einkaufen in Eberbach

Ein kleiner **Wochenmarkt** mit allerlei Angeboten, die von Gemüse, Käse, Wurst und Fleisch bis zu Fisch und Blumen reichen. Di, Do und Sa 7–13 Uhr auf dem Leopoldsplatz vor dem Rathaus.

Matthias Prexl 1 Eigentlich ein Zulieferer für professionelle Fischzüchter, der Dinge wie Eimaterial von Salmoniden oder Aufzuchtbecken anbietet. Aber man kann auf Vorbestellung je nach naturgegebener Verfügbarkeit auch Forellen, Lachsforellen, Bachforellen oder Saiblinge tagesfrisch und küchenfertig vom Erzeuger kaufen. Die Fischzucht liegt im nördlichen Stadtteil Friedrichsdorf, Höhfeldstr. 34, ✆ 06276/334 oder 0173-9339213, www.aqua-fish.de.

Bauernladen Adolf Schulze 9 Diese Nudeln sind den Gourmets der Region ein Begriff. Für feine Pasta-Sorten wie Fusilli, Maccheroni, Penne oder klassische Spaghetti werden bodenständige Zutaten verwendet wie frisches Quellwasser aus dem Odenwald, frische Eier vom eigenen Bauernhof und natürlich Hartweizengrieß. Zu den absoluten Highlights zählen die Kürbis- und Bärlauchnudeln. Darüber hinaus gibt es im Hofladen von Adolf Schulze auch Gemüse aus eigenem Anbau, Eier, Marmeladen Honig, Öl und Gewürze. Mo–Sa 8–12.30 Uhr, Do/Fr 15–18 Uhr. Ersheimer Str. 12, Eberbach-Pleutersbach, ✆ 06271/2856.

Villa Kunterbunt 12 Dieser Secondhand-Laden hat sich überwiegend auf Kinder spezialisiert: Das kleine, farbige Haus ist bis unters Dach gefüllt mit Stücken, die eine neue Familie suchen: von Bekleidung über Spielzeug bis hin zu Hörkassetten. Mo–Fr 10–11.30 und 15–17.30 Uhr, Sa 10–12 Uhr, Do nachmittags geschlossen. Adolf-Knecht-Str. 17.

Keramikwerkstatt Krösselbach 16 Abseits des kleinstädtischen Trubels auf der Südseite des Neckars liegt die Werkstatt von Alfred Schließler. Der Künstler produziert schöne und funktionale Gebrauchskeramik wie Brottöpfe, Geschirr, Schüsseln oder Vasen. Außerdem kann man sich vor Ort in der hellen, geräumigen Ferienwohnung ab 3 Nächten für 155 € einmieten. Der Weg zur Werkstatt führt über Rockenau. Mo–Fr 10–12 und 15–18 Uhr, Sa 10–12 Uhr. Krösselbachweg 2, ✆ 06271/6496, www.kroesselbach-keramik.de.

Übernachten in Eberbach

→ Karte S. 271

**** **Hotel Krone Post** 11 Das Vier-Sterne-Hotel liegt direkt am Neckar. Die Zimmer sind komfortabel, manche liegen zur Hauptstraße hin. Die Kategorien reichen von der günstigeren Businessclass bis zur geräumigen Suite mit entsprechenden Preisen. Die Nutzung der Saunaoase u. a. mit finnischer Sauna, Kneippbecken und Infrarotkabine ist im Preis inbegriffen. Die ambitionierten und teureren Speisen des angeschlossenen Restaurants kitzeln auch so manchen Gourmetgaumen. DZ ab 99 € inkl. Frühstücksbüfett. Hauptstr. 1, ✆ 06271/806620, www.hotel-krone-post.de.

››› Mein Tipp: *** **Hotel Karpfen** 7 Die Fassade mit der Sgraffito-Malerei von 1934 macht das historische Gebäude von außen zum schönsten Hotel der Stadt. Außerdem liegt es ruhig in der Altstadt und das angegliederte Restaurant mit seiner gutbürgerlichen Küche hat schöne Außenplätze auf dem alten Marktplatz. Die sauberen Zimmer entsprechen üblichem Standard. Und wie in jedem gehobenen Hotel gibt es für notorische Föhn-Vergesser einen Ersatz in jedem Bad. Das Personal beim Frühstücksbüfett ist sehr freundlich. DZ 93–112 € inkl. Frühstücksbüfett. Am alten Markt 1, ✆ 06271/806600, www.hotel-karpfen.com. ‹‹‹

Zum Grünen Baum 14 Zwei in einem: uriges Gasthaus mit schönem Biergarten und Pension. Das Schild „Biker willkommen" empfängt die Gäste am Eingang. Die sauberen, gemütlichen und überwiegend in Kiefernholz gehaltenen Zimmer haben Standardkomfort. Die Pension liegt zwischen Neckar- und Hauptstraße in der Nähe der Neckarbrücke. In wenigen Minuten ist man zu Fuß in der Altstadt. DZ ab 33 €/Pers. inkl. Frühstück. Neckarstr. 51, ✆ 06271/92400, www.gruener-baum-eberbach.de.

Ferienhaus „Alte Remise" 2 Ferien bei Familie Eichner: Das kleine historische Häuschen aus Sandstein mit 65 m² Wohnfläche hat 3 gemütlich-rustikal eingerichtete Zimmer, Küche, Bad und eine große Terrasse. Es liegt oberhalb der Stadt. Ab 55 €/Tag für 2 Pers. inkl. Bettwäsche. Jede weitere Person 6 €, Endreinigung: 26 €, Kurtaxe 0,50 €/Tag. Alte Dielbacher Str. 64, ✆ 06271/4141, www.ferien-eichner.de.

Ferienwohnungen „Blaues Haus" 3 Ulrike und Günter Nelles, eine Kunstglaserin und ein Glasgraveur, bieten in ihrem restaurierten Jugendstilhaus 2 voll ausgestattete Ferienwohnungen mit Küche und Bad an. Im Garten gibt es eine schöne Sitzecke. Für mind. 2 Nächte ab 35 €/Tag für 2 Pers. inkl. Bettwäsche, 20 € Endreinigung. Alte Dielbacher Str. 36, ✆ 06271/4933, www.glaszone.de.

Campingpark Eberbach 10 Der Campingplatz liegt beschaulich am Neckar mit Blick auf die gegenüberliegende Altstadt und die B 37. Überwiegend mit Rasen bewachsen. Die Stromanschlüsse sind für manche Plätze etwas unkomfortabler zu erreichen. Dafür gibt es an der Rezeption einen Brötchenservice, einen kleinen Spielplatz, saubere Sanitäranlagen und ein Restaurant. Außerdem sind das Eberbacher Freibad und Hallenbad in unmittelbarer Nachbarschaft. 7,40–9,40 €/Stellplatz, 5,50 €/Erw., 3,60 €/Kind (bis 14 J.), inkl. Warmwasser und Dusche, 2 €/Hund. Alle Preise pro Tag, weitere Kosten auf der Homepage. Alte Pleutersbacher Str. 8, ✆ 06271/1071, www.campingpark-eberbach.de.

Essen & Trinken in Eberbach

→ Karte S. 271

Café Viktoria **4** Familie Strohauer ehrt mit diesem Namen die einstige Königin von England. Die royale Nähe und das Können der Konditorendynastie gipfelte darin, dass Heinrich Strohauer 1962 am schwedischen Hof als einer der Besten seines Handwerks ein Dessert stellen durfte. Er kreierte die Viktoria-Torte. Ein Jahr später durfte auch Königin Elisabeth II. die bombastische, zitrusfrische Biskuitschnitte als exklusives Geburtstagsgeschenk kosten. Das Flair erinnert an ein Kaffeehaus mit eleganten, rot gepolsterten Stühlen. Weniger chic ist der Außenplatz: direkt an einer kleinen Hauptstraße, durch die auch Busse fahren, mit Blick auf einen kastenförmigen Drogeriemarkt. Tägl. 7.45–18.30 Uhr, So und feiertags erst ab 8 Uhr. Friedrichstr. 5–9, ✆ 06271/2018, www.cafe-viktoria.de.

Zum Krabbenstein **5** Das älteste Wirtshaus in Eberbach zieren Sgraffito-Malereien. Die Inneneinrichtung erinnert an modernen Landhausstil: hell und einladend. Die Qualität der Küche bestätigt den guten Eindruck – mit Sauerbraten mit Klößen und Salat ist sie gutbürgerlich und frisch. Auch das Personal ist sehr freundlich. Tägl. (außer Mo) 11–14 und ab 17 Uhr. Obere Badstr. 13, ✆ 06271/7377, www.zum-krabbenstein.de.

Zum Adler **8** Das schlicht eingerichtete Gasthaus mit wenigen Tischen ist beliebt bei den Einheimischen. Serviert wird u. a. ein wirklich leckeres Cordon bleu mit Gorgonzola. Auch die Steaks oder Bratkartoffeln sind frisch und auf den Punkt gebraten. Tägl. (außer Mo) ab 10 Uhr, So bis 20 Uhr, warme Küche 11.30–14.30 und ab 17.30 Uhr. Hauptstr. 13, ✆ 06271/1005.

Strand-Gut **13** Das Café-Bistro des Campingplatzes mit deutsch-spanischem Soul-Food, wie man selbst sagt. Die Küche ist mediterran beeinflusst. Es gibt aber auch Kaffee und Kuchen und ein nettes Programm mit Lesungen, z. B. mit Gedichten von Pablo Neruda, oft auch Konzerte, bei denen karibische Klänge oder afro-amerikanische Rhythmen über den Platz wehen. Von der Terrasse schaut man über den Campingplatz hinweg auf den Neckar. Di–Do 11.30–22 Uhr, Fr/Sa 9.30–23 Uhr und So 9.30–22 Uhr. Am Wochenende gibt es Frühstück bis 12.30 Uhr. Alte Pleutersbacher Str. 8, ✆ 06271/9449100.

Hermes **6** Ein griechisches Lokal mit klassischen Gerichten zu moderaten Preisen. Die Speisen werden gelegentlich kreativ serviert. Die Bedienung ist sehr freundlich und die Lage des Restaurants zentral: Am alten Marktplatz sitzt es sich auch draußen komfortabel in direkter Nachbarschaft zum sehenswerten Hotel Karpfen und dem historischen Rathaus. Tägl. (außer Mo) 11.30–14.30 und 17–23 Uhr. Alter Markt 6, ✆ 06271/8467637.

Zur Neckarbrück **15** Die Bar befindet sich gleich hinter der Neckarbrücke auf der anderen Uferseite. Hier trifft sich v. a. das junge Eberbach auf Cocktails, zu DJ-Events oder zu Jam-Sessions. An lauschigen Sommerabenden genießt man von der Neckarterrasse die Aussicht auf die Stadt gegenüber und schlürft entspannt einen Caipirinha oder ein anderes Getränk. Di–Do 18–24 Uhr, Fr/Sa bis 1 Uhr. Beckstr. 1, ✆ 06271/8098385, www.facebook.com/neckarbrueck/.

Der Rosenturm stammt aus dem 13. Jh.

Die Burgenstraße → Karte S. 249

Freizeitregion Katzenbuckel

Als es auf dem Katzenbuckel noch Schneegarantie gab, wurde in der Nähe von **Waldkatzenbach** eine Skisprungschanze gebaut. 1952 ging die 28-m-Schanze in Betrieb. Heute bleibt der Schnee auf dem Katzenbuckel häufiger aus. Also wurde die Schanze in eine Mattenschanze umfunktioniert und das Sprungtraining ist nun auch im Sommer möglich. Betreiber ist die Skizunft Katzenbuckel Eberbach e. V. Sie unterhält darüber hinaus eine Eisstockbahn an der Gaffsteinhütte am Katzenbuckel, die ganzjährig geöffnet ist. Auch Waldkatzenbachs Nachbar **Waldbrunn** hat sich auf Bewegung spezialisiert. Der Luftkurort liegt auf 514 m Höhe. Das Nordic-Activ-Zentrum der Gemeinde regt z. B. zum gemeinsamen Laufen mit Stöcken an. Natürlich geht das ebenso auf eigene Faust. Es gibt u. a. eine schöne Nordic-Walking-Route rund um Waldkatzenbach vorbei am Gipfel des Katzenbuckels. Für Entspannung sorgt die Katzenbuckel-Therme. Sie hat 2010 ihre Pforten geöffnet. Das Bad verfügt über mehrere Becken, auch im Außenbereich mit 34 °C warmem Wasser und mit Sprudel- und Massageeinrichtungen, sowie einen Saunabereich. Neben diesen Aktivitäten gibt es beispielsweise noch eine Skatebahn oder man kann reiten und segelfliegen lernen oder beides.

Auskunft über alle Freizeitangebote und die Öffnungszeiten des Thermalbads unter www.waldbrunn-odenwald.de. Infos zur Skizunft Katzenbuckel Eberbach e. V. unter www.szk-eberbach.de.

Kurgestüt Hoher Odenwald. Im Ortsteil Mülben werden mit etwa 300 Pferden Stutenmilch oder das Sauermilchgetränk Kumys produziert – Letzteres trank schon Dschingis Khan gerne. Auch Kosmetik wie Körperlotionen und Duschgel ist zu haben. Alle Produkte können im Hofladen erworben und die Getränke vor Ort probiert werden. Mo–Fr 9–14 Uhr, Sa nur bis 12 Uhr. Simmesstr. 17, Waldbrunn-Mülben, ✆ 06274/242, www.kurgestuet.de. ■

Zwingenberg/Neckar

An den Berg geschmiegt, ragt Burg Zwingenberg stolz zwischen den Bäumen des Odenwalds hervor. Neben der ursprünglichen Wolfsschlucht ist sie der große Trumpf des gleichnamigen Ortes, dessen Geschichte vermutlich in einer kleinen Fischersiedlung wurzelt.

Als noch Pferde den Verkehr beherrschten, war Zwingenberg mit Sicherheit ein sehr heimeliger und strategisch wichtiger Ort: Während sich das moderne Zwingenberg weiter südlich am flacheren Hang ausdehnt, gruppieren sich die ältesten Häuser in einer schmalen Linie den Berghang entlang – darüber thront die prächtige Burganlage. Die Alte Dorfstraße am Neckar ist heute Teil der viel befahrenen B 37 und diese Schnellstraße trübt ein wenig die Idylle.

Direkt hinter der auch „Schloss" genannten Burg Zwingenberg liegt die legendäre **Wolfsschlucht.** Sie soll Pate gestanden haben für die gleichnamige Klamm in Carl Maria von Webers Oper „Der Freischütz". Dass dieses wildromantische Stück Natur den Komponisten angeblich inspiriert hat, kann man sich gut vorstellen. Ein Schild am Eingang der Wolfsschlucht macht darauf aufmerksam, dass es sich hier um einen alpinen Klettersteig handelt, der Wegabbrüche, umgestürzte Bäume und auch Steinschlag mit sich bringen kann. Der Weg ist vor allem an feuchteren Tagen nichts für einen leichten Spaziergang. Gutes Schuhwerk ist Pflicht.

Zwingenberg wird 1326 erstmals mit seinen ersten Besitzern erwähnt, den Edlen von Zwingenberg. Das heutige Wappen mit den drei Schwanenköpfen vor blauem Hintergrund geht auf sie zurück. Die Entwicklung des Ortes ist natürlich eng an die Geschichte der Burg geknüpft. **Burg Zwingenberg** entstand vermutlich Mitte des 13. Jh. Im 14. Jh. war sie ein Konfliktherd, denn 1338 wurde das Öffnungsrecht von der „Veste Twingeberg" erzwungen. Das bedeutete, dass Pfalzgraf Ruprecht I., der Graf von Württemberg und der Mainzer Erzbischof die Burg jederzeit – wenn nötig – als militärischen Stützpunkt nutzen konnten. Um diese Unterwerfung zu erreichen, ließ Mainz zwischenzeitlich Burg Fürstenstein etwas oberhalb von Burg Zwingenberg auf einem Bergsporn errichten. Von ihr sind heute nur noch Reste vorhanden, die schwer zugänglich sind. Und als die Zwingenberger auch noch unrechtmäßig Zölle auf dem Neckar erhoben, zerstörten die Truppen des Bündnisses Mainz und Kurpfalz 1364 kurzerhand Burg Zwingenberg. Ihre erneute Baugeschichte beginnt erst, als die Hirschhorner sie Anfang des 15. Jh. erwarben. Die Besitzer wechselten mehrfach, bis 1808 Carl Friedrich von Baden die Burganlage erwarb. Noch heute wird sie von seinen Nachfahren bewohnt, aktuell von Prinz Ludwig von Baden und seiner Familie. Nichtsdestotrotz steht sie auch Besuchern offen. Jedes Jahr zu den Schlossfestspielen erstürmen bis zu 10.000 Opernfreunde die Burg. Darüber hinaus gibt es Führungen und jährlich einen schönen Gartenmarkt.

Service-Infos zu Zwingenberg/Neckar

Information Zwingenberg/Neckar hat keine Touristeninformation. Die kleine Gemeinde publiziert unter www.zwingenberg-neckar.de ihre Historie, Informatives über die Wolfsschlucht, den Veranstaltungskalender sowie eine kleine Liste an Gastronomie und Unterkünften.

Zu bestimmten Anlässen darf man einen Blick in die Burg werfen

Feste & Veranstaltungen Die **Schlossfestspiele** sind überregional beliebt und werden alljährlich im August veranstaltet. Dann verwandelt sich der Burghof in eine Opernbühne mit romantischer Kulisse. Bis zu 10.000 Festspielfreunde erobern während der Spielsaison ihre Sitzplätze. Selbstverständlich hat auch „Der Freischütz" immer wieder seinen Platz im Programm. Ansonsten wird das Who's who der Opern, Operetten und Singspiele aufgeführt wie „Nabucco", „Die Csárdásfürstin" oder „Hoffmanns Erzählungen". Alle Infos unter www.schlossfestspiele-zwingenberg.de.

Der **Gartenmarkt** im späten Hochsommer ist für Gartenfreunde eine schöne Gelegenheit, sich das Schloss mal hinter den Mauern anzuschauen und sich gleichzeitig Anregungen für die Gartengestaltung zu holen. Angeboten werden Stauden, Kräuter und Grünpflanzen. Darüber hinaus gibt es Kunst und Accessoires. Für alle, die nicht zum Schloss hinauflaufen wollen, gibt es einen Pferdekutschen-Shuttle zwischen Bahnhof und Schloss. Termine unter www.schloss-zwingenberg.de.

In der legendären Wolfsschlucht

Übernachten/Essen **** **Ferienwohnung Schlossblick**. Die komfortable, modern eingerichtete, 80 m² große Studiowohnung mit Balkon und schönem Blick auf den Neckar und Schloss Zwingenberg liegt in der Nähe des Bahnhofs. 65 €/Tag für 2 Pers. inkl. Bettwäsche, Handtücher, Strom, Heizung und Wasser. Ab 3 Nächte Preis auf Anfrage. Im Hohen Garten 4, ✆ 06263/1424 oder 0151-50724042, www.fewo-schlossblick-zwingenberg.de.

Naturfreundehaus Zwingenberger Hof. Das Haus liegt gegenüber dem Schloss auf der anderen Neckarseite. Der Komfort ist wie in einem Naturfreundehaus üblich einfach: Die Zimmer haben Kapazitäten für bis zu 6 Pers., es gibt Sanitärräume für Frauen und Männer und eine Selbstversorgerküche. Man kann hier auch zelten oder in einfach eingerichteten Bauwagen Wagenburg-Feeling erleben. Die Speisekarte des Gastraums wartet mit einfachen Gerichten zu kleineren Preisen auf: vom Schinkenbrot über Maultaschen bis zu Grünkernküchle mit Kräuterquark. Nichtmitglieder 14 €/Nacht (einmalig 5 € für Bettwäsche), Zeltplatz 6 €/Nacht plus 3–4 € Standgebühr, Bauwagen 8 €/Nacht. Im Hoffeld 7–8, ✆ 06263/520, www.naturfreundehaus-zwingenberg.de.

Gasthaus Schiff-Post. Bereits seit 1767 werden hier Gäste bewirtet. So ehrwürdig die Historie, so urig ist die Einrichtung. Auf der Speisekarte finden sich Forellen ebenso wie Wild, Schwein oder Schnecken. Auch die vegetarischen Speisen kommen zünftig daher: Käsespätzle oder gebackener Camembert. Den süßen Appetit befriedigen selbst gebackene Kuchen. Tägl. (außer Mo) 10–20.30 Uhr, warme Küche 11.30–20 Uhr. Alte Dorfstr. 26, ✆ 06263/271, www.schiff-post.de.

Die Minneburg liegt auf der südlichen Neckarseite

Neckargerach

Der beschauliche Ort bietet wie der Nachbarort Zwingenberg eine Schlucht und eine Burg. Die sagenumwobene Minneburg steht nur noch als Ruine, was ihren Reiz aber keinesfalls schmälert. Und die Margaretenschlucht ist ein ausgesprochen schönes Stück Natur.

Neckargerach ist ein staatlich anerkannter Erholungsort. Ruhig fließt der Seebach durch den Ort hin zum Neckar – im Sommer zuweilen nur als größeres Rinnsal –, vorbei am Rathaus, das 1925 das alte Gebäude aus dem 16. Jh. ersetzte, und einem großen Spielplatz. Zu Beginn der Geschichtsschreibung 976 hieß der Bach noch „Geraha“. Laut Gemeindewebsite stammt das Wort aus dem Indogermanischen und bedeutet so viel wie „gurgelndes, geröllreiches Gewässer“. Seinen aktuellen Namen trägt er erst seit 1676. Und wie der Bach hieß auch der Ort – später wurde daraus zunächst Gerach (1325) und dann Neckargerach (1706). Die Menschen verdienten ihren Unterhalt früher als Fischer oder Schiffer. Auch heute leben hier noch Schiffsleute, die dem Transportgeschäft auf dem Wasserweg nachgehen.

Von Neckargerach aus hat man einen schönen Blick auf die prachtvolle Ruine der **Minneburg.** Sie liegt gegenüber auf der südlichen Neckarseite auf einem breiten Felssporn des Schlossbergs. Sie entstand vermutlich Mitte des 13. Jh., erwähnt wird sie aber erst 1339.

1972 wurde das früher eigenständige Dorf **Guttenbach** eingemeindet. Es liegt auf der Seite des sog. Kleinen Odenwalds. Guttenbachs Geschichte ist ebenfalls eng verknüpft mit der Minneburg und ihren Besitzern, die über die Region herrschten.

Die Burgenstraße → Karte S. 249

In der alten Kirchenmauer der katholischen Kirche ist das Epitaph von Ludwig von Habern (gest. 1555) erhalten, das an das untergegangene Adelsgeschlecht erinnert. Eine weitere Sehenswürdigkeit in Guttenbach ist das pittoreske ehemalige Rathaus, ein Fachwerkbau mit einem historischen Dorfbrunnen. Guttenbach wurde 792 erstmals als „Botenbach" in einer Schenkungsurkunde des Lorscher Codex erwähnt. Historiker wähnen hinter dem Namen das keltische Wort „Boten", das mit „Sumpf" übersetzt werden kann. Möglicher Grund: Der Krebsbach – früher Katzenbach –, der durch den Ort in den Neckar fließt, war zu jener Zeit mehr morastreiches Gewässer als klarer Bachlauf.

Heimatmuseum: Es präsentiert die fast klassischen Exponate wie eine historische Schusterwerkstatt, alte hauswirtschaftliche und landwirtschaftliche Geräte und einen Heuwagen. Originell sind aber beispielsweise der Imkeranzug samt Smoker zur Raucherzeugung und eine Honigschleuder. Und natürlich sind auch Ausstellungsstücke aus der Schiffstechnik von Neckarschiffen zu sehen. Geöffnet nach Vereinbarung. Hauptstr. 25, ✆ 06263/428966, www.fremdenverkehrsverein-neckargerach.com.

Margaretenschlucht

Der Höhepunkt für Naturliebhaber – und mein Tipp – ist zweifelsohne die malerische Margaretenschlucht mit dem Flursbach, der sich als Wasserfall in mehreren Stufen über 110 m dem Neckar entgegenstürzt. Die Schlucht steht bereits seit 1940 unter Naturschutz. Seltene Farne, Moose und Flechten sowie geschützte Amphibien, z. B. Feuersalamander und Bergmolch, haben hier ein Refugium gefunden. Lehrreich und interessant ist der ca. 3 km lange **Margaretenschluchtpfad,** der auf mehreren Tafeln über die geologische Beschaffenheit der Region, ihre Flora und Fauna informiert.

Der Lehrpfad beginnt am südöstlichen Rand von Neckargerach und ist am besten über den Parkplatz „Gickelsfelsen" zu erreichen. Für die Margaretenschlucht ist gutes Schuhwerk vonnöten. Bei feuchter Witterung kann es an manchen Stellen rutschig sein.

Die Minneburg

„Minne" steht landläufig für die Verehrung edler, höfischer Damen. Und so soll diese Burg einer Sage nach das Bauwerk einer unerfüllten Liebe sein: Minna von Horneck, Tochter eines schwäbischen Adelsgeschlechts, wurde einem Grafen zur Frau versprochen, den sie nicht liebte und vor dem sie flüchtete. Sie versteckte sich in einer Höhle in der Nähe der heutigen Burg. Ihre Liebe galt dem ärmeren Ritter Edelmut von Ehrenberg, der sich jedoch auf Kreuzzug befand. Als dieser zurückkehrte, lag die Unglückliche im Sterben, und er versprach ihr, zu ihrem Gedenken eine Burg zu bauen. Andere Quellen gehen davon aus, dass eine Familie von Minneberg Erbauer der Burganlage war. Erstmals urkundlich erwähnt wurde sie 1339. Ihr damaliger Besitzer war Eberhardt Rüdt von Collenberg, ein fränkischer Adliger. In ihrer wechselvollen Geschichte ging die Burg an die Kurpfalz, wurde an verschiedene Adelige verpfändet, bis sie schließlich 1518 Wilhelm von Habern erwarb. Der wohlhabende Heidelberger Vogt ließ sie ab 1521 umfangreich umbauen und gab ihr damit ihre heutige Gestalt. Gut sichtbar ist noch die fünfeckige Kernburg mit dem Palas, dem Küchenbau und dem quadratischen Bergfried – dieser ist vermutlich der älteste Teil des Bauwerks.

Die Minneburg kann jederzeit besucht werden. Man erreicht sie gut über den Parkplatz auf der Südseite der Neckarbrücke bei Neckargerach. Der Weg bergauf zur Burg ist gut markiert.

Service-Infos zu Neckargerach

Information Neckargerach hat keine Touristeninformation. Die Website www.neckargerach.de spricht Bewohner, Touristen und Gewerbe gleichermaßen an – Besucher erfahren hier kurz und prägnant Informatives über den Erholungsort, seine Sehenswürdigkeiten, Ausflugsziele, Gastronomie und Unterkünfte.

Ein Online-Verzeichnis von Gastgebern bietet auch die Website des Heimat- und Fremdenverkehrsvereins Neckargerach (www.fremdenverkehrsverein-neckargerach.com).

Aktivitäten Natürlich gibt es auch in Neckargerach viele Möglichkeiten zum Wandern. Neben der Margaretenschlucht gibt es einen ca. 4,5 km langen **Naturlehrpfad**, der auf 19 Tafeln das Ökosystem Wald und seine Bewohner, wie Vögel und Insekten, veranschaulicht. Er liegt im Wald nordwestlich von Neckargerach Richtung Zwingenberg. Der Weg ist mit einem „N" gekennzeichnet.

Übernachten/Essen ** **Grüner Baum**. Die Hotelzimmer sind hell und freundlich eingerichtet und entsprechen einfachem Standard mit Dusche/WC, TV, Radiowecker und Föhn. Zum Hotel gehört ein Restaurant mit griechischer Küche. Bei milden Temperaturen kann man auf der Terrasse mit Blick zur Minneburg essen. DZ 70 € inkl. Frühstück. Neckarstr. 13, ✆ 06263/706, www.gruenerbaum-neckargerach.de.

Ferienwohnung Neckarblick. Das Haus liegt ruhig in Guttenbach auf der südlichen Neckarseite. Die Einrichtung ist rustikal-modern und bietet alles, was eine Ferienwohnung braucht. Von der möblierten Terrasse hat man einen sehr schönen Blick auf den Fluss. Der besondere Service: kostenloser Bahntransfer bei An- und Abreise. 35 €/Tag für 2 Pers. (ab 4 Tagen 30 €/Tag) inkl. aller Nebenkosten, Handtücher, Tisch- und Bettwäsche. Bachstr. 18, ✆ 06263/9112 oder 524, www.fewo-neckarblick.de.

Campingplatz Neckargerach. Ideal für die Kombination paddeln und zelten. Der Platz hat nämlich eine eigene Kanuanlegestelle. Boote kann man sich auch leihen. 7 €/Stellplatz, 5–6 €/Zelt, 5,50 €/Erw., 3 €/Kind (bis 13 J.), 2 €/Hund. Alle Preise pro Tag, weitere Kosten auf der Homepage. Von April bis Okt. geöffnet. ✆ 07139/9334411, www.neckartours.de.

Café Lorenz. Auf der Karte stehen Kuchen, Torten, Frühstück und Vesperbrote. Das Sortiment warmer Getränke wie Kaffee, Tee oder Kakao wird von gängigen Softdrinks und einer kleinen Auswahl an Weinen aus Baden-Württemberg ergänzt. Mo–Fr 8–12.30 und 14–18.30 Uhr, So und feiertags 14–17.30 Uhr. Hauptstr. 27, ✆ 06263/338.

„Los, schaukel mit mir."

Die Burgenstraße → Karte S. 249

Haintal-Viadukt bei Kailbach

Kleiner Wanderführer

Tour 1	Rund um die Heuneburg	→ S. 283
Tour 2	Von der Neunkircher Höhe zur Ruine Rodenstein	→ S. 285
Tour 3	Zu Siegfriedbrunnen und Olfener Moor	→ S. 287
Tour 4	Von Annelsbach zur Villa Haselburg	→ S. 288
Tour 5	Vom Reußenkreuz zum Haintal-Viadukt	→ S. 290
Tour 6	Rund um den Limes bei Schloßau	→ S. 293
Tour 7	Runde über den Melibokus	→ S. 294
Tour 8	Von der Schauenburg zum Weißen Stein	→ S. 296
Tour 9	Runde auf den Katzenbuckel	→ S. 298

Kleiner Wanderführer

Der Odenwald mit seinem geologischen Dreiklang – Vulkangestein, Buntsandstein und Muschelkalk – ermöglicht Wandertouren durch eine abwechslungsreiche Landschaft. Die Routen führen über liebliche Streuobstwiesen und Felder, durch Wälder mit beeindruckenden Felsformationen oder romantische Täler. Bei der Auswahl der Strecken wurden grundsätzlich regionale Highlights berücksichtigt wie die Burgruine Rodenstein, römische Überreste entlang des Limes oder der Katzenbuckel als höchster Berg des Odenwalds. Die Touren bieten einen Querschnitt durch das Mittelgebirge und sollen Lust auf mehr machen. Sie sind bei normaler Kondition gut zu laufen und die Sehenswürdigkeiten laden zu kurzen Stopps ein. Zudem gibt es oft auch eine Einkehrmöglichkeit. Gelegentlich ließ es sich nicht vermeiden, ein Stück an der Straße entlangzulaufen. Ergänzend zu den Kartenskizzen im Buch sollten Sie eine topografische Karte mitnehmen.

Tour 1: Rund um die Heuneburg

Charakteristik: Die leichte Runde verläuft überwiegend entlang des Geografisch-historischen Lehrpfads, der mit Infotafeln versehen ist. Wer mehr darüber erfahren will, sollte sich das Erläuterungsheft von Friedrich Sauerwein und Hans H. Weber mit auf den Weg nehmen (erhältlich im Museum oder Rathaus in Lichtenberg). **Länge/Dauer**: ca. 6 km, ca. 2 Std. inkl. kurzer Stopps an den Tafeln. **Start**: Fischbachtal/Lichtenberg (→ S. 73), Parkplatz „Heuneburg".

Wegbeschreibung: Die Tour startet am **Parkplatz „Heuneburg"** **1** in Lichtenberg und wird von einer gelben „3" markiert. Typische Granitbrocken säumen den Weg. Nach wenigen Schritten erscheint rechter Hand ein **Wasserwerk** **2**, das 1964 erbaut wurde. An der dahinterliegenden Gabelung folgen wir der „3" auf den linken Weg, um kurz darauf rechts den kleinen, unauffälligen Weg (weiß-rotes Quadrat) zu nehmen.

Die Felsformationen werden ein wenig wilder, als ob sie den keltischen Ringwall ankündigen wollten, der bereits nach 0:20 Std. Laufzeit erreicht wird. An der **Heuneburg** **3** steht eine Schutzhütte mit einer übersichtlichen Infotafel. Außerdem ist auf der Anhöhe eine Station des St.-Jost-Pilgerwegs: Ein großes Kreuz lehnt an einem Baum, an dem eine Tafel mit einem Jesus-Zitat befestigt ist. Eine weitere Tafel steht davor, die mit einem irischen Segenswunsch Wanderer erquicken will.

Der Weg „3" führt weiter zur **Kernbacher Hütte** **4**. Der Name dieser ehemaligen Waldarbeitersiedlung leitet sich vermutlich vom mittelhochdeutschen „Quirnbuoch" ab und bedeutet laut Lehrpfad-Erläuterungsheft „Buchenwald, in dem viele Handmahlsteine gefunden wurden". Wie ein liegendes Andreaskreuz treffen bei der Hütte vier Wege aufeinander. Zunächst gilt es, dem unteren linken zu folgen, aber schon nach wenigen Metern geht es rechts bergab auf einen Sendemast zu. Weiter bergab eröffnet sich wenig später ein herrliches Panorama.

Schutzhütte bei der Heuneburg

Der Ringwall besteht aus imposanten Granitfelsen

An der nächsten Wegkreuzung 5 steht links die **Dieter-Held-Hütte,** die an den früheren Jagdpächter erinnert. Nach rechts folgen wir dem Schild „Hottenbacher Hof“ zu dem historischen Gehöft. Auf einem großen Areal vor dem Hof wachsen Weihnachtsbäume, die wie die Orgelpfeifen dastehen. Der **Hottenbacher Hof** 6 wurde erstmals um 1421 erwähnt und bewirtet heute zahlreiche Ausflügler, Wanderer und Fahrradfahrer – eine gute Gelegenheit zum Einkehren (→ S. 80).

Hinter dem Hof führt ein gepflasterter Weg, gesäumt von Apfelbäumen, wieder in Richtung Lichtenberg. Bei der nächsten Abzweigung 7 geht es mit dem roten „A“ des Alemannenweges rechts bergauf in den Wald. An der zweiten Kreuzung im Wald stößt wieder der Lehrpfad hinzu und weiter geradeaus passieren wir u. a. den **Bierbachteich** 8. Die Route verläuft

schnurgerade und verlässt schließlich wieder den Wald. Durch ein Feldstück hindurch erreichen wir den Parkplatz „Riedbusch“. Die Straße links wird ignoriert, stattdessen zweigt unsere Route nach Überqueren des Parkplatzes rechts ab. Ein Verbindungsweg („F 1“) führt zurück zum Parkplatz „Heuneburg“ **1**.

Tour 2: Von der Neunkircher Höhe zur Ruine Rodenstein

Charakteristik: Die Wanderung rund um die Neunkircher Höhe führt vorbei an Sehenswürdigkeiten wie dem Fallenden Bach und der Ruine Rodenstein. Der Anstieg von der Burgruine zurück in Richtung Neunkirchen ist zunächst recht steil, da rund 200 Höhenmeter überwunden werden. Insgesamt aber ist die Wanderung bei normaler Kondition leicht zu laufen. **Länge/Dauer**: ca. 8,5 km, ca. 3 Std. **Start**: Neunkirchen (→ S. 78), Straße unterhalb des Friedhofparkplatzes rechts neben der Gaststätte „Höhenhaus Odenwald“.

Fallender Bach bei frostigen Temperaturen

Wegbeschreibung: Von der kleinen **Straße** **1** unterhalb des Friedhofes führt der Weg zunächst rechts hinauf zur Hauptstraße. Auf dem Seitenstreifen laufen wir rund 200 m an der Straße entlang Richtung Lindenfels und Winterkasten. Das ist nicht sehr schön, aber die grandiose Aussicht auf das Schloss Lichtenberg weit unten im Tal entschädigt diesen Umstand. Dann geht es links in den Wald hinab. Wer will, folgt dem weißen Balken direkt bis nach Laudenau. Unsere Route sieht allerdings Abstecher vor: 500 m später gesellt sich die gelbe „2“ zum Balken. Wenn beide Wege sich trennen, der „2“ folgen. Gut 150 m später kreuzt ein breiter Weg **2**, der u. a. mit dem roten „A“ des Alemannenwegs markiert ist. Auf diesen biegen wir links ein und verlassen ihn kurz darauf an der nächsten Kreuzung **3** nach rechts. Ab hier folgen wir nun bis Laudenau der „5“. Zwar begleitet der weiße Balken wieder kurz unseren Weg, führt aber geradeaus weiter, während wir an der kommenden Waldwegekreuzung **4** der „5“ nach links treu bleiben.

Unser Weg führt aus dem Wald hinaus weiter Richtung Laudenau, einen Ortsteil von Reichelsheim, wo es Einkehrmöglichkeiten gibt (z. B. Gasthaus „Zur Freiheit“, → S. 90). Das Areal Laudenau/Freiheit hat eine interessante Geschichte: In früherer Zeit war es quasi Niemandsland, in dem keine Gerichtsbarkeit wirken konnte. Das nutzten berüchtigte Räuber aus und suchten hier Unterschlupf.

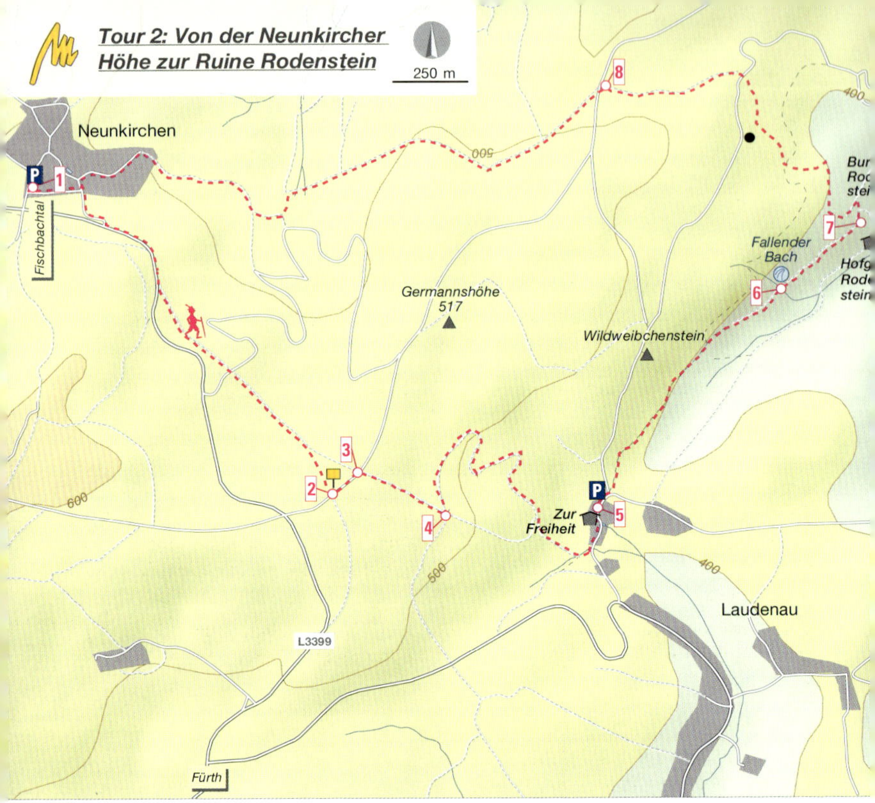

Dann erreichen wir den **Parkplatz „Freiheit" 5**, welch passender Name. Hier bieten die grünen Wegweiser Orientierung. Wir folgen dem Weg „S 2" bzw. erneut dem weißen Balken zur ausgewiesenen Burgruine Rodenstein. Es geht ein Stück am Feld entlang, dann erneut in den Wald. Nach etwa 10 Min. erreicht man den **Fallenden Bach 6**, einen kleinen Wasserfall, und wenig später die **Kreuzung 7** direkt oberhalb der sagenumwobenen Burgruine Rodenstein. Angeblich hausen dort Geister, die bei Kriegsgefahr lautstark durch die Luft reiten – angeführt vom Rodensteiner. Unterhalb der Ruine befindet sich mit dem Hofgut Rodenstein die nächste Einkehrmöglichkeit.

Der Weg zurück Richtung Neunkirchen zweigt an besagter Kreuzung oberhalb der Burgruine links ab. Der kleine Pfad ist unter anderem mit dem roten „A" markiert und führt steil bergauf. Die erste darauffolgende Kreuzung weist mit einem Holzschild den „Verbindungsweg Weinweg/Neunkirchen" aus, dem wir bergauf geradeaus zur nächsten Kreuzung folgen. Erneut geradeaus, ist unsere Markierung nun das „V". Dieser Weg wird zum breiteren Forstweg. An der dritten großen **Kreuzung 8** weiter geradeaus, dann laufen wir mit der „3" zunächst durch Laubwald, dann Nadelwald, der einen eindrucksvollen Kahlschlag erlebt hat. Wir überqueren diesen Platz (der Weg ist mit Steinmännchen markiert). Achtung: Wenn die „3" etwa 10 Min. später vor einer Lichtung scharf rechts abbiegt, laufen wir weiter geradeaus über die Lichtung. Dahinter beginnt eine asphaltierte Straße. Mit der Markierung „N 1" gelangen wir zurück nach Neunkirchen und zum Ausgangspunkt **1**.

Tour 3: Zu Siegfriedbrunnen und Olfener Moor

Charakteristik: Der Weg zum berühmtesten Siegfriedbrunnen des Nibelungenlandes lässt sich ideal mit einer schönen Wanderung durch eine abwechslungsreiche Landschaft verknüpfen. Zweites Highlight ist das Olfener Moor, ein seltenes Hochmoor im Odenwald. Bis auf wenige steilere Anstiege ist die Rundwanderung bequem zu laufen – normale Kondition vorausgesetzt. **Länge/Dauer**: ca. 12 km, ca. 3:30 Std. reine Gehzeit. **Start**: Gras-Ellenbach (→ S. 100), Nibelungenhalle.

Wegbeschreibung: Die Tour startet an der **Nibelungenhalle** **1** in Gras-Ellenbach, wo es nach ca. 50 m von der Straße links auf den Nibelungensteig geht (rotes „N"). Der Weg führt an den wenigen Häusern vorbei Richtung Wald. Am Waldrand **2** darf man sich entscheiden, ob man zügig und steil zum Siegfriedbrunnen laufen möchte oder gemächlich und bequemer – Schilder weisen beide Routen aus. Den steilen Weg nach oben begleiten Infotafeln des Geo-Naturparks Bergstraße-Odenwald, die Ausschnitte des Nibelungenliedes enthalten. Auf der steilen Strecke (rotes „N" und rotes Kreuz) erreicht man bereits nach etwa 0:20 Std. durch den Wald, vorbei an einer Schutzhütte, den **Siegfriedbrunnen** **3**. Am Fuße des Brunnens folgen wir zunächst der „3", der sich kurz darauf das rote Kreuz auf dem gut ausgebauten Weg wieder anschließt. Eine große Hagen-Figur aus grobem Holz hält am Wegrand Wache.

Etwa 50 m weiter geht es leicht rechts etwas nach oben an einer kleinen Lichtung vorbei. Diesem Weg folgen, bis man an eine **Weggabelung** **4** gelangt, wo es rechts

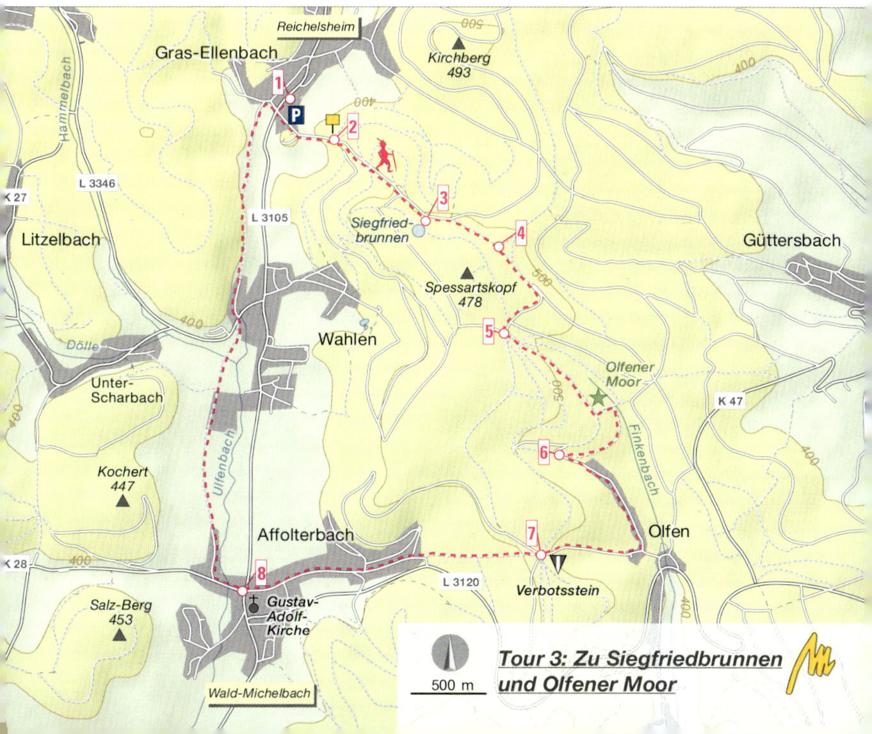

hoch geht. Für kurze Zeit gesellt sich auch wieder das rote „N“ dazu. An der folgenden großen **5-Wege-Kreuzung 5** geht es scharf links hinab („O 1“ bzw. „Af 1“). Man sieht es zwar an dieser Stelle noch nicht, aber links des Weges befindet sich bereits das Hochmoor, das auch „Rotes Wasser“ genannt wird. Pflanzen wie Heidekraut, Wollgras und Torfmoos finden in dem Biotop ein geschütztes Zuhause. Kurz darauf wird die Sicht frei: Ein kleiner Pfad aus Brettern verläuft über das Moor, der in keinem Fall verlassen werden darf! Unsere Route aber folgt nicht den Brettern, sondern der Markierung „O 1“, die wenig später aus dem Wald hinausführt.

An der nächsten größeren Gabelung 6 links und wir erreichen die kleine Siedlung Olfen (Ortsteil von Beerfelden). Am Ende der asphaltierten Straße geht es rechts, am Feld vorbei und wieder in den Wald hinauf. Auf der Anhöhe steht ein sog. **Verbotsstein 7**. Das historische Verkehrsschild aus Buntsandstein wies Fuhrmänner an, auf dem Weg zu bleiben.

Das Hochmoor bietet seltenen Pflanzen ein Zuhause

Bei dem Stein zweigen 7 Wege ab – „Af 1“ führt uns hinab nach Affolterbach. Der Waldboden zeigt hier ganz deutlich den Übergang vom Kristallinen Odenwald in den Buntsandstein-Odenwald. Aus dem Wald hinaus und durch den östlichen Teil von Affolterbach hindurch, dann gelangt man an eine Kreuzung, an der die **Gustav-Adolf-Kirche 8** steht. Die Kirche wurde nach den Entwürfen von Friedrich Pützer 1906/07 als Jugendstilbau realisiert. Von ihm stammt auch die Pauluskirche in Darmstadt.

Wenige Meter dahinter steht der alte Bahnhof, zu dem schon lange keine Züge mehr fahren. Vielmehr kann man hier kurz auf ein Eis oder einen Kaffee im „La Stazione“ einkehren. Hinter dem Bahnhof laufen wir rechts in die Talsenke des Ulfenbachs Richtung Wahlen und weiter nach Gras-Ellenbach zur **Nibelungenhalle 1**.

Tour 4: Von Annelsbach zur Villa Haselburg

Charakteristik: Die entspannte Rundwanderung startet in Annelsbach und führt über bewirtschaftete Anhöhen und benachbarte Dörfer. Neben herrlichen Ausblicken in den südlichen und östlichen Odenwald bietet die Tour auch noch ein kulturelles Highlight: die römische Villa Haselburg. **Länge/Dauer**: ca. 10 km, ca. 2 Std. reine Gehzeit. **Start**: Höchst-Annelsbach (→ S. 115), Restaurant-Hotel Dornröschen.

Wegbeschreibung: Die Tour beginnt am **Restaurant-Hotel Dornröschen 1** in Annelsbach und verläuft zunächst nach Osten Richtung Ortsausgang (gelbes Kreuz), zweigt aber kurz vorher links ab („A 2“). Es geht hinauf auf die Felder, die einen schönen Blick über Annelsbach bieten. Der Weg ist auch hier noch asphaltiert. Auf der Annelsbacher Höhe biegen wir rechts ab und folgen wenige Meter weiter der „A 2“ nach links. Die Anhöhe mit ihren Wiesen umgeben von Wald scheint ein guter Platz, um an windigen Tagen Drachen steigen zu lassen.

Kurz darauf gelangt man an eine **Weggabelung 2**, an der wir links („Pi 1“) bergab laufen, vorbei an einer Grillhütte und ins Dorf Pfirschbach. Der Ort ist malerisch in ein kleines Tal eingebettet. An der **Schulbushaltestelle 3** zweigen wir in die Straße „Am Hain“ ab, kurz darauf links in die Straße „Im Eck“ („Ha 2“). Es geht bergauf hinaus aus dem Ort und hinein in den Wald nach Hassenroth. Kurze Zeit später werden die Felder von Hassenroth erreicht.

Nach dem Überqueren der Landstraße geht es erst einmal die Hügelstraße hinab ins Herz von **Hassenroth.** An der Kreuzung Darmstädter Straße/Ringstraße **4** links abbiegen – hier laufen einige Wanderwege zusammen: der Alemannenweg, der Franken-Hessen-Kurpfalz-Weg und einer mit rotem Kreuz. Es geht ein Stück bergauf bis zu einer Straßeninsel und einem Platz, wo wir rechts (Ringstraße) und gleich wieder links („Zu den Birken“) abbiegen.

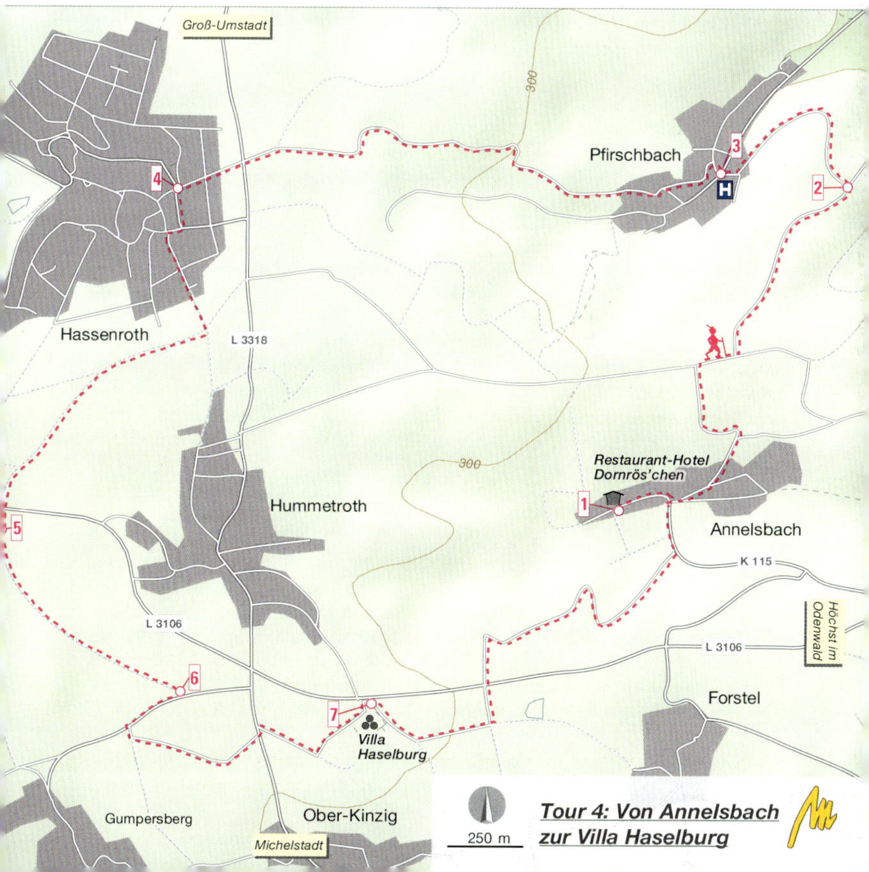

Tour 4: Von Annelsbach zur Villa Haselburg

Überreste einer römischen Luxusvilla

Das rote Kreuz führt hinaus auf Felder, die einen schönen Blick über den südlichen Odenwald freigeben („Hu 1" kommt hinzu). Der Weg verläuft gen Süden und passiert kurz darauf eine Landstraße, die Höchst mit dem nördlichen Gersprenztal (Brensbach) verbindet. Danach trennen sich an einer **Weggabelung 5** das rote Kreuz und „Hu 1", wobei wir Letzterem folgen. Von hier aus kann man in der Ferne die östlich gelegene Burg Breuberg über die bewaldeten Bergkämme hinweg erspähen.

Und wieder kommen wir zu einer Straße **6**; an dieser verläuft der mit einem gelben Kreuz gekennzeichnete **Saar-Rhein-Main-Weg.** Es geht knapp 300 m rechts die Straße entlang – zusätzlich mit „BK 1" markiert – und dann links auf einen Weg, der über eine Wiese auf einen Bauernhof zusteuert. Das Gehöft durchqueren und die dahinterliegende Straße überqueren wir. Die Schonung am Feld verdeckt die römische **Villa Haselburg 7**. Das mit „BK 1" gekennzeichnete Mauerwerk gehört bereits zu dem antiken Anwesen. Am Parkplatz der Villa zunächst noch ein Stück gen Süden („BK 1") laufen, dann links („Hu 1") zurück nach **Annelsbach** zum Restaurant-Hotel Dornröschen **1** wandern.

Tour 5: Vom Reußenkreuz zum Haintal-Viadukt

Charakteristik: Das romantische Haintal ist Teil der Rundwanderung, die beim Reußenkreuz auf dem 550 m hohen Krähberg beginnt. Wer die Steigung lieber in der ersten Hälfte hinter sich bringen will, sollte in Kailbach oder beim Viadukt starten. Der Waldgasthof Reußenkreuz ist eine gute Einkehrmöglichkeit. Die Strecke ist ziemlich menschenleer, sodass einem durchaus Füchse und Rehe über den Weg laufen können. Besonders schön ist das Haintal in den frühen Morgenstunden oder am Nachmittag. **Länge/Dauer**: ca. 19 km, ca. 5 Std. reine Gehzeit. **Start**: Reußenkreuz (nahe Beerfelden-Hetzbach, → S. 144).

Wegbeschreibung: Ausgangspunkt ist das **Reußenkreuz 1** auf dem Krähberg. Der Weg führt nach Süden rechts am Gasthaus vorbei. Wegweiser ist zunächst das rote

„X“. Bei der nächsten Gabelung aber folgen wir links weiter der asphaltierten kleinen Straße. Nach etwa 10 Min. gelangt man zu einer **5-Wege-Kreuzung** 2, wo wir dem linken Weg (gelber Punkt) bis hinab nach Kailbach folgen. Wenig später kommen wir an der Tante-Jenny-Eiche, einem Naturdenkmal, vorbei.

An der nächsten **Weggabelung** 3 halten wir uns weiter geradeaus (gelber Punkt). Heidelbeeren, Tannen und diverse Laubbäume säumen den Weg, der dann wieder zu einem breiteren Forstweg wird. Rechts und links dieser Schneise wurden junge Bäume gepflanzt, darunter Kirschen und Kastanien. In der Kurve 4 einer asphaltierten Forststraße zweigen wir leicht links ab und gelangen an einer Wiese vorbei zu den Gehöften des **Hohbergs.**

Am zweiten Anwesen geht es bei der Kastanie 5 rechts ab in den Wald. **Hinweis:** Der Pfad kann unter Umständen so zugewachsen sein, dass man ihn nicht sofort erkennt. Auf den gelben Punkt rechts an den Bäumen achten! Wenig später gelangt man wieder auf die asphaltierte Forststraße, die Kailbach mit dem Hohberg verbindet, und hält sich links. Die gefällten Bäume an der Seite machen deutlich, dass

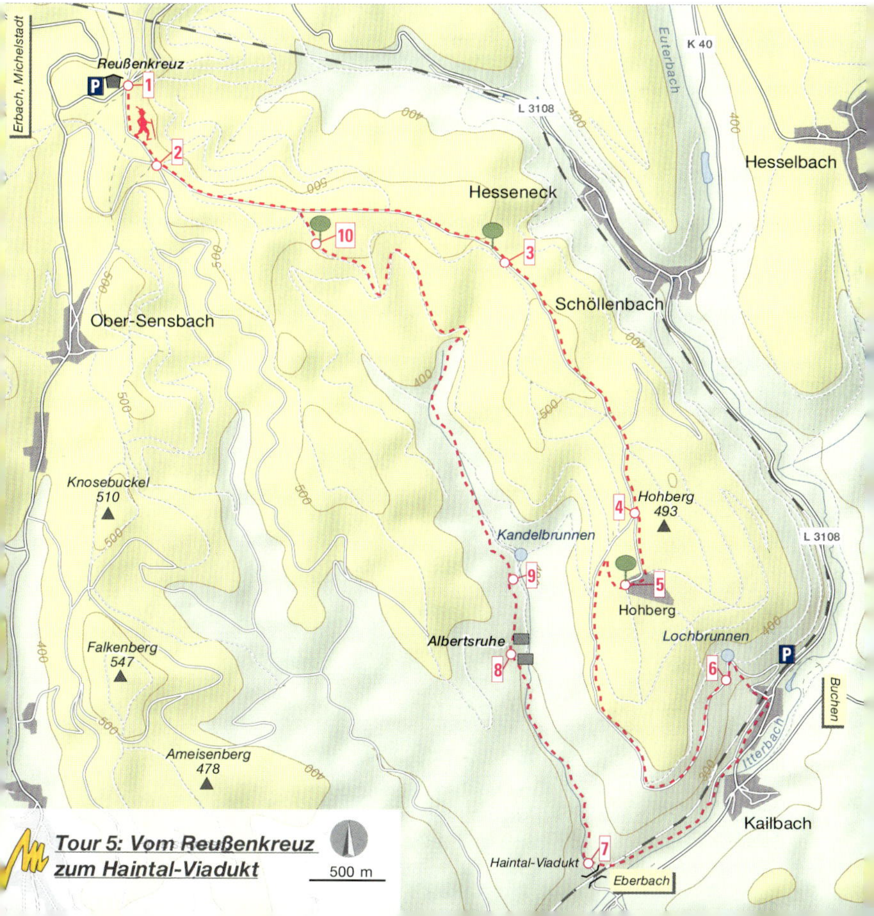

Tour 5: Vom Reußenkreuz zum Haintal-Viadukt

dieses Waldgebiet forstwirtschaftlich genutzt wird – nachhaltig nach den ökonomischen, ökologischen und sozialen Standards der Pan-Europäischen Forst-Zertifizierung (PEFC).

Nach etwa 0:30 Std. wird zwischen den Bäumen rechts das landschaftliche Panorama rund um Kailbach sichtbar. In einer Kurve **6** der Forststraße – im Wald oberhalb des Bahnhofs – geht es geradeaus weiter. Hier wurden Rhododendren gepflanzt, die mit ihren farbenfrohen Blüten im Frühjahr an dieser Stelle ein bisschen befremdlich wirken. Am darauf folgenden Lochbrunnen biegen wir mit dem gelben Punkt scharf rechts ab und verlassen die Forststraße. Es geht durch eine Bahnunterführung nach **Kailbach.** (Nach dieser steht rechts eine Wanderkarte des Geo-Naturparks Bergstraße-Odenwald, die einen Teil des kommenden Weges beschreibt.) Ab hier markiert die gelbe „5“ zunächst den weiteren Weg, der rechts an der Siegfriedstraße entlangläuft.

Hinter dem Mühlweg führt unsere Tour dann am Itterbach entlang zum **Haintal-Viadukt** **7**. Das Bauwerk entstand 1881 und ähnelt dem Himbächel-Viadukt bei Hetzbach. Es besteht aus neun Säulen, ist 173 m lang und 30 m hoch. Dahinter schwenkt die gelbe „5“ nach rechts ins Haintal mit seinen romantischen Auen. Die Strecke verläuft jetzt immer geradeaus durchs Tal und vorbei an der **Albertsruhe** **8**, den beschaulichen, ehemaligen Forsthäusern der Grafen von Erbach-Fürstenau. Vor dem **Kandelbrunnen** **9** gabelt sich der Weg, wir aber bleiben geradeaus.

An der ersten großen Kastanie wechselt der Weg die Seite und führt jetzt nicht mehr links, sondern rechts am Talgrund entlang. In diesem Abschnitt stehen einige Kastanien, die zur Blütezeit ein herrliches Bild bieten. Am Ende des Tals liegt ein Weiher, in dem fröhlich die Frösche quaken. In teils weiten Kurven geht es nun stetig bergauf bis zur **Förster-Lehr-Eiche** **10**. Kurz darauf stoßen wir wieder auf den bekannten Weg (gelber Punkt), der uns nach links zum Reußenkreuz **1** bringt.

Der Haintal-Viadukt ist 173 m lang und 30 m hoch

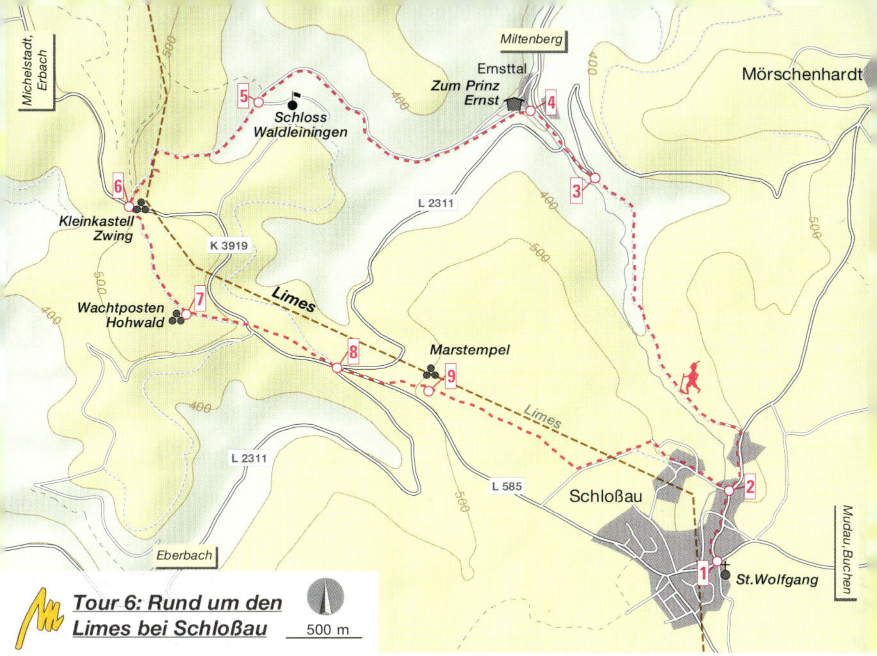

Tour 6: Rund um den Limes bei Schloßau

Charakteristik: Durch den Mudauer Gemeindeteil Schloßau verläuft der ältere Neckar-Odenwald-Limes. Eindrucksvolle Überreste von Steintürmen, Kastellen und einem Marstempel sind hier heute noch zu sehen. Außerdem führt der Weg an dem malerischen Schloss Waldleiningen vorbei, das heute als Sanatorium genutzt wird. **Länge/Dauer**: ca. 14 km, ca. 4 Std. **Start**: Schloßau (→ S. 160), St.-Wolfgang-Kirche.

Wegbeschreibung: Startpunkt ist die **Kirche St. Wolfgang** **1** in Schloßau. Gegenüber beginnt die Mörschenhardter Straße, wo mehrere ausgewiesene Wanderwege zusammenlaufen: Wir folgen nun der Markierung „SL 5“ bis zum Schloss Waldleiningen. An der Kreuzung mit der Straße **„Im Fuchseneck“** **2** laufen wir weiter geradeaus (Mörschenhardter Straße), den Sendemasten entgegen bis zum Ortsausgang. Hier biegen wir links ab und durchqueren ein idyllisches Gehöft mit Pferdeställen. Für Schreckhafte – Achtung: Hinter dem Zaun können große, bellende Hunde sein.

Der Weg führt nun in den Wald und stetig bergab, vorbei an schön bemoosten Steinen und beschaulichen Auen an einem kleinen Bachlauf. Kurz hinter dem Weidegatter am linken Wegrand in der Talsohle geht der Forstweg in eine kleine Asphaltstraße **3** über. Wir bleiben geradeaus, bis unser Weg auf eine **Landstraße** **4** mündet, an der die Gaststätte „Zum Prinz Ernst“ liegt (schöner Biergarten, nur Fr–So geöffnet). Hier geht es links weiter auf das alte Küfereigebäude zu. Dahinter führt uns eine kleine asphaltierte Straße bis zum **Schloss Waldleiningen.** Das pittoreske Gebäude wurde 1828 im Stil englischer Schlösser erbaut.

In der Parklandschaft unterhalb des Schlosses verlassen wir an einer Rechtsabzweigung **5** die Route „SL 5“ und folgen der gelben „6“ auf einen Tannenwald zu.

Reste des Marstempels samt Götterfiguren

Dieser wird stetig bergauf durchquert. Auf der Anhöhe stößt unser Weg auf den Limesweg („L“), dem wir ab jetzt folgen; dabei wird eine kleine Straße überquert. Hier stand früher einmal das römische **Kleinkastell Zwing 6**, über das eine Tafel informiert. Von dem Kastell ist heute nichts mehr zu sehen. Es wurde spätestens beim Bau von Schloss Waldleiningen als Steinbruch genutzt und größtenteils abgetragen.

Vom Platz mit der Infotafel nehmen wir den dritten Weg rechts. Es geht durch einen kleinen Buchenwald und kurz darauf passieren wir ein Stück Limesmauer und mehrere steinerne Wachtürme. Der **Wachtposten „Hohwald“ 7** war die höchste Turmstelle des Odenwaldlimes. Wenig später überqueren wir erneut eine Straße. Der Waldweg stößt dann auf eine relativ große **Straßenkreuzung 8**, die aber nicht so sehr befahren ist. Wir folgen dem „L“ – die Markierungen befinden sich an den Straßenschildern – und überqueren die Kreuzung.

Zunächst geht es knapp 200 m an einer Straße entlang, dann biegt unser Weg links ab in den Wald. Ein kleiner Pfad führt direkt zum **Tempel für Mars 9**. Vor der Ruine stehen drei Figurinen, die die Gottheiten Mars (Mitte), Salus (links) und Victoria (rechts) darstellen. Die Originale wurden im Schutt des Tempels gefunden und sind im Römermuseum Osterburken ausgestellt. Es geht hinter dem Tempel weiter und knapp 10 Min. später aus dem Wald hinaus auf die Felder von Schloßau. Das „L“ führt bis zur Kreuzung Im Fuchseneck/Mörschenhardter Straße **2**, nach rechts geht es auf bekanntem Weg zurück zur St.-Wolfgang-Kirche **1**.

Tour 7: Runde über den Melibokus

Charakteristik: Diese Rundwanderung führt auf dem Nibelungensteig zunächst durch die Weinberge hinauf auf den 517 m hohen Melibokus. Der Weg beginnt mit anspruchsvolleren Steigungen und mündet in einen angenehmen Abstieg, gespickt mit schönen Aussichten in den Odenwald und Sehenswürdigkeiten wie der Kapelle „Zur Not Gottes“. **Länge/Dauer**: ca. 12 km, ca. 3:30 Std. **Start**: Zwingenberg (→ S. 187), Brunnen beim Wirtshaus „Bunter Löwe“.

Wegbeschreibung: Die Wanderung beginnt in Zwingenberg am **Brunnen 1** beim „Bunten Löwen“ und führt nach Osten die Straße hinauf zum Fuß des Berges. An der Verzweigung oberhalb der Straße biegt die Route rechts ab. Das rote „N“ des

Nibelungensteigs markiert unseren Weg bis zum Gipfel des Melibokus. Zügig lassen wir den Ort hinter uns. Nach einem kurzen steilen Anstieg auf einer Waschbetonstraße erreicht man einen imposanten **Steinbruch 2**, in dem noch bis 1962 Granodiorit abgebaut wurde. In jüngerer Vergangenheit durfte dort geklettert und gegrillt werden. Jetzt ist die Felswand Teil des umgebenden Naturschutzgebiets.

In der nächsten Kurve führt der Weg in die Weinlagen oberhalb Zwingenbergs. Tafeln des Weinlehrpfades informieren über die geologische Beschaffenheit und über den Weinanbau. Bei der **Luciberg-Hütte 3** folgen wir dem Holzschild „Comoder Weg“ in den Wald und durch eine Eichenallee. An der nächsten großen Kreuzung mit Holzschildern („Auerbacher Schloss“, „Alsbacher Schloss“, „Blockhütte Zwingenberg“) gesellt sich zu unserem „N“ ein rotes „A“ (Alemannenweg). Der Pfad wird schmal und steil und mündet auf einen breiten Weg („7“), der am **„Rabenloch Weg“ 4** gleich wieder verlassen wird. Es folgt der letzte Anstieg und nach etwa 1:30 Std. erreichen wir den Gipfel des **Melibokus 5**.

Scharf links – vorbei am Sendemast – und parallel zur betonierten Straße verlaufen die Wege „N“, „A“ und „6“. Wir folgen nun der gelben „6“, vorbei an einer Schutzhütte und dem **Forstmeister-Brück-Brunnen 6**, der wenige Schritte unterhalb des Weges liegt. Die Route bietet schöne Ausblicke in den Odenwald. (Tipp für ambitionierte Wanderer: Von hier aus sind es nur noch knapp 4 km bis zum Felsenmeer.)

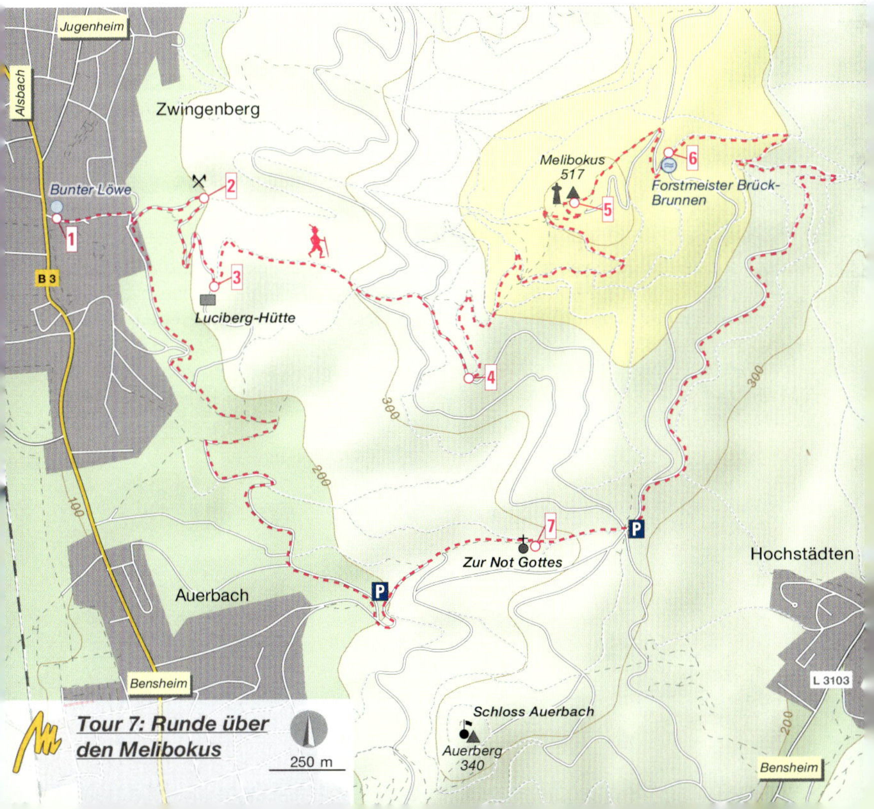

Kapelle „Zur Not Gottes"

Unser Weg („6") führt als nächstes zum Parkplatz „Not-Gottes-Kapelle". Am unteren Teil des Parkplatzes befindet sich eine Infotafel, bei der die Wege „6", „7" und blaues „B" (Burgenweg) abzweigen. Wir aber nehmen den etwas weiter unten – scharf rechts und leicht versteckt – abzweigenden schmalen Weg „4". Wenige Minuten später sind wir bei der **Kapelle „Zur Not Gottes" 7**.

Von der Kapelle laufen wir zunächst („4" und „1") bis zu einem Parkplatz. Dann folgen wir der „1" und kurz darauf begleitet uns auch das gelbe „B" (Blütenweg). Unser Weg führt hinaus aus dem Wald und zurück in die Weinlagen der Bergstraße. Dreht man sich um, sieht man im Süden auf dem Gipfel die Türme von Schloss Auerbach. Kurz vor Zwingenberg weisen Holzschilder den Weg in den Ort, und es geht auf bekanntem Weg zurück zum **Brunnen 1**.

Tour 8: Von der Schauenburg zum Weißen Stein

Charakteristik: Das erste Ziel des Rundwegs ist die Schauenburg, dann geht es hinauf zum etwa 550 m hohen Weißen Stein. Dossenheims Hausberg liegt östlich im Odenwald und ist mit einem Aussichtsturm, einem Fernsehturm und einem gut besuchten Ausflugslokal bestückt. Der zügige Abstieg führt in Dossenheims alten Kern. Festes Schuhwerk ist für einige Passagen von Vorteil. **Länge/Dauer**: ca. 10 km, ca. 3 Std. **Start**: Dossenheim (→ S. 221), Parkplatz Schauenburg.

Wegbeschreibung: Die Wanderung beginnt am **Parkplatz Schauenburg 1** unterhalb der Burgruine. Es geht rechts am Parkplatz hinauf, begleitet vom blauen „B" (Burgenweg) und dem Schild Richtung Schauenburg. Über dem Steinbruch, der kurz darauf passiert wird, spitzen die ersten Mauern der Burgruine hervor. Und man kann erkennen, dass die Burg durch den Steinabbau Schaden genommen hat. Wenig später erreicht man eine Infotafel zum Naturschutzgebiet Ölberg. Hier biegt unser Weg links ab.

Nach wenigen Metern ist die **Schauenburg 2** erreicht. Die etwa 275 m hoch gelegene Ruine ist beliebt bei Jung und Alt. Viele Besucher machen auf den bereitstehenden Bänken eine Rast, andere genießen den Blick über Dossenheim und die Rheinebene. Am Fuße der Burg weist uns vorerst die Markierung „DO 3" den weiteren Weg. An einigen Stellen des an Buchen reichen Abschnitts ist der Weg durch grobe Steine etwas unwegsam – hier macht sich festes Schuhwerk bezahlt.

Es geht steiler bergauf und dann wieder leicht bergab. Kurz darauf kommt die Markierung „DO 1" wieder dazu, der wir ab der **Anhöhe 3** folgen. Auf dem schönen Höhenweg laufen wir bis zum Holzschild „Am Kottenbrunnen", wo wir den Weg „DO 2" geradeaus nehmen. Er mündet auf eine asphaltierte Straße, der wir etwa 300 m geradeaus folgen. Dabei passieren wir einen Rechtsabzweig 4, der unser

Rückweg ist. Nach den 300 m biegen wir links auf einen vom Sandstein rot gefärbten **Waldweg** **5** ab.

Es erfolgt der letzte Anstieg, dann ist der **Weiße Stein** **6** erreicht. Die Gaststäte vor Ort hat eine schöne Terrasse, zur Hochsaison einen Biergarten und rustikal eingerichtete Innenräume. Zahlreiche Mountainbiker und Wanderer nutzen sie zur Rast. Gestärkt geht es bergab (gelbes „X" und gelbe „8"). An einigen Stellen befinden sich Rampen der Downhill-Freunde. Wo sich die beiden Markierungen trennen, folgen wir der „8". Kurz darauf wird die bekannte Straße **4** überquert und unser Waldweg mündet in einen weiteren mit der Markierung „DO V". Über schmale Pfade und breitere Wege stoßen wir wieder auf die Straße und überqueren sie diagonal ein zweites Mal – der Einstieg auf der anderen Seite ist ein wenig versteckt rund 25 m links weiter unten.

Aussichtsturm auf dem Weißen Stein

Mit der Markierung „DO 3" geht es schließlich zurück nach Dossenheim – an einer größeren Wegkreuzung **7** ignorieren wir die kreuzenden Wege. Es geht aus dem Wald hinaus und die Talstraße führt uns nach **Dossenheim** hinein. An der ersten Straßengabelung entscheiden wir uns für die Steckelbergstraße, die auf die evangelische Kirche zuläuft. Wir stoßen auf die Hauptstraße und folgen ihr nach rechts zum Hotel-Restaurant Goldener Hirsch **8**. Hier rechts und gleich

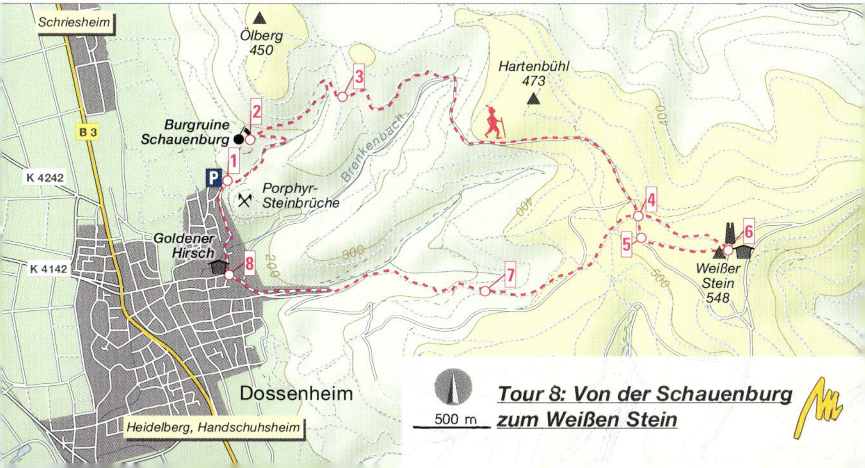

wieder links in die Rathausstraße, dann laufen wir auf der Schauenburgstraße durch ein Stück des alten Ortskerns. Vorbei am Alten Rathaus geht es wieder hinauf zum Parkplatz Schauenburg **1**.

Tour 9: Runde auf den Katzenbuckel

Charakteristik: Diese Rundwanderung führt auf die höchste Erhebung des Odenwalds, den 626 m hohen Katzenbuckel. Sie wird begleitet von Sehenswürdigkeiten wie der Burgruine Eberbach, dem Turm auf dem Katzenbuckel und einem idyllisch gelegenen Vogellehrpfad. **Länge/Dauer**: ca. 15 km, ca. 4:30 Std. reine Gehzeit. **Start**: Eberbach (→ S. 266), St.-Johannes-Nepomuk-Kirche.

Wegbeschreibung: Die Tour startet an der **St.-Johannes-Nepomuk-Kirche** **1** in Eberbach. Auf der gut befahrenen Odenwaldstraße geht es zunächst auf einer Brücke über die Eisenbahnstrecke. An der Ampel am besten auf die rechte Seite wechseln und dieser Verkehrsader bis zur Hohenstaufenstraße **2** folgen. Hier bei dem Autohaus für Modelle mit dem Stern biegen wir rechts ab. Wir folgen der Hohenstaufenstraße über die Kreuzung Schafbrunnenstraße hinweg, dann kommt nach wenigen Metern rechts ein unauffälliger **Treppenweg** mit dem Wegweiser „Burgruine Eberbach/Zum Burgweg“ **3** – diesem folgen. Der Weg zur Ruine ist gut beschildert. Es geht einige Treppen durch das Wohngebiet bergauf hinein in den Wald.

Der kleine Serpentinenpfad ist recht steil und wird gesäumt von urig mit Moos bewachsenen Steinen und verrottenden umgestürzten Bäumen. Von hier aus hat man einen schönen Ausblick auf den Ohrsberg mit seinem Turm. Nach etwa 0:20 Std. erreicht man die **Burgruine Eberbach** **4**. Eine Tafel informiert über Vorder-, Mittel- und Hinterburg. Weiter geht es links auf einem gut ausgebauten Forstweg („3“ und gelbes „X“). Nach gut 0:15 Std. kommen wir zu einer Weggabelung **5**, wo wir dem gelben „X“ folgen.

Wildromantisch: Burgruine Eberbach

Wenig später gelangen wir auf eine Anhöhe mit jungen Tannen und einem kleinen Teich. Von der Lichtung führt unser Weg erneut in den Wald, vorbei an einer Weggabelung **6** mit Schutzhütte und bis zur großen **Hütte des Naturparks Neckartal-Odenwald** **7**. Wir umrunden sie rechts und folgen dem „Katzenpfad“ (gelbes „K“) auf die Spitze des Katzenbuckels. Diese ist nun nicht mehr weit und die großen Felsbrocken ringsherum – sie erinnern an den Vorderen Odenwald – machen deutlich, dass es sich beim höchsten Berg des Mittelgebirges um einen ehemaligen Vulkan handelt.

Der Aussichtsturm **8** auf dem **Katzenbuckel** ermöglicht einen weiten Blick:

nach Norden über den Odenwald, im Süden über den Kraichgau. Eine Tafel klärt über die geologische Beschaffenheit und Entstehung der Umgebung auf. Rechts neben der Tafel führt uns das gelbe „X" hinab und kurz darauf hinaus aus dem Wald. Am Waldrand befindet sich die „Turmschenke" – Café, Restaurant und Pension. Der Weg mündet in eine Straße nach Waldkatzenbach. Bei den ersten Häusern biegen wir rechts in den Eberbacher Weg ab, laufen zum Sportplatz und an der Infotafel rechts vorbei. Die „51" begleitet uns nun den größten Teil des Weges zurück nach Eberbach.

Der Turm auf dem Katzenbuckel

Wir wandern vorbei an der **Curt-Braun-Hütte** **9** und einem großen Stein mit der Inschrift „Katzenbacher Pfad". Vorsicht beim späteren Überqueren der Landstraße! Der Pfad führt leicht bergab in den Holdergrund, wo es am letzten Haus zunächst scharf links geht. Geradeaus weiter, bis rechts ein **Weg** **10** mit gelbem „V" abzweigt, der uns zum Vogellehrpfad am Bachlauf des Holdergrunds bringt. Am Ausgang des Lehrpfads halten wir uns zunächst links und nach etwa 20 m an einer Gabelung **11** wieder rechts. Über den Rhein-Neckar-Weg (rotes „R") kehren wir zurück nach **Eberbach:** vom Wald zunächst in ein ruhiges Wohngebiet, dann über den kleinen Spitalweg zur Brücke über die Eisenbahnlinie und nach links zur St.-Johannes-Nepomuk-Kirche **1**.

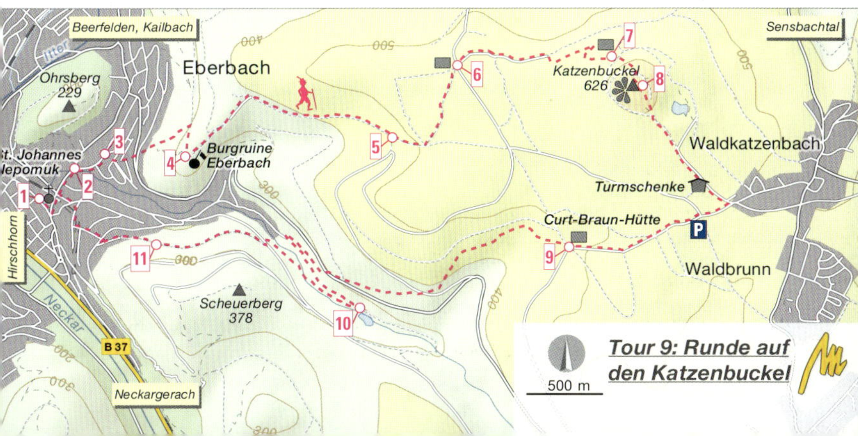

Register

Aktiv im Odenwald 23
Alsbach-Hähnlein 185
Auerbach 192
Auto 30

Bad König 119
Balkhausen 180
Bauland 152
Beerfelden 144
Beerfelder Land 108, 144
Bensheim 191
Bergbahn Heidelberg 239
Bergstraße 176
Bessungen 41
Besucherbergwerk „Grube Ludwig" 101
Bibliotheca Palatina, Heidelberg 229
Birkenau 208

Botanische Gärten
- Botanischer Garten, Darmstadt 45
- Botanischer Garten, Heidelberg 237
- Grüne Meilen 209

Breuberg 110
Buchen 163
Buntsandstein-Odenwald 18

Burgen und Schlösser
- Alsbacher Schloss (Burg Bickenbach) 186
- Burg Breuberg 111
- Burg Frankenstein 56
- Burg Hirschhorn 261
- Burg Schadeck 258
- Burg Windeck 210
- Burg Zwingenberg 275
- Burgen von Neckarsteinach 257
- Burgruine Eberbach 269
- Burgruine Lindenfels 93
- Burgruine Reichenstein 250
- Burgruine Rodenstein 83
- Heidelberger Schloss 231
- Hinterburg 257
- Minneburg 277, 278
- Mittelburg 257
- Schauenburg 223
- Schloss Auerbach 193
- Schloss Bad König 120
- Schloss Erbach 134
- Schloss Fürstenau 128
- Schloss Lichtenberg 74
- Schloss Nauses 72
- Schloss Reichenberg 86
- Schönberger Schloss 192
- Starkenburg 203
- Strahlenburg 216
- Tannenberg 179, 180
- Veste Otzberg 71
- Vorderburg 257
- Wachenburg 210
- Weinheimer Schloss 209

Burgenstraße am Neckar 248
Burgfeste Dilsberg 251

Darmstadt 34
Darsberg 256
Dieburg 59
Dilsbergerhof 250
Dossenheim 221
Drachenfliegen 23

Eberbach 266
Eberstadt 42
Eiermann, Egon 166
Einhardsbasilika 126
Englischer Garten Eulbach 137
Erbach 133, 201
Ersheim 260
Ersheimer Kapelle St. Nazarius und Celsus 262
Essen und Trinken 26
Eutersee 147

Fahrradfahren 24
Familienurlaub 27
Fehlheim 192
Felsenmeer 81
Feste 28
Fischbachtal 73
Fränkisch-Crumbach 82
Franz I. Graf zu Erbach-Erbach 136
Fürstenlager 194
Fürth 96

Geologie 18
Geo-Naturpark Bergstraße-Odenwald 19
Geschichte 20
Gleitschirmfliegen 23
Gorxheimertal 208
Grein 256
Gronau 192
Groß-Umstadt 63
Grube Anna-Elisabeth (Besucherbergwerk) 216
Grube Messel 58
Guttenbach 277

Hainstadt (zu Breuberg) 111
Hambach 201
Handschuhsheim 233
Heidelberg 226
Heiligenberg (Seeheim-Jugenheim) 181
Heiligkreuz 207
Hemsbach 207
Heppenheim 200
Hesseneck 146
Hirschhorn 260
Hochseilgärten 23
Höchst im Odenwald 115
Hochstädten 192
Hohensachsen 207
Homo heidelbergensis 228

Igelsbach 201, 260

Jugenheim 181

Katzenbuckel 248, 266, 274
Kirschhausen 201
Klettern 23
Kloster Lorsch 199
Königstuhl 237
Kraus, Joseph Martin 166
Kristalliner Odenwald 18
Kuren 31
KZ-Gedenkstätte Neckarelz 156

Ladenburg 220
Landessternwarte Königsstuhl 238
Langenthal 260
Langwaden 192
Lautertal 81
Lindenfels 91
Literaturtipps 29
Lorsch, Kloster 199
Lützelsachsen 207

Madonnenländchen 152
Malchen 180
Marbachsee 143
Margaretenschlucht 248, 278

Angeblich liegt hier ein Riese begraben

Mathaisemarkt (Weinfest) 215
Mathildenhöhe 39
Melibokus 189
Menzer, Julius (griech. Konsul) 254
Michelstadt 124
Mittershausen-Scheuerberg 201
Modautal 78
Mosbach 154
Mossautal 143
Mountainbike 24
Mückenloch 250
Mudau 160
Mühltal 54
Mümlingtal 108

Museen
- Ausstellungsgebäude Mathildenhöhe 40
- Automuseum Dr. Carl Benz 221
- Bergsträßer Museum Seeheim-Jugenheim 180
- bioversum Kranichstein 44
- Carl Bosch Museum 236
- Deutsches Apotheken-Museum 235
- Deutsches Drachenmuseum 92
- Deutsches Elfenbeinmuseum Erbach 137
- Dr.-I.-E.-Lichtigfeld-Museum 126
- Eisenbahnmuseum 44
- Gräfliche Sammlungen im Schloss Erbach 135
- Hessisches Landesmuseum 42
- Jagdschloss Kranichstein 43
- Küferei-Museum 269
- Kunsthalle Darmstadt 42
- Kurpfälzisches Museum der Stadt Heidelberg 235
- Lobdengau-Museum 220
- Motorradmuseum 126
- Museen auf der Burg Breuberg 112
- Museum der Oberzent 146
- Museum der Stadt Bensheim 193
- Museum der Stadt Weinheim 209
- Museum für Stadtgeschichte und Volkskunde 203
- Museum Künstlerkolonie 40
- Museum Schloss Fechenbach 61
- Museum Stangenberg Merck 182
- Museum Théo Kerg 216
- Museumszentrum Lorsch 200
- Odenwald- und Spielzeugmuseum 126
- Odenwälder Freilandmuseum 171
- Porzellansammlung im Prinz-Georg-Palais 43
- Römermuseum Osterburken 162
- Sammlung Prinzhorn 236
- Stadt- und Wallfahrtsmuseum Walldürn 171
- Stoewer Museum 102
- Verpackungsmuseum 236
- Vetter Museum 121
- Völkerkundemuseum 236
- Zinnfigurenkabinett 269
- Zweiradmuseum Hammelbach 102

Naturparkzentrum Eberbach 269
Neckargemünd 250
Neckargerach 277
Neckarhausen 256
Neckar-Odenwald-Kreis 152
Neckarsteinach 256
Neuhof 250
Neustadt (zu Breuberg) 110
Nibelungen 22
Nibelungengarten 256

Ober-Beerbach 180
Oberflockenbach 207
Ober-Laudenbach 201
Obrunnschlucht 118
Odenwaldlimes 109, 129, 147
Öffentliche Verkehrsmittel 30
Ohrsberg 269
Olfener Moor 287
Otzberg 71

Philosophenweg, Heidelberg 227

Radfahren 24
Rai-Breitenbach (zu Breuberg) 110
Rainbach 250
Reichelsheim 86
Reiten 24
Rippenweier 207
Ritschweier 207
Rittenweier 207
Römerkastell Hainburg 129
Rosenhöhe 39, 40
Rothenberg 147
Ruprecht-Karls-Universität, Heidelberg 226

Sandbach (zu Breuberg) 110
Schönberg 192
Schriesheim 215
Schuldorf Bergstraße 178
Schwanheim 192
Sechs-Mühlen-Tal 208
Seeheim 180
Seeheim-Jugenheim 178
Segelfliegen 23
Sensbachtal 148
Skulpturenpark Breuberg 112
Sonderbach 201
Sport 23
Steigerts 180
Steinbruch Leferenz mit Museumshof 222
Steinklingen 207
Stettbach 180
Sulzbach 207

Tropfsteinhöhle, Eberstadt 165
Twain, Mark 249

Übernachten 30
Überwald 100
UNESCO-Welterbe
  Grube Messel 58
  Kloster Lorsch 199
  Limes 152, 293
Unter-Hainbrunn 260

Veranstaltungen 28
Verkehrsverbindungen 30
Victoria (brit. Königin) 267
Vielbrunn 129
Villa Haselburg 117
Volkssternwarte Darmstadt 42
Vorderer Odenwald 52

Wald-Amorbach (zu Breuberg) 111
Waldbrunn 274
Wald-Erlenbach 201
Waldhilsbach 250
Waldkatzenbach 274
Waldkunstpfad Darmstadt 45
Waldspirale (Friedensreich Hundertwasser) 43
Walldürn 169
Wanderkarten 25
Wandern 24
Wanderwege (Bergstraße)
  Blütenweg 177
  Burgensteig 177
  Weinlagenwanderung 177
Wassersport 25
Weinheim 207
Wellness 31
Wilmshausen 192
Wintersport 25
Wolfsschlucht 248, 274
Wünschmichelbach 207
Würzberg 129

Zell 192
Zwingenberg (Bergstraße) 187
Zwingenberg/Neckar 274

Die in diesem Reisebuch enthaltenen Informationen wurden von der Autorin nach bestem Wissen erstellt und von ihr und dem Verlag mit größtmöglicher Sorgfalt überprüft. Dennoch sind, wie wir im Sinne des Produkthaftungsrechts betonen müssen, inhaltliche Fehler nicht mit letzter Gewissheit auszuschließen. Daher erfolgen die Angaben ohne jegliche Verpflichtung oder Garantie der Autorin bzw. des Verlags. Autorin und Verlag übernehmen keinerlei Verantwortung bzw. Haftung für mögliche Unstimmigkeiten. Wir bitten um Verständnis und sind jederzeit für Anregungen und Verbesserungsvorschläge dankbar.

ISBN 978-3-95654-220-6

 Druck: Westermann Druck Zwickau GmbH.

myclimate

Protect our planet

Klimaschutz geht uns alle an.

Der Michael Müller Verlag verweist in seinen Reiseführern auf Betriebe, die regionale und nachhaltig erzeugte Produkte bevorzugen. Ab Januar 2015 gehen wir noch einen großen Schritt weiter und produzieren unsere Bücher klimaneutral. Dies bedeutet: Alle Treibhausgasemissionen, die bei der Produktion der Bücher entstehen, werden durch die Ausgleichszahlung an ein Klimaprojekt von myclimate kompensiert.

Plan Vivo
Carbon management and rural livelihoods

Der Michael Müller Verlag unterstützt das Projekt »Kommunales Wiederaufforsten in Nicaragua«. Bis Ende 2016 wird der Verlag in einem 7 ha großen Gebiet (entspricht ca. 10 Fußballfeldern) die Wiederaufforstung ermöglichen. Dadurch werden nicht nur dauerhaft über 2.000 t CO_2 gebunden. Vielmehr werden auch die Lebensbedingungen der lokalen Bevölkerung deutlich verbessert.

In diesem Projekt arbeiten kleinbäuerliche Familien zusammen und forsten ungenutzte Teile ihres Landes wieder auf. Eine vergrößerte Waldfläche wird Wasser durch die trockene Jahreszeit speichern und Überschwemmungen in der Regenzeit minimieren. Bodenerosion wird vorgebeugt, die Erde bleibt fruchtbarer. Mehr über das Projekt unter **www.myclimate.org**

myclimate ist einer der weltweit führenden Anbieter im Bereich der freiwilligen CO_2-Kompensation. myclimate Klimaschutzprojekte erfüllen höchste Qualitätsstandards und vermeiden Treibhausgase, indem fossile Treibstoffe durch alternative Energiequellen ersetzt werden. Das Projekt »Kommunales Wiederaufforsten in Nicaragua« ist zertifiziert von Plan Vivo, einer gemeinnützigen Stiftung, die schon seit über 20 Jahren im Bereich Walderhalt und Wiederaufforstung tätig ist und für höchste Qualitätsstandards sorgt.

www.michael-mueller-verlag.de/klima

myclimate
neutral
Drucksache